VÍCTIMAS DEL ABSOLUTISMO

PUNTO DE VISTA EDITORES

JOSÉ LUIS GÓMEZ URDÁÑEZ

VÍCTIMAS DEL ABSOLUTISMO

PARADOJAS DEL PODER EN LA ESPAÑA DEL SIGLO XVIII

Prólogo de Carlos Martínez Shaw

PUNTO DE VISTA EDITORES

Colección Historia y pensamiento, 16

Primera edición: agosto, 2020
Primera edición en este formato: febrero, 2024

Publicado por Punto de Vista Editores
C/ Mesón de Paredes, 73
28012 (Madrid, España)

info@puntodevistaeditores.com
puntodevistaeditores.com
@puntodevistaed

Coordinación editorial: Miguel S. Salas
Corrección: Luis Porras Vila
Diseño de cubierta: Joaquín Gallego
Fotografía de cubierta: *El coloso*, de Goya y Lucientes, Francisco de (Seguidor de). 1818 – 1825. Óleo sobre lienzo, 116 x 105 cm. Madrid, Museo del Prado.
© Archivo Fotográfico Museo Nacional del Prado

ISBN: 978-84-127476-2-1
Thema: NHD, 1DSE, 3ML
Depósito legal: M-493-2024

Impreso en España – *Printed in Spain*

Artes Gráficas Cofás, Móstoles (Madrid)

Este libro ha sido impreso en papel ecológico, cuya materia prima proviene de una gestión forestal sostenible.

Sumario

Prólogo

No nos detendremos en presentar a José Luis Gómez Urdáñez, autor de varios libros y numerosos artículos imprescindibles para conocer la España del siglo XVIII. Solo diremos que, después de una serie tan extensa de incursiones en el mundo del Setecientos español, que le han dado un conocimiento realmente enciclopédico de la época y de sus protagonistas, individuales y colectivos, no podía extrañarnos que el catedrático de La Rioja ampliase aún más su campo de estudio, y nos ofreciese otra asombrosa muestra de su saber y de su penetración para explicarnos el complicado universo de aquella España absolutista e ilustrada.

El siglo XVIII había pasado de ser una época muy ignorada y muy denostada (recuérdense las descalificaciones de Marcelino Menéndez y Pelayo, y José Ortega y Gasset) a ganarse la gloria de una narrativa altamente elogiosa que la convertía en un momento cenital de la historia de España, bañado por las Luces de la modernización y el progreso.

Sin embargo, la incansable Clío quería dejar las cosas en su justo medio, ofreciendo no un frío eclecticismo, sino una imagen más rica, pero al mismo tiempo más matizada del siglo. Lo primero fue desvelar que el despotismo ilustrado tenía unas características muy especiales: era un absolutismo tardío, un proyecto reformista que pretendía la modernización de la economía, las relaciones sociales, la vida política y la actividad cultural. Pero, también pretendía dejar intactas las bases tradicionales: la figura del rey era intocable y estaba colocada en el vértice del plan de reforma, la aristocracia y el clero debían mantenerse en lo alto de la pirámide de la sociedad estamental, las intervenciones en la economía debían limitarse a la introducción de los avances técnicos sin poner en riesgo las estructuras fundamentales que sustentaban la prosperidad de los privilegiados, la cultura debía ser dirigida directa o indirectamente por el Estado, que controlaba las iniciativas surgidas de otros ámbitos mediante la censura o la condena. En otras palabras, el proceso de modernización tenía unos límites precisos que no podían franquearse, como demuestra el fracaso sucesivo de los proyectos más ambiciosos: la Única Contribución, las Nuevas Poblaciones, la Ley Agraria.

De cualquier forma, el balance resultaba positivo hacia 1790. Se había producido una racionalización administrativa, se podía constatar un crecimiento en todos los sectores de la economía, se advertía un aumento de la movilidad social, se había abierto paso entre un público relativamente amplio un interés generalizado por el progreso (sobre todo, en los Consulados y en las Sociedades Económicas de Amigos del País), se habían conseguido grandes logros en el campo de la cultura (las academias, los centros de investigación, las ciencias y las artes, la literatura y la música), donde se llegaría a contar con nombres muy ilustres, sobre todo a medida que se acababa el siglo: Alejandro Malaspina, Leandro Fernández de Moratín, Juan de Villanueva, Luigi Boccherini, Francisco de Goya, entre otros.

La narrativa optimista tenía su razón de ser y los éxitos en muchas de las acciones emprendidas la justificaban sobradamente. Sin embargo, José Luis Gómez Urdáñez había ido descubriendo que el régimen tenía también su lado oscuro (según una expresión hoy de actualidad y utilizada con fina ironía por el profesor Enrique Giménez en el título de su obra *El lado oscuro de las Luces en tierras alicantinas*) y, en este libro, ha dado cumplida prueba de ello, poniendo de relieve que el absolutismo, aun siendo ilustrado, había dejado en la España del siglo XVIII un reguero de víctimas.

Para ello, ha estudiado a fondo todos los entresijos de la lucha ideológica y todas las contradicciones del poder. Primero, por lo más sabido: los ilustrados fueron una minoría, que tuvo siempre en contra a una turba reaccionaria extraída esencialmente del sector de los privilegiados, la aristocracia y, sobre todo, la Iglesia, siempre campeona de la intolerancia y el oscurantismo. Luego, por un descubrimiento más reciente: la dualidad de los poderes, repartidos entre los grandes funcionarios (como los secretarios de Estado) y los grandes cortesanos (los que gozaban de la intimidad del rey dentro de la Corte, de la *domus regia*, con especial hincapié en el confesor real, sobre todo cuando se trataba de un fraile a la vez ignorante y fanático como Joaquín Eleta), cuando no había que añadir la secreta ebullición del cuarto del príncipe, convertido muchas veces en un centro conspirativo de primera entidad, y para acabar, el rey, último depositario de la autoridad, pero también zarandeado por filias y folias que alteraban el cuadro. Finalmente, por las rivalidades internas entre las facciones, entre los partidos, algunas ya muy conocidas (la conjura contra Ensenada, el motín contra Esquilache), pero otras oscuras o tergiversadas, justamente las que estaban esperando la palabra de un historiador cualificado

Por ello, las víctimas del absolutismo que desfilan por este libro pueden serlo por los ataques de la reacción aristocrática o clerical, por los intrigantes de la Corte o por sus propios colegas ilustrados, dispuestos a la zancadilla o a algo peor por motivos normalmente poco confesables, por aspirar al poder, por salvaguardar su posición, por ejercitar la venganza. Eso en cuanto a las víctimas individuales, pero el autor también nos habla de las colectivas, de aquellos que sufren la miseria, que están discriminados por motivos raciales o religiosos, que están atados al duro banco de una galera (y no turquesca), que yacen en las prisiones inquisitoriales o que, como en el caso de los gitanos, sufren una espantosa persecución y una amenaza de acción genocida por parte —no solo, pero también— de los absolutistas ilustrados.

Así, nos encontramos primero con un revelador capítulo dedicado a Benito Jerónimo Feijoo. Revelador porque al religioso benedictino lo hemos tenido siempre por un espíritu curioso, erudito y crítico moderado (según rezan los títulos de sus obras), pero resulta que era algo más: un pensador político, como se pone aquí incuestionablemente de manifiesto. Se salvó de ser víctima por la amenidad de sus artículos de variada materia, aunque requirió nada menos que la protección del rey contra sus enemigos. No ocurrió lo mismo con Melchor de Macanaz, servidor ejemplar de la monarquía, pero cuya radicalidad (auténticamente ilustrada, como subraya Teófanes Egido) le perdió, haciéndole, en las palabras de José Luis Goméz Urdáñez, inaugurar «el siglo de la crueldad», como califica al siglo XVIII en su totalidad. El laborioso funcionario no solo se atrevió a proponer una reforma del intocable Santo Oficio, sino que redactó la pieza maestra del regalismo español, el *Pedimento* de 1713, una obra a favor de los intereses de Felipe V frente a la Iglesia, pero que le valió, a sus 45 años, un destierro de otros 33 años, del que solo volvió para ser encerrado en el tenebroso castillo de San Antón de La Coruña (una especie de isla de If, según Alejandro Dumas), de la que salió a los 90 años para ser confinado en su pueblo de Hellín hasta su muerte.

El conde de Superunda, gobernador de Chile y virrey del Perú, recompensado con su ingreso en las filas de la nobleza de servicio por su enérgica actuación frente al famoso maremoto de 1746, y que abandonó Lima después de haber mantenido una agria disputa con el arzobispo de la diócesis por su actitud marcadamente regalista, es un caso especial por varias razones. Primero, porque su desgracia fue accidental, ya que le acaeció básicamente por aquello que los ingleses llaman *to be at the wrong place at the wrong time*; en este caso, por ser la máxima autoridad en La Habana en el momento de la ocupación inglesa de 1762, lo que le obligó a firmar la capitulación con el enemigo, comprometiéndose sin culpa en la más que dudosa defensa de la ciudad por parte de los verdaderos responsables. Segundo, porque resultó ser una víctima colateral del castigo ejemplar buscado con vehemencia por el colérico conde de Aranda en un consejo de guerra sin duda más político que militar, como acertadamente expone el autor del libro. La condena impuesta a un hombre largamente septuagenario (que había cumplido sobradamente con sus funciones como servidor del Estado) volvió a poner de relieve la crueldad de algunos de los más encumbrados personajes ilustrados: encarcelado preventivamente, sería desterrado a Priego de Córdoba y sus bienes, embargados para dejarle morir en la mayor indigencia.

El marqués de la Ensenada es una figura política de gran calibre y, además, ha sido muy bien estudiado por el autor del libro en dos obras ejemplares. Lo singular, en esta nueva entrega, es la atención dedicada al proyecto del ministro de extinguir a los gitanos, con medidas tan drásticas como la prisión de todos sus miembros (sin distinción de edad ni de sexo), y el intento de «solución final», mediante la separación de mujeres y hombres para evitar la propagación de la «malvada raza», es decir, con una voluntad claramente genocida. Después vendrá el detallado análisis de la conjura contra el marqués promovida por Ricardo Wall y el duque de Huéscar (luego de Alba) con la colaboración interesada del embajador inglés Benjamin Keene. Un capítulo conocido que terminó con el destierro de Ensenada a la ciudad de Granada. Finalmente, su presunta implicación en el motín de Esquilache, otro episodio de gran significación (también aquí estudiado pormenorizadamente), que supuso el exilio del ministro italiano, le valió a Ensenada un nuevo destierro en Medina del Campo, mientras en palacio se preparaba la expulsión de los jesuitas y la posterior extinción de la Compañía de Jesús. Un apartado más nos coloca ante otro aclamado personaje del despotismo ilustrado, el conde de Campomanes, presentado aquí en su vertiente más turbia como vengativo intrigante, perseguidor de los supervivientes del naufragio ensenadista: el marqués de Valdeflores (encarcelado en Alicante y el peñón de Alhucemas antes de su temprana muerte a los cincuenta años) y el abate Miguel Antonio de la Gándara, un hombre combativo que supo vender cara su piel, aunque finalmente hubiese de morir en otra siniestra prisión, la ciudadela de Pamplona.

El autor dedica otro capítulo a las desventuras del infante don Luis de Borbón, el hermano de Carlos III, que le sacrificó sin sentir el menor escrúpulo o remordimiento. Casado con una mujer de la baja nobleza del reino de Aragón (sin la asistencia del monarca a la ceremonia), mientras sus hijos perdían el apellido Borbón, fue exiliado de la Corte y obligado a vivir en Arenas de San Pedro, consolado con la bellísima música de Luigi Boccherini y retratado magistralmente por Francisco de Goya, pero sin conseguir ver nunca más al rey, que no le visitó ni en su lecho de muerte y que de su herencia desdeñó los libros y se quedó solo con las escopetas. Y, sin llegar a un espacio tan encumbrado como el de la familia real, al infante la acompaña en este capítulo un personaje de extracción menos aquilatada, el empresario musical Nicolo Setaro, acusado falsamente de sodomía (aunque el supuesto delito era en realidad de pederastia) y víctima de una conspiración urdida en las sacristías en el marco de una reacción antilustrada cada vez más descarada; acaudillada aquí por el clero bilbaíno, que bramaba contra la difusión del teatro y del drama musical, y que contó en las altas instancias madrileñas para conseguir la condena del perseguido con el apoyo incondicional del conde de Campomanes, otro de los máximos expertos, como ya hemos visto, en el ejercicio de una crueldad de manual.

La condena que causó mayor escándalo no solo en España, sino en toda Europa, fue la del gran ilustrado Pablo de Olavide (este sí un verdadero representante de las Luces en su acepción más elevada), cuyos avatares, tras las dos excelentes biografías de Marcelin Défourneaux y Luis Perdices de Blas, ha estudiado con detalle y en profundidad José Luis Gómez Urdáñez. Remitiendo al lector al excelente capítulo que se le dedica en el libro, señalemos aquí que don Pablo fue la víctima propiciatoria en un momento crucial en que las autoridades estuvieron convencidas de que era necesario un «escarmiento ejemplar» para frenar ciertos radicalismos. La conspiración fue dirigida contra el conde de Aranda, pero en la persona de un personaje de menor consideración, por una cábala constituida por el conde de Grimaldi y Ventura Figueroa, con el apoyo de Manuel de Roda y fray Joaquín de Eleta. Hay que señalar que el instrumento elegido fue nada menos que el Tribunal del Santo Oficio, la Inquisición. Y, por último, que Carlos III no fue solo un espectador pasivo que consintió el juicio y la sentencia, sino un agente activo y necesario para consumar la canallada. El calvario de Don Pablo, su encierro en las cárceles secretas de la Inquisición (que iniciaba así una actuación política que iría en aumento a medida que avanzaba el siglo), su supuesto escrito de retractación que aquí vuelve a demostrarse que no fue tal (*El Evangelio en triunfo*) y su retiro final en la bella ciudad de Baeza, a la que estaba unido por vínculos familiares, se detallan en unas páginas de lectura apasionante.

El capítulo final deja otro rosario de víctimas en uno de los más complejos periodos de la historia de España, justamente cuando el sistema del despotismo ilustrado se desmorona arrastrado por el oleaje de la Revolución francesa, dando lugar a un combate político e ideológico sin precedentes. Todos los personajes caídos en desgracia desfilan ahora uno tras otro: nada menos que el conde de Floridablanca, el conde de Aranda, el catedrático Ramón Salas, Mariano José de Urquijo, el conde de Cabarrús, Gaspar Melchor de Jovellanos. Y quizás los últimos damnificados, los propios reyes Carlos IV y María Luisa de Parma, acompañados en su melancólico deambular a través de la Europa posrevolucionaria por Manuel de Godoy, el valido vituperado, pero siempre fiel a sus señores.

En estos años de fin de siglo, la reacción se desata: todo el bloque antilustrado, con la clerigalla en primera línea (esgrimiendo la imbatible consigna de la «alianza del Altar y el Trono») levanta cabeza y toca a rebato contra las «peligrosas sectas» que destruyen el país. Era de esperar. Pero lo que quizás resulte más sorprendente y más digno de destacar es que las principales víctimas del absolutismo han sido aquellos que han tomado las iniciativas más progresistas y, por tanto, realmente más ilustradas: Macanaz con su *Pedimento*, Ensenada con su Única Contribución, Olavide con sus Nuevas Poblaciones, Jovellanos con su por otra parte muy moderado *Informe sobre la Ley Agraria*. Si además (todos) los reyes retiraban su favor (o incluso perseguían) a sus servidores más progresistas, nos encontramos enfrentados a los verdaderos límites del absolutismo ilustrado, los que justificaban las actitudes de los que se situaron en el extramuros liberal, congeniaron con la Revolución francesa, debatieron el establecimiento de un nuevo régimen en las Cortes de Cádiz, promulgaron la Constitución de 1812 y combatieron el neoabsolutismo del deseado pero indeseable Fernando VII.

Finalmente, hay que subrayar que el libro se beneficia de una de las mayores virtudes del autor, ya puesta de manifiesto en otras ocasiones. Sabemos que Maquiavelo, después de caer en desgracia, pasaba parte de sus días bebiendo algunos vasos de vino en la taberna, pero que después por las noches sacaba sus libros y entablaba un grato y profundo debate con los grandes hombres de la Antigüedad, que en la penumbra de su *studiolo* le libraban sus secretos, de los que el gran florentino sacaba muchas y jugosas enseñanzas. José Luis Gómez Urdáñez hace algo parecido, pues llega, después de leer infinidad de documentos y memorias, a entrar en intimidad con sus ilustrados, a los que trata como a asiduos compañeros, cuyas vidas y milagros conoce, por lo que, si bien siempre los saluda, no se fía de ellos la mayoría de las veces, a menos que sean víctimas del absolutismo y disfruten, por ello, de su simpatía y su solidaridad. Todo ello, como ya dije una vez, con una suave música de fondo (una sonata de Domenico Scarlatti, un villancico del padre Antonio Soler o un fandango de Luigi Boccherini), que en este caso el autor escucha como un órfico paliativo que atenúe su justo rigor con los villanos de esta historia.

Carlos Martínez Shaw
Real Academia de la Historia

1
Al lector de (buena) historia

En 1993, en un congreso en la Casa de Velázquez, tuve la fortuna de conocer a Didier Ozanam, el célebre hispanista francés experto en las relaciones diplomáticas de la España del siglo XVIII. En la conversación apareció pronto el marqués de la Ensenada, mi paisano, y el sabio me animó a que escribiera su biografía, pues desde el bosquejo de Antonio Rodríguez Villa, de 1878, nadie había intentado un estudio completo del gran ministro riojano. Mi primera reacción fue el rechazo, pues en esos momentos la biografía era un género abandonado entre los historiadores universitarios, refugio quizás de alguno de los catedráticos a los que llamábamos despectivamente positivistas. El caso es que el profesor al que yo consideraba mi maestro en la Universidad de Zaragoza, Rafael Olaechea Albistur, era uno de ellos y, sin embargo, me encantaba lo que escribía (y mucho más lo que decía). Hacía años había publicado una biografía del conde de Aranda, hoy un clásico del dieciochismo, y hasta su llorada muerte siguió trayendo a su chispeante conversación detalles humanos, a veces muy humanos, del conde y de los muchos personajes con los que se fue tropezando en la vida, entre ellos un inclasificable José Nicolás de Azara, o un intrépido escopetero real, el abate Miguel de la Gándara, agentes de preces que él había estudiado en su monumental tesis doctoral. ¡Cómo olvidar sus bromas cuando contaba la cencerrada que le dieron al conde de Aranda sus amigos cuando se casó en segundas nupcias con su sobrina nieta María Pilar, ella con 17 añitos, él... ¡con 65! El viejo y la niña...

Pocos años después me daría cuenta de que yo era un bruto, pues había tenido a mi lado a un verdadero sabio y, sin embargo, seguí contando difuntos y fanegas de trigo en La Riojita y dibujando gráficas con tinta china, tal y como hicimos todos los de nuestra generación, cautivos de aquella historia económico-social que derivó en un loco intento de cliometría en el peor de los casos.

Como mi tesis doctoral la dediqué a los pobres de Aragón y a la beneficencia en el siglo XVIII —por imposición—, llegué a contar el contenido en proteínas de las raciones de comida que les daban en la Casa de Misericordia, lo que no le gustó nada ni a mi director ni al tribunal. Tan absorto estaba yo en la ilusión de la medida que ni siquiera reparé en la importancia de un hecho impresionante que me mostraban los documentos del Archivo de la Diputación de Aragón como era la llegada a la Casa de Misericordia de Zaragoza de más de 600 gitanas procedentes de Andalucía, apresadas la mayoría en Málaga a causa de la orden de extinción de los gitanos dictada por el marqués de la Ensenada en 1749 (retomé el asunto para escribir un artículo en el homenaje a Teófanes Egido veinte años después).

Pero llegó la oposición a cátedra y en aquel tiempo hacía falta un proyecto de investigación que, en la mayoría de los casos, acababa siendo un libro. Inmediatamente me acordé de Didier Ozanam y de Ensenada, aunque todavía dudaba del valor del género para la historiografía, como puede comprobarse en la introducción de *El proyecto reformista de Ensenada*, publicado en Lleida, en 1996, por editorial Milenio, gracias al apoyo de mi buen amigo Roberto Fernández. Insistía yo una y otra vez en que el libro no era una biografía de Ensenada, dándole mil vueltas al aspecto social que subyacía en estudios sobre personajes a través de los cuales se puede interpretar una época, apelaciones a la biografía como historia social, justificaciones que pronto se mostraron inútiles y seguramente pueriles, pues estábamos a muy poquitos años del *boom* de la biografía en España. Solo unos años después de mi *primer Ensenada*, aparecieron biografías, una tras otra, y algunas llegaron a ser verdaderos *best sellers*, lo que, dicho sea de paso, nos permitió al fin reencontrarnos con el lector de historia, amante de la buena historia, al que habíamos logrado espantar años atrás con nuestras gráficas y números.

En un par de años y varias estancias de algunos meses en los dos archivos nacionales, Simancas y el Nacional —cuando estaba en Madrid, alojado en la Casa de Velázquez, donde además de pernoctar usaba su magnífica biblioteca—, había escrito *El proyecto reformista de Ensenada*, tal como fue a la imprenta. Unos años después lo que *no era* una biografía se fue completando con otros estudios en los que me di cuenta de la importancia de conocer las relaciones entre personas para entender la política, siempre recordando al maestro

Olaechea y, hasta hoy, en compañía gratísima de un amigo y un maestro al que tanto le debo, Carlos Martínez Shaw. En fin, de Ensenada eran tan importantes sus ideas y sus proyectos como la red de personajes que los iban a llevar a la práctica, la red ensenadista, que fue el tema de la brillante tesis doctoral de la profesora Cristina González Caizán, premiada por la Fundación Jorge Juan, un cenáculo madrileño que mantenía la Academia Amistosa Literaria fundada por el sabio de Novelda en 1755 en Cádiz, de la que sigo siendo miembro *durmiente*.

Tras Ensenada vino Fernando VI, ahora ya sin temores, una biografía en toda regla. Pero una biografía de un rey rodeado de ministros y cortesanos, de mujeres y artistas, de nobles aduladores y políticos astutos, de técnicos y escritores. Ya no podría escribir historia sin llenarla de hombres y mujeres y sin incorporar toda clase de fuentes, desde un pasquín a un balance de hacienda, o a un libro de matemáticas o de química, publicados en la época y quizás dedicados a un ministro o a un rey. Así me fui encontrando a los personajes que se pasean por este libro, desde Macanaz a Jovellanos, y fui sintiendo el vértigo de la política, las paradojas del poder, antes y ahora, pues a todos les unía la mudanza de la fortuna en un momento inesperado, quizás cuando pensaban que eran más poderosos. Ensenada sabía unos días antes de su caída el 20 de julio de 1754 que «la tempestad va a romper», pero no se imaginó que el rey le desterraría. Olavide se desmayó al oír la sentencia inquisitorial el 24 de noviembre de 1778, pues sabía que todos los condenados por herejes y «miembros podridos de la religión», como él, habían acabado ajusticiados. Melchor de Macanaz, que pudo intuir su primera desgracia en 1714, pues se quedó sin valedores y con la enemiga del inquisidor general, nunca pudo imaginar que, 34 años después, en 1748, sus amigos Carvajal y Ensenada le harían volver a España para llevarle preso al castillo de San Antón de La Coruña ¡a sus 78 años y después de haber pasado desterrado media vida! El fiscal Pedro Rodríguez Campomanes tuvo que ser muy listo para protegerse y evitar que le ocurriera lo mismo que a Macanaz, en su primera desgracia, la de 1715, cuando el también fiscal entonces tuvo que salir de España por criticar a la Inquisición y poner al rey por encima de la Iglesia, lo que como veremos hicieron todos los servidores del Estado en el XVIII. En fin, Jovellanos iba a Madrid, muy asustado, a tomar posesión del ministerio que le había ofrecido Godoy, pues sabía que su posición era «difícil, turbulenta y peligrosa», y todavía debió de asustarse más cuando su amigo Francisco Cabarrús, que le esperaba en Guadarrama, le contó lo que pasaba en la corte de la Trinidad en la tierra. Pero quizás nunca pensó que iban a intentar envenenarle y que acabaría pasando siete años preso en el castillo de Bellver.

Pues todo se hacía siempre «sin que lo sienta la tierra», a la manera de Ensenada, «en secreto y sin hacer ruido», como habían hecho el ministro Jerónimo Grimaldi y el gobernador del Consejo Manuel Ventura Figueroa, hechuras ensenadistas, causantes de la desgracia de Olavide ¡para vengarse del conde de Aranda! En este caso, blindando aún más su actuación, pues emplearon el «secreto de Inquisición», el más poderoso y atemorizador. Muchos personajes de primera fila, tantas veces ensalzados como grandes ministros, tuvieron buen cuidado de quemar todos los papeles que podían dejar rastro de sus actuaciones más perversas. Fueron verdaderas «cintas borradoras», como Campomanes, encargado tras los motines de orientar las pesquisas hacia los culpables que había previamente determinado, junto con Roda, y de hacer desaparecer cualquier prueba que permitiera conocer quiénes estuvieron tras el *barullo*, quizás porque podía encontrar alguna grandeza de España que no fuera adicta a los jesuitas. Goya, siempre certero en su crítica política, escribió en 1810 debajo de un dibujo suyo de un preso encadenado, en la penumbra de una mazmorra: «No lo saben todos».

A esta galería de víctimas del absolutismo, en lo alto, le faltarían piezas si no contáramos con los personajes ínfimos, la vil canalla, los que mantuvieron en marcha las bombas de achicar en los diques de los arsenales, los que remaron en las galeras, la chusma, los encadenados de por vida a la *barra*, pues una sociedad no la determinan solo las buenas acciones, los afanes ilustrados, sino también las últimas consecuencias del poder, del despotismo como era denominado en la época todo exceso, los imponderables del absolutismo ilustrado, que en el siglo XVIII fueron ante todo la limpieza del cuerpo social y la utilidad de todos los miembros, siempre bajo la autoridad, a la manera de Hobbes: toda autoridad debe ser acatada por el hecho de serlo. Nadie lo expresó como Campomanes, un hombre sabio, pero cruel. Veremos al célebre abogado adoptando medidas extremas con los más débiles, incapaz de la benevolencia, aunque nunca llegó a los extremos que veremos en la recta final del siglo ilustrado.

Como nos enseñó el maestro Franco Venturi en *Settecento riformatore*, la violencia social larvada y amenazante estuvo siempre presente al lado de los proyectos de reforma, necesarios antes de nada para mantener el régimen político, social y económico de los privilegios, el orden natural. El ilustrado Pedro Rodríguez Campomanes, que suele formar pareja con el conde de Aranda para personificar las reformas ilustradas carolinas, explicaba con suma sencillez en qué consistía ese orden a preservar. Previamente definió los «principios comunes a todos los individuos de la república: tales son los que respetan a la religión y al orden público». Si se respetan esos principios comunes, todo era natural y sencillo: «el orden público consiste en el respeto paterno, en la fidelidad de los matrimonios, en la educación y buen ejemplo a los hijos, y en que cada uno cumpla con sus obligaciones particulares», escribía el fiscal en 1775. Lo que no era natural era «el abuso de la libertad atribuida al hombre», que para Campomanes consistía en el «principio vicioso que aniquila el apoyo de las sociedades establecidas dejando al pueblo el arbitrio indefinido de destruir mañana lo que hoy se establece y así sucesivamente». No era muy diferente a lo que había escrito Feijoo cincuenta años antes, ni a lo que Jovellanos dirá ante la Junta Central Suprema, en septiembre de 1808, cuando negó el derecho de los pueblos a la insurrección, pues «sería destruir los cimientos de la obediencia a la autoridad suprema». También Campomanes, ya con el título de conde y ascendido a gobernador del Consejo de Castilla, se apartaba años antes del abismo de la revolución, lo que tanto temían todos, la consecuencia de «establecer el Gobierno democrático o popular, disminuyendo considerablemente el poder legítimo de la autoridad real». Como venían pensando desde 1766 que un motín era la disculpa para exhibir la *ultima ratio regum*, los cañones, y que esta solución era infalible —al marqués de la Mina le dio buen resultado en 1766 en Barcelona—, reaccionaron ante las primeras revueltas de lo que iba a ser la gran Revolución francesa pensando que tal vez las asonadas podrían servir «para restablecer el buen orden y el crédito en Francia, como había ocurrido en España con el motín contra Esquilache». Aunque parezca mentira, son palabras escritas por el conde de Floridablanca en una carta que envió al conde de Fernán Núñez, embajador de España en París entonces. Seguía en vigor entre los ilustrados españoles la teoría del cañonazo a tiempo, que en definitiva fue la última respuesta del régimen el

2 de mayo de 1808, aunque la mecha de los cañones la encendiera en este caso el ejército francés, que no hay que recordar que estaba en esos momentos a las órdenes del rey de España.

Y es que el siglo de la revolución fue, en realidad, el siglo de la autoridad, y bajo la invocación de la máxima autoridad —que fue sacralizada—, nuestros *ilustrados* pudieron aplicar universalmente la más refinada política represiva. Querían orden, limpieza, seguridad, obediencia, uniformidad de los súbditos en lengua y religión y... mantenimiento de sus privilegios. Todos han pasado a los manuales de historia de España, sin embargo, como próceres virtuosos, pero aquí les vamos a ver en su lado más oscuro. Ensenada, cruel con los gitanos y con cualquiera que perturbara la quietud necesaria; el duque de Alba, «hombre de tan buena fama como mal corazón»; el conde de Aranda, un militar ingenuo, pero duro y soberbio, capaz de dictar penas de muerte sin inmutarse; Floridablanca, un imitador de Ensenada, más refinado y con estudios, un buen abogado, pero que tenía claro que «los pobres son peligrosísimos», como le decía a Ventura Figueroa recordando el motín años después. Había empezado su carrera al servicio de Carlos III como alcalde honorario de casa y corte en 1763 y en mayo de 1776, fue enviado como corregidor interino a Cuenca, donde el motín de los días 6 y 7 de abril había sido muy violento. En los pocos días en que ejerció su cargo, mandó apresar a unos 60 amotinados; luego, en el proceso, se dictó una pena de muerte y varias de destierro y presidio.

La crueldad se aprendía en la práctica diaria y luego se empleaba con los enemigos políticos. Todos fueron crueles con sus oponentes, pero nadie quizás llegó a la perversidad del ministro José Antonio Caballero, el tipo más despreciable en un mundo en que aquellas intrigas que siempre habían existido entre los partidos políticos llegaron a la violencia, «a las manos», como llegó Caballero contra Godoy. Cuesta imaginar en la «España feliz borbónica» un navajazo a Floridablanca, o un intento de envenenamiento a Jovellanos y quizás también a Saavedra. Hasta el reinado de Carlos IV, al menos las canalladas se hacían con refinamiento.

Todos habían usado la dureza de la pena como escarmiento o advertencia. Todos fueron igualmente crueles con los pobres, o con los más pobres, los gitanos. Si Ensenada recomendaba quitar a los chiquillos de las madres a los doce años, el conde de Aranda pedía que se hiciera nada más ser destetados, pues según nuestro militar ilustrado aragonés, eran las madres las que les enseñaban a hablar el caló y a robar. Ya no había ni sombra de aquella caridad mal entendida. Ahora los pobres eran un peligro que exigía mano dura. Mi amigo y maestro Jacques Soubeyroux ha dedicado muchos de sus trabajos a esclarecer la situación de los pobres y los trabajadores en Madrid, allí donde eran más peligrosos para nuestros ilustrados y donde por primera vez se pusieron en marcha las ideas de la «gran reclusión» de Aranda y el utilitarismo de Campomanes.

El siglo de la Ilustración es también el siglo de la autoridad y nada lo expresaba mejor que la cuerda tirante, una metáfora que usaba Floridablanca para referirse a lo conveniente que resultaba para disuadir a pobres o presos tener siempre un ahorcado en una picota, o su cabeza en una jaula colgando de la puerta de una ciudad. La política de la cuerda tirante se empleó para que las levas de vagos tuvieran éxito, para que los gitanos tuvieran miedo y no intentaran huir de los arsenales, para que, en fin, los amotinados escarmentaran ante la horrorosa visión. La pena en la horca, o en el garrote, de tantos desgraciados convivió en toda Europa con las nuevas ideas ilustradas sobre la justicia y el castigo, siguiendo la estela de Beccaria, mientras la política real era prácticamente la misma que en la Edad Media. Así lo veremos cuando Aranda pida la pena de muerte contra los que habían perdido La Habana, recurriendo nada menos que a la Ley de las Partidas, o cuando la pida Campomanes para un inocente empresario de ópera, Niccolò Setaro, al que hundieron los curas de Bilbao valiéndose del corregidor, celebrando de paso que Aranda salía para París y ya no podría proteger a los artistas, como recordó luego con amargura Leandro Fernández de Moratín. Con Setaro en la cárcel, acusado falsamente de nefando, curas y frailes todavía se alegraron más de la marcha del impío conde. Hubieran querido también deshacerse de Campomanes, a quien los pasquines llamaban cruel, sanguinario, corrosivo, pero no lo conseguirían con él, sino con otra víctima, uno de sus amigos, don Pablo de Olavide y Jáuregui, que estaba más desprotegido y más lejos del rey. Cuando supieron que don Pablo estaba en la cárcel secreta de la Inquisición, lo celebraron con más euforia, lo mismo que hicieron cuando el catedrático de la Universidad de Salamanca, Ramón Salas, un segundo Olavide, fue reo de la Inquisición en 1795 y estuvo también encarcelado.

Y, sin embargo, mantenemos que hubo Ilustración en España y que los logros fueron muchos y en todas las esferas. En la actualidad, si nos atrae tanto el XVIII es porque hubo un proyecto político sólido, potenciado sin pausa a lo largo del siglo, que señaló los grandes problemas de una sociedad que quería y no podía, que se apocaba ante la represión y los grandes poderes, que no supo resolver el trampantojo de la monarquía absoluta y paternalista y los ministros despóticos, pero que lo intentó en todos los frentes. Comenzó con la práctica de muchas ideas que desgranó Feijoo, en apariencia con poquedad y distancia, pero que se vieron robustecidas cuando Campomanes las hizo suyas en la *Noticia* que escribió para poner prólogo a la edición de las obras del padre maestro tras su muerte, en 1764, cuando el fiscal asturiano comenzaba sus años plenamente reformistas. En ese proyecto político, con altibajos, hay una línea que separa los dos partidos políticos: por una parte, el de los constructores del Estado, ministros de baja extracción social, como mucho hidalguillos medrados; y el otro partido, el bando contrario que Teófanes Egido llamó partido español, o de los españoles. Los dos partidos se notan más cuando los grandes se ven más arrinconados: en tiempo de Felipe V, por los vizcaínos; con Fernando VI, por los ensenadistas y los colegiales; con Carlos III, por los golillas; con Carlos IV, por Urquijo, Jovellanos, Saavedra, incluso por un inclasificable Godoy.

Feijoo lo vio todo y se metió en política, como intentaremos demostrar: por eso, le hemos elegido para abrir este libro y que nos guíe en alguno de los puntos políticos del programa reformista durante la primera mitad del siglo. En la segunda mitad, el elegido es el golilla Campomanes, también nacido en cuna humilde, pero pagado de su hidalguía, pues fue el más representativo de una praxis política, despótica al principio, moderada luego, finalmente muy conservadora. Campomanes fue la inteligencia del siglo y dio prueba de que solo se podía llegar hasta donde las reformas tropezaran con los pilares del régimen, la Iglesia y la nobleza: era en definitiva lo que ya había dicho Feijoo y lo que acabará diciendo Jovellanos, que murió pensando que atacar los obstáculos de frente solo contribuía a reforzarlos.

Tener al rey al lado —a veces la firma del rey por las particulares condiciones de Felipe V y Fernando VI— era un objetivo político fundamental de cualquiera de los dos partidos. Afortunadamente, como vio Feijoo con claridad, con los Borbones del XVIII, todos adiestrados por Isabel Farnesio en el peligro que representaban los nobles, los ministros reformistas plebeyos tuvieron campo libre, aunque hubo momentos en que mudó la fortuna. No hay que decir que las víctimas que presentamos son el fruto del juego político de ambos partidos, que siempre miraron hacia el arcano regio, el que daba y quitaba. Al fin y al cabo, estamos en la plenitud del absolutismo y el rey es siempre el botón rojo. «Sin la firma del rey nada valdría», había dicho Ricardo Wall cuando esperaba la llegada de Carlos III junto al lecho del moribundo Fernando VI. La firma del rey es clave incluso cuando Carlos IV, en Bayona, permite con la suya el fin de su propia dinastía.

De todo esto hablo en este libro, uno más que doy al público amante de la historia hecha por historiadores. Ese público lleva años esperando más libros así —creo yo—, menos relatos de periodistas y novelas históricas de literatos, y más historia con responsabilidad y método, siempre fieles a la máxima crucial del historiador: el que afirma, prueba. A ese público no le hace falta un copioso aparato crítico lleno de citas bibliográficas y referencias de los archivos. Con todo, como casi todo lo que aparece en este libro es fruto de estudios previos que han sido publicados en revistas o expuestos en congresos a lo largo de más de treinta años, el lector interesado no tiene más que ir a mi página web, www.gomezurdanez.com, y buscar las publicaciones digitalizadas —casi todo lo que he publicado está ahí en formato PDF— donde encontrará las referencias necesarias. Puede hacerlo aún más fácil: buscar en Google la frase entrecomillada que le interese y seguramente le llevará directamente al párrafo o a la cita al pie de alguno de mis artículos. Y más aún, pues cuando este libro vea la luz crearé un grupo en Facebook para mantener debates y resolver dudas con los lectores, en público y sin restricciones. Este es un libro de la nueva época digital y, por eso, utilizamos la maravillosa herramienta que tanto va a cambiar la historia y ya ha cambiado nuestra vida.

Pero, cuidado, es tiempo de falsificaciones y nuevos «errores comunes», así que diremos bien alto con Marc Bloch: *dilexit veritatem,* el lema al que se aferraron nuestros ilustrados, víctimas y victimarios, desde Feijoo a Jovellanos, pasando por Goya que también pensó en «desterrar vulgaridades perjudiciales» y en dar «testimonio sólido de la verdad».

2
Lo que vio Feijoo: la Política

La guerra de sucesión y los dos partidos políticos

No se ha dicho lo suficiente, pero Feijoo reflejó nítidamente en su obra el proyecto político del reformismo ilustrado de la primera época. Precisamente, la fecha de su muerte, 1764, coincide con el reforzamiento de la concepción política probada durante décadas, en parte heredera del programa desgranado ampliamente por el padre maestro en su obra y que siempre reflejó la dialéctica de los dos partidos políticos en pugna, los dos que era posible observar en su tiempo y cuyo origen se remonta a la guerra de la sucesión. Por una parte el partido castizo, el que Teófanes Egido llamó partido español, o de los españoles, dominado por los grandes y sus *valets*, pacientes sufridores del desdén de Isabel Farnesio, que nunca confió en ellos, temerosa de su posible coaligación. Por otro, el que nació en las secretarías de despacho borbónicas ocupadas por ministros plebeyos, por el partido de los vizcaínos, el origen del ensenadismo —Ensenada llegó al ministerio en 1743 como un vizcaíno más—, o del partido ensenadista, una alternativa política sólida contra los grandes que continuaron luego los golillas Grimaldi y Floridablanca —que como veremos llegaron a confesarse hechuras de Ensenada—, basada en servir al rey y a lo que intuían ya que era el Estado, al que a veces, por incluir al pueblo, llamaban nación, un término muy utilizado por Campomanes para fundamentar la base jurídica de la política.

La oposición entre los dos partidos recorrió el siglo y se hizo más nítida con la caída de Ensenada por la conspiración urdida por el duque de Alba en julio de 1754; luego, ya muerto Feijoo, rebrotó en la trama montada por el conde de Aranda contra los golillas, primero contra Campomanes en 1771-1773, y luego contra Grimaldi en 1775-1776. El partido de estos aristócratas, cada vez más xenófobos, ocupaba los primeros puestos solo en ocasiones, pero era omnipresente al lado del rey, haciendo figura como mayordomos o caballerizos, y desde luego en el cuarto del príncipe, el lugar más favorable para su actividad conspiratoria, como demostró Aranda en su intento de utilizar al futuro Carlos IV para sus planes. Desde Feijoo, fueron duramente criticados por su vagancia y su falta de luces, pero a veces aparecía algún figurón que quería devolver a la nobleza su papel dirigente —en esto Aranda fue el líder indiscutible—, y adoptó diferentes manifestaciones: tras ocultarse contra Patiño en los pasquines y derribar a Ensenada, el partido se presentó abiertamente como el partido aragonés dirigido por el conde de Aranda, con la ayuda de su primo el conde de Ricla y de su íntimo amigo el marqués de Villahermosa. Finalmente, acabó reapareciendo en la conspiración de El Escorial y formando la camarilla de Fernando VII contra Godoy. Tuvo sus líderes, el ilustrado duque de Alba y el universitario Carvajal —que se jactaba de hablar solo en español—, luego el capitán general conde de Aranda, que despreciaba a los extranjeros que no sabían pronunciar *ajo, cuerno* y *cebolla*; finalmente el duque del Infantado y los últimos restos de aquella nobleza más arcaica y militar, todavía caracoleando al frente de sus tropas.

El mariscal de Noailles, gran conocedor de España, había escrito al llegar Fernando VI al trono: «El orgullo de los grandes sufre al verse subordinado y sometido a unas personas cuyo nacimiento es inferior al suyo, y desearían ver la vuelta del antiguo gobierno tal como era bajo Carlos V y Felipe II y sus sucesores». En efecto, pasquines como *El juego de pelota,* o *La botella de Alba,* difundidos al llegar Carlos III a España, muestran hasta dónde llegaba su orgullo herido. Ya no se recordaba la defección de una buena parte de la nobleza castellana durante la guerra de sucesión, pero seguramente Felipe V no olvidó nunca, ni perdonó en su fuero interno —menos aún Isabel Farnesio—, las adhesiones austracistas que provocó la entrada de los aliados en Madrid en junio de 1706, un momento crucial de enorme transcendencia. El gobernador del Consejo de Castilla, Francisco Ronquillo, llenó de presos las cárceles de los alrededores de Madrid, sobre todo el viejo alcázar de Segovia, pero también La Alhambra de Granada o la ciudadela de Pamplona. El marqués de San Felipe silencia el nombre de los represaliados, pero se llegó a hacer una Memoria de los que aclamaron a Carlos, entre los que había, además de nobles, personal de palacio, consejeros de Castilla, cargos municipales, altos funcionarios que nada habían podido hacer para librarse de aparecer con el archiduque en las funciones protocolarias y que fueron tratados con tal saña que hasta el furibundo borbónico Melchor de Macanaz protestó.

Entre los nobles más encumbrados, además de Oropesa, Cifuentes y el almirante de Castilla, hay que citar al duque del Infantado, preso unos meses en La Alhambra tras haberse encerrado en un convento en Pastrana sin saber qué partido tomar; a la duquesa de Alba, que acompañó al archiduque al exilio en Viena, donde dio a luz en octubre de 1714 a su hijo Fernando de Silva y Álvarez de Toledo, el duque de Huéscar, luego de Alba, que será mayordomo con Fernando VI; a la duquesa de Nájera, que murió en prisión en el alcázar de Segovia, mientras su marido acompañaba al archiduque; al marqués de Miraflores; al de Leganés, preso en Pamplona y muerto en Vincennes; al conde de Corzana, que murió en el exilio, en Viena; al de Eril; al de Haro; al de Lemos, cuñado de Medinaceli; etcétera. Tras años de sospechas, el duque de Medinaceli fue también encarcelado, en 1710, y tras probar varias prisiones acabó muriendo en circunstancias extrañas en Pamplona. La represión de la grandeza castellana fue de tal envergadura que Henry Kamen llegó a afirmar que «este fue el fin de los grandes de Castilla». Aunque matizó luego, al referirse a las consecuencias de su marginación de la política, añadiendo: «La caída de los grandes, aunque de fundamental importancia política y administrativa, tiene escaso significado en la historia social de España. Como en reinados anteriores, la nobleza siguió atrincherada en sus privilegios y sus posesiones». Sí, pero en política, no llegó a tener en todo el siglo el favor de los reyes y, por eso, el papel del partido fue en general irrelevante.

El otro partido nació también en la guerra de sucesión, con radicales servidores borbónicos como Melchor de Macanaz, Francisco Ronquillo, Juan Bautista Orendain y Azpilicueta —en 1725, marqués de la Paz, por la paz de Viena—, o José de Grimaldo —también elevado al marquesado por Felipe V—, y se reforzó con los vizcaínos de Juan de Goyeneche, Carlos Arizaga y Sebastián de la Cuadra, marqués de Villarías; se prolongó hasta Floridablanca, pasando por José Patiño Rosales, José del Campillo y Cossío y Zenón de Somodevilla y Bengoechea, marqués de la Ensenada, terminando con un plebeyo Manuel Godoy, tan astuto como para presentarse entre aragoneses (Aranda) y golillas (Floridablanca) como el hombre sin partido, o mejor: el hombre del partido único, al fin y al cabo, lo que había pretendido Ensenada, *le gran maître* de todos. Estos hidalguillos medrados fueron odiados por la nobleza, pero tuvieron que apoyarse en ella hasta que llegaron al poder: Ensenada le debió el puesto al duque de Alba y a José de Carvajal y Lancáster, de la familia de los duques de Abrantes; Campomanes, José Moñino o Manuel de Roda comenzaron sus carreras sirviendo a la casa de Alba; luego *utilizaron* al conde de Aranda. El partido de los *ensinadas* tuvo sus activos ilustrados, como Agustín Pablo de Ordeñana y Goxenechea, Miguel Antonio de la Gándara, Jorge Juan y Santacilia, Luis José Velázquez, marqués de Valdeflores, o algunos reformistas muy críticos a los que era difícil proteger al final como Juan Meléndez Valdés, o ya muy al final, Ramón Salas. Olavide fue lo que hoy llamamos un «verso suelto».

Aunque a algunos les parezca una exageración, también encontramos entre los *engagés*, en los tiempos en que el enfrentamiento no había adquirido los tintes dramáticos que tuvo tras el motín de 1766, a Benito Jerónimo Feijoo, Padre Nuestro que estás en Oviedo —como le llamó jocosamente el padre Isla—, un fraile que leyó de todo y escribió de todo, del que curiosamente lo que menos se ha dicho es que fue un hombre político. Sin embargo, toda su obra es una inquieta cavilación en torno al programa político del reformismo político, a veces con artículos directos, otras dando mil vueltas; siempre mostrándose partidario de las reformas y de los reformistas. Como veremos, no se equivocó más que un par de veces en el partido político a seguir, que fue siempre el de los servidores del Estado.

El padre, que vio el discurrir sereno de la política durante los reinados de Felipe V y Fernando VI, notó al final de sus días el vértigo de las facciones; lo atribuyó a la figura para él descomunal de Carlos III, que venía a hacer la «feliz revolución» pronosticada por el padre Isla; es natural, pero Feijoo también sabía que cuando llegó el rey a España, los nobles estaban marginados del juego político tras décadas de desidia y desprestigio, al que él mismo había contribuido con sus críticas. Siempre fue prudente, pero el padre había llegado a escribir en el primer tomo del *Teatro crítico* (TC en adelante), publicado en 1739: «¿Qué caso puedo yo hacer de unos nobles fantasmones que nada hacen toda la vida, sino pasear calles, abultar corrillos y comer la hacienda que les dejaron sus mayores?» (TC, VIII: 12).

A la marginación política que había sufrido la nobleza en los reinados de Felipe V y Fernando VI, se sumaba al comienzo del reinado de Carlos III, la que les provocaba la nube de italianos que rodeaba al rey. Hacía falta un golpe de timón, se decía entre ellos, la nobleza debía formar al lado del rey para dar un nuevo rumbo al país, pero no había nadie dispuesto, a no ser que el conde de Aranda tomara las riendas. Pero Aranda estaba en Valencia, de cuartel. Los motines de 1766 le traerían a Madrid, como al duque de Alba, al lado del rey en Aranjuez, y a la vez contribuirían a crear una nueva política, en parte más dura en la exhibición pública de las herramientas del poder, ahora más militar que nunca. Como una paradoja más, la plenitud de la autoridad monárquica y el ascenso de una nueva clase política provocó, entre 1767, tras la expulsión de los jesuitas, y 1773, cuando Aranda dejó Madrid para servir en la Embajada de París, un apogeo de las Luces, un tono inusitado de optimismo, que solo empezó a decaer cuando se produjo el «giro de los golillas», a partir de 1773 y sobre todo en 1775-1776, cuando la corte se inundó de pasquines —la reacción brutal de Aranda contra los perdedores de Argel, Grimaldi y el general O'Reilly— y el rey sufrió su particular *annus horribilis*. Durante esos años, entre 1773 y la caída de Grimaldi a finales de 1776, las víctimas del despotismo se multiplicaron y la Inquisición, aprovechando la conspiración de Grimaldi y Ventura Figueroa contra Olavide —la víctima propiciatoria—, siempre con la anuencia del rey, se reforzó y demostró al mundo que todavía tenía poder a costa de hundir a la hechura más perfecta de Aranda. Antes había caído Setaro y muchos otros del mundo del teatro, de la ópera y de las artes, como denunció años después Moratín hijo recordando el riesgo en que les dejó la salida de Aranda del poder. Como dice Concepción de Castro sobre los políticos de la talla de Campomanes, Floridablanca, Roda, Aranda, etcétera, «ellos fueron quienes, con el rey, hicieron posible el clima en el que seguirá publicando Mayans, por ejemplo, y en el que se desarrollarían los eruditos, intelectuales y literatos de las generaciones siguientes, desde Capmany, Clavijo o Cadalso, hasta Jovellanos, Meléndez Valdés, Iriarte o Moratín».

Feijoo y Campomanes: el marco ideológico del siglo

Que Gonzalo Pontón diga de Feijoo que fue poco menos que un pobre hombre que solo pretendió «llenar páginas y páginas de ocurrencias para, al final, colar su mercancía», no debe desanimarnos; al contrario, debemos tomarlo como una invitación a descubrir qué clase de mercancía es esa que llegó a despertar el interés de Campomanes —y de Olavide— y que, además, convirtió la obra del fraile en el *best seller* del siglo, en España y en América. Para empezar, el discípulo de Josep Fontana afirma en su *Lucha por la desigualdad* que «el fraile benedictino no tiene ninguna intención reformista seria», lo que de nuevo invita a reflexionar sobre el significado de las reformas en España en la primera mitad del siglo XVIII, que obviamente no obedecían a la pretensión de cambiar drásticamente el sistema (en ese caso no hubieran sido reformas). ¿Cómo descubrir, por otra parte, que la *intención reformista* de alguien es seria o no? Afirma también Pontón que «su escepticismo (el de Feijoo) no es, desde luego, el de Hume», sin que sepamos por qué debía haberlo sido. Y finalmente, concluye: «Leer su *Teatro crítico universal* es, hoy, tarea ímproba», en lo que le damos la razón; según la Real Academia, una tarea ímproba es un esfuerzo intenso y continuado.

Ya en su tiempo, Feijoo recibió invectivas como las del franciscano Francisco Soto y Marne, que inclinaron al mismísimo Fernando VI a tomar partido por el padre maestro y decretar que nadie osara criticarle; o las de Manuel Miguel Lanz de Casafonda y Ozcoidi en *Diálogos de Chindulza*, que despreció al fraile que escribía de medicina y desaconsejaba estudiar griego —«verdaderamente es grande el daño que puede causar la opinión de este padre, que es venerado por oráculo en toda España y en las Indias»—; en la misma línea, el catedrático de matemáticas Diego de Torres Villarroel, le llamaba «reverendo mortal o crítico, que todo es uno», casi cuarenta años antes, cuando ambos eran antinewtonianos, un defecto que Feijoo sí corrigió en adelante, pero no el inclasificable catedrático y torero, correveidile de la casa de Alba, con toda seguridad el peor catedrático de matemáticas de la historia de España.

Hay muchas visiones sesgadas sobre el siglo ilustrado en el libro de Pontón, pero no es ese el principal problema. Lo más desafortunado es que plantea una batalla —la batalla del siglo— que da por perdida de antemano al desechar como inservible todo lo que huela a reformismo. Seguramente, él hubiera querido que, no solo Feijoo, sino sus abuelos, hubieran deseado tomar la Bastilla para ahorrarnos trabajo, puesto que solo la revolución puede adelantar la liberación de las cadenas. Sin embargo, a nuestro juicio, entender a Feijoo es entender el siglo, que es nuestra obligación como historiadores. Tanto es así que en adelante nos serviremos de Feijoo como guía político, pues da el tono realista de una Ilustración serena y práctica, posible, por supuesto católica. ¡Como si pudiera ser de otra manera! Ciertamente, una Ilustración con fuertes resabios frailunos, que el padre no ocultó, aunque tampoco utilizó nunca la influencia que pudo darle su posición en las «prisiones cortesanas», de las que huyó.

Es cierto que Feijoo aceptó la pena capital con el torpe argumento de que así, tras pasar por el garrote, se evitaba que el reo volviera a delinquir, a pecar, para la mentalidad de Feijoo. Esto lo resalta Pontón para denigrarle, pero esa forma de pensar era habitual no solo entre la clerigalla medievalizante, sino en los salones ilustrados, como demostraremos al ver desfilar a nuestros venerados próceres por escenarios de infinita crueldad; y no solo contra los desgraciados, sino también cuando las víctimas eran de los suyos, como ocurrió en los casos de Macanaz, Gándara, Olavide o Jovellanos. Costó mucho que las nuevas ideas sobre las penas —Beccaria publicó su tratado diez años después de morir Feijoo— llegaran a los tribunales, igual en España que en otros países europeos. En realidad, deberíamos decir, en relación con la pena de muerte, que sigue costando mucho intentar su abolición, una contradicción en tiempos de respeto de los derechos humanos que arranca precisamente de la Ilustración, un tiempo de obligaciones más que de derechos, como puede verse en el mismísimo Kant cuando plantea el «qué debo hacer» como imperativo moral.

El ideólogo español más político de la segunda mitad del siglo, Pedro Rodríguez de Campomanes, es uno de los muchos ejemplos de la contradicción y la paradoja: por una parte, ilustrado, culto y dispuesto a combatir la superstición de la clerigalla que dominaba sobre la España *inerte*; por otra, cruel y despiadado cuando pensaba en el ordenamiento social y en su posible erosión, déspota, como veremos. Si lo traemos aquí es porque no solo vio en Feijoo al pensador de las ideas políticas originarias del «régimen que hay ahora» —palabras de Feijoo al ponderar la obra política de los ministros de Fernando VI—, sino porque Campomanes apoyó plenamente las ideas del padre al publicar sus obras y escribir como prólogo la *Noticia,* una biografía de Feijoo *pro domo sua,* completamente utilitaria, en la que el recién nombrado fiscal del Consejo de Castilla atraía a su terreno al escritor para hacerle nauta político de las grandes realizaciones del siglo hasta entonces. En 1765, Campomanes necesitaba todavía las ideas protectoras de Feijoo, pues ya había arriesgado como fiscal del Consejo de Castilla descubriéndose partidario de la desamortización, del trabajo honrado, de la educación de los artesanos, contra los errores arrastrados por «la sangre noble y su viciosa perpetuación», en fin, las ideas que el Estado –es decir, el despotismo ilustrado en acción— debía ser capaz de llevar a la práctica, aunque sabía perfectamente los riesgos que eso iba a producir (solo tenía que recordar las críticas que sufrió y seguía sufriendo el *real protegido*, el *sabelotodo* Feijoo).

Forzando la máquina, Campomanes hizo de Feijoo un precursor del entramado ideológico que propició el desarrollo del Estado, aún a sabiendas de que la visión política del padre llegaba como mucho hasta aceptar «un cuerpo de Estado donde debajo de un gobierno civil estamos unidos por la coyunda de unas mismas leyes» (*Glorias de España*, TC, IV: 13-14), rozando la visión más estatista del togado Campomanes, basada en la fundamentación legal de las instituciones y en su desarrollo al calor del Derecho, o sea, de la Razón. No hace falta insistir en que, para Feijoo, la política no podía quedarse solo ahí, pues en último término dependía de Dios que influía en el príncipe para que evitara la tiranía, igual que para Saavedra Fajardo, a quien citó a menudo. Para Campomanes, sin embargo, Dios era prescindible en la praxis política, como para Ensenada, que llegó a decir: «La religión, por las contingencias», aunque sobre esto había que callar y hasta fingir. Feijoo ponía el contrapunto: «Con más seguridad, y facilidad logran sus fines los políticos sanos, que van por el camino de la rectitud, y la verdad, que los que siguen la senda del artificio, y el dolo; que aquella es la política fina, y esta la falsa» (TC, I: 1). Pero ¿cuál era el camino para la «política fina»? Pues sencillamente lo que hemos llamado reformismo borbónico. Como los fundamentos del sistema eran inamovibles, solo era posible reformar lo que se pudiera, es decir lo que el rey, la Iglesia y la nobleza estuvieran dispuestos a permitir. La Razón debía ser el instrumento para que los dos pilares del Antiguo Régimen cedieran algo en sus privilegios, incluso para que llegaran a colaborar, y en efecto a veces fue posible. En vida del padre de Oviedo, por la imposición; después, por la fuerza de las leyes.

Reformar... sin y con la nobleza

Como han puesto de relieve todos los historiadores, Feijoo no se sujetó a un plan en nada, menos en sus ideas políticas, que están dispersas en todos sus escritos. Lo que acabaría siendo su *Teatro crítico,* iniciado cuando ya tenía 50 años, es el resultado de un vasto universo de ideas susceptibles de crítica, como si se enfrentara a un erial, producto del siglo de la decadencia en que había nacido, en fecha tan lejana como 1676, y de su triste final, el rey enfermo, la guerra de la sucesión, las dificultades de los ministros plebeyos —la caída de Macanaz, las críticas contra Patiño, las sátiras contra los vizcaínos—, de lo que él fue testigo y víctima. Daba igual por dónde empezar, pero había algo en lo que el consenso era general: el método a seguir en política debía ser la reforma. Así lo expresó Feijoo:

> No hay duda en que el particular que violentamente pretende alterar la forma establecida de gobierno incurre la infamia de sedicioso. Pero asimismo el magistrado que cierra los oídos a cualquiera que con el respeto debido quiere representarle algunos inconvenientes que tiene la forma establecida, merece la nota de tirano. Mayormente cuando el que hace la representación no aspira a la abrogación de leyes, sí solo a la reforma de algunos abusos que no autoriza ley alguna y solo tienen a su favor la tolerancia. (TC, VII: 11).

«Reforma de algunos abusos que no autoriza ley alguna», ese era el camino. Primero, señalar los abusos que no justifica la ley y, luego, reformar; palabras casi idénticas a las de Campomanes, que añadía algo que iba de suyo: «El poder de los magistrados deriva de la autoridad soberana y legislativa del monarca». El agente no debía ser el vulgo, la «turba de necios» —al que Feijoo dedicó el primer discurso de *Teatro crítico* y del que espera poco: «Verá mejor al sol un águila sola que un ejército de lechuzos»—; tampoco el particular —es decir, el propio afectado—, sino el magistrado, toda vez que su poder emana del rey. La reforma se debía hacer desde dentro del sistema y por aquellos «que pueden mandar y proteger», la idea que dominó en el siglo, la *auctoritas* como acción no como represión. Campomanes, que en 1765, cuando escribió la *Noticia,* mantenía buenas relaciones con la casa de Alba y con quien luego sería presidente del Consejo de Castilla, el conde de Aranda, dejaba espacio aquí para el tipo de noble al que había que sumar a las reformas, aunque mantenía el tono crítico de Feijoo y de tantos otros. «La nobleza —escribió— se adquiere con las acciones ilustres a beneficio de la nación, y se conserva con la continuación de ellas en los descendientes; no con la ociosa posesión de las rentas adquiridas por la virtud de los antepasados».

La crítica contra la nobleza ociosa se abrió curso sin obstáculos desde que la nueva dinastía se rodeó de abogados —los cagatintas, como llamaba el conde de Aranda a los abogaduchos como Campomanes, o los sármatas como Grimaldi— y los elevó a los principales puestos ejecutivos al crear para ellos las secretarías y la vía reservada. El régimen de «ministros con el rey» se demostró útil para apartar a los grandes y dar paso a servidores del Estado como Macanaz, Grimaldo, Orendain, Patiño, Campillo, Cuadra (Villarías), Somodevilla (Ensenada), Campomanes, Moniño (Floridablanca), hidalguillos medrados, a los que, como mucho, se les vestía de marqueses o condes para adornar el cargo y para que el rey tuviera siempre al lado gente noble. No es que hubiera en la Corte un partido de mentalidad burguesa del que Feijoo fuera *portavoz espontáneo*, como mantiene Iris M. Zavala y aprueba Giovanni Stiffoni —para eso es muy pronto todavía—. Lo que había, y Feijoo y su amigo Sarmiento lo sabían, era un gran peligro en el partido de los grandes, que no dejó de moverse en torno al cuarto del príncipe Fernando desde que Felipe V volvió —ilegalmente— al trono otra vez, en 1724, y desde que comprobaron que Isabel Farnesio apoyaba un Gobierno de ministros plebeyos y les detestaba. La reacción en contra aumentó la potencia y cohesión del partido, como suele ocurrir todavía hoy: una mala oposición refuerza al poder.

Al criticar a la nobleza y elogiar el trabajo, Feijoo se ponía a la delantera de la política del siglo en los aspectos más temerarios, los que podemos rastrear en el mayor instrumento antifeudal del siglo XVIII, el catastro de Ensenada —el trabajo es la medida de la riqueza, iguala a todos, puro materialismo—; también en los fundamentos ideológicos de Campomanes sobre la desamortización y, desde luego, en las críticas de Jovellanos contra el mayorazgo en la reforma agraria, iniciada por Campomanes y Olavide, precisamente retomando alguna idea de Feijoo. Ahora bien, una *empresa* de esa envergadura tenía que producir contradicciones en un hombre como Feijoo, al fin y al cabo un benedictino y, por eso, el padre no olvida nunca citar las raíces nobles de todos aquellos a los que pide aprobación o dedica su obra. A veces incluso llega a ser empalagoso, como en la dedicatoria a Gaspar de Molina, obispo y gobernador del Consejo de Castilla, a quien le recuerda todos sus ancestros nobles: «Siendo tan excelso el origen de los Molinas, aún lo es más el de los Oviedos» (TC, VIII).

Feijoo debía saber que nadie que no fuera noble llegó a obispo en el siglo XVIII, así que al reflejar que el obispo también era conde seguramente se le escapó alguna sonrisa picarona. Y es que esta era la gran paradoja que quizás entendamos mejor con las propuestas teóricas de Pierre Bourdieu, que Jacques Soubeyroux ha aplicado a su *construcción* de un Goya que desprecia la nobleza, pero que no deja de pedir que le reconozcan, a él y a su familia, la condición de infanzón (hidalgo). A favor y en contra, *avec et contre*, así se fue modulando la política de los reformistas contra el viejo orden feudal, al que indefectiblemente pertenecían.

La utilidad, lo que Dios crio y lo que fabricaron los hombres

La segunda idea política del programa feijoniano es el utilitarismo como norma y finalidad del Estado. Estaba presente en las Cortes de toda Europa, pero Feijoo la tomó de su amigo el padre Sarmiento, a cuya tertulia acudió un joven Campomanes que siempre mantuvo con él una amigable relación. Sarmiento también era aficionado a la historia —como Campomanes que llegaría a ser director de la Real Academia de la Historia— y escribió algunos textos muy críticos contra la parálisis económica de España. También se nota en Feijoo la influencia de los escritores *económicos*, como Jerónimo de Ustáriz o Francisco Javier de Goyeneche, cuyos libros elogió.

Enunciada así, la idea del utilitarismo parece descargada de peligro, pero sus consecuencias eran entonces, para muchos —entre ellos, la mayoría de los eclesiásticos—, puro materialismo, efecto perverso de la política secularizada e impía. «Los pobres siempre los tendréis con vosotros», dice el mensaje evangélico, pero había escritores que no se daban por satisfechos e indagaban en las causas de la pobreza, por otra parte, la gran justificación de la caridad, lo que hacía frivolizar a Voltaire —un escritor que Feijoo citaría como fuente—, que veía en la caridad la justificación de las riquezas del clero. Nada podía satisfacer más a Campomanes que los discursos feijonianos sobre el trabajo honrado, el fomento de la agricultura y la lucha contra la ociosidad, la discriminación entre pobres y ociosos, el empleo cabal de la limosna, la construcción de hospicios, establecimientos útiles, en fin, la estatalización de la caridad, su tránsito hacia la beneficencia ilustrada. Estos eran los temas que ocupaban al fiscal cuando escribió la *Noticia*, pues el mismo año publicaba el *Tratado de la regalía de amortización*, aunque ya se anunciaban en su primera obra, el *Bosquejo de política española* (1750). Por eso, escribió en la *Noticia*, trayendo a su lado al propio papa: «Hicieron las razones del padre Feijoo tanto efecto, que el gran papa Benedicto XIV asintió a esta reformación (moderar los días festivos) con gran utilidad del Estado; y el mismo concepto formó de los *Discursos* de nuestro sabio sobre la reformación de la música de los templos». En efecto, el papa citaba expresamente a Feijoo en la encíclica *Annus qui*, publicada en febrero de 1749.

«Esta reformación con gran utilidad del Estado» incluía también la política de hospicios y concentración de rentas de fundaciones pías. Descrita por Feijoo admirablemente provocó, sin embargo, la oposición de muchos prelados, conscientes de que era el comienzo de la intervención estatal en su monopolio, el de la caridad bien entendida, que quedaría en manos del Estado leviatán y su instrumento, la Razón. Campomanes vio con claridad el riesgo al que se enfrentaba el Estado, la maquinaria ciega descrita por Hobbes —a quien Feijoo criticó expresamente—, pero el padre solo lo pudo intuir, sin ver todavía los peligros a que se exponía al apoyar la línea más dura de la política del despotismo contra los vagos:

> Averigüen quiénes son y dónde moran los mendigos válidos, o capaces de trabajar, que acuden a ella: hecho esto, lo avisen a la Justicia, la cual encarcelándolos luego al punto, en cumpliéndose un número suficiente, con público pregón hará constar a todos, que hay tantos hombres y tantas mujeres ociosas para que los que necesitasen de su servicio, o ya en el cultivo de los campos, en los oficios domésticos, acudan para que se les entreguen, con pena de doscientos azotes o de galeras a los que desertasen. También se podrían sacar de estos todos los hábiles para la guerra, remitiéndolos a temporadas a esta o aquella guarnición, como se hace con los delincuentes que envían a galeras. (TC, VI: 1).

Qué más podía querer un Campomanes que solo un par de años después iba a poner en marcha, con Aranda y Olavide, en 1766, el plan de recoger mendigos, esos «seres peligrosísimos» de los que hablaba Floridablanca todavía diez años después, que, como veremos, ya solo eran considerados un peligro para el Estado. Mano dura y cuerda tirante.

La monarquía, al lado de las reformas, y la oposición

Como no podía ser de otra forma en el siglo, Feijoo comprendió el papel crucial de la monarquía, aunque tuvo que callar mucho sobre la vida cortesana a la que renunció. Resulta paradójico, pues el padre vivió bajo el reinado de tres reyes enfermizos y locos —no es extraño que Carlos III le pareciera un gigante— y, sin embargo, como veremos, la monarquía fue pieza angular en su ideario. No había otra opción; como decía un pasquín a la caída de Ensenada: «Los arcanos del rey no se indagan, se veneran». Nunca, por tanto, habrá en sus escritos una mínima crítica política coyuntural, por más que le llegaran pasquines, ejemplares de *El Duende*, rumores y toda clase de sátiras sobre la vida cortesana organizada en torno a un rey loco y una reina empeñada en gobernar, unos príncipes de Asturias relegados por la madrastra y un partido español suspirando por llevar al trono a la gran esperanza, Bárbara y Fernando, objetos de especial adulación.

Su estancia en Madrid —en 1726, cuando publicó el primer volumen del *Teatro crítico*, y un mes en 1728— fue suficiente para entrever la *fermentación* constante en que vivía la corte; «las prisiones cortesanas, donde al más astuto salen canas», en frase de su amigo el jocoso padre Isla (que la tomó de la «Epístola moral a Fabio», de principios del siglo xvii). Todavía recordaría el tema en las *Cartas eruditas*, expresamente en la que titula «Ingrata habitación la de la Corte» (CE, t. III: 25), donde lanza sus peores dicterios contra el mundo cortesano, «...donde hierven las pretensiones, hierven ciertas especies de vicios, con quienes tengo especial ojeriza: la hipocresía, la trampa, el embuste, la adulación, la alevosía, la perfidia. Aborrezco la hipocresía (...) las Cortes son los teatros donde la fortuna principalmente reparte sus favores o aflige con sus desdenes».

Feijoo vivió en la corte un tiempo de grandes alborotos. Felipe V había vuelto al trono, o más bien, Isabel Farnesio le había obligado, llegando incluso a mezclar al papa. Era la primera gran estrategia farnesiana, pues la *casamentera* de Europa tuvo que empeñarse a fondo para hacer volver a Felipe V al trono en agosto de 1724, ya que en otro caso hubiera sido proclamado Fernando, el hijo de la *saboyana*. Hasta hubo que cesar al padre jesuita Bermúdez, el primer español confesor regio, que intentaba convencer a Felipe V de que no podía volver a ceñir la corona, pues rompería su juramento. Farnesio montó en cólera contra este padre, al que llamó Judas, pérfido, traidor; hasta dijo que prefería morir sin auxilios espirituales que recibir la comunión de manos del padre Bermúdez. Pero también empleó la delicadeza y, con su proverbial mano izquierda, pidió al nuncio Aldobrandini que convenciera a Felipe V, a la vez que hacía nombrar a un nuevo confesor, el padre Clarke, al servicio entonces de los embajadores del imperio en Madrid, lo que podía contribuir a asegurar el matrimonio de su adorado hijo primogénito Carlet, el futuro Carlos III, que ya tenía concertado con una princesa austriaca (María Teresa, la que luego llegaría a emperatriz). No tenía mal olfato la parmesana —que no picó tan alto cuando concertó el matrimonio de su hijastro Fernando con una portuguesa—, pero tampoco lo tenía Feijoo, al que le tocó vivir en Madrid los fastos de la paz de Viena, el escandaloso final de Ripperdá y el ascenso de Orendain y los vizcaínos, Juan de Goyeneche, Ustáriz, etcétera. No es nada extraño que este primer periodo político culmine con la dedicatoria del tomo cuarto del *Teatro* al infante Carlos, el gran triunfador de la negociación con Inglaterra en el Congreso de Sevilla de 1729, del que salía hecho duque de Toscana y Parma gracias a los ingleses... y a su madre Isabel Farnesio, la parmesana. Con todo, como veremos, Feijoo buscó otros argumentos para justificar la dedicatoria.

Las Cortes eran un teatro, había dicho el padre, «donde hierven las pretensiones», es decir, los objetivos de los partidos, el que está en el poder y la oposición. Es preceptivo que un partido político necesite una oposición, pero, como ha resaltado Teófanes Egido, en el reinado de Felipe V, el *otro* partido apenas pudo organizarse de manera eficaz, aunque dejó rastro en todos los ámbitos, entre ellos, la sátira política; también contó con personajes activistas, como por ejemplo un inclasificable Diego de Torres Villarroel al que vamos a sorprender como conspirador en varias ocasiones, siempre al servicio de la casa de Alba. Este personaje, del que resaltaremos por ahora que era lo contrario de Feijoo, también había visto en el infante Carlos al astro emergente. Fue en El Escorial donde estuvo invitado para celebrar el 25 de octubre de 1726 el aniversario de Isabel Farnesio, en la fiesta ofrecida por el propio infante. Este imprimió en su imprenta, a los 9 años, el almanaque de Torres del año siguiente, el año en que también le iba a dedicar la primera parte de las *Visiones y visitas*... Por supuesto, el almanaque iba dedicado a Felipe V.

Comenzaba así Diego de Torres una vida apegada a los poderosos que le llevaría a ser un recadista de los grandes y a frecuentar a los ministros, más al noble Carvajal que a Ensenada. En el trozo quinto de su *Vida*, Torres confesó que cobraba en aquel entonces dos mil ducados de renta «en cinco posesiones felizmente seguras», que debía la primera a la duquesa de Alba; la segunda, a su hijo, el duque de Huéscar; la tercera, al cardenal de Molina; la cuarta, al conde de Miranda; y la quinta, al marqués de Coquilla.

Quizás Feijoo, que estaba en Madrid cuando Torres se jactaba de entrar en los mejores palacios, se hizo eco luego de las famosas tonterías del catedrático, del que dijo el padre Isla que era «un bello lienzo bien imprimado que no tiene entera pintura, sino tal cual chafarrinón de todas tintas». En una de las suyas, el que había sido hasta torero había alborotado Madrid al propalar cuando estaba hospedado en la casa de la condesa de Arcos, en 1723, que los duendes daban golpes en los pisos superiores por las noches. A Feijoo, estas habladurías le produjeron risa y saltó con su discurso sobre los duendes y los ruidos: «que pudo hacer (...) el viento, o un gato, o un ratón, o un doméstico que quiso hacerle aquella burla, para tener después de qué reírse»; para concluir que «las narraciones de espíritus familiares solo se hallan en el vulgo, o en algún autor nimiamente crédulo y fácil, que andaba recogiendo cuentos de viejas para llenar un libro de prodigios» (TC, III: 4).

Como es sabido, Torres fue uno de los críticos expresos de Feijoo. Catedrático de matemáticas —la «ciencia forastera», según Feijoo— y antinewtoniano, acabó desenmascarándose en el asunto de la censura de las *Observaciones astronómicas*, de Jorge Juan. Torres quiso nada menos que añadir a la obra del sabio alicantino —uno de los mejores amigos de Ensenada— unas «prevenciones que le parecen precisas a don Diego de Torres Villarroel antes de entrar a la narración de las observaciones con que se intenta persuadir que es elipsoide la figura de la tierra y dificultades que se le ofrecen para no consentir en negarle su demostrada redondez».

Como ha apreciado Jacques Soubeyroux, esta respuesta revelaba el «espantoso retraso» de Torres, al que el padre Burriel, que había mediado con Gregorio Mayans ante el inquisidor Pérez Prado para evitar el escándalo, acabaría llamando «el más necio que vi en mi vida». Jorge Juan, muy enfadado, llegó a pensar en publicar el libro fuera de España antes de someterse al *diktat* de la ignorancia.

En adelante, veremos la deriva de Torres y su papel en el partido de la oposición. Como oía a los grandes atizar todos los fuegos contra los hidalguillos medrados, tendremos en Torres —figura política que necesita un estudio meditado— un buen contrapunto al padre maestro para guiarnos en los vericuetos de los intelectuales y la política.

Proteger y protegerse

Los peligros del siglo político obligaban a tener valedores, también si se trabajaba con la pluma en la mano. Todos los ministros plebeyos, en un momento de su carrera, tuvieron que salvar graves obstáculos; algunos fueron víctimas tempranas, como Macanaz, generalmente por sobrepasar los límites impuestos por el régimen que todos conocían. De Macanaz a Ensenada, la nómina de caídos es extensa (no hay que advertir que caían los plebeyos, nunca los grandes). A los que vivieron de la pluma les pasó algo parecido. Incluso Feijoo fue denunciado ante la Inquisición, como la mayoría de los *críticos*, esos que le causaban gracia, pues España se había llenado de ellos. «Desdichada la madre que no tiene algún hijo crítico» (CE, II: 18), escribió con socarronería.

Así que nuestro padre tuvo que aguzar el ingenio y pensar cada vez más políticamente en la medida en que aumentaban sus enemigos o él se adentraba más en terrenos delicados. Las primeras dedicatorias y aprobaciones son muy neutrales: son las del religioso y universitario que cumple con sus obligaciones. Por ello, dedica el primer tomo del *Teatro crítico* a su general, José Barnuevo, y es censurado por su maestro, Antonio Sarmiento de Sotomayor —los dos llegarían a obispos—; es aprobado por un franciscano, Domingo de Losada, y censurado también por un jesuita, Juan de Campo-Verde, que es el más influyente, pues es profesor del Colegio Imperial y tiene relación con los antiguos confesores jesuitas del rey, los padres Daubenton y Bermúdez, y con el nuevo, el padre

Clarke, la opción de Isabel Farnesio, como ya hemos visto. Sin duda, Campo-Verde está bien informado de la caída de Bermúdez y de la nueva política que se llevaba en la Corte después de la paz con Viena, pues tenía línea directa con su embajada. La carta de Luis de Salazar y Castro que acompaña al primer tomo sigue en el tono del intelectual, pues se trata del cronista general de España e Indias, relacionado con la Biblioteca Real, escritor de genealogías en decenas de obras, perfecto conocedor de la nobleza. Él era un simple hidalgo de procedencia burgalesa (dejó la colección Salazar y Castro de la Biblioteca Nacional).

Los dos tomos siguientes, de 1728 y 1729, están en la misma línea. Frailes, universitarios, colegiales en las dedicatorias; incluso cuatro monjes de San Vicente, de Oviedo, que «gozan de su apreciable compañía». Ya han comenzado las críticas contra Feijoo, pero parece poder defenderse con sus propias fuerzas y los muchos amigos. Algunos detractores como Torres Villarroel dispararon contra él sin importar el tema en su polémica con Martín Martínez, gran amigo de Feijoo, al que reprochaba «las más vertidas cóleras de su ignorancia». Pero no todas las críticas venían del entorno erudito. Una se había producido muy arriba y el propio Feijoo la escuchó en persona: era la que el infante Carlos lanzó contra el papel que Feijoo reservó a España en el discurso 15 del tomo II de *Teatro crítico.* El joven Carlos —tenía 12 años— se había enojado al ver esa «tabla del cotejo de las naciones, compuesta por un religioso alemán y estampada en mi segundo tomo», y le había producido tal indignación que la juzgó digna de las llamas. «Yo mismo oí a Vuestra Alteza la sentencia», escribe Feijoo en la dedicatoria del tomo IV, mostrándose dispuesto a «desagraviar a la Nación», como había hecho ya en el discurso 10 del tomo III exaltando el amor a la patria.

Así, pues, la célebre dedicatoria al infante Carlos —«tributo forzoso»— en ningún caso puede tomarse como una disculpa para buscar el favor material del personaje encumbrado, como sí hacía Diego de Torres. Se trata, por el contrario, de un desagravio cargado de intención política, pensando seguramente más en Isabel Farnesio que en el hijo. El escritor no tenía más remedio que «desenojar a Vuestra Alteza y desagraviar la Nación», una rectificación en toda regla a la que dedicará los dos últimos discursos del tomo, nada menos que las «Glorias de España», que de consuno con su amigo Sarmiento tenían el propósito de asentar los fundamentos de una monarquía de origen histórico.

Sin embargo, Feijoo no se libró nunca de su célebre anglofilia y su no menos conocida aversión por los franceses, lo que le siguió acarreando disgustos. En el mismo discurso del tomo II, había escrito:

> Si entre las naciones de Europa hubiese yo de dar preferencia a alguna en la sutileza, me arrimaría al dictamen de Heidegero, autor alemán que concede a los ingleses esta ventaja. Ciertamente la Gran Bretaña, desde que se introdujo en ella el cultivo de las letras, ha producido una gran copia de autores de primera nota» (TC, II: 15).

Decir esto en 1728, cuando hacía un año había comenzado la guerra contra Inglaterra, era, cuando menos, inoportuno. El Congreso de Soissons se estancaba, pues Felipe V, en medio de un fuerte episodio de locura, se negaba a aceptar el artículo 10 del Tratado de Utrecht, el que ratificaba la pérdida de Gibraltar, que estaba siendo atacado por primera vez desde la paz. Todo elogio del enemigo tenía que producir reticencias y tampoco Feijoo se había mostrado muy acertado al intentar racionalizar las causas de la «antipatía entre franceses y españoles», a lo que dedicó el discurso 9 de ese mismo tomo II. Por más que se esforzó, ni el argumento de que habían sido las guerras las que habían separado a las dos naciones, ni el poco afortunado «paralelo entre turcos y persas» —franceses y españoles, ¡asiáticos!—, podían arreglar lo que para muchos era un grave error político, cuando no un desvarío. España podía ser una monarquía de origen histórico, española desde Túbal, pero la dinastía Borbón estaba por encima de todo. Afortunadamente, los ingleses firmaron el Tratado de Sevilla el 9 de noviembre de 1729, en el cual, a cambio de quedarse con Gibraltar, reconocían a Carlos como duque de Parma y de Toscana, lo que Feijoo podía aprovechar para, justo un año después, escribir la dedicatoria y el desagravio al príncipe triunfador, celebrando así el primer éxito rotundo farnesiano. El padre pudo haber aprendido la lección y moderar su anglofilia y su francofobia, pero, como veremos, volverá a provocar otro embrollo cuando, en 1750, ponga por delante las virtudes de Pedro I el Grande y rebaje el mérito de Luis XIV.

En definitiva, la historia de España no iba por ahí, como demostraba la necesidad del pacto permanente con Francia que compartieron todos los ministros —con la sola excepción del entorno carvajalista— y que impulsó los planes de Isabel Farnesio, que llegó a enorgullecerse de pertenecer a la *gran familia* Borbón cuando vio en Nápoles a Carlos y en Parma a Felipe, casado este, además, con una *fille* de Francia, la Refrancesa, como la llamaba con desprecio Carvajal.

El amigo Sarmiento y un brazo protector, los vizcaínos

Entre su última estancia en Madrid y la dedicatoria a Carlos, Feijoo «hace patente la inserción explícita y programática de su labor en el contexto reformista de la corte», como señaló Giovanni Stiffoni. A pesar de que se aleje de los brillos cortesanos y de que renuncie a cualquier proposición, su influencia en los que pueden abrir camino a las reformas es cada vez más notoria; precisamente, por eso, la nómina de enemigos crece sin cesar. Sebastián Conde, en la aprobación del tomo IV, se lo toma a broma y se ríe de que los enemigos consiguieron lo contrario de lo que pretendían: «Contra sus primeros tomos se escribió muchísimo; ¿pero con qué provecho? Con el de haber vendido tantos que ha sido preciso reimprimirlos».

El propio Feijoo hubo de salir en su defensa en el prólogo del tomo siguiente, de 1733, y envió a sus detractores al padre Sarmiento, su gran amigo, mucho más que una autoridad intelectual, en realidad, el gran intermediario político, capaz de proponer a Feijoo como modelo al marqués de la Ensenada o al duque de Medina Sidonia, al padre Rávago o al marqués de Valdeflores o, en fin, al mismísimo Carvajal, en el que vieron al gran intelectual, universitario y erasmista. Feijoo enviaba a sus detractores a ver a su amigo, «el maestro Sarmiento (que) está en la Corte y rarísima vez sale de su Monasterio de San Martín, él te abrirá al punto los autores y te hará patente que no hay cita ni noticia suya, ni mía, que no sea verdadera» (TC, V).

Pero había otro sabio en ese tomo V y no era precisamente un hombre contemplativo como Sarmiento (o como Mayans, que era nombrado bibliotecario el año en que se publicó este tomo). Se trata de Juan de Goyeneche, un hombre de vasta cultura, con el que el padre mantuvo correspondencia desde que le conoció en Madrid.

Goyeneche no era solo el gran emprendedor, tesorero de la reina, editor de la *Gaceta de Madrid*, el que había «felizmente logrado el proyecto de conducir de las intratables asperezas de los Pirineos, y aun del centro de esas mismas asperezas, árboles para las mayores Naves, la fundación de un lugar hermoso y populoso en terreno que parecía rebelde a todo cultivo (Nuevo Baztán)». Era también uno de los más descollantes miembros del partido de los vizcaínos, el formidable grupo de presión —gentes del norte, en realidad, hombres de Isabel Farnesio— que se mantendrá en el poder hasta la caída del encartado Sebastián de la Cuadra, marqués de Villarías, cuando al llegar Fernando VI al trono hubo de seguir el camino de la desterrada madrastra Isabel Farnesio. Escribe Feijoo que Felipe V le había dicho a su confesor que «si tuviese dos vasallos como Goyeneche, pondría muy brevemente a España en estado de no depender de los extranjeros para cosa alguna» (TC, V).

Los Goyeneche eran una saga, bajo cuya protección Feijoo podía continuar su labor política; además, eran amigos de otro personaje de primera línea al que Feijoo admiraba: Jerónimo de Ustáriz, secretario del rey, también baztanés, autor de *Teoría y práctica del comercio y la marina* —«excelente libro», según Feijoo (TC, III, 5, 24)— publicado en 1724 y reeditado por encargo real en 1742 cuando, como dice Stiffoni, las reformas económicas formaban parte ya, a la muerte de Patiño, de las señas de identidad de los reformadores triunfantes, el malogrado Campillo y el marqués de la Ensenada.

Con la aprobación de ese quinto tomo por el hermano de Juan de Goyeneche, Antonio, jesuita y profesor en el Colegio Imperial, Feijoo hacía explícito el apoyo al partido en medio de «esta guerra, que es pacífica por serlo de entendimientos». Conocedor del poder de la facción castiza, recomendaba la prudencia: «Más crédito se gana con la moderación, que con el ardimiento. Ordinariamente, en semejantes lides, aun los vencedores salen vencidos, porque pelean más con las armas del odio que del amor». Un año después, el padre publicaba el tomo VI, en medio de la ofensiva contra Patiño, el *valet* de la Farnesio, la *bribona* en los pasquines. Todos sabían que la embajada francesa estaba detrás de los pasquines aduladores del príncipe Fernando y que los grandes volvieron a hacerse ilusiones cuando murió Patiño y aumentaron sus dicterios contra sus sucesores, otros dos plebeyos vizcaínos, Cuadra y Campillo; pero de nuevo sin consecuencias. El cardenal Gaspar de

Molina, gobernador del Consejo de Castilla, a quien Feijoo dedicara el tomo VIII, dijo ante la lluvia de pasquines, en 1738: «Con el motivo de la última mayor edad que cumplía por septiembre (Fernando), van entreteniendo algunos sus vanas esperanzas con suponer que hasta entonces y no más adelante llegará el gobierno que veneramos».

Feijoo volvió a la carga dos meses antes de morir Patiño y dio a la imprenta el volumen VII, que dedicó a otro Goyeneche, el hijo de «un gran padre» que hizo «lo mismo sobre este punto importantísimo» que no es otro que «enriquecer la monarquía (...) con la pluma». Pero no era la pluma al servicio de la erudición como venía siendo usual; todo lo contrario, se trataba de uno de los cultivadores de la nueva ciencia política, la economía, que hará eclosión cuatro años después con el libro de Bernardo de Ulloa, *Restablecimiento de las fábricas...* (y dos después, con la reedición del de Ustáriz), a los que Francisco de Goyeneche y de Balanza se había anticipado con la publicación de *Comercio de Holanda*, «una obra que, en orden a la utilidad pública, puede emular todas las de su gran padre», escribió Feijoo.

Feijoo volvía a ponerse al lado de los aborrecidos vizcaínos, «una tropa de salvajes, los que más han sido pajes», decían los pasquines contra el partido; pero en unos meses estos *salvajes* iban a elevar a la primera Secretaría de Estado a Sebastián de la Cuadra, marqués de Villarías, uno más de los que habían aprendido a la sombra de Patiño, como Campillo y Ensenada, este último admitido en la esfera de los vizcaínos por sus orígenes norteños, un Somodevilla y Bengoechea, de hidalguía vascongada admitida a sus abuelos en un pueblecito riojano. Con Cuadra y Campillo en el poder, Feijoo pudo continuar su actividad, pero cambió el formato del *Teatro* seguramente para presentar una mayor diversificación temática en las *Cartas eruditas*. Es como si reconociera, sin decirlo, que las luces en España ya habían dado frutos gracias a *especialistas* y él pudiera dedicarse a seguir tratando de todo lo que le interesara, como siempre, pero sin someterse a la exhaustividad, incluso sin llegar a la profundidad de sus discursos. Y por qué no aceptarlo: para conseguir «nuevos matices y efectos de humor jovial e irónico», como él mismo dijo. Francisco Sánchez-Blanco piensa que pretendió también «acortar distancias y asociar a los lectores con sus planteamientos y tarea crítica», en realidad, recurriendo a un formato muy usual en el siglo ilustrado.

Feijoo podía ver resultados en la acción del Gobierno, especialmente con José Campillo en Hacienda, el autor de *Lo que hay de más y de menos en España para que sea lo que debe ser y no lo que es*, la obra política más crítica de la primera mitad del siglo. Si Feijoo quería críticos, aquí tenía al más aventajado, tanto que el ministro se atrevía a proponer: «hay de menos, fábricas; hay de más, frailes; hay de menos, gobierno». Campillo coincidía con Feijoo en todo, siempre presente el utilitarismo: había menos hospicios y más hurtos; menos maestros y más mujeres públicas; menos obras públicas y más ociosos; etcétera.

Pero al año siguiente de salir el primer tomo de las *Cartas eruditas*, el 11 de abril de 1743, murió Campillo y la Corte quedó consternada. La Farnesio, bien asesorada por las damas, según dijeron los franceses, eligió al marqués de la Ensenada, al que hubo que traer de Chamberí, donde servía al almirante Felipe como secretario del almirantazgo, el cargo creado para lucir al novio; pero en realidad, buscó al hombre que había contribuido al éxito de sus hijos, Felipe y Carlos, y que, además, conocía el sistema de Patiño y Campillo, a cuya sombra había crecido; también era de la cuerda de Cuadra, otro vizcaíno, aunque fuera riojano. La camarera, marquesa de Torrecuso, parece que fue la encargada de comunicarlo al rey, o al menos eso se dijo en el partido de la oposición con el fin de frivolizar aún más el ascenso del marqués de la *En sí nada*, un Adán —al revés *nada*—, al que se le presentaba como un hidalguillo elevado al poder por las mujeres.

Pero Ensenada solo fue un hábil cortesano hasta la proclamación de Fernando VI. Antes, Feijoo había vuelto a mirar a la corte, al dedicar el tomo II de las *Cartas eruditas*, en 1745, a Francisco María Pico, duque de la Mirándola, mayordomo del viejo rey Felipe V. Luego, esperó cinco años hasta publicar el siguiente tomo, el que tanto revuelo iba a provocar, pues, por primera vez, el padre tomaba partido entre dos orientaciones políticas, cada vez más separadas hasta el punto de que, en un par de años, irrumpirán con toda su crudeza provocando el enfrentamiento de los grandes y Ensenada. Fue 1750 el año en que los proyectos de Ensenada comenzaron a dar resultados; este año representa la línea divisoria entre dos formas de hacer política, aunque sea el 20 de julio de 1754, al vencer la conspiración contra Ensenada, cuando se muestren con claridad. También es 1750 el gran año de Feijoo, un año antes citado por el papa en una encíclica, el año anterior elevado al cargo honorífico de consejero real y, en 1750, nombrado vicerrector de la Universidad de Oviedo.

Feijoo y Sarmiento toman partido

Los grandes no pudieron contra Patiño, que murió trabajando, pero sí contra el hidalguillo riojano. La llegada al poder en 1746 del ministro José de Carvajal y Lancáster, noble por los cuatro costados, relacionado con la casa de Alba, hermano de un general y de un obispo, despertó los sueños de los grandes, que por primera vez se veían en el Gobierno. Además, el duque de Huéscar —luego de Alba— *hacía figura*, primero, como embajador en París y, luego, como mayordomo del rey. Mientras, Ensenada iba desarrollando sus planes, cada vez más expuestos: la reforma de las casas reales, la reducción del ejército de tierra, el catastro, el concordato, el Real Giro, los arsenales; en todos había algo que molestaba a la nobleza. Y desde luego, a Carvajal, cada vez más distanciado de Ensenada, tanto que el terco don José le confesaba al duque de Huéscar (en 1755, duque de Alba): «Te aseguro que me desespera lo que hace».

No es este el lugar para tratar del proyecto ensenadista y su potencial reformista, pero sí hemos de tenerlo en cuenta, pues es imprescindible para entender el problema que tuvo Feijoo con su tomo III de las *Cartas eruditas*, el que dedicó a Fernando VI y en el que publicó unas líneas de agradecimiento a Carvajal por «haberme obtenido de la piedad del Rey nuestro Señor la permisión de dedicarle este libro». Los paratextos eran la culminación de la operación que se atribuyó Carvajal por haber favorecido el nombramiento de consejero de Feijoo y el decreto regio que impedía que se le criticara por «gozar del real agrado». Así se ponía fin a la disputa que encabezaba el padre Soto Marne y que podía incluso haber acabado en un proceso inquisitorial. Sin embargo, como confirman los estudiosos, no fue Carvajal el que motivó la protección del rey, sino el gran intermediario político de Feijoo, el padre Martín Sarmiento, a estas alturas un político muy reconocido, capaz de llegar al rey a través del duque de Medina Sidonia y su esposa, muy vinculados a la familia real y al marqués de la Ensenada y al confesor padre Rávago.

En realidad, la gratitud a Carvajal, que no es efusiva ni exagerada contra lo habitual en Feijoo, significa que el padre maestro conocía los dos partidos que actuaban en torno a Ensenada y

Carvajal, con Huéscar por medio, aunque todavía las divergencias entre los dos ministros no se habían manifestado más que en el carácter, las formas, y todavía muy poco en los proyectos políticos. Es, precisamente, a partir de 1750 cuando comenzarán a hacerse más notorias, pues ese es el año de los tres tratados carvajalistas: el que suscribió con Inglaterra, el que acabaría dando lugar al de Aranjuez y el de Límites con Portugal. Ninguno de los tres satisfizo las aspiraciones políticas de Ensenada, mucho menos idealista que el intelectual Carvajal. El hispano-inglés, porque Ensenada no se fio nunca de Inglaterra, así que lo consideró papel mojado; el de Italia, porque sabía que a Carlos de Nápoles y a Felipe de Parma no les iba a gustar nada; y el de Límites, porque podría provocar tensiones innecesarias entre las dos cortes, España y Portugal, como así acabó por ocurrir y, además, con efectos muy negativos para él. Precisamente, el tratado más importante del reinado, el Concordato con la Santa Sede, no lo negoció Carvajal, al que le correspondía como ministro de Estado, sino Ensenada, ocultándoselo, «en secreto y sin hacer ruido», poniendo en práctica todas sus *maquiaveladas* y sobornando al mismísimo nepote del papa; pero también creándose grandes enemigos, él y el artífice de la negociación, el abate Miguel de la Gándara, al que veremos penar la canallada más cruel del siglo, más que la de Macanaz, pues Gándara acabó muriendo en la cárcel.

Ensenada, que no era un hombre de ideas —no tenía en su biblioteca el *Teatro crítico*, aunque sí la edición de las *Cartas eruditas* anterior a 1754 (sin duda, regaladas)—, sino de acción —«me he criado en la Marina», repetía—. Era ya el «secretario de todo», como le llamó su amigo el padre Isla, pero dejó hacer al círculo de Carvajal, en el que se encontraba también otro intelectual, el padre Sarmiento. Eran idealistas, no como él, que llegó a decir: «Busco dinero y fuerzas de mar y tierra y no teologías». Era lo opuesto a Carvajal y seguramente, su política despótica inspiraba temor a frailes como Sarmiento y Feijoo. Mejor acercarse al recto Carvajal, el «genio vinagre», incapaz de bromear, el austero erasmista que no aceptaba regalos ni condecoraciones, universitario, de aquilatada nobleza, al que desesperaban las *maquiaveladas* de Ensenada... y la ópera, a la que llamaba «pasto ordinario».

Sin embargo, en la dedicatoria a Fernando VI, todas las grandes obras que citaba Feijoo, «la gran maravilla del Reinado de Vuestra Majestad», eran las que estaba llevando a cabo Ensenada, quizás con la sola excepción de «promover más y más cada día las fábricas», asunto del que se ocupaba Carvajal, aunque siempre con Ensenada encima, pues las reales fábricas de Carvajal iban a la ruina. Feijoo se asombraba de que el «régimen que hay ahora es el que nunca hubo. Así se ven los efectos de él». Estos efectos eran «amontonar materiales para aumentar la Marina», más fábricas, «fortificar los puertos y fabricar, en El Ferrol, Cartagena y Cádiz, unos amplísimos arsenales», obras públicas, «romper montañas para hacer más tratables y compendiosos los caminos», canales como el de Castilla,

> abrir acequias, engrosar el comercio con la formación de varias compañías, establecer escuelas para la náutica, para la artillería, y todo lo demás que deben saber los oficiales de Marina, formar una insigne de cirugía, debajo de la dirección del célebre maestro de ella don Pedro Virgilio, pagar exactamente los sueldos, satisfacer hasta el último maravedí los caudales anticipados por los recaudadores. Vemos consignados anualmente cien mil escudos de vellón para extinguir las deudas contraídas por el difunto padre de V. M., atraer con el cebo de gruesos estipendios varios insignes artífices extranjeros, ya de pintura, ya de estatuaria, ya de las tres arquitecturas, civil, militar y náutica, ya de otras artes.

Esos son los grandes proyectos de Ensenada, entre los que Feijoo cita también el más importante de todos, el catastro: «Trabajar en la grande y utilísima obra de reglar la contribución de los vasallos a proporción de sus respectivas haciendas».

El catastro, el proyecto más ilustrado del siglo por lo que tenía de fermento antifeudal, provocó de nuevo que Feijoo se arriesgara ante Ensenada, pues reflejó las dificultades técnicas, el coste de la operación, que era una de las críticas que ya empezaba a circular contra el vasto plan de *catastrar las Castillas*: «Lo que a mi entender no podrá perfeccionarse sin grandes gastos», añadía Feijoo. A Ensenada no le debió gustar nada que el fraile se metiera en estos asuntos, pues, cuando ya sabía que la operación del catastro iba a fracasar, le dijo a su querido amigo el cardenal Valenti Gonzaga: «No hay para mí cosa más dolorosa que mudar de concepto ya antiguo, porque lo que es efecto de la razón se suele atribuir a inconstancia del ánimo».

Así que ya en las primeras páginas del más polémico libro, este tomo III de las *Cartas eruditas*, el padre entraba de lleno en la política partidista. Sabía por Sarmiento todo lo que ocurría en la Corte, pero también se lo había insinuado el padre Flórez en su carta, que Feijoo había incluido en el tomo anterior, en la que le hablaba claramente del otro partido: «Obligando a envidiar el todo de su modo de probar y discurrir, aún a aquellos que son de otro partido, en lo que está sujeto a variedad».

Feijoo, en lo más alto de la estimación regia, podía estar tranquilo. Incluso los del otro partido «envidiaban su modo de probar y discurrir». Además, estaba Rávago, que impediría que las cosas fueran a mayores arriba, con el *amo*. Rávago empleaba toda su astucia con el rey: «Y para consolarle, añadí —le decía a Portocarrero en noviembre de 1749— y le gustó mucho, que yo no sabía cuál fuera peor para un Estado, si la unión o desunión de sus ministros, no siendo ellos muy santos; porque si están muy unidos se cubren unos a otros, y nunca llegan a saberse sus yerros». En realidad, el confesor le dijo a Fernando VI lo mismo que pensaba Felipe II.

La francofobia de Feijoo y la reacción ensenadista

Pero había un límite que no se podía rebasar, pues antes de nada estaba la estrategia político-militar —dos pactos de familia ya— y aún más, la construcción de la nueva monarquía fernandina, que obviamente estaba coronada por la casa de Borbón y que encarnaba el primer Borbón español, un rey español que, sin embargo, repetía a menudo «soy Borbón», pues nada le enojaba más que ser menos ante sus primos franceses. Como decía el marqués de Villarías: «Los estímulos de la sangre hacen su oficio». En definitiva, ni siquiera gozando del «real agrado» se podía criticar al gran Luis XIV, como hizo Feijoo en este tercer tomo. Aunque corrieran por Madrid todo tipo de críticas contra los franceses, lo políticamente correcto era hacer como Ensenada, que le decía a su confidente, la marquesa de Salas, en 1744, que le importaba «maldita la cosa ni el que escriba o no chismes a la corte (el embajador francés), cuando mis amos me conocen y tienen reiteradas pruebas de que yo procuro por todos los medios que franceses y españoles se unan como hermanos para dar la ley a Europa». En realidad, sin embargo, el zorro riojano pensaba que «con la Francia no urge otro paso que el de la disimulación (...) sin contraer más empeño que el de las buenas palabras». O también mostrar «una entereza prudente» y «conservar su amistad, bien que sin dependencia, para no exponernos al torrente de su poder, mientras no estuviese el de la monarquía (española) en la consistencia que debemos esperar». Toda una lección de astucia y disimulo.

Sin embargo, el iluso Carvajal llegó a decir, en 1753: «El rey ¿lo es nuestro por Borbón? Ya se ve que no». Concluía con un desvarío político: «El rey es rey nuestro porque es de Austria y nadie puede dudarlo». La francofobia de Carvajal aparecía ya en su *Testamento político* —que seguramente conoció Feijoo—, escrito antes de llegar al poder, en 1745, en el que decía de los franceses: «Tienen para nosotros una enemistad irreconciliable que nos asesinarán hasta el último exterminio siempre que puedan». Para el que iba a ser ministro de Estado, el Gobierno francés no había dejado de causar daño a España y a sus Indias, y auguraba: «Piensan ponernos en el último exterminio y en menos figura que la que hacen Génova y Lucca, y a fe que llevan mucho andado del camino». España, por tanto, debía elegir a Inglaterra, lo que seguramente agradó a nuestro fraile anglófilo. Todavía ocho años después, Carvajal se despachaba a gusto contra Francia y los franceses en *Mis pensamientos*: «Todo lo demás es repugnante, empezando por el carácter de los individuos».

Pero esas ideas, obviamente, no eran las que tenían los verdaderos dirigentes del «régimen que hay ahora» —palabas de Feijoo—, ni por supuesto era conveniente esgrimirlas ante la exhibición de poder de los ensenadistas, una red que había copado todas las esferas del poder, como demostró brillantemente Cristina González Caizán. El propio Carvajal acabó reconociendo que «hace falta un primer ministro, pero yo no lo soy». Por eso, Feijoo y Sarmiento se equivocaron al reconocer el favor del tozudo ministro de Estado cuando quizás este no había sido más que un intermediario o el último en firmar, como en el caso del Concordato.

El padre maestro empezó bien el tomo III de las *Cartas*, con una dedicatoria repleta de alabanzas a los reyes de Francia —un santo en Francia y otro en España—, incluyendo loas a Luis XIV, el Grande, y otros ilustres progenitores de Vuestra Majestad; pero cometió el error de anteponer las virtudes del rey de Rusia, Pedro I, a las del rey de Francia, Luis XIV, que salía muy mal parado en la comparación. En fin, esas ideas solo podían provenir del entorno de Carvajal, el duque de Alba, Ricardo Wall y... Benjamin Keene, el embajador inglés, que ya se reconocían como el bando contrario. Como le decía Wall a Carvajal desde Londres, donde era embajador: «Contribuye a ello mucho la manera en que escribe Mr. Keene, pues todas sus cartas son tan parciales hacia nosotros que cuasi se podría creer que V. E. le ha encantado». A esas alturas (1752), el astuto embajador Benjamin Keene había concebido ya el plan para acabar con Ensenada.

En ese contexto, el padre dio al impresor la carta 19, «Paralelo de Luis XIV, rey de Francia, y Pedro el Primero, zar, o emperador de la Rusia». Sin duda, aquella innegable anglofilia que ya dejó ver desde que se asomó a la imprenta (TC, II: 15) y la consiguiente francofobia también expresa en el mismo tomo (discurso 9) estaban en el fondo de este arriesgado pronunciamiento, que ahora hizo saltar a los ensenadistas, conocedores de las intenciones de Inglaterra y de su embajador... y de sus amigos en el Gobierno.

La jugosa correspondencia entre Ordeñana y Feijoo fue publicada por Cristina González Caizán como complemento a su excelente libro sobre la red política de Ensenada. También sabemos por esta profesora quién era el interlocutor de Feijoo, Pablo de Ordeñana, el brazo derecho de Ensenada, tan íntimo del marqués que el embajador en Parma, el marqués de la Bondad Real, le decía en julio de 1750: «Yo no escribo a S. E. (Ensenada) por ser V. M. lo mismo y no tener en qué diferenciar». El brazo ilustrado del ensenadismo, el bilbaíno Ordeñana, se vio obligado a intervenir para frenar las consecuencias que iba a tener el escrito de Feijoo y le pidió una rectificación inmediata, no sin recordarle al comienzo de la carta que el compromiso contraído al aceptar el regalo regio no era, «como no es, efecto de solicitud de V.», y que sería conveniente que le pidiese al rey «con eficaz ruego que levantase la prohibición cuando no a favor del padre Soto y Marne, al de los demás que no han incurrido en igual culpa, para que así quede libre el campo de los modestos investigadores de la verdad». La lógica era aplastante, pero Ordeñana aún empleará otro argumento: el propio Feijoo ya había tenido que rectificar sus ideas, por ejemplo, las que tuvo años atrás sobre las teorías newtonianas. Reciente el caso de Jorge Juan y los problemas para publicar su obra —que obviamente se logró por intermediación de Ensenada—, Ordeñana le decía a Feijoo: «Si ha leído las *Observaciones* de nuestros marineros don Jorge Juan y don Antonio de Ulloa, se habrá convencido de que no son subsistentes las razones con que intenta usted probar que el mundo es de figura ovalada».

No debió agradarle a Feijoo nada este reproche, pero debió gustarle menos la segunda carta de Ordeñana, del 12 de septiembre de 1750, que comenzaba por un agradecido acuse de recibo del tomo III, que Feijoo le había enviado, y continuaba directamente con el tema: la carta 19 era tan inadecuada que «ha ofendido a toda la nación francesa, que lleva muy mal se afee en él (Luis XIV) la memoria de un rey que es el objeto de su mayor veneración y aun el de toda Europa». Además, no había ningún motivo. Ordeñana era durísimo en el argumento, pues le espetaba que parecía que la única razón era «que traía considerado usted preciso destruir la opinión de este príncipe (Luis XIV) para fundar sobre su ruina la del zar Pedro imitando en esto a muchos de nuestros predicadores que creen no elogian bastante en su panegírico al santo del día si no bajan el valor de aquellos o aquel con quien le comparan». Ordeñana se reservaba lo más duro para el final. Según «he oído discutir a varios franceses» —le reprochaba—, habrían «hecho impresión» en Feijoo las especies malignas divulgadas por los calvinistas, «que ensangrentaron sus plumas contra Luis XIV» cuando fueron expulsados de Francia al revocar el rey el edicto de Nantes. Y casi como una amenaza, Ordeñana concluía: «Veremos cómo prorrumpe el sentimiento de la nación en París adonde me aseguran se ha remitido la traducción del Paralelo hecha con todo cuidado. Entre tanto, puede usted prepararse».

Feijoo contestó el 28 de octubre. Fue al grano tras dos líneas de cortesía: «El celo con que corrige mis yerros muestra el deseo que tiene de mis aciertos». Basó su argumento en repetir todos los pasajes en que había hablado bien de Luis XIV y, en efecto, lo había hecho, pero se mantenía firme en el elogio al zar. Incluso continuaba haciendo «paralelos», como por ejemplo: «Aun concediendo como de justicia que Luis XIV es llamado Luis el Grande, sobran muchos materiales al mundo para erigir al zar Pedro una estatua colosal, mucho más agigantada que la que merece Luis XIV». Si aceptaba que Luis era el Grande, hacía del zar Pedro el Máximo. Insistía en lo mismo en varios párrafos de la carta y, además, para enfurruñar más las cosas, citaba como autoridad a Fontenelle y a Voltaire.

La irritación en el primer círculo ensenadista debió ser colosal. Expresamente, Ensenada había reconocido como inspirador de su política a Luis XIV, en las Ordenanzas de la Marina, en la elaboración del mapa de España, en su plan de formación de técnicos en París. Sus espías le tenían perfectamente informado de lo que pasaba en la corte de Luis XV y no ocultaba su admiración por Francia. Por el contrario, Feijoo había llegado a afirmar en la primera respuesta a Ordeñana que «Luis entró en la corona de Francia hallando ya introducidas las artes y las ciencias en aquel reino, con que no pudo ya introducirlas, sino perfeccionarlas», mientras, en su despedida, todavía se refería a las relaciones de Luis XIV con la Maintenon y «a su comercio con la Montespan». Realmente inaudito. Para acabar, afirmaba: «En el paralelo de los dos monarcas escribí lo que realmente sentía».

La contestación de Ordeñana, el 12 de diciembre, fue durísima, como era previsible. También fue muy política, pues los ensenadistas necesitaban la apariencia de neutralidad mientras duraba el rearme de ocho años y la indulgencia de Inglaterra (así califica Carlos Martínez Shaw la actitud de mantener la neutralidad a pesar del enorme potencial bélico de que disponía mientras el rearme español estaba a medias). Ordeñana se escudó en la respuesta «lo que oí a varios franceses» y anticipó que observaba «la más exacta neutralidad, suspendiendo mi juicio sobre el Paralelo». Pero inmediatamente pasó al reproche. Para empezar, los autores franceses que había esgrimido Feijoo, Voltaire, Fontenelle y el diccionario histórico de Moreri, le parecían otro error gravísimo: «Ninguno mejor que usted puede conocer lo despreciable de estas autoridades». Luego, seguía con cada uno de ellos, especialmente con Voltaire, que «últimamente ha decaído tanto en Francia que ya no se hace caso de él, motivo sin duda que le ha precisado a buscar su fortuna fuera de aquel reino, habiéndose transferido a Berlín, en donde al presente se halla» (y donde editó, en 1751, *El siglo de Luis XIV*, que Ordeñana tuvo en su biblioteca). Luego, Ordeñana hacía un extenso panegírico de Luis XIV, incluyendo su protección al catolicismo (por la revocación del edicto de Nantes).

Antes de que Ordeñana escribiera su durísima respuesta, Feijoo había cumplido lo que le prometió y había escrito una segunda parte, el 23 de noviembre de 1750, que se apresuró a enviarle. Algo debía de haber oído el padre maestro, pues el tono de esta carta era muy diferente a la anterior. Seguramente, le informaron mejor de lo mucho que habían cambiado las cosas tras la muerte de Felipe V —y más desde la paz de Aquisgrán— y de que el nuevo rey, al que había ensalzado en su dedicatoria, se jactaba de hablar de igual a igual con sus primos franceses, creyendo —y en ello se empleaban los ministros— que en toda Europa se conocía que ya España no estaba subordinada a Francia. Por eso, importaba recalcar que Fernando VI era el bisnieto de Luis el Grande y que, como «no quería guerra con nadie», no había por qué hablarle de reyes a caballo caracoleando a la cabeza de sus tropas. Ordeñana y Ensenada sabían lo que había costado hacer firmar a Fernando VI la paz de Aquisgrán sin que se considerara humillado por los franceses (que es lo que pensaba Carvajal hasta que el tozudo se convenció de que no había nada que hacer). Así que Feijoo torció el brazo y acabó deshaciéndose en loas hacia Fernando VI, «un monarca a quien adoro», y hacia su antepasado Luis XIV, explicando su nueva actitud así: «Mucho más inclinado me siento a preconizar las glorias de un príncipe, sobre católico y vecino, ascendente de un monarca a quien adoro, y de otro, a quien venero, que las de otro heterodoxo, distante y que por ninguna parte puede inspirarme algún afecto apasionado».

Al fin nuestro erudito comprendía y colaboraba con los que fabricaban al rey pacífico: «Nunca les propondría (a Fernando y Bárbara) como modelo proporcionado a su imitación a algún príncipe guerrero, o famoso por sus expediciones militares». Feijoo lo había entendido: el modelo era el contrario, el de «aquellos que incesantemente se aplicaron a procurar el mayor bien para sus reinos: justos, pacíficos, padres de sus vasallos».

Son palabras que parecen salir de la boca de Ensenada. Con intención de terminar el diálogo una vez conseguido el objetivo, Ordeñana contestó a esta carta rápidamente, el 31 de diciembre, reparando que «en ella se explica usted en términos aún más indulgentes que en la primera hacia Luis XIV, declarándole no solamente grande, sino muy grande, que vale lo mismo que máximo». Y como coronación del éxito que significaba haber hecho rectificar nada menos que a Feijoo, Ordeñana escribía: «Nuestro monarca y su primo dos veces hermano Luis XV tienen ejemplos ilustres que seguir sin salirse de su familia en las dos líneas de España y Francia».

El 26 de enero contestó Feijoo con agradecimientos y algún reparo, a lo que Ordeñana, dando por finalizado el carteo, respondió el 28 de febrero de 1751, insistiendo en el panegírico de Luis XIV y refutando todavía cualquier punto negativo o argumento desfavorable de las cartas anteriores de Feijoo. También con un cierto hartazgo, pues del todo Feijoo no se desdecía, sino que empleaba otros circunloquios. Era inevitable: Feijoo era un intelectual, no un político; además, seguramente, no era ya consciente de las nuevas ideas que irrumpían en el Madrid de la neutralidad. Ignacio de Luzán, recién llegado de la embajada francesa, traía un nuevo gusto literario; sus *Memorias de París* —dedicadas al padre Rávago— eran una loa constante a Francia y a la cultura francesa, mientras, como hombre de moda, recibía de Carvajal el encargo del proyecto de creación de una Academia de Ciencias y Letras. En el borrador, de 1751, proponía a todos los intelectuales para académicos, incluidos Sarmiento, Mayans, Pingarrón, Burriel, entre otros, pero no a Feijoo.

La situación política se fue enrareciendo y, al final, todo se precipitó tras la muerte de Carvajal el 8 de abril de 1754. Un año antes, Feijoo había publicado todavía un tomo más de la *Cartas eruditas*, el cuarto, que dedicó a Bárbara de Braganza, una solución inteligente: uno al rey, otro a la reina. Pero ya no habrá otro hasta que llegue Carlos III y termine el Gobierno de Ricardo Wall, que ni a Sarmiento ni a Feijoo podía satisfacerles.

Silencio, pues ganó el bando contrario

Desterrado Ensenada el 20 de julio de 1754, víctima de los que habían estado cobijados con los «tres del conjuro» —Huéscar, Valparaíso y Wall— a la sombra de Carvajal, el ministro de Estado difunto, Feijoo puso fin al combate, mientras su amigo Sarmiento, que había salido de la corte «quitándose de en medio en aquellos momentos críticos», en acertada expresión de José Santos Puerto, se mostraba «escarmentado y desengañado de uno y otro mundo, literario y político», como les decía a los duques de Medina Sidonia un año después. Para salir de Madrid, dijo que había pedido permiso por escrito a Carvajal, pero en realidad partió varios días después de su muerte, «a últimos de abril cuando se me ofreció salir de Madrid, como de hecho salí a cinco de mayo del mismo año». Así, pues, Sarmiento sabía antes de partir que el duque de Huéscar, que se había hecho cargo interinamente de la Secretaría del difunto don José de Carvajal y que era mayordomo del rey, ya había decidido quién iba a ser el sucesor: el irlandés Ricardo Wall y Devreux (en realidad, un jacobita nacido en Nantes). Sabía también que el padre Rávago se escandalizó y que, en la embajada francesa, el duque de Duras dio por perdido a Ensenada, como otros de sus allegados, que hicieron las más negras conjeturas sobre su futuro. Jaime Masones de Lima, embajador en París, se encerró en la Embajada y escribió el 5 de agosto a Wall una sarta de sandeces en torno a la conspiración a favor de Carlos de Nápoles:

> La voz general —decía Masones de Lima, el Cegato— se reduce a que se trataba por Ensenada y su partido (en que por consiguiente metían a mí juntamente con la reina viuda) la negociación de que nuestro amo abdicase la corona, entraba en ella el rey de Nápoles y pasase a aquella el infante duque de Parma, lo cual descubierto por la reina nuestra señora disuadió al rey que conoció los malos consejeros y prorrumpió en castigarlos.

El embajador Masones, que según Choiseul era «el mejor hombre del mundo, pero el más inepto ministro que haya habido nunca», solo acertaba al decirle al ministro que «Rouillé me soltó la especie de si los ingleses habrían contribuido a la caída del marqués», lo que obviamente para Wall no era ninguna novedad, pues él estaba al corriente de todo. Otro que también se asustó fue el abate Gándara, acérrimo ensenadista y partidario de los jesuitas, que vio en la caída del marqués el principio del fin de la Compañía. Años después, en 1770, le veremos recordar, preso en Pamplona, sus presentimientos a partir de aquel aciago 20 de julio de 1754.

Ricardo Wall, el hasta entonces embajador, había salido inmediatamente de Londres tras la muerte de Carvajal y se detuvo en Versalles para besar la mano a Luis XV el día 29 de abril. Uno de los ministros, el mariscal de Noailles, gran conocedor de España y amigo de Ensenada, presente en la ceremonia, transmitió al embajador Duras sus temores sobre la peligrosa situación: los grandes iban a volver al poder. También Isabel Farnesio, que aborrecía a Huéscar —el odio era mutuo—, estaba alarmada por la posibilidad, y desde luego lo estaba Sarmiento, que conocía bien el juego político, pues en carta al librero Mena, el 1 de mayo, preparando el viaje, le decía con sorna:

> Recibí su carta lacrada de colorado en lugar de venir lacrimosa con oblea negra haciendo la dolorida por el funesto acaso que me ha sucedido el día de San Marcos. Si bien,

según el ceremonial heráldico de obleas y de ser usted aposentador en jefe por el rey, con uniforme azul, de que le doy mil felicitaciones de moda, debía y debe usar de oblea, o de lacre, azul, que es el color característico de ojos irlandeses.

Lo que no sabemos es qué le ocurrió el día de San Marcos, que por cierto era el cumpleaños de Ensenada.

Otro que también salió de Madrid para quitarse de en medio fue Jorge Juan y Santacilia, el mejor amigo de Ensenada. Desde el día 17 de julio, el escenario de crisis era ya perfectamente conocido por el marqués y sus íntimos, pues sabía que había llegado de Londres la carta que le iba a perder, la que escribió Abreu dando cuenta de la queja diplomática de los ministros de Jorge II a raíz de lo que Keene les había transmitido sobre las órdenes de ataque en Honduras que habría dado Ensenada sin conocimiento del rey. No es nada sorprendente que el día 19 —un día antes del arresto de Ensenada— saliera Jorge Juan de Madrid con destino a Cartagena, quizás aconsejado por el marqués para que no estuviera en Madrid y corriera la suerte de los más directos colaboradores, que fueron desterrados como él.

Jorge Juan se enteró de la noticia el día 7 de agosto en Cartagena, en compañía del intendente Francisco Barredo, otro leal ensenadista. Un inglés asentado allí aseguró que a ambos les dio «un pánico tembloroso después de leer las cartas sobre la caída de Ensenada». Debió de ser por la dureza del castigo, el arresto y el destierro de un toisón, calatravo y sanjuanista, pues hasta entonces, un ministro caído era sencillamente retirado de los asuntos, no castigado como un delincuente. Eso era lo que había ocurrido con Villarías, por ejemplo. Por eso, como ocurrió en todas las embajadas, donde se disparó la imaginación temiendo graves represalias y, desde luego, el estallido de una nueva guerra, en Cartagena ese informante inglés también pudo apreciar que «el duque de Huéscar y el Sr. Wall están aquí vistos de una manera muy negativa por el partido francés, sin embargo, para el otro partido brillan como el sol». Había ocurrido lo que con tanto ahínco persiguieron los grandes: «Jorge y Ulloa no esperen / pues venció el bando contrario».

Cuando Jorge Juan llevaba ya unos meses en Cádiz, tras pasar por Granada y visitar al jefe, el «sujeto que más quería en España» —así lo calificó Ensenada—, le escribió, a través del fiel criado

Rosellón, en marzo de 1755: «Se han trocado los bolos y hallo que no hay cosa como estarse en su rincón».

Llegaban tiempos de espera, y así lo entendieron el *desengañado* Sarmiento, el sabio Juan en su rincón y el atrabiliario Gándara, que logró astutamente mantenerse en el cargo en Roma. Debió de entenderlo también Feijoo, que no volvió a dar nada a la imprenta hasta que llegó Carlos III desde Nápoles, al que dedicó el último tomo de las *Cartas eruditas,* quizás suspirando también por esa *feliz revolución* que anunció el padre Isla, el amigo de Ensenada que celebró su vuelta a la corte con un alegre «todavía vive nuestro marqués». Pero ya todo serían desengaños.

El último tomo y la feliz revolución de Carlos III

Precisamente, la firma del Tercer Pacto de Familia por Carlos III en agosto de 1761 era la rotunda demostración de la equivocación de Feijoo en sus ideas anglófilas, carvajalistas, y suponía el fin de la neutralidad fernandina. El autor del giro hacia Francia, Jerónimo Grimaldi, hechura de Ensenada, había rectificado el rumbo marcado por Wall y Alba, volviendo a la unión de las dos coronas. Antes, Feijoo había dedicado a Carlos III su último tomo de las *Cartas eruditas,* recordando que había tenido el honor de hablar con Su Majestad... treinta y dos años antes, en 1728, «no más que el corto espacio de un cuarto de hora», un tiempo suficiente para «concebir las altas esperanzas». Feijoo sentenciaba: «El que en la edad adulta ha de ser gigante, desde la infancia descubre mayor estatura que la que corresponde a aquella edad» (CE, V).

Feijoo murió el 27 de septiembre de 1764 y no pudo ver el último tiempo de aquella lucha política a la que él había contribuido muchos años atrás con sus ideas, pero se hubiera sorprendido al comprobar la complejidad a la que había llegado la política, la inquina de aquellos grandes, ociosos y rencorosos y, sobre todo, la potencia imparable del Estado leviatán servido ahora por verdaderos déspotas. Se hubiera admirado también al ver que aquel catedrático necio, recadista del duque de Alba —que ahora presumía de volteriano—, Diego de Torres Villarroel, crítico con él hacía cuarenta años, volvía a hacer de las suyas en otro de los momentos críticos del siglo del despotismo (1766), el año en que las esperanzas del partido de los grandes habían vuelto a reverdecer, después de haber permanecido adormiladas tras comprobar que habían sido capaces de echar a Ensenada en 1754, pero no de forzar a Wall y al duque de Alba para que cambiaran el Gobierno.

En el *Diálogo entre varios sujetos sobre el gobierno de España en este año de 1759*, el duque de Alba aparece aterrado ante la llegada del nuevo rey, mientras Ensenada, en actitud desafiante, le ve «triste, absorto y casi en términos de desesperado» y le reprocha, a él y a todo el Gobierno de Wall, su inutilidad política. En otro pasquín, conservado como el anterior en la Biblioteca Nacional, *Convite de los Grandes para un juego de pelota*, cierto magnate convoca a toda la grandeza para hacer un equipo y jugar un partido de pelota contra otro de jugadores extranjeros, que se va a celebrar en Madrid «con motivo de venir de Nápoles a la sucesión de España el señor don Carlos Tercero». Repasa una a una las grandes casas nobles y no encuentra más que haraganes, frívolos, viciosos. Algunos se habían hecho ilusiones cuando murió Fernando VI, pero Carlos III se presentó con sus italianos, lo que de nuevo dio al traste con las expectativas de uno de los grandes que empezaba a hacer figura política, el conde de Aranda, alejado a servir la Embajada de Varsovia. Parecía que el nuevo rey tenía las ideas de su madre y todavía rechazó más a la gran nobleza. Según decía el embajador danés, «el rey continúa despreciando más que nunca a sus nuevos súbditos, y estimando y distinguiendo a los napolitanos, a los sicilianos y, en general, a los italianos, y no creo que sea excesivo aventurar que el Sr. Grimaldi debe, en gran parte, a esta actitud del Rey el brillante puesto que acaba de obtener». Caía Wall, Alba estaba en sus tierras, y ascendía Grimaldi, mientras Ensenada era llamado de nuevo a la Corte. El caso de Esquilache era todavía más irritante, a juzgar por el mismo embajador:

> El Sr. Esquilache, siempre en posesión del favor y de la confianza del Rey, cerrado en sus principios, no actuando sino según sus estrechas miras y sus intereses particulares, continúa haciendo despóticamente lo que le viene en gana, llenando las arcas del Rey, enriqueciéndose él mismo, destruyendo el comercio y la industria, y precipitando al pueblo cada vez más a la miseria.

Tanto es así que el embajador se atrevía a profetizar, en 1764: «La miseria es ya tan grande, que a poco que se persista en seguir pisando al pueblo, y a nada que la cosecha de este año sea tan mala como fue la del año pasado, las consecuencias no podrán ser sino funestas y terribles».

No era un vaticinio —aunque los había y muy variados—, sino la reflexión de un observador que ya había podido ver el hambre, la falta de alojamientos, el paro de las clases bajas de Madrid, la llegada de pobres desesperados a la gran ciudad, una ciudad peligrosa, como nos la mostró Jacques Soubeyroux, donde ya habían estallado algunos disturbios graves, como por ejemplo, los de la boda de la infanta, celebrada por todo lo alto en El Retiro, en 1765, ante las protestas de miles de pobres. Hubo 24 muertos entre la plebe hambrienta que vociferaba contra el lujo de los cortesanos, a manos de la guardia valona, lo que el pueblo madrileño no olvidará durante el motín del Domingo de Ramos de 1766, la gran conmoción política del siglo.

Feijoo ya había muerto y no pudo ver el destierro de Ensenada y el de ensenadistas notorios como el abate Gándara y el marqués de Valdeflores, pero sí lo vio Torres Villarroel, su contrafigura política más perfecta, que hasta lo profetizó en el Almanaque para 1766. No solo *adivinó* la caída de Esquilache, al que era fácil colocar en el centro de la diana del malestar popular, sino también la de nuestro padre Adán —al revés *nada*, es decir, Ensenada—. Porque Adán es la respuesta al enigma que propuso Torres:

> Quién es aquel que nació
> Sin que naciese su padre
> no tuvo madre

El viejo Torres, complacido en el palacio de Monterrey, oía constantemente al duque de Alba bramar contra los *en sí nadas*, así que no arriesgó mucho en el enigma. El padre Adán, Ensenada, era el gran enemigo de Alba y de Aranda, que al final se vengaban del hidalguillo que había vuelto a hacerse ilusiones de ser ministro. Campomanes, que no quería que nadie pensara en un motín político en el que los grandes se vieran involucrados, pues ya tenía la solución —la conjura jesuítica—, puso en las manos de Carlos III, en julio de 1767, el decreto que prohibía imprimir pronósticos y piscatores. No podían fiarse de un genio tan atolondrado como Torres.

Fernando VI había mandado callar a los críticos contra Feijoo; Carlos III prohibió las aparentes chifladuras de un recadista de Alba que descubría la conjura que había detrás de la *fermentación*.

La política siguió discurriendo por los cauces abiertos por Feijoo, ya cada vez más desdibujados, pues los ministros de Carlos III, abogaduchos y sármatas, se mantuvieron firmes al timón del Estado: firmes y, cuando fueron obligados, crueles e insensibles, déspotas. En el otro lado, murió Alba, pero quedó un testigo de la vieja guerra librada por los grandes, el conde de Aranda, al que entre unos y otros lograron tenerle alejado en París. Mientras, Feijoo siguió siendo editado, citado por todos como fuente, recordado cuando todavía reaparecían errores comunes, como hizo Olavide al prohibir en las Nuevas Poblaciones que las campanas tocaran «a hielo», nada menos que voltear las campanas cuando había riesgo de heladas ¡en el Siglo de las Luces! Por el mismo motivo, quizás también lo recordó Jovellanos, testigo de la misma superstición al pasar por La Rioja y, desde luego, Goya, que escribió bajo el dibujo que dio origen a su grabado más conocido, *El sueño de la razón*, qué era lo que proponía con el autor soñando: «Su intento solo es desterrar vulgaridades perjudiciales y perpetuar con su obra de caprichos el testimonio sólido de la verdad». Se parecía mucho a los propósitos de Feijoo.

Pero hubo, hay y seguirá habiendo quienes digan que el padre maestro fue solo un divulgador de conocimientos superficiales... y Goya, un gran artista testigo de su época.

3
La otra cara del «régimen que hay ahora»

El lado oscuro del despotismo ilustrado

Ni Feijoo quiso entrar en los aspectos más perversos del régimen, ni Campomanes —ni ningún otro déspota— pudo permitirse confesar hasta dónde podía llegar el poder en el siglo de la autoridad. Uno no quiso ver, pero el otro lo vio todo, pues fue actor principal. El fiscal Campomanes tocó todos los resortes del poder y fue capaz, aun así, de salir indemne de los muchos que querían su desgracia, entre ellos sus víctimas. Su idea del Estado económico impregnó todos los ramos de la administración y orientó incluso la política represiva, hasta cuando tenía que buscar utilidad a los presos. La utilidad del pobre, denominado vago, y la idea de que el preso ha de ganarse el pan, le llevó a inmiscuirse en todas las secretarías más importantes (Guerra, Marina y Hacienda), desde su puesto privilegiado en el Consejo de Castilla, primero como fiscal, luego como gobernador. En los miles de expedientes que se conservan en la Secretaría de Marina en Simancas y en el Viso del Marqués aparecen con frecuencia los dictámenes de Campomanes, duros, economicistas. La eficacia de las operaciones de policía las medía en términos de rentabilidad, como dejó claro en 1776 en una junta con el general O'Reilly y el gobernador del Consejo Figueroa. El objetivo era explícito en su informe: se trata de «sacar el mejor partido de las diferentes clases de vagos a utilidad suya y de la causa pública de toda la nación». Lo peor para el fiscal es que «si se les desecha o pone en libertad es otro tanto dinero perdido y un oprobio del gobierno». La inflexibilidad era síntoma de autoridad y Campomanes, como antes Ensenada, fue uno de los mejores ejemplos.

Ni Feijoo ni Campomanes, pero tampoco la historiografía ha reparado en la otra cara de nuestros ilustrados. Antes, al contrario, hemos fabricado un siglo XVIII, empezando por Jean Sarrailh, con un tono intelectual exagerado, un siglo virtuoso poblado de grandes hombres, luchadores incansables en una cruzada que pretendía que todos los españoles fueran beneficiados por las Luces y salieran de su desgraciada condena histórica, abandonando las tinieblas en las que vivían y morían, como escribió Cadalso. Nada menos que de héroe ha tildado Francisco Precioso Izquierdo a Melchor de Macanaz en su reciente biografía del desgraciado, mientras *El Censor* se pretende erigir por Francisco Sánchez-Blanco en «un periódico contra el antiguo régimen», a pesar de que hasta se dijo que estaba inspirado por el mismísimo Carlos III. Todo suena a combate. Lleva razón Concepción de Castro cuando resalta, al hablar de Campomanes, que «lo impenetrable es que, a nivel humano y personal, son nuestros políticos del siglo XVIII una consecuencia de su cautela, condición *sine qua non* para mantenerse en el poder».

Pero también es cierto que muchos historiadores parecen militantes sucesores del ejército ilustrado vencido, que aún mantienen nostálgicos la España posible más que real, en la órbita de Julián Marías, o la España de «un soñador para un pueblo», de Antonio Buero Vallejo. La derrota de los sabios, virtuosos y benéficos varones al servicio de la causa —los españoles parece que somos más aficionados a las derrotas que a las victorias— obliga a que la Ilustración española solo pueda ser inacabada, imperfecta, vencida, traicionada, una Ilustración pendiente, como titula su reciente libro Luis Alfonso Iglesias Huelga. Y eso no es así.

Se sigue llegando al extremo de negar la Ilustración española, que fue el punto de partida de la historiografía más reaccionaria y que, sin embargo, rebrota contradictoriamente en obras como la de Gonzalo Pontón, *La lucha por la desigualdad*, en la que, según su maestro y prologuista, Josep Fontana, se rebaten los «mitos del Siglo de las Luces» sin que apreciemos cuáles son, pues todo el libro es una cruzada contra ilustrados, un «abajo el que suba», como decía Galdós. Pontón ha llegado al ajuste de cuentas, pero no ha descendido a la realidad del país y solo se ha interesado en lo que había que haber hecho para cambiarlo. Una vieja manía la de enseñar a nuestros antepasados cómo debían haberse comportado.

No es la manera de hacer del gremio de los «reflexivos del XVIII», en palabras del añorado maestro Rafael Olaechea. En ese gremio, que es el nuestro, el de los historiadores, Enrique Giménez López, uno de los grandes dieciochistas españoles, también ha buscado «el lado oscuro» en los muchos casos que ha estudiado en las tierras alicantinas, pero ha sabido trazar un perfil ponderado de la Ilustración española, nada lisonjero, pero real. Para el profesor alicantino, «el setecientos no fue un siglo de luces refulgentes, que si llegaron a brillar lo hicieron con un resplandor tenue. Sobresalieron en él más las sombras que los destellos de una Ilustración modesta, que solo logró tímidos avances en su combate desigual contra los prejuicios y el fanatismo». Sombras y tímidos avances, pero en definitiva avances, aunque para lo que vamos a tratar aquí conviene que recordemos los prejuicios y el fanatismo, que seguramente es lo que molestaba, igual en España que en la mismísima Francia de Voltaire y en toda la Europa de la autoridad absoluta degenerada hacia el despotismo. No hay que hacerse ilusiones, nuestros ilustrados son gente de ordeno y mando cuando llegan al poder, y son capaces de todo en circunstancias adversas.

Lejos de la ponderación, hay decenas de lamentaciones y de calificativos peyorativos en obras recientes sobre la «Ilustración como actitud», según concepción de Michel Foucault, un enfoque *engagé* que obviamente no puede satisfacer a los historiadores que pensamos, por lo general, que la Ilustración española es antes resultados que teorías, más práctica que elucubración, más aplicación de las novedades científicas —que se van abriendo camino con enormes dificultades y en contra incluso de la universidad— que ámbito del debate de los sabios en una inexistente libertad intelectual: aquí y en París. En suma, muchas veces —obra humana— un paso atrás y dos adelante.

De eso se quejaban los intelectuales en toda Europa, pero es tan atrasado el punto de partida en la España del siglo XVIII que todo lo realizado, por poco que sea, parece obra de gigantes, lo que quizás explica las visiones en exceso meliorativas, que lo son más aún si no se insiste en el contexto en que se produjeron, esto es: las estructuras políticas y sociales lastradas por leyes y privilegios inmutables, protegidas por instituciones biológicamente reproducidas, preservadas por la potencia de las clases privilegiadas, la Iglesia y los grandes, y por sus *valets* introducidos en la corte, el ejército, la universidad, la judicatura y en cualquier instancia donde se pudiera mandar, desde el corregidor de una pequeña demarcación al último procurador del común de un municipio.

Algo raro pasa para que a un lado encontremos a nuestros queridos ilustrados, siempre con sus buenas intenciones y su incesante lacrimeo por no poder «remover los obstáculos que se oponen a la felicidad pública», y al otro, los consejos de guerra, los procesos inquisitoriales, las levas de vagos, las penas de muerte o de galeras, los efectos de la autoridad, destinados a los que todos sin excepción llaman «vil canalla», populacho, gente despreciable. Como comprobó Jacques Soubeyroux, todos los escritores del siglo se refirieron a estos desgraciados con las peores expresiones, la canalla criminal, lo más bajo de la sociedad, el desecho, etcétera; aunque luego militaran en la redentora cruzada ilustrada. Fueron miles de gitanos, vagos —parados, sin trabajo—, malmorigerados, mujeres abandonadas o condenadas a cárceles inhumanas, esclavos y tantos otros desgraciados, muertos en las obras públicas y los arsenales, en las minas o en los barcos, sin olvidar los que penaron ante la Inquisición incluso en los años *ilustrados* de Aranda o de Godoy, o los que sufrieron torturas, o inhumanas prisiones, todavía amarrados con cadenas al remo de unas galeras que, a pesar de que ya no navegaban desde mediados de siglo, siguieron sirviendo en mazmorras infrahumanas en Cartagena.

Todo está, además, dominado por la ignorancia y la pobreza. «¿Cuántos pobres tenemos?», se preguntaba retóricamente Campomanes. Y él mismo se respondía: «Se podría decir que toda la nación lo es». ¡Cómo no iba a ser pobre toda la nación! Le hubiera gustado leer a Campomanes y a sus tertulianos madrileños la respuesta que dio el pueblo de Villardompardo (Jaén) a la pregunta 35 del interrogatorio del catastro de Ensenada, que dice así: «Dijeron hay en esta villa veintisiete jornaleros, cuyo jornal diario se paga a tres reales (...) comprendiéndose en esta clase todo el pueblo a excepción de don Alfonso José de Valdelomar, que se mantiene del salario de administrador del señor conde». Todo era del señor conde, que además nombraba alcalde, alguacil y hasta escribano, lo mismo que ocurría en miles y miles de pueblos españoles sometidos al régimen de señorío, incluidos aquí los que pertenecían a los muy volterianos duque de Alba y conde de Aranda, señores feudales en sus pueblos y modernos *saloniers* en Madrid o en París. Más de la mitad de la tierra en España estaba vinculada a la nobleza y la Iglesia, o amayorazgada para evitar su entrada en el mercado, pues las leyes del mayorazgo, que incluso Jovellanos no se atrevió a criticar en su *Informe sobre la ley agraria*, mantenían ante todo la inalienabilidad de la propiedad y su perpetuidad. ¡Las vueltas que tuvo que dar Campomanes para encontrar en el privilegio del rey, la regalía de amortización, una vía por la que romper esa coraza medieval! Para Campomanes, como para Ensenada, la autoridad absoluta del rey se justificaba también en el sentido clásico y positivo de la *auctoritas*, que, como ha señalado Edgar Straehle, enlaza con el verbo *augere* (hacer crecer, promover o expandir). El rey y la cadena de mando que de él emana, sus ministros, son actores (*auctor*); por tanto, el rey del absolutismo era una pieza clave de las reformas, algunas de profundo calado antifeudal como el catastro.

El catastro llamado de Ensenada descubrió realidades impresionantes en los pueblos de señorío, pero la nobleza se mantuvo intocable. Había sido desde el principio del siglo objeto de críticas acerbas, como se ve en los escritos de Ustáriz, Feijoo, o Campillo, pero no tuvo enfrente en la realidad más que instrumentos como el Concordato de 1753 o el catastro, cuyo potencial no ha sido resaltado lo suficiente. El nuevo régimen de los Borbones contó con grandes activos entre los del común, ministros e intelectuales involucrados en las reformas; muchos, como veremos, se estrellaron contra el gran artificio construido por los nobles con la monarquía —la *domus regia*—; algunos acabaron pagando su osadía incluso con la cárcel o el destierro, como les ocurrió a Macanaz, Ensenada, Gándara, Floridablanca, o el mismísimo Jovellanos. Con todo, no hay que sorprenderse de la contradicción al comprobar que algunos habían sido, en la cumbre del poder, crueles déspotas a los que tampoco les tembló la mano cuando mandaron ejecutar sentencias o propiciaron la caída incluso de sus amigos con métodos sofisticados.

La mano dura y la ausencia de sentimientos se aprendía en los círculos políticos, del rey abajo, donde la pérdida de la estimación regia ante cualquier fracaso o debilidad era lo que esperaba el rival político para actuar. El propio rey creía un deber mantener la firmeza, aunque a veces dejara asomar un calculado gesto de munificencia que todos a su alrededor aplaudían, pues recordaba el viejo pacto del rey padre de sus súbditos, un trampantojo más aceptable aquí que el del origen divino, en lo que no creía en España más que algún grande como el conde de Aranda, el contradictorio militar *ilustrado*.

No había nada más perjudicial que mudar de opinión, pues, como decía el marqués de la Ensenada, «podría parecer inconstancia de ánimo». Mantener las opiniones con una exagerada tozudez hacía que a Carvajal le llamaran el Tío no hay tal, por su forma rotunda de negar. El propio Carlos III jamás le levantó el castigo a su hermano don Luis, al que expulsó de la corte en 1776 tras casarlo con una *desigual*, ni tuvo el menor gesto de clemencia con Olavide, que se pudrió en la cárcel de la Inquisición dos años y en un par de conventos hasta su fuga. Tampoco se quiso enterar nadie del destino del pobre Macanaz, encarcelado en el castillo de san Antón unos meses y, luego —a sus 78 años—, en dependencias militares en La Coruña durante prácticamente todo el reinado de Fernando VI. No encontraron consuelo ni el profesor de Salamanca Ramón Salas, víctima de las cárceles secretas de la Inquisición como Olavide, ni Jovellanos, recluido en Bellver, ni el conde de Floridablanca, preso en la ciudadela de Pamplona, donde también penó sus culpas —y perdió la vida tras diecisiete años de reclusión— el abate Gándara, siempre recordando al causante de su desgracia, Campomanes, el mismo que mandó al marqués de Valdeflores preso a un castillo y lo dejó sufrir en la desgracia hasta su muerte. La mano dura del célebre fiscal de Castilla no suele ser un signo destacado en sus biografías, más atentas a destacar su rotunda imagen de ilustrado.

Tampoco dice mucho del afán reformador e ilustrado del que hacía gala Godoy, que podía blasonar de limitar el poder de la Inquisición, como antes había hecho el conde de Aranda, pero cuya intervención en realidad solo consistió en evitar los grandes espectáculos morbosos. Pondremos solo un ejemplo: en tiempo de Godoy, solo en el Tribunal de Logroño fueron encausados, según Marina Torres Arce, 316 reos por proposiciones heréticas, 31 por supersticiones, 9 por bigamia, 10 por practicar la religión protestante, 41 por tener libros y pinturas prohibidas, y 60 clérigos por el pecado del siglo, la solicitación. Y aun se castigó a un judaizante. Parecía que el siglo, aunque ya no hubiera piras, terminaba como empezó, por más que Feijoo, al hacer recapitulación sobre sus muchos años de vida, dijera que iba a dejar el mundo algo mejor de cómo lo encontró.

Macanaz inaugura el siglo de la crueldad

Todos sabían que, como había escrito Macanaz, el rey era el verdadero *maître de l'Inquisition*, y por eso todos callaban. «Ante el rey y la Inquisición, chitón». Intentar reformar el Tribunal aprovechando el poder real fue la causa de la primera desgracia del célebre fiscal de Hellín, Melchor de Macanaz Montesinos, estudiado para su tesis doctoral por la gran escritora Carmen Martín Gaite, que nos dio un precioso libro sobre el «paciente de la Inquisición». Macanaz había rozado los límites del régimen con su *Pedimento de los 55 puntos*, una obra escrita en 1713, en la plenitud de su poder, que justificaba la autoridad del rey frente a la Iglesia tras denunciar los seculares agravios de Roma. Pero fue otro de sus informes, el que escribió al año siguiente contra la atribución por la Inquisición de la censura de imprenta, y el célebre dictamen sobre la reestructuración de este instrumento regio, el Real Consejo de la Suprema, lo que despertó la furia del inquisidor general, el napolitano cardenal Francesco del Giudice. A lo que se entendió como un ataque furibundo contra el Tribunal —en realidad, había habido antes propuestas similares, como la de Chumacero y Pimentel, en 1633—, se unió el odio personal del cardenal hacia el fiscal después de que este le hubiera cortado el paso a la mitra de Toledo porque era extranjero.

Las ideas de Macanaz, en materia regalista, eran tan radicales que aun en el reinado de Carlos III se consideraban arriesgadas. Teófanes Egido ha dicho del *Pedimento* que es «el material básico y el punto de partida de la Ilustración». Pero, como tantas veces, manos interesadas manejaban políticamente el Tribunal. La conspiración contra Macanaz había llegado muy arriba, hasta Versalles, donde el cardenal Giudice había logrado el favor de Luis XIV para deshacerse del *enemigo* de la Inquisición. La aparición en la Corte francesa, el 31 de julio de 1714, del edicto de Santo Oficio en que se condenaba el *Pedimento* produjo el efecto esperado en un Felipe V abatido por la muerte en febrero de su primera mujer, María Luisa Gabriela de Saboya. El rey abandonaba a Macanaz a la voracidad inquisitorial, inaugurando así una línea de conducta clásica de los Borbones en su actuación como *maîtres* de la Inquisición: un arcano regio empleado por Felipe II contra el arzobispo Carranza, que rebrotará con más teatralidad aun con Carlos III y otra víctima parecida a Macanaz, Pablo de Olavide.

El fiscal aún aguantó en el poder hasta la llegada de Isabel Farnesio, la Parmesana, pero el dominio de la nueva reina sobre la situación política fue pronto total y, para él, sería decisivo. En pocos meses, Isabel Farnesio dejó claro que sus ideas no eran las del equipo reformista dirigido por Orry y Macanaz, al que vio acosado por los sectores más tradicionales de la sociedad castellana a causa de la profundidad de sus reformas. A las dos semanas de llegar la reina, el abad de Nájera escribía al procurador de su orden, el 9 de enero de 1715, quejándose de la situación: se refería a la «calamidad de los tiempos», «todo es embrollo», «todas las claves están turbadas». Pero el abad tenía esperanza en el cambio, pues se despedía diciendo: «Sin que nos quede otro recurso sino el que Dios mejore los tiempos como lo esperamos de la gran novedad acontecida en Jadraque». Lo de Jadraque era la expulsión fulminante, por orden de la joven reina, de la princesa de los Ursinos, la déspota de la corte de Felipe V al servicio de Luis XIV.

Paradójicamente, la nueva reina había sido elegida por la princesa de los Ursinos, influida por un abate astuto, también parmesano, Giulio Alberoni, que le había convencido con engaños de que Isabel era una mujer dulce y educada, entregada a sus oraciones y sus bordados —por cierto, pintaba bastante bien—, cuando en realidad era una mujer soberbia que pronto demostró «su ambición al mandar», como dice el marqués de San Felipe. La princesa comprendió su error en la primera entrevista —y última— que tuvo con Isabel en Jadraque el día 22 de diciembre de 1714, pues la altiva parmesana la envió a la frontera sin permitirle ni siquiera pasar por Madrid a recoger su ropa. La sorpresa de Jadraque produjo un revuelo inusitado en la corte, pues inmediatamente se supo que la reina, con su abate Alberoni, gobernaría al rey, como así fue. La primera demostración se produjo el 7 de febrero de 1715, el día en que salían de España Jean Orry, el confesor padre Robinet y el exonerado Macanaz.

Antes, Isabel Farnesio había pasado por la corte de Bayona para ver a su tía Mariana, desterrada por Felipe V en 1706 tras mostrar su adhesión a la casa de Austria cuando el archiduque entró en Toledo, donde se encontraba. Sin duda, Isabel Farnesio salió de la pequeña corte de Bayona bien aconsejada, corroborando las informaciones de Alberoni sobre el desgraciado rumbo de la monarquía, entregada a franceses y radicales, humillada la nobleza y suplantada por medradores sin escrúpulos como Macanaz. La propia reina viuda había sido vejada, obligada a salir de Toledo, según sus palabras en carta a Felipe V, «considerando se me trataba no como quien soy, ni como Reina que he sido de España, sino es como si fuera vasalla más inferior y delincuente». El duque de Osuna, encargado de su expulsión, se presentó en Toledo el 20 de agosto de 1706 con una compañía de guardias de corps que desplegó en el alcázar, residencia de la reina viuda, pensando que su corte opondría resistencia. Ni siquiera Osuna sabía el destino final de la viuda de Carlos II, que fue negociado directamente con Luis XIV. En principio, se le hizo creer que la llevaban a Burgos. Mariana intentó retrasar el viaje poniendo toda clase de excusas, incluyendo su estado de salud, mientras Osuna apresaba a la mayoría de sus criados y los enviaba a diferentes prisiones. La reina se negó a salir sin un séquito decente, que se había reducido a su mayordomo, conde de Alba de Liste, y a su camarera, la duquesa de Linares, y aún estos tuvieron que ser forzados por el duque de Osuna para acompañarla, pues todo el mundo intuía que el viaje significaba el exilio. La camarera hizo saber a Osuna «que ella no quería ir por jefa de cerveceras, que es el nombre que aquí dan a los desafectos».

La comitiva salió de Toledo el día 22 de agosto y avanzó penosamente, soportando la oposición de la reina que empleó todas las artimañas para impedir el viaje. Fingió que estaba enferma, se empeñó en desviarse a El Escorial a hacer la última visita a la tumba de su difunto marido —lo que se le negó—, protestó por todo y hasta amenazó a Osuna con «que si no la sacaban arrastrando y con grillos, y de ese modo la metían en la litera, no lo habían de lograr». Pero el viaje siguió. Pasaron por Miranda de Ebro y por Vitoria y llegaron a San Juan de Luz, donde Osuna recibió instrucciones —estas venían ya de Versalles— para llevar a Mariana a Bayona. La primera intención de Luis XIV fue que la reina pasara a Pau, pero al fin se decidió que siguiera en Bayona, donde disfrutó muchos años de un dorado exilio, rodeada de una curiosa corte de sirvientes, músicos y artistas, en la que se disfrutaba de la música y la lectura. En adelante, sería cumplimentada por toda clase de personajes, desde el duque de Orleans —se llegó a hablar de boda entre ellos—, a Luisa Isabel, esposa de Luis I, mientras al fin veía satisfechos sus deseos de recuperar su dinero y sus joyas, así como una renta anual de 100 000 ducados con cargo a la Corona española. Mariana vivió hasta 1740, pero pocos años antes de morir, acosada por las deudas, aceptó la magnanimidad de Felipe V, que le permitió volver a España. Murió en el palacio de los duques del Infantado de Guadalajara.

Con Mariana estaba en Bayona cuando llegó la Farnesio nada menos que el cardenal Francesco del Giudice —que poco antes había sido destituido del cargo de inquisidor general—, el gran enemigo de Macanaz, que debía salir al exilio si no quería exponerse a la prisión inquisitorial. Del equipo reformista de los años 1713 y 1714 solo quedaría José Grimaldo, desde ahora encargado de la Secretaría de Estado y hombre de confianza del rey hasta el final, un burócrata que mantuvo el sistema de secretarías sobre el que iba a fundarse el régimen político de los Borbones y la vía ejecutiva o vía reservada que daba origen a la fórmula «ministros con el rey». José Grimaldo, como tantos que le siguieron en el cargo, era un hombre de modestos orígenes, nacido en el seno de una familia de vizcaínos que habían hecho carrera administrativa en las covachuelas.

El exiliado Macanaz tenía ya 45 años de edad y pasaría otros 33 fuera de España, hasta que la llegada de Fernando VI al trono le hizo concebir esperanzas. Se le nombró embajador para negociar los preliminares de lo que acabaría siendo la paz de Aquisgrán, en un rasgo de confianza de Ensenada, pero pronto su comportamiento comenzó a inquietar. Le llamaban ya el «viejón» y el «viejo chocho», su manera de hablar era disparatada, mezclaba todas las lenguas, y creyó que podía pensar por su cuenta y hacer la *gran política* al margen de sus *amigos* Carvajal y Ensenada, quienes, hartos de sus dislates —hacer la paz con Inglaterra por separado, uno de ellos—, le hicieron volver a España engañado, en mayo de 1748, para llevarle directamente desde Vitoria, donde le detuvieron los guardias, al castillo de La Coruña, de donde no saldría hasta sus 90 años, en 1760, el año en que murió. Hay que imaginar la dureza de la vida en el castillo de San Antón, el minúsculo recinto coruñés, entonces aislado de la costa —al que se accedía solo en barca—, el tétrico lugar donde tantos desgraciados sufrieron hasta el último aliento.

Nos detendremos un poco ante tan minúsculo símbolo del despotismo más atroz. El castillo hoy se enseña a los turistas, que no pueden ni imaginar el suplicio que padecieron en sus angostas dependencias algunos personajes de primera importancia en la historia de España. El más famoso fue, como hemos visto, Melchor de Macanaz, pero albergó, además, a todo tipo de presos; por ejemplo, a un disoluto mujeriego, Benito Alonso Enríquez y Sarmiento, marqués de Valladares, que dilapidó su hacienda persiguiendo mujeres, fue encarcelado en el castillo y, al final, acabó siendo asesinado en 1757 por su propio hijo Gabriel Enríquez y su mujer Isabel Sanjurjo Galloso y Montenegro. Madre e hijo probaron también las mazmorras de San Antón, donde se les dejó morir de hambre mientras se ahorcaba al matrimonio de caseros a los que se culpó del crimen y de haber emparedado el cadáver, según se recoge en un grueso memorial de la Real Audiencia del Reino de Galicia impreso y accesible en la red. Medio siglo después, San Antón albergó al general Juan Díez Porlier, que fue ajusticiado en 1815 en la plaza de la Leña, y unos años más tarde al mismísimo nieto de Macanaz, Pedro Macanaz y Macanaz, ministro de Fernando VII. Con todo, el caso más estremecedor fue el asesinato de los presos del pequeño barco *Santo Cristo de los Afligidos* (unos 50 militares encarcelados en San Antón, entre ellos el brigadier Escandón) como consecuencia de la represión tras la entrada del duque de Angulema en 1823, a los que se embarcó con la disculpa de que se les trasladaba a Vigo y, al pasar frente a la torre de Hércules, se les asesinó a machetazos. Durante días aparecieron cadáveres en las playas próximas. Tras el juicio correspondiente, 18 inculpados fueron ejecutados en la plaza de la Leña el 10 de noviembre de 1824.

La sociedad castigada

El rencor, la venganza, la perversidad y el odio no son características de un personaje o de una época determinadas; es obvio. Pero se deben incluir en el discurso de la explicación, pues solo así comprenderemos que ese mundo ilustrado y en apariencia pleno de virtudes cívicas es también el que mantuvo las fórmulas más tiránicas de recluta de marinos y trabajadores en los arsenales y las obras públicas, el que truncó vidas por los medios más crueles permitiendo subsistir al viejo tribunal del Santo Oficio, un verdadero muro ante el que unos y otros mostraron sus debilidades, muchas veces su hipocresía. El propio Carlos III dijo sobre el Santo Tribunal que «los españoles no se quejan y a mí no me molesta»; Aranda blasonó por Europa de haber «limado las uñas al monstruo», haciendo creer que había acabado con la Inquisición; Godoy actuó nombrando inquisidores benévolos y se lavó las manos, incluso se atribuyó el mérito de la vuelta de Olavide y de la protección de las nuevas víctimas que producía el contagio de las ideas revolucionarias, como Ramón Salas, por ejemplo. Ahora bien, ninguno se expuso ante lo que ya era un complejo artificio de poderes presidido por la Corona y destinado, una vez más, a mantener el control social y político. La Inquisición fue utilizada por muchos poderosos que en los salones pasaban por furibundos opositores, por frívolos y libertinos incluso, pero siempre cerca del Tribunal que tan eficazmente supo utilizar el poderoso secreto inquisitorial. Es cierto que solo unos pocos probaron el rigor de sus cárceles secretas, pero fue suficiente para mantener lo que, en definitiva, fue el gran éxito de la Inquisición: provocar el miedo, la autocensura, esa mentalidad inquisitorial de sospecha basada en que siempre podía haber un delator cerca, precisamente lo que luego ha servido de experiencia en todos los tribunales represivos hasta el tristemente célebre Tribunal de Orden Público franquista. Nuestros ilustrados del siglo XVIII se dieron cuenta de que, para lograr paralizar una sociedad por miedo, no hacían falta ya grandes exhibiciones públicas, ni muchos muertos —lo que es una pena que no entienda Elvira Roca Barea—, pues este es precisamente el triunfo de la Inquisición y, por eso, el tribunal fue utilizado políticamente por todos los reyes y, por supuesto, ¡por el mismísimo Carlos III!, como veremos en el caso Olavide.

Pero no era solo el temible tribunal el símbolo de los horrores, como denunciaron algunos ilustrados españoles y se difundió por toda Europa, aun a sabiendas de que, después de la década de 1720 —cuando rebrotó en España una furia rabiosa antijudía y se ejecutó a decenas de verdaderos o falsos judaizantes—, ya no fueron frecuentes los grandes procesos públicos, con autos de fe, hogueras y escenarios teatrales. Antes y después del siglo ilustrado, la nota de horror la siguieron poniendo las ejecuciones de la pena capital en las plazas públicas dictadas por los tribunales, lo que no producía tanto espanto a nuestros visitantes, pues era un espectáculo parecido al que se veía comúnmente en calles y plazas de sus países. Tampoco ocasionaba muchas preocupaciones la arbitrariedad con que procedían los jueces, la mayoría prevaricadores, algunos verdaderos maestros de la corrupción, como ese juez de Muchamiel desempolvado por Enrique Giménez como símbolo de las habilidades valencianas en la materia, Máximo Terol, que tras infinidad de sobornos, cohechos y malversaciones, vejaciones y percepciones indebidas durante cincuenta años en distintos destinos, se jubiló plácidamente en Cádiz, donde fue nombrado alcalde mayor, a los 77 años, en 1798, «sin mancha alguna en su expediente». El profesor Enrique Giménez ha sabido plasmar, en *El lado oscuro de las luces en tierras alicantinas*, los efectos de la «violencia estructural, que se expresó en banderías, actos criminales diversos, en la generalización de prevaricaciones y fraudes en las distintas administraciones, con choques frecuentes entre la jurisdicción civil y militar, y ambas con la que ejercían en el terreno espiritual obispos oriolanos que creyeron su deber enfrentarse a una inmoralidad que suponían generalizada». El conde de Aranda describió esa violencia estructural cuando fue capitán general de Valencia.

Muchos años después de que Cesare Beccaria fuera conocido en España y sus máximas sobre la correspondencia entre pena y delito fueran adoptadas por los ilustrados más avanzados (sin aplicarlas en la realidad), un hidalgo rico de Navarrete (La Rioja) denunciaba el estupro de su joven hija por otro vecino del Estado noble que había conseguido sus fines sin violencia contra la joven, quizás esperanzada —ella y su padre— por lograr un buen partido, pues aunque viejo, el abusador era muy rico. El denunciante, que se encontró con el muro de los muchos apoyos del denunciado, quería que, para lavar su honor y el de su hija, se aplicaran «las leyes de nuestros padres», que consistían a su juicio en «que al hombre honrado le impusieran pena de confiscación de la mitad de sus bienes, la vil pena de azotes y de destierro por cinco años a una isla, y al siervo o doméstico, pena de muerte". Y estábamos ya en 1803. Eran ilustrados, sí, pero el mismísimo conde de Aranda invocó las Partidas, que además merecieron sus elogios como leyes sabias cuando, como presidente del consejo de guerra contra los que habían perdido La Habana, en 1764, pidió pena de muerte para el conde de Superunda, entre otros. ¡Todavía «las leyes de nuestros padres»!

Tan del gusto popular fue el horrible espectáculo de la horca o el garrote que los ciegos de Madrid obtuvieron del Consejo de Castilla, en 1748, el privilegio de vender en monopolio las «relaciones de los reos ajusticiados de esta corte». Para poner en verso las vidas de los ejecutados, recibían de los tribunales un extracto de las sentencias, «para que sirva de escarmiento, como ha sido uso y costumbre», aunque no era así a menudo, pues los reos solían ser presentados como héroes, valientes, listos y hasta buenas personas, inaugurando esa literatura de patíbulo que dio el tono de la España negra. Como ha hecho notar Juan Gomis, la última generación de ilustrados (Campomanes, Meléndez Valdés o Marchena) saltó ante «tales maldades, que aunque contadas groseramente y sin entusiasmo ni aliño, creídas cual suelen serlo del ignorante vulgo, encienden las imaginaciones débiles para quererlas imitar, y han llevado al suplicio a muchos infelices» (Meléndez).

Pero la costumbre se impuso y nadie hizo caso de la moralina de los elegantes ilustrados, por lo que el régimen liberal dio nuevos bríos a los verdugos. Todavía Mariano José de Larra describió una ejecución en Madrid como el gran espectáculo, mucho menos edificante que lo que decían pretender las autoridades y, más bien, lugar de reunión en torno al desgraciado de otros delincuentes y gente que hacía burlas y soltaba risotadas. Nada superaba el espectáculo de presenciar, no solo la ejecución, sino las caprichosas operaciones posteriores a la muerte del reo, pues habitualmente se arrastraba el cuerpo, se le encubaba —para echarlo a un río (el *culleum* romano)— o se descuartizaba, y se destinaba los «cuartos de ajusticiado», especialmente cabeza y manos, a las puertas de la ciudad o los cruces de caminos, donde eran expuestos durante mucho tiempo.

Teófanes Egido ha comprobado en Valladolid que, durante el siglo ilustrado, disminuyeron allí los autos de fe inquisitoriales, pero no las ejecuciones por sentencia del tribunal civil, «que ejecuta sin descanso (...) eso sí: diferenciando con nitidez la condición social del reo en el medio de la conducción, en el lugar (Plaza Mayor para privilegiados, Campillo de San Nicolás para comunes), en el modo e instrumento de ejecución (garrote vil, ordinario o noble, que se va imponiendo sobre la horca constante) y hasta en el cementerio en que se sepultaban los cadáveres». Obviamente, también en el destino de los cuerpos: «El encubamiento se hace más frecuente a medida que el siglo va progresando: solo aparece un caso de encubado hasta 1761 en los libros de defunciones de San Nicolás; 18 desde 1762 hasta 1797». La permanencia de los cuartos de los ajusticiados terminaba en Valladolid el día de San Lázaro (en Zaragoza, el día de la Virgen del Pilar). «Aquel de finales del Antiguo Régimen era un Valladolid salpicado de cuerpos humanos durante todo el año», concluye Teófanes Egido. Todas las ciudades lo eran. En algunas, como en Zaragoza, había una hermandad, la de la Sangre de Cristo, dedicada a retirar los restos de los ajusticiados de los cruces de caminos, las picotas y las puertas de la ciudad: una vez pidieron permiso «porque los perros y las fieras se los comen», otra porque «los restos están muy gastados». En 1823, el Ayuntamiento ordenó a la hermandad (antes del Pilar) «quitar las cabezas y las manos de varios reos por el terror y espanto que producían a los viajantes».

En otros lugares, además de los cuerpos, se exhibían las horcas, a menudo con la cabeza de un ejecutado colgado, como en las antiguas picotas. Era la cuerda tirante, que recordaba todavía Floridablanca y recomendaba para que los alcaldes durmieran tranquilos. En un recado a José Ventura Figueroa, gobernador del Consejo de Castilla, en 1778, le decía: «Acuérdese Vuestra Merced de los mendigos y diga una palabrita a los alcaldes, que por no tener la cuerda tirante todos los días, pierden lo trabajado y tienen después más fatiga».

Era el amenazante instrumento que se veía en plazas, pero también en las puertas de arsenales y cuarteles, el preferido por el cruel Ensenada. Si los cañones eran el último instrumento regio, la horca era el símbolo del poder del déspota, y no solo del déspota cortesano. Esta era una sociedad castigada, que convivía con el castigo, el correctivo y el escarmiento, con el mandar y obedecer, incluso en el último rincón del mundo, como puede ser una aldea riojana de montaña. Por ejemplo, Laguna de Cameros, en la que un simple alcalde había encarcelado a una pobre mujer, encadenándola en la cuadra de su casa, algo parecido a lo que hicieron los frailes del monasterio de San Prudencio con los alcaldes de Lagunilla de Jubera, a los que metieron en las mazmorras del monasterio cargados de cadenas.

Pero estos castigos terribles y públicos no son, por lo general, los destinados a los enemigos políticos. Si se traen aquí es porque los encumbrados convivieron con ellos y, aunque como decía Torres Villarroel, la justicia es como los alfileres, que prenden a los pobres y resbalan sobre los ricos, lo cierto es que el siglo de la Ilustración fue también el del castigo político de los poderosos, nunca seguros en el poder, pues el peligro del absolutismo regio era la real gana y, en esta, a veces, mandaban retorcidos y oscuros instintos. Nuestras víctimas sabían que, para que los alfileres resbalaran, no era solo necesario el dinero, sino también vigilar la coyuntura; no solo el peligro de los enemigos, sino quizás más aún el de los que se ofrecían bajo la capa de la amistad.

Reprimir motines, Granada y Caracas

Dos ejemplos nos servirán para comprender que los déspotas sabían cómo cortar de raíz cualquier protesta popular. Los dos muestran la mano cruel de Ensenada: un motín del pan en Granada y el que protagonizaron los canarios contra los vizcaínos de la Compañía Guipuzcoana en Caracas. En Granada, colgaron en las puertas de la ciudad las cabezas de dos alborotadores ejecutados tras el motín de 1748, y estuvieron expuestas hasta que, ¡26 años después!, se solicitó permiso al consejo de guerra para retirarlas. Las dos cabezas enjauladas eran el triste recuerdo del motín reprimido por el teniente general Juan de Villalba, que cumplía órdenes de su jefe y futuro amigo, el ministro de Guerra, Zenón de Somodevilla y Bengoechea, marqués de la Ensenada. Los dos fueron grandes amigos años más tarde, cuando el marqués cumplía la pena de destierro en El Puerto de Santa María entre 1757 y 1760, y el general era el encargado de custodiarle. La amistad del general y el desterrado sorprendía a todos, pero al ministro Ricardo Wall le enfurecía porque sabía que la guardia que Villalba le había puesto a Ensenada era en realidad una guardia de honor. Para desesperación de Wall, el marqués fue padrino de boda de la hija del general y cazaban patos juntos en una laguna cercana a Jerez. Solo faltaba que a la partida de caza se añadiera Jorge Juan para que a Wall y a su amigo el duque de Alba se les llevaran los demonios.

La admiración del general Villalba por Ensenada venía precisamente del motín de Granada de 1748, un típico motín de subsistencias reprimido *manu militari*, con la crueldad característica del marqués. «Los años de escasez son peligrosísimos y en el de 1766 no tuvo Aranda otro modo de vivir tranquilo que el de recogerlos (a los pobres)», recordaba un *benévolo* Floridablanca, pero Ensenada no pensó nunca en recogerlos, sino en escarmentarlos.

El motín de Granada comenzó el 8 de octubre de 1748 con la típica protesta por un impuesto sobre el trigo encabezada por unos muchachos, como relata Manuel Garzón Pareja. Dos hermanos muy jóvenes se refugiaron en la parroquia de las Angustias y, cuando el corregidor y los alcaldes mayores intentaron sacarlos, la gente reaccionó, con algunos clérigos a la cabeza, celosos defensores del derecho de asilo eclesiástico. Unos apedrearon las casas del corregidor y del alcalde mayor, otros asaltaron la alhóndiga de granos y otros edificios públicos. Garzón Pareja describe la violencia que generó el motín, que obligó a emplear la solución militar cuando las autoridades locales se vieron desbordadas. Con órdenes de Ensenada, el 24 de octubre llegaba desde Cádiz el teniente general Villalba, con tropa de infantería y caballería, y se instalaba en la ciudad provocando inmediatamente el encarcelamiento de hasta 32 personas, dos de las cuales eran los desgraciados cuyas cabezas se descolgaron 26 años después. El número de presos llegó a 62 cuando todo acabó meses más tarde y la ciudad pidió clemencia al rey, «en alivio de su inocente público», hartos todos de alojar y alimentar soldados «por la miseria del país». Llegaron a considerar que la presencia de las tropas había sido una «vejación a este pueblo fidelísimo» y lo más sorprendente: todo había sido «producto de la puerilidad de algunos muchachos que sin dolo causaron el alboroto». Villalba pedía más dureza, pero al final llegó el indulto de los presos, el 21 de marzo de 1749. Bastaba con el escarmiento. Todos querían borrar el triste recuerdo, pero nadie quitó las cabezas de los dos reos expuestas en las puertas.

Por esas fechas, otro motín ocupaba la atención de Ensenada. Era el de Caracas, en el que empleó igualmente la fuerza militar. Pero aquí no se trataba de un motín de pobres, aunque como siempre trabajadores y esclavos formaron el grueso de los movilizados por los rebeldes, que en este caso eran algunos ricos comerciantes de cacao, la mayoría canarios, alzados contra la Compañía Guipuzcoana. La Compañía fue creada en 1728 en San Sebastián para traer cacao a España, y acabó convirtiéndose, en Venezuela, en un «Estado dentro del Estado» dominado por los vascos, los llamados vizcaínos, asentados en las regiones del cacao cercanas a Caracas. La revuelta, liderada por Juan Francisco de León, un canario de El Hierro que proclamó que «no había de quedar de esta raza (vascos) persona alguna», provocó la reacción de Ensenada, que volvió a mostrar su manera pérfida de actuar: una mezcla calculada de secreto en las intenciones y exhibición de fuerza, con una prueba final de extrema crueldad. De entrada, envió a Caracas a un nuevo gobernador, su amigo Julián de Arriaga, un militar de gran prestigio que debía esperar la llegada de la compañía del teniente general Felipe Ricardos con 600 hombres de infantería. Mientras, Ensenada recibía informes y pensaba en el modo de acabar con el escandaloso insulto a la autoridad del rey, que para él contenía dos agravantes muy peligrosos: uno era la situación de rebeldía de la mano de obra (mulatos, zambos y canarios pobres), y el otro, el beneficio que obtenían ingleses y holandeses, siempre dispuestos a fomentar la rebelión de los criollos contra España. El caso era muy serio y todos en el entorno de Ensenada pedían mano dura. Sebastián de Eslava, gran amigo del marqués desde los tiempos de Italia, cuando había ascendido a general en el ejército de Montemar, fue el más próximo a Ensenada a la hora de tomar decisiones. Era mucho más duro que Arriaga y pensaba que «el disparo de un cañón al aire y el castigo de algunos culpables sirven más que cualquier número de prudentes persuasiones». En uno de los informes que hizo para el marqués, Eslava, que había sido virrey de Nueva Granada y conocía muy bien el problema, proponía la respuesta clásica: el envío de tropas y el castigo a los cabecillas, empezando por los firmantes de la carta reivindicativa del día del tumulto. Otro amigo de Ensenada, el canario Antonio José Álvarez de Abreu, marqués de la Regalía, pensaba que «ninguna insurrección en la historia había sido sofocada por medio de la suavidad».

El teniente general Felipe Ricardos acabó siendo el mejor ejecutor de las órdenes de Ensenada cuando fue nombrado capitán general y gobernador de Venezuela el 6 de marzo de 1751, en sustitución de Arriaga; hasta entonces, el *blando* Arriaga tuvo que ejecutar las crudas órdenes de Ensenada, como ahorcar a algunos revoltosos para escarmiento, por ejemplo. Como era habitual, Ensenada dictó las correspondientes órdenes de prisión contra todos los implicados, pero mandó que se enviaran a España a algunos de los principales cabecillas visibles, entre ellos Francisco de León y dos de sus catorce hijos, a los que se encarceló nada más llegar a Cádiz. El líder canario y uno de sus hijos acabaron muriendo en el arsenal de La Carraca en 1752, en ese momento bajo el mando de Arriaga, al que Ensenada había sacado de Caracas y había premiado nombrándole intendente, en sustitución del viejo Francisco de Varas y Valdés, y presidente del Tribunal de la Casa de Contratación, «uno de los cargos más importantes y mejor pagados de la Administración de Marina», en palabras de María Baudot. Julián de Arriaga, bailío de San Juan y hombre místico, que participó en la conspiración que derribó a Ensenada el 20 de julio de 1754 y le sucedió en la Secretaría de Marina, se arrepintió luego de haber secundado la crueldad de Ensenada en Caracas y le dijo a Wall que «lo que hizo bajo Ensenada era contra el corazón». Así debió de ser, pues la crueldad del gran déspota Ensenada se exhibió en toda su brutalidad mandando sembrar sal alrededor de la casa del difunto Juan Francisco de León y poner ante la puerta las cabezas de un zambo, un mulato y un canario en una picota, con una lápida de recuerdo. Pero esa orden la ejecutó ya el general Ricardos, que había nacido en Caracas e inauguraba así su cargo de gobernador. La lápida de la infamia fue demolida nada más ser proclamada la independencia.

Para el final quedaba la mejor demostración de despotismo: el marqués prohibió que se embarcaran familias canarias hacia

Venezuela «por los graves perjuicios que se siguen de aumentar en Caracas el número de isleños». Y desde luego, apoyó a la Compañía Guipuzcoana, a pesar de que no estaba del todo de acuerdo con sus métodos, porque no iba a consentir que un organismo protegido por la Corona, en el que había intereses de gente principal, fuera derribado por la vil canalla.

La crueldad del marqués se expresaba también en el trato de la gente de tropa, la marinería y los penados, esclavos moros y vagos procedentes de las numerosas levas decretadas que trabajaron en los arsenales para poner en marcha el programa de recuperación naval ensenadista. Criado desde niño en la Marina, como él repetía, Ensenada conocía perfectamente la marinería, pues seguramente él comenzó siendo paje. Junto a él vería a la chusma —la denominación en el argot de los penados de los arsenales— y pensaría como el almirante Vernon —el contrincante de Blas de Lezo en Cartagena de Indias en el asedio de 1741— que decía: «Nuestras flotas consiguen su tripulación por la violencia y la mantienen con la crueldad». Así era también en España. Arsenales y barcos, y las numerosas obras públicas que estaba poniendo en marcha el marqués, eran destinos que podían acoger a todo tipo de desgraciados, los que eran atrapados por el indefinible delito de vagancia en las numerosas levas que decretó: un delito en el que podía caer cualquiera, incluso niños de doce o catorce años por pequeños hurtos y rapiñas... o por ser gitanos. Era en realidad mano de obra barata, un objetivo que ya propuso Ensenada abiertamente en otra ocasión, cuando proyectó acabar con el negocio que los ingleses tenían en Honduras con el palo de Campeche, necesario para los tintes de los algodones de su incipiente revolución industrial. El marqués pensó en extraer el palo mediante explotación directa por la Corona, para lo que emplearía mestizos, mulatos, negros e indios, así como «los muchos vagabundos que hay en su presidio», a los que se les pagaría un salario de real y medio de plata y la comida. El marqués añadía con desprecio: «... que esta gente es de poco costo».

La chusma y la esclavitud

Como recuerda el profesor Esteban Mira Caballos, la esclavitud era muy común en España todavía en el siglo XVIII. Muchos esclavos servían como domésticos o trabajadores para todo, y se les miraba, como escribió el embajador inglés Benjamin Keene, «*plutôt comme res, que comme personae*» (más como cosas que como personas). Empleaba esa expresión ante el culto ministro José de Carvajal en una carta de 1747 para referirse a los esclavos indígenas que pasaban a los dominios españoles en América huyendo de portugueses o ingleses, buscando la protección de las leyes españolas, que no permitían la esclavitud de los indios. No era el mismo caso para negros y moros, a los que encontramos también en los arsenales cumpliendo penas, trabajando en las obras que, desde Patiño y Ensenada, convirtieron Ferrol, Cádiz y Cartagena en grandes complejos de la industria naval española, pero también en formidables prisiones para condenados a trabajos forzados. En los tres arsenales, miles de desgraciados presos y esclavos fueron la mano de obra que levantó diques, cuarteles, fortificaciones y muelles. También se les encadenó al remo de las galeras, primero para moverlas, luego ya solo para usarlas de cárcel cuando Ensenada decidió dejarlas varadas en Cartagena, en 1748.

Con condenados y esclavos había dos figuras que no podían faltar, los vagos y los gitanos. Muchos vagos, capturados en las levas periódicas, acabaron sus días en estos destinos, con frecuencia sin más culpa que estar desocupados o ser transeúntes y encontrarse con cualquier autoridad local de mano dura, dispuesta a aumentar la cuerda de presos. Son cientos los expedientes que encontramos en la Secretaría de Marina en Simancas y en el Archivo de la Marina de El Viso con recursos, instancias y solicitudes de indultos para los reos penados en los arsenales o en las galeras cuyas familias podían acceder al menos a un abogado para que reclamara. La mayoría de los condenados no podía permitírselo, pues habían engrosado la cuerda de presos precisamente por su posición marginal frente a un alcalde mayor o un corregidor que así se quitaba de en medio el problema de la recluta, tal como demostró María Rosa Pérez Estévez en su precioso libro publicado en 1970 sobre los vagos. Una blasfemia, una riña entre jóvenes, un insulto a la autoridad, si el culpado era un pobre muchacho o un gitano, podía acarrearle al *vago* cuatro o seis años de galera, a remo y sin sueldo, o de *servicio* en los arsenales del rey, o en alguna de las obras públicas en marcha, entre ellas las carreteras y los puertos de mar por donde transitaban los viajeros de la Ilustración. Pero a veces ni siquiera había una causa, pues el delito de la vagancia era extremadamente difuso. Hay casos en que los propios padres confesaban arrepentidos haber denunciado a su hijo por vago pensando solo en darle un escarmiento, y escribían a las autoridades implorando clemencia. Solo Goya denunció, en muchos dibujos, la crueldad con que fueron tratados estos miserables, desde que eran enganchados a la cuerda de presos —«no saben el camino», escribió Goya— hasta que se agotaban trabajando en el «edificio en construcción», uno de los dibujos donde el genio muestra la dureza del trabajo colectivo.

La mayoría de los recursos de los presos o de sus familias eran despachados con un «no procede» sin más; en otros, se añadía «no procede por las malas cualidades del sujeto» cuando sus antecedentes les delataban por reincidentes; a veces ni siquiera consta la decisión de las autoridades, generalmente la mayoría, con cargos intermedios antes de los ministros. Pero lo que nos interesa aquí son las excepciones —hace poco, Carlo Ginsburg decía con razón que eran lo importante— y estas son realmente sorprendentes, pues algunos recursos llegaron a lo más alto, a las mismísimas manos de los ministros de Marina, Ensenada, Arriaga, González Castejón, Valdés y Fernández Bazán, Gálvez, pero también a las de Floridablanca e incluso a las de Campomanes, tanto en su época de fiscal como en la de gobernador del Consejo de Castilla. Ahí están sus firmas, la justificación de sus decisiones, la plasmación, negro sobre blanco, de sus ideas, muchas veces muy alejadas de los benéficos fines ilustrados que decían perseguir, pues en cuanto al gran debate sobre los delitos y las penas, la prevención del daño a los otros y la utilidad del preso para el Estado seguían pensando casi como en los siglos medievales. Un ejemplo: el 5 de febrero de 1785, Campomanes escribía al ministro Valdés un largo informe sobre la fuga de nueve presos que se había producido cerca de Albacete cuando iban destinados a Cartagena, y le recomendaba «poner mayor resguardo que el que ha habido hasta aquí en las conducciones de cuerdas de Marina». Como eran muy frecuentes, aumentaba la preocupación del gobernador del Consejo que pensaba así: «Las fugas de los reos son perjudiciales, no solo porque burlan las determinaciones de la Justicia, sino por los nuevos delitos que van a cometer, excitando el cuidado y recelo de los magistrados y demás personas encargadas en la administración de justicia y seguridad pública». Feijoo había dicho algo parecido para justificar la pena de muerte. Con la mano dura se ahorraban reincidencias. Era la política de la cuerda tirante.

Todos, en general, sin excepciones, dejaron su impronta de crueldad en el margen de los pliegos de las peticiones. Mencionaremos solo algunos casos, comenzando por el de un falsificador, un hombre culto, con una letra espectacular, capaz de imitar los impresos y falsificar licencias y patentes a los presos. Se trata de don Antonio de Mendoza y Lovera, hijo de un infanzón aragonés, según decía, sevillano de nacimiento que se pasó toda la vida preso desde que a los 18 años, en 1710, sufrió la primera condena. Luego vinieron más: «Seis años en el presidio de Melilla por llevar un pasaporte falso que traje de la corte a mi patria», diez más por «falsificar una patente de teniente de milicias». Estando en la cárcel de Málaga, falsificó un decreto del gobernador general de Galeras en el que pedía que un condenado pasara a otra galera, dinero por medio. Además, escribía contra las autoridades, decía el gobernador de Cartagena. Por todo ello, le añadieron otros ocho años de condena. Siguió escribiendo a Su Majestad y al consejo de guerra, y nueva condena: 18 años a galeras y que no salga de ellas sin orden expresa de Su Majestad. Así vivió, de una galera en otra, hasta esa última y definitiva sentencia: perpetua.

Ahora, en 1745, viejo y muy enfermo, destinado a las galeras de Cartagena, escribía a Ensenada y al rey desde la cárcel del arsenal pidiendo que se le permitiera mantener el pequeño privilegio que había conseguido, favorecido por el cura, que consistía en salir de la galera para ayudar a misa. Pero alguien había ordenado que volviera a la galera, a la cadena permanente, pues era muy nocivo. Entre sus muchas artes, estaba la de «sugerir a los presos las declaraciones y respuestas que han de dar». La carta de Mendoza es conmovedora: está casi ciego, no necesitan encadenarle, «pues yo no puedo huir y aun andar»; podrían llevarle al cuartel, o a la capilla donde pueda «salvar su alma y retirarse del mundo». Adornaba su escrito al ministro con referencias de autores clásicos, citaba incluso a Alejandro Magno, halagaba al marqués y le pedía que escribiera al conde de Fernán Núñez, que era entonces el capitán general de Galeras, a quien ya había dirigido él escritos pidiendo clemencia; pero Ensenada no cedió. Su único rasgo de compasión fue mandar que se le saque la cadena de presidiario, pero no le levantó la pena del duro banco, pues añadió «que se mantenga en la galera día y noche».

El hacinamiento en los arsenales producto de las levas masivas y los intentos de fuga fueron un riesgo permanente, un problema que se recrudecía al compás del endurecimiento de la represión. En la década de los sesenta, antes y después de los motines, provocó la intervención de los ministros y la adopción de medidas duras. En 1760, había, entre los penados de La Carraca, 478 vagabundos, 106 desterrados, 9 castellanos nuevos y 209 esclavos del rey; en total, 802 condenados. Cinco años después, había 400 desterrados más, entre ellos unos 120 a 130 «perversos por matadores, asesinos, ladrones y otros delitos». El temor al motín y a la fuga generalizada hizo extremar las medidas, y la mayoría dormía encadenada a la barra, pero aun así había fugas. El asunto hizo intervenir a toda la jerarquía de la Secretaría de Marina, incluido el ministro Arriaga, con fama de piadoso, sobre todo a partir de la alarma de la primavera de 1765. Como primera medida, se estudió llevar a Ceuta a los 120 más peligrosos, mientras el ministro Julián de Arriaga proponía que 100 moros pasasen a Cartagena. Ciprián Autrán, capitán de la maestranza, aumentaba la vigilancia, pues, como le revelaba al intendente Gerbaut el 15 de marzo de 1765, «ayer tuve otro aviso bajo el sigilo de confesión, de que todos los desterrados se han unido y formado el ánimo de juntarse en los trabajos atropellando la guardia y capataces, tomar sus armas y hacer camino con ellas para escaparse todos juntos. No tengo noticia de que los moros estén metidos en esta congregación, pero como estos están esperando siempre cualquier coyuntura para lograr su fuga, no hay duda que si se les presenta esta ocasión sean ellos los peores a intentar la escapada».

Lo mismo ocurría en Cartagena en esas fechas, solo que en el gran complejo del Mediterráneo había el doble de presos. El 14 de mayo de 1765, el conde de Aranda, entonces capitán general de Valencia, le decía al ministro de Marina, el bailío Arriaga, que había que extremar las medidas de seguridad en el arsenal, pues había muchas fugas y esto era la causa de «la cantidad de malhechores que ha infestado este reino y aun lo tiene molestado». Para Aranda, el bandidaje en la región

> proviene del descuido que en el arsenal de Cartagena se padece con los destinados a él, del cual apenas se escapan, sean valencianos o de otras provincias, se introducen en esta como tan próxima; y en ella, por razón de su dulce clima, se mantienen a montes acudiendo a las casas de campo y barracas para su alimento forzándolas a facilitárselo.

En Cartagena, el hacinamiento llegaba a tal punto que, entre presos, moros, gitanos y esclavos, pasaban de 2000. Además, el problema era que solo había 90 hombres de tropa para custodiarlos. El estadillo que realizó Pedro de Ordeñana a petición de Arriaga daba estas cifras a fecha de 29 de mayo de 1761: 800 presos hombres, 133 presos muchachos, 84 gitanos hombres, 36 gitanos muchachos, 871 moros esclavos; en total, 1924 penados, incluidos los 135 que estaban en los hospitales, 9 de ellos gitanos.

El mismo hacinamiento había en Orán, destino final de muchos de los capturados en Madrid y alrededores durante el motín contra Esquilache. «Es tan excesivo el número que se aventura su quietud y subsistencia», decía el gobernador del presidio ante la pretensión de Arriaga de enviar 203 presos más desde Cartagena (al final se les mandó a Ceuta). El intendente de Cartagena, Francisco Barredo, decía en febrero de 1767 que «el cuartel está enteramente ocupado con 350 hombres». Algunos pasaron a Cádiz, donde se les embarcaba cuando se podía con destino a las fortificaciones de algunas plazas americanas, como Puerto Rico. Otros recibieron una medida de gracia por parte de Aranda, que el 27 de junio tenía que firmar la libertad de los capturados en la leva de 1765. Aun así, el número de presos era tal en los arsenales que, el 15 de agosto, Aranda ordenaba enviar a 990 presos desde Cartagena a Orán.

El hacinamiento era un problema, pero las obras en los arsenales necesitaban mano de obra y el Ejército y la Marina efectivos para la tropa, que a veces se nutría de condenados cumplidos a los que se les ofrecía ser soldados o marineros si eran jóvenes. Aunque no es frecuente, hubo casas de misericordia y hospicios que enviaban muchachos a los arsenales con intención de que hicieran carrera en la Marina, por ejemplo, el hospicio de Oviedo, «cuyas ordenanzas aplican a los arsenales los muchachos huérfanos y desamparados que se críen en aquella ciudad llegando a la edad de 14 años», según le dice el regente de la Audiencia de Oviedo al ministro de Marina Julián de Arriaga el 3 de abril de 1771. Decía el regente que el intendente de Ferrol le había pedido 50 de 14 años para pajes y 50 de más edad para grumetes. Ya al final del siglo, las ideas utilitarias sobre la formación profesional dulcificaron el sistema; también la Marina y el Ejército comenzaban a tener más estima social. El 30 de marzo de 1782, Manuel Travieso escribía al ministro González Castejón desde Cartagena, contento porque ha logrado «progresos en la enseñanza de los muchachos que la bondad de S. M. se ha servido poner a mi cuidado». Travieso era subinspector para su enseñanza y había logrado embarcar nada menos que a 385 grumetes en varios barcos; antes les había enseñado incluso a cargar un cañón, pues había hecho artillar barcos para el aprendizaje. Una vez cumplida la pena impuesta por vagancia o delitos menores, los muchachos podían quedarse en la Marina, según orden que le remitía Castejón.

Las deserciones en el ejército eran también muy habituales, así como *pasarse al moro* en los presidios de África, lo que acarreaba siempre durísimas condenas. Una solicitud de clemencia de varios desertores nos muestra a unos «individuos de mar» —así se llaman ellos en la instancia que dirigen al rey el 8 de marzo de 1785— capturados cuando iban a sus pueblos y conducidos al presidio La Carraca, desde donde escriben. Decían ser soldados que habían servido en la Real Armada en la última guerra contra Inglaterra «con el mayor celo y satisfacción sacrificándose en defensa de su monarca y gloria de sus armas, unos voluntariamente y otros por la suerte de su matrícula». Terminada la guerra, «cuando esperaban ser despachados con sus pasaportes correspondientes, se hallaron detenidos, destruidos y en cueros» tras haber acudido a sus pueblos, con sus familias «y redimirse en parte de la suma infelicidad que padecían», es decir, se fueron a comer y a vestirse. Alegaban que no habían querido desertar, pues en su ánimo estaba volver a los reales bajeles y cobrar sus pagas, sin las que ellos y sus familias vivían entre ahogos y lágrimas. Por eso, pedían volver a embarcar como soldados, lo que no consiguieron. Una mano anónima escribió al margen «no ha lugar a esta instancia».

La paz de 1783 provocó el perdón de algunos condenados, pero los arsenales siguieron desbordados, como se quejaba el 20 de julio de 1785 el comandante de Arsenales, Diego de Mendoza, que pedía que no enviaran más presos al cuartel de Cuatro Torres de la isla de León, pues «en el día pasan de novecientos sentenciados de todas clases los que contiene». Se estaba construyendo allí un nuevo dique y los jueces habían sido requeridos para que dieran a los reos ese destino. También llegaron de otros arsenales, como El Ferrol, y de las cárceles gallegas, embarcados en el San Felipe. De Zaragoza partió una *cuerda* de 59, con destino a Valencia, para continuar por barco hasta Cádiz, y de Guipúzcoa, embarcados por Pasajes, otro grupo de penados. Floridablanca, que había ordenado al ministro Valdés que preparara los barcos, tuvo que dar su brazo a torcer y parar los envíos, pues, como decía Mendoza, «absolutamente no caben más y era necesario habilitar para la debida comodidad y seguridad de los que hay actualmente una de las cuadras altas del mismo cuartel».

A las numerosas penas de muerte en la horca que se cumplieron en los arsenales, siempre por asesinatos *in situ*, juzgados en consejo de guerra y con el plácet del ministro de Guerra o de Marina, hay que añadir los casos de ensañamiento (reservamos para el final el castigo de bombas). Destacaremos el que sufrió el marino don José Antonio Gallardo y Chaves, hijo, nieto y bisnieto de marinos, que se vio con más de 40 años condenado a la prisión del arsenal, con grilletes, durante 14 meses. Después de varias instancias, que él sospechó que «osaron sacarle del correo» y no llegaron a su destinatario, escribió al rey, al «grande, poderoso D. Carlos Tercero, invicto monarca de España, rey magnífico justiciero y clemente, cuyo nombre venera el mundo, cuya fama llena los ámbitos de la tierra, y cuya vida dilate el omnipotente Dios para terror de todos los enemigos de Su Majestad y para que le merezcáis todas las felicidades». Le contaba su progenie: su bisabuelo, jefe de escuadra; su abuelo, capitán de navío; su padre, teniente coronel de ambos ejércitos y gobernador del castillo de San Luis de Marbella; su bisabuelo materno, capitán de Guardias Españolas y decano del consejo de guerra; su abuelo materno, coronel del Regimiento de Infantería de Granada, «a cuya imitación siguió la carrera de las armas el suplicante, 22 años de cadete, alférez y teniente de infantería y caballería». Con motivo de la muerte de su padre, se personó en su pueblo, Sanlúcar de Barrameda, y allí lo mandó poner preso en febrero del año anterior el gobernador de la plaza por una mal fundada sospecha, a pesar de que presentó el pasaporte expedido por el conde de O'Reilly, gobernador de Cádiz, y «cuantos papeles originales corresponden a su empleo». Llevaba, en agosto de 1785, 14 meses en el calabozo, «privado de toda comunicación y había escrito seis veces a la Chancillería por medio de un confesor», pero nadie había mediado y fue condenado a diez años en La Carraca. Gallardo invocaba su nobleza y denunciaba que había sido tratado «como hombre soez, con toda inhumanidad, sin distinción alguna» y que su genealogía había sido ocultada para que no pudiera acogerse al fuero de los militares de graduación. Todo parece indicar que el gobernador de Sanlúcar, que no le había devuelto sus papeles, había procedido contra él con inquina personal, pero no sabemos más de su desgraciada vida.

Más desventurada era aun la de aquellos penados, jóvenes, que eran destinados «a bombas», es decir, a mover las palancas que actuaban sobre las bombas de achicar agua en los diques de carenar de los arsenales. El asunto había motivado el interés del ministro González Castejón en 1777, y los responsables de los departamentos emitieron informes que nos permiten conocer la situación. El comandante general José de Rojas informaba el 30 de agosto de 1777 sobre las bombas de Cartagena y se atrevía a exponer sus sentimientos, cosa rara: «No es comparable en modo alguno con los demás trabajos ordinarios el excesivo de las bombas; que a este lo considera el mayor castigo que puede imponerse a la humanidad». Era tal la dureza que los castigados «no llegan a cumplir sus condenas porque mueren a la mitad o antes, o se inutilizan arrojando sangre por la boca». El comandante describía la comida, legumbres, pan, sal y hortalizas, arroz, pimiento, aceite y galleta fresca, pero solo comen carne —8 onzas de vaca o macho por ración diaria— los cuatro primeros días de Pascua, el del Corpus, el de Santiago patrón de España, el de la Concepción de Nuestra Señora y el del augusto nombre de Su Majestad. Rojas se atrevía a sugerir en su informe que sería bueno que se les aumentase media libra de pan al día y se les diera carne fresca al menos un día a la semana.

En El Ferrol, las condiciones eran parecidas según el informe de 31 de agosto de 1777 de Francisco Millao, remitido a José Diaz de San Vicente; aunque este informante no se expresa con tanta emotividad como el de Cartagena. El trabajo de las bombas, que no paran día y noche, es muy duro, aunque algo menos, pues aprovechan las mareas. Todos los presos trabajan, no hay condenados específicamente a bombas como en Cartagena, y se reparten el trabajo en tres turnos:

> Tienen de socorro diariamente cada individuo del presidio (siendo igual para todos) un real y una libra y media de pan con el que hacen cada diez hombres arranchados una sola comida en 24 horas compuesta de tocino, habichuelas y fideos para la que cada uno da la mitad de su prest.

Hay en total 700 presos, 200 se emplean en diversas ocupaciones, 500 van con cadenas. En las bombas, trabajan tres turnos con unos 500 hombres por turno, presidiarios, peones y trabajadores. Se mudan unos a otros cada dos horas.

De todo fue informado Castejón. Su predecesor, el bailío Arriaga, también se había interesado por las bombas unos años antes, por lo que conocemos más informes sobre las del arsenal de Cartagena. El que le remitió Juan Domingo de Medina, intendente de Cartagena, el 2 de febrero de 1765, decía que había 13 bombas y las movían 390 hombres. Sacaban cada hora 3690 pies cúbicos, pero el trabajo era duro y hacía enfermar a los hombres, así que Medina le decía al ministro que había que buscar remedio... y aquí está la gran sorpresa:

> Y hallando que en Londres se valen de las bombas de fuego para sacar el agua de diferentes edificios, formé el decreto de que es copia el adjunto para que el constructor don Eduardo Briant, como práctico en estos asuntos y de especial inteligencia en los de su facultad, me expusiese su dictamen a fin de poder manifestar a V. E. este pensamiento con solidez, por si conviene ponerlo en ejecución.

Briant era el ingeniero que había traído a Cartagena Jorge Juan y Santacilia, el espía enviado por Ensenada a Londres, buen conocedor del arsenal, al que fue mandado por el marqués para que no estuviera en Madrid el 20 de julio de 1754 y, donde al conocer la noticia de la caída de Ensenada, sintió el «temblor pánico». Jorge Juan había servido a Arriaga después y aún le harán embajador en Marruecos, una decisión muy hábil del ministro Grimaldi tras el motín contra Esquilache para evitar alguna desgracia más (a sumar a la de ensenadistas como Hermoso de Mendoza, Gándara y el propio marqués). El sabio de Novelda, que conocía bien esa «bomba de fuego» —la máquina de vapor— y también los diques de carenar, que él mismo había ayudado a construir años atrás, era requerido por Julián de Arriaga para que informara sobre sus ventajas. Y aquí viene la segunda sorpresa: el gran ilustrado Jorge Juan no muestra ni un ápice de humanidad al hablar de los condenados a bombas; al contrario, su dictamen es mantenerles y, contra lo que sabíamos por los grandes conocedores de la vida del sabio, Armando Alberola y Rosario Die, desaconsejaba el uso de la máquina inventada por James Watt. El 10 de febrero de 1765, Jorge Juan escribía a Arriaga (por el interés de la carta, inédita, conservada en Simancas, en Secretaría de Marina, la reproduzco casi entera):

> Debo decir que se me hace extraña la combinación de lo que se hace presente en la práctica que tengo de dichos trabajos. Los forzados y esclavos del rey han seguido por mi dirección años esta tarea y con muchísima más viveza respecto de la fuerza con que las aguas acudían entonces. Los libres se empleaban aun con duplicada fatiga porque en lugar de tres cuartos solo tenían dos y jamás oí que unos ni otros se quejasen, al contrario, esforzaban sus pretensiones.

Para acabar con las quejas que le comunica el ministro, Jorge Juan le cuenta el método que utilizó: les dio algunas recompensas, un caldero de comida más, unos maravedises, y «al instante cesaron las quejas y se hallaron contentísimos». ¿Por qué ahora hay quejas? Solo puede ser, según Juan, «porque se les quitó el referido socorro». Todo consiste en mantener su sistema de recompensas. En cuanto a esperar que la «bomba de fuego» remedie la situación, Juan le dice: «Sin embargo de estas razones ya hubiera yo mismo propuesto a V. E. la máquina de sacar con fuego el agua, pero es esta tan complicada, enredosa y expuesta que nunca la he juzgado propia para el intento». Así que Juan propone algunas mejoras en el trabajo, como circundar la poza, que los trabajadores duerman allí mismo «para que no salgan sudados y desnudos al frío del invierno», y que se les vuelva a dar el «corto socorro» como en sus tiempos, «con cuya providencia espero no solo que se eviten las enfermedades, sino que vayan gustosos al trabajo». Con su minúscula letra, el ministro escribe: «Como propone». El sabio, como tantos otros ilustrados, pasaba ante el dolor y la crueldad sin sorprenderse. Como un iluso, pensaba encima que los presos irían *gustosos* al trabajo, juzgado inhumano por otras autoridades de los arsenales. Paradojas del poder.

El cruel antigitanismo hispano

Aún queda un prototipo de víctima, en este caso todo un pueblo o una etnia: los gitanos. Había en España muchas minorías marginadas, como los chuetas, los vaqueiros de alzada, los maragatos, los agotes, pero los gitanos eran algo especial. Eran *nuestros* gitanos. El antigitanismo de nuestros ilustrados dieciochescos era —como el nuestro— vieja herencia de una ortodoxia impuesta desde el principio, desde que llegaron a España. Si el delito de vagancia era difuso, el ser gitano era definitivo para ser sospechoso. Y lo fue desde poco después de cruzar los Pirineos en el siglo XV. Al principio, los gitanos españoles dejaron muy pocos testimonios, lo que se sumó al desinterés historiográfico que la «minoría errante» ha provocado durante más de cinco siglos de convivencia en la península ibérica. Si aparecían en los papeles, era primero en las leyes promulgadas por los reyes, luego en las listas de reos y perseguidos por las justicias. La primera pragmática represiva es de los Reyes Católicos, la conocida de Medina del Campo de 1499, y ya se hace en ella una distinción que acompañará desde entonces a este pueblo resistente: los buenos y los malos gitanos. Para ser buenos, los gitanos debían obedecer y abandonar el nomadismo, avecindarse y renunciar al idioma y a sus costumbres, ser buenos cristianos. Los que cumplían no tenían nada que temer, solo los malos quedaban expuestos a la persecución. Todavía escuchamos eso en la actualidad, siempre con el sonsonete de «yo no soy racista, pero...».

La Novísima Recopilación, publicada en 1805, da cuenta de las numerosas veces que las leyes se reiteraban —porque no se cumplían— y del aumento de los *vicios* punibles que se iban achacando a los gitanos por costumbre. Ellos robaban con toda clase de malas artes, según decían; ellas tenían especiales encantos para el engaño. Esa era la versión que al final se convirtió en estereotipo, la imagen que los déspotas del ilustrado siglo XVIII tenían de los gitanos y la que se mantuvo en la literatura, incluyendo *Los Zincalí*, la obra de George Borrow, en apariencia un *amigo* de los gitanos. En el siglo XVIII, eran ya la vil canalla, la infecta raza, «los más infames hombres que se conocen», en expresión del ministro de Marina, Pedro González de Castejón, por citar a uno de los muchos que igualaron en crueldad al marqués de la Ensenada, el déspota que carga en solitario con el estigma de haber querido acabar con *tan malvada raza* en 1749, en lo que se conoce como la Gran Redada.

Nada decían, sin embargo, de aquellos que vivían en pueblos y ciudades como buenos vecinos, que era precisamente lo que los Gobiernos —del ministro al alcalde— decían pretender con la represión de los malos. La monotonía de la legislación y lo poco que conocemos sobre los buenos gitanos —para poder contrarrestar la imagen negativa— obligan al historiador a buscar documentación sobre estos y a resolver de una vez los tópicos sobre los gitanos y ciertos oficios que les permitían llevar una vida *arreglada*. Pero ahí nos encontramos con un imponderable histórico: esos gitanos *buenos*, que podían ser herreros, trujaleros, panaderos, cesteros, etcétera, si no se hacían *malos* gitanos y aparecían en el papel como objetivos de la ley y la justicia, no dejaban ninguna huella: pertenecen a los hombres sin historia, que son la mayoría de la gente común, los pecheros, los trabajadores, los que están en los libros de la Iglesia, donde dejaban constancia de su bautismo y su entierro. Difícil misión para los historiadores hallar a estos gitanos que cumplían las obligaciones impuestas si estaban integrados y cumplían la ley.

Pero tenemos datos sobre los que al menos *pasaban* por la Iglesia: los libros de bautismos y matrimonios. El gran historiador de los gitanos, Antonio Gómez Alfaro, aportó algunos casos, y la profesora María Helena Sánchez Ortega, también reconocida experta, encontró en los registros de la parroquia de Santa Ana de Sevilla del siglo XVI gitanos bautizados y matrimonios entre gitanos, aunque eran pocos. Encontró más en los pleitos inquisitoriales, pero tampoco eran muchos y, además, siempre estaban relacionados con delitos menores. Por eso, pensó que la Iglesia nunca estuvo interesada en los gitanos, corroborando la idea de Borrow, que puso en boca de un inquisidor de Córdoba unas palabras que delatan esta actitud: «Los gitanos han sido en todo tiempo gente barata y despreciable».

La respuesta al desprecio fue, como mínimo, proporcional; alimentó el recelo de los gitanos contra los clérigos, lo que se traducía en la acusación de ser gente «falta del temor de Dios», que repetían tanto autoridades civiles como religiosas al describir su modo de vida. Todavía en tiempos de Carlos III, Francisco de Zamora, uno de los *amigos* de los gitanos, que quiso cumplir la pragmática de 1783 y buscar trabajo y educación para los gitanos de Barcelona, describió horrorizado cómo vivía un grupo de 26 gitanos en una cuadra con 18 caballerías, en la suma pobreza, «pero que lo que encontró más doloroso de todo fue el idiotismo e ignorancia de las personas de todas edades en los principios de la religión».

Se atribuía esta ignorancia en los principios de la religión a la vida errante que no permitía a los clérigos enseñarles la doctrina ni a ellos acudir a la iglesia, pero también se decía que los gitanos iban andando por el mundo cumpliendo una penitencia impuesta por el papa tras haber abrazado el cristianismo y apostatado. Todo era para justificar que la Iglesia no hubiera mostrado ante los gitanos otra actitud que la represiva, de consuno con el poder. Como veremos, los ministros del siglo XVIII no dudaron nunca de la complicidad del estamento eclesiástico en sus planes más crueles. Incluso el papa se implicó en la Gran Redada de 1749, como ha quedado demostrado.

El intento de extinción de los gitanos de 1749

La crueldad exhibida durante más de dos siglos con *tan malvada raza* debía servir de freno y de advertencia y ser suficiente, pero el marqués de la Ensenada iba a cambiar de táctica con los gitanos. No bastaban los castigos ejemplarizantes, pues estaba demostrado que ni siquiera la política de la cuerda tirante daba resultado. El marqués iba a imponer una solución final, un plan para impedir su generación, lo cual consistía en separar hombres de mujeres para que no procrearan. De paso, aumentaba la mano de obra en los arsenales. Es la cara más negra del marqués y le persigue para emborronar su imagen desde que puso a la firma del rey Fernando VI el decreto de la prisión general, que comenzó el día trágico de los gitanos españoles, el 31 de julio de 1749 a las 12 de la noche.

El problema gitano no era prioritario en la Corte de Felipe V cuando Ensenada fue llamado al poder en 1743. El primer Borbón mantuvo la costumbre y reiteró las leyes de sus antepasados, incorporando como novedad, en la pragmática de 1717, la obligación de que las familias gitanas se avecindaran en 41 ciudades, a razón de una familia gitana por cada cien habitantes. Al parecer, la medida dio mejores resultados que las anteriores y muchas ciudades, especialmente en el sur y en el levante, llegaron a albergar numerosos gitanos *buenos* avecindados; pero también se produjo el efecto contrario donde la represión se impuso a la *benignidad* de la medida, pues, cuando se extremaba la mano dura, podía ocurrir como en Cataluña, donde según el capitán general, «se ha logrado extirpar esta mala raza de gente». El 19 de septiembre de 1715 había dictado un bando, «aprobado por Su Majestad», con «reglas y penas» para que «no se vuelva a introducir la mala raza», por lo que pensaba que ni siquiera hacía falta publicar la pragmática de 1717, ya que no había gitanos en Cataluña, según recoge Enrique Giménez. Los últimos, los que en número no pequeño se mantenían en Tortosa, fueron expulsados por el capitán general en 1716, en cuanto se aplicó la ley de 1715. Se pretendía evitar que «puedan ir insensiblemente reintroduciéndose y extendiéndose en el Principado».

Parecía que todo era normal, como siempre desde el siglo XV, pero la última ley que firmó Felipe V en El Escorial el 30 de octubre de 1745, que venía ya de la mano de Ensenada, añadía un punto de crueldad al extender la pena de muerte a los «encontrados con armas o sin ellas fuera de los términos de su vecindario». Como dice Enrique Martínez Ruiz, la medida era «demasiado radical como para que los gitanos no la respetaran» y, en efecto, hubo que ampliar el número de las ciudades de acogida a 35 más. Ahora parecía que el problema ya no era la vida errante, sino lo contrario, pues había sido una muchedumbre la que se había avecindado, provocando otro problema, o mejor, permitiendo que se reconociera el verdadero problema, que era y seguirá siendo «no tener en qué ejercitarse», como se hacía explícito en la pragmática de 1746, la primera firmada por Fernando VI.

Por eso, seguramente, seguía habiendo gitanos vagantes y acuadrillados. Molestaba el nomadismo, su presencia en los caminos en grupos y, sobre todo, la actitud de desprecio del trabajo que mostraban los que sentenciaban las justicias o caían en las levas de vagos una vez llegados al destino. Aun así, no es nada fácil saber por qué Ensenada, el conde de Aranda y otros representantes del despotismo ilustrado decidieron pasar a mayores y optar por solucionar el problema de manera drástica. Bien impidiendo la procreación separando hombres y mujeres en el caso de Ensenada; bien enviándolos a América, la solución de Bernardo Ward y del conde de Aranda, que no se ejecutó por respeto a la determinación de Felipe II, que lo había prohibido expresamente, y por la repugnancia que mostraron el ministro de Marina, Pedro González Castejón, y el de Indias, José de Gálvez.

En todo caso, nada sustancial había cambiado desde 1746, cuando parecía que las pragmáticas instando al avecindamiento habían dado buen resultado, pero en ese año, el marqués de la Ensenada tenía ya en cartera el plan de extinción de los gitanos y se lo presentó a Fernando VI en sus *Puntos de gobierno*:

> Luego que se concluya la reducción de la caballería, se dispondrá la extinción de los gitanos. Para ello es menester saber los pueblos en que están y en qué número. La prisión ha de ser en un mismo día y a una misma hora. Antes se han de reconocer los puntos de retirada para apostarse en ellos tropa. Los oficiales que manden las partidas han de ser escogidos por la confianza y el secreto, en el cual consiste el logro y el que los gitanos no se venguen de los pobres paisanos.

Sin prisa, Ensenada fue despejando el camino hacia la solución final. Oyó a los capitanes generales y a los intendentes de los arsenales, reclamó un informe al embajador en Lisboa, el duque de Sotomayor, sobre la manera en que habían sido expulsados de Portugal, se informó de la situación y rentas de las casas de misericordia y hospicios, y sometió el caso a consulta en el Consejo de Castilla a través de su gobernador, el obispo de Oviedo, Gaspar Vázquez Tablada, al que involucró de lleno en sus planes. Entre este y el confesor del rey, el jesuita padre Rávago, despejaron algunas dudas morales, como la de la licitud de interrumpir el objetivo del matrimonio, precisamente la procreación, un grave obstáculo teológico que, sin embargo, el gobernador resolvió con un simple «no hallaba reparo». El padre Rávago tranquilizó al rey y, desde luego, su amigo en el Vaticano, el cardenal Valenti Gonzaga, secretario de Estado, hizo lo que se esperaba logrando que el papa aceptara privar a los gitanos del derecho de asilo en sagrado, aunque el confesor jesuita siguiera teniendo escrúpulos sobre el asunto. No obstante, como los demás, pensaba que Dios se alegraría «si el rey lograse extinguir esta gente».

En abril de 1748 llegó la licencia papal, luego se prepararon las órdenes a los capitanes generales y, al final, el rey firmó el decreto de *extinción* que se acordó ejecutar el 31 de julio de 1749, un día tan trágico en la historia de los gitanos como cuando fueron asesinados en masa varios miles en Auschwitz. A partir de esa fatídica fecha, en unas semanas, entre 9000 y 11 000 gitanos fueron apresados en la Gran Redada, un episodio bien conocido desde los estudios del gran historiador Antonio Gómez Alfaro (1993), continuados hoy por el historiador Manuel Martínez Martínez, quien ha publicado recientemente la lista de los miles de apresados que ha podido documentar, uno por uno, pues cada víctima, individualizada, exige restitución y respeto. Desde la publicación de su tesis doctoral en 2014, Manuel Martínez sigue adelante con sus investigaciones que hoy podemos seguir en su blog y en sus numerosas aportaciones en las redes sociales.

No insistiremos aquí en la Gran Redada —a la que dediqué un capítulo en mi libro reciente *El marqués de la Ensenada, el secretario de todo*—, pero sí seguiremos advirtiendo que esa y otras medidas igualmente criminales fueron constitutivas de la dinámica del absolutismo ilustrado, efecto de las presiones en la Corte, del riesgo de perderlo todo ante la *real gana*, que en definitiva obligaba a la exhibición de un poder absoluto que no admitía errores ni debilidades. Por eso, cuando Ensenada se dio cuenta, a mediados de agosto de 1749, de que su plan era un fracaso al «no haberse logrado completamente la prisión de todos», según sus propias palabras, vaciló. Entonces, mientras reiteraba las órdenes de prisión general con más saña aún —«en todas partes se solicite y asegure la prisión de los que hubiesen quedado»—, al final acabó aceptando, el 7 de septiembre de 1749, que «falta lo principal, que es darles destino», lo mismo que habían puesto de relieve las pragmáticas anteriores y que, de nuevo, se demostrará veinte años después en la aplicación de la ley *dulcificadora* de 1783, como veremos. Pero nada hizo que el marqués torciera la mano.

El padre Rávago también fue consciente del fracaso. El jesuita reconocía «haberse errado enormemente en la providencia y mucho más en las ejecuciones contra la intención del rey». Pues el rey solo quería —justificaba su confesor— «que se prendiesen los gitanos malhechores, vagabundos, viciosos, sin oficio o ejercicio con qué ganar la vida». Rávago hablaba de mil atropellamientos y venganzas particulares e insinuaba que las autoridades locales habían apresado a algunos disipándoles los bienes injustamente. Sin embargo, unos meses antes, la coincidencia de Rávago y el marqués era total, y ambos pensaron igualmente en los beneficios de la extinción de *tan malvada raza*, solo que pensaron que iba a ser más fácil.

Para entonces, miles de gitanos se hacinaban en La Carraca y en Cartagena, algunos en prisiones, mientras las mujeres y las niñas padecían hambre y frío en *depósitos*, cárceles locales o casas de misericordia, como la de Zaragoza, donde llegó a haber más de 600 gitanas en condiciones inhumanas. Así, pues, Ensenada no tuvo otro remedio que disfrazar su frustración con una medida de perdón, culpando veladamente del fracaso a las autoridades locales, a la «indiscreta inteligencia», al «mal fundado concepto de los ejecutores». La caída en desgracia del obispo de Oviedo, que dejó la Gobernación del Consejo de Castilla en septiembre de 1749 —tres meses antes de morir— vino a señalar un culpable y a exonerar al ministro Ensenada, que ahora se presentaba como el benéfico padre de los *buenos vecinos* y que solo quería librarles del pérfido influjo de los *malos*. Todo había sido una simple equivocación, decía Ensenada en la Instrucción de 28 de octubre de 1749: «Su Majestad solo ha querido desde el principio recoger los perniciosos y mal inclinados». Sin embargo, algo delataba el cinismo del marqués, pues tras la publicación de esta ley no dejará de buscar establecimientos para las mujeres —como demostró en sus órdenes a la Casa de Misericordia de Zaragoza hasta que llegaron las gitanas malagueñas—, ni de restringir la salida de los hombres en edad de trabajar —la instrucción de octubre permitía solo la libertad de «viejos, impedidos y viudas»—. En suma, se mantenía en su objetivo de evitar la procreación, la generación de *tan malvada raza*, que era su obsesión. Hasta su destierro el 20 de julio de 1754 —precisamente a Granada, una de las ciudades con mayor número de gitanos—, el marqués siguió pensando en la manera de acabar con ellos y, desde luego, nunca renunció a la mano dura, ni dejó de exigir a sus subordinados que la emplearan. En fecha tan tardía como el 16 de marzo de 1753, Ensenada enviaba al duque de Caylus, capitán general de Valencia, una orden terminante que zanjaba de una vez las veleidades de este militar *amigo* de los gitanos, si entendemos por tal al hombre ilustrado que se preocupaba, como él mismo decía antes al marqués, de «permitir un leve desahogo a unas mujeres encerradas», unas gitanas que había sacado del depósito y había puesto a trabajar en casa de su prima y de una dama muy notable en la sociedad alicantina, Isabel Pío de Saboya, condesa viuda de Fuensalida, casada en segundas nupcias con Antonio Valcárcel, según sabemos por los trabajos de Rosario Die Maculet. El asunto venía de atrás y revelaba la enemistad entre el capitán general y el marqués de Malespina, intendente de Marina, a cuenta del destino de los gitanos presos en los distintos depósitos de Valencia y Alicante, especialmente de las mujeres y niñas, que Caylus trataba con más benevolencia, incluso con lo que parecería ligereza, pues justificaba a «algunas grandes bailadoras que divierten a las familias principales en sus casas». En carta a Ensenada de 21 de marzo de

1753, Caylus se había quejado de que «no se ha dejado la menor diversión a este gran pueblo» y advertía que, a diferencia de lo que le hubiera podido decir su enemigo el intendente Malespina, «no se ha notado en ellas el más leve motivo de represión, como no sea a los que son tan débiles que les provoca ver dar el pecho a la mujer que cría» (es curioso que sigamos hoy con los mismos escrúpulos). Pero nada torció el brazo de Ensenada, que secamente le contestó el 25 de octubre de 1752 «que no permita con pretexto alguno salgan las gitanas de la reclusión que guardan y en que se las tiene para evitar el escándalo que han ocasionado con su vicioso modo de vivir».

Pero de nuevo Ensenada no era el único que pensaba así. Sus muchos colaboradores compartían sus ideas, como ocurría con Malespina y otros intendentes militares. El asunto de las gitanas valencianas se había iniciado nada menos que por una denuncia del arzobispo de Valencia, en octubre de 1752, que se quejaba de que los niños de 10 a 12 años que estaban en los depósitos con sus madres «cometen algunos excesos con las niñas que hay de la propia edad», según le habían comunicado los párrocos que visitaban a las gitanas. Según Malespina, que trasladaba a Ensenada la denuncia, el prelado pedía que se les llevara a las cárceles de la ciudad «donde se les cuidará y asistirá con el pan que Su Majestad les tiene señalado hasta que se proporcione ocasión de remitirlos a los arsenales de Cartagena como ya se ha hecho en otra ocasión». El ministro aceptó encantado la propuesta, tanto que ordenó que «la debe comprender V. S. extensiva a los que queden por muy pequeños para cuando se hallen en estado».

Así que la política de la cuerda tirante seguía en vigor años después de constatarse el fracaso de la Gran Redada, aunque ante la entereza de los gitanos —y sobre todo de las gitanas—, que se mostraron irreductibles y dispuestos a todo con tal de reunirse con sus familias, se estaba mostrando ineficaz, para desgracia del marqués. En los arsenales, rodeados de fusiles y con una horca en la puerta con la cuerda tirante, los hombres se cobraron fama de no servir para nada, irritando hasta la saciedad a las autoridades, orgullosas del ritmo que Ensenada estaba imprimiendo a las obras portuarias y a la construcción de barcos a base de levas de vagos y mano de obra barata. Hay cartas remitidas desde los arsenales al marqués dándole cuenta de toda clase de plantes ante el tajo, actitudes de brazos caídos que no ceden ni ante los grilletes, el cepo o la misma horca; incluso de un motín, como denunció Francisco de Varas y Valdés, acérrimo ensenadista, intendente en el arsenal de Cádiz. Muchos gitanos solo deseaban huir y reincidían constantemente, declarando que lo seguirían intentando hasta reunirse con sus mujeres y con sus hijos.

Los que pudieron intentaron aprovechar el velado indulto que contenía la instrucción de octubre de 1749, pero no fueron muchos los que consiguieron la libertad, incluso escasearon tras la caída de Ensenada, pues el problema se dejó pudrir hasta después de llegar Carlos III en 1759. El ministro de Marina que sucedió a Ensenada en julio de 1754, el bailío Julián de Arriaga, no quería saber nada de gitanos; menos aún el viejo militar Sebastián de Eslava, que ocupó la secretaría de Guerra hasta su muerte en 1759: todo el mundo comprendió que, si Ensenada no había sido capaz de acabar con ellos *manu militari*, nadie lo conseguiría. También hay que pensar que los dramas que descubrió la represión pudieron disuadir a algunos de seguir intentando lo que hoy, a todas luces, es un intento de genocidio.

Tras la caída de Ensenada el 20 de julio de 1754, aún hubo algún intento de resolver el problema por la vía legal, más que nada para tranquilizar la conciencia de Fernando VI, al que había que comunicar las muchas quejas de los familiares de los presos y, sobre todo, de las presas y los niños. Los gitanos que quedaban en los arsenales y en otros destinos eran tratados como meros vagos, delincuentes como los demás. El superintendente de las minas de Almadén, donde había varios, insistía en distinguir a los penados por delitos comunes, que debían cumplir como todos, y los que «continuasen su vida licenciosa», para los que solicitaba leyes específicas. Aún intervino el gobernador del Consejo, Diego de Rojas y Contreras, obispo de Cartagena y mediocre político, que tuvo que aceptar que no había medios para hacer cumplir las leyes y que los presos en los arsenales debían continuar allí «concluyendo no hallar arbitrio para que se pusiesen en libertad».

Algunos viejos o imposibilitados fueron saliendo hasta 1759, dejando sitio a los que vendrían en la espectacular leva de vagos de ese año, preparada por el ministro Ricardo Wall —ante una complacida Isabel de Farnesio, que ejercía de reina gobernadora nombrada por su hijo Carlos III mientras estaba viajando desde Nápoles a Barcelona— para evitar que el nuevo rey viera muchos pobres al llegar a España. Con el primogénito de la Farnesio en el trono, se reanudaron juntas, informes y pareceres sobre los gitanos, y al fin se decretó el indulto general de 1763, inspirado ya por el fiscal Campomanes. Luego vendrían las medidas *dulcificadoras* atribuidas a Floridablanca que culminarían en la pragmática de 1783, claramente integradora.

4
El triunfo del despotismo ilustrado

Absolutismo y despotismo

Paradojas del poder y paradojas del «régimen que hay ahora», el despotismo ilustrado es un concepto que seguiremos utilizando, pues ha cuajado en la historiografía como definidor de una forma de hacer política que comenzó con la llegada Felipe V y terminó con la caída de Carlos IV. Pero el siglo XVIII no es un siglo de reyes, sino de ministros. Son estos los déspotas, pues los reyes siguen siendo absolutos. Nada ha cambiado, ni en sus funciones ni en su imagen; sí cambia la política ministerial, la de la vía reservada, o ejecutiva, impuesta desde Felipe V a través de las secretarías de despacho. El origen de esta praxis está en los primeros servidores de los Borbones, con la guerra —primer arcano regio— como escenario total, tales como Macanaz, Grimaldo, el marqués de la Paz, o Patiño. Su desarrollo se acelera a partir de la Paz de Aquisgrán (1748), gracias a la armonía forzada por un Gobierno bifronte —Carvajal y Ensenada—, que lleva la fórmula «ministros con el rey» a la plenitud. Así se la encuentra el primer Gobierno de Carlos III, el de los italianos Esquilache y Grimaldi, del que muy pronto se dijo que habían cambiado la manera española de mandar por un despotismo insufrible: «giro despótico» lo denominó José Andrés-Gallego. Pero el primer Gobierno carolino, a pesar de la privanza de Esquilache, mantuvo todavía el entramado político anterior, del que quedó Wall como recuerdo, hasta su sustitución por Grimaldi en 1763, y el viejo ensenadista y filojesuita el marqués del Campo del Vilar, que sería sucedido por Manuel de Roda en 1765. Así se asentó definitivamente la fórmula «ministros con el rey», que venía a sustituir nada menos que al fundamento de la política antes de la llegada de Felipe V, la de los «grandes con el rey», y que culminará cuando, en 1787, Floridablanca establezca la Junta de Estado, el Consejo de Ministros.

Tras los motines de 1766 y la «mancha original» que supuso la expulsión de los jesuitas al año siguiente, el Gobierno, con el conde de Aranda, capitán general y presidente del Consejo de Castilla, de brazo ejecutor, y Roda y Campomanes de inspiradores, desvió la vieja fórmula al magnificar la figura del rey. Se le divinizó, provocando el desequilibrio de la praxis política a favor de la megacefalia de una monarquía despótica y sagrada —y para la historiografía, ilustrada— que, en el caso de Carlos III, era consustancial a su personalidad. Devoto, santurrón, testarudo y sobre todo vengativo, Carlos III jugó con sus ministros, que hubieron de humillarse ante el sumo poder del monarca: el rey lo daba todo y lo quitaba todo. No hay que añadir que la mayor o menor ilustración de sus súbditos le importaba menos que la opinión que tuviera sobre ello su confesor, el fanático franciscano padre Joaquín Domingo Eleta La Piedra —también conocido como padre Osma, por su lugar de nacimiento—, un oscuro fraile gilito tan supersticioso como el rey y, por ello, tan peligroso en su permanente cercanía. Sarrailh destacó que «casi todos coinciden en su genio desabrido, mal humor sin miramientos, terco y de voz áspera. Hay quienes van más allá y le consideran fanático, corto de luces, impertinente e ignorante».

Así, pues, interesa definir con precisión a qué llamamos despotismo ilustrado, pues su esencia está en la contradicción, en la convivencia de lo viejo, la *domus regia*, el dominio del absolutismo, y lo nuevo, el Estado, la criatura que avanza con el despotismo ilustrado. Descompondremos, de entrada, los elementos de esta fórmula. Por una parte, está el rey, en lo alto, el rey absoluto, *ab legibus solutus*, como en los siglos anteriores. Pero los dos primeros Borbones tuvieron una pésima salud mental, lo que provocó graves dificultades para que ambos reyes pudieran hacer otra cosa que mantener intacta la simbología sacralizadora, lo que no era poco en un cambio político de la envergadura que se produjo en España tras llegar Felipe V y, más aún, al ser proclamado Fernando VI. Por ahora, convendrá que nos dejemos ya de tapujos y llamemos a las cosas por su nombre: los dos reyes tuvieron un trastorno bipolar. En el caso de Felipe V, las rutinas —hacer de la noche día—, los miedos a ser envenenado, los arrebatos, seguidos luego de periodos de inacción, fueron contrarrestados por la energía y la resolución de la gran reina que fue Isabel Farnesio. En el caso de Fernando VI, el de las «furias» y los «vapores», Bárbara de Braganza solo pudo ser un bálsamo por su dulzura de trato hacia el rey enfermo, aunque no hay que despreciar la influencia política que pudo desplegar a través de sus ministros, especialmente de Ensenada y de Farinelli, mucho más que un músico. De Carlos III y de Carlos IV nos ocuparemos luego en extenso.

En definitiva, la enfermedad de los reyes debilitó una parte muy importante de la estructura política, pero paradójicamente, contribuyó a resaltar los símbolos, la abstracción del concepto de monarquía: antes la gloria del rey que el propio rey o, como de forma pueril lo expresaba Carlos III, la distinción entre Carlos y rey, entre el rey y el hombre. Toda la pintura, la iconografía en general de la corte, responde a planes premeditados de glorificación de la monarquía, a la que se quiere presentar no solo como de origen divino, sino también de origen histórico: desde los tres emperadores romanos *españoles* hasta la actualidad (algunos arrancan con Túbal). A ello responde la *España sagrada* del padre Flórez, o el programa escultórico del padre Sarmiento a base de reyes, emperadores, obispos y santos que coronarían el palacio real. O las comisiones de archivos dirigidas por el jesuita Burriel, encargadas por Carvajal, el ministro que, en su obsesión por la monarquía histórica, llegó a decir que Fernando VI era rey no por ser Borbón, sino por ser Austria. Con estas ideas sobre la monarquía sagrada hispánica y su alto lugar en los planes de Dios, venía Carlos III desde Nápoles. También sabía que las arcas de la opulenta cabeza del gran imperio estaban llenas.

La fábrica de la meritocracia, misión de Estado

Junto al rey se mantiene como siempre la *domus regia*, la Corte, una nube de gente muy especial, casi todos los descollantes pertenecientes a la gran nobleza, los grandes de España, hombres y mujeres —e hijos e hijas, obviamente—, que se suceden en los cargos honoríficos, bajo un mayordomo mayor y una camarera mayor, y de unos secretarios particulares, así como otros cargos que recuerdan su origen feudal (gentileshombres, caballerizos, pajes); sin olvidar el decisivo espacio del confesor, siempre junto al rey en la toma de decisiones, todos jesuitas hasta la aparición en escena del gilito Eleta, y del personal eclesiástico de la Real Capilla. Esta pléyade de cortesanos exhibía, con su servicio, su acrisolada nobleza y, en un juego perfecto, *do ut des*, todavía recibía del rey nuevos títulos, menciones, condecoraciones, mientras usaba su influencia para continuar siendo la mayor agencia de colocación del reino. Su situación regalada y privilegiada les mantenía en una beneficiosa marginalidad real —salvo alguna excepción, como veremos—, reproduciéndose a la manera de los reyes. Este fenómeno de la reproducción biológica es lo más importante que han de hacer si quieren —como obviamente querían— perpetuar el sistema. Así se fueron apartando de la política (ya se habían apartado antes, obviamente, de cualquier trabajo). Como comprobó Jacques Soubeyroux, el Seminario de Nobles, el centro al que enviaban a sus retoños muchos de ellos para que fueran educados por los jesuitas, no dio ni un solo ministro en todo el siglo XVIII. Entre 1727 y 1752, de los 361 alumnos que salieron del seminario, 218 (60,38 %) se quedaron sin empleo; 108 (29,91 %) eligieron la carrera de las armas; 13 (3,60 %), una carrera en la administración (alcalde de Casa y Corte, alcalde de la Real Audiencia, alcalde de la Chancillería, miembro de los Reales Consejos); 9 (2,40 %), una carrera eclesiástica; y solo 7 (1,93 %), una carrera en la Corte (tres mayordomos, dos empleados de Palacio, un gentilhombre de Cámara y un paje de Su Majestad). Otro documento incompleto, de tiempos de Carlos III, ofrece una lista de 56 seminaristas, de los que 18 no ocuparon empleo. Los demás se repartieron entre la carrera militar (32), el servicio en la Corte (2 pajes de su Majestad y un gentilhombre de boca) y la Iglesia (3 canónigos). Está claro que no estaba ahí la clase dirigente que quería el conde de Aranda que fuera la nobleza.

Pero la nobleza era un cuerpo muy importante y se debía contar con él, pues no hacerlo era muy peligroso. Estaban presentes siempre al lado del rey, a quien muchos llamaban primo, pero también, a través de los segundones, en las universidades y en los colegios mayores y, por ello, en la administración de la monarquía y en la Iglesia —prácticamente todos los obispos pertenecieron a la nobleza—. También estaban en los altos mandos del ejército, en pugna con los grados técnicos de las academias, y por supuesto en los viejos consejos —incluyendo el Real Consejo de la Santa Inquisición—, la vieja polisinodia de los Austrias que Ensenada se ocupó de debilitar (a veces introduciendo en su seno parciales suyos para paralizar proyectos). Cuando en 1759 Isabel Farnesio imaginaba los posibles riesgos que aquejaban a su cada vez más cercano día de gloria, obviamente el de la ascensión al trono de su adorado Carlet, pensaba en la vieja nobleza reunida en los consejos, intrigando de nuevo. El ministro Wall no veía inminente el peligro que preocupaba a la reina viuda, salvo que Carlos siguiera retrasando su decisión de hacerse cargo del gobierno. «Un partido con secuaces —decía Wall— procedente de los togados no es de temer, pues no tienen aquí la estimación popular que los parlamentarios en Francia». Tampoco se movían los grandes por más que Isabel Farnesio augurara que «si su natural lealtad les tuvo hasta ahora con freno, nadie fiará suceda así mucho tiempo, y es justo prevenir el golpe, ya que solo con las señales de él nos favorece Dios».

No dieron la clase dirigente que Aranda decía que España necesitaba, pero mantuvieron su mundo de ensoñaciones, donde persistían las ideas feudales de honor, sangre y fidelidad, el absolutismo canónico, el que mantenía las atribuciones ilimitadas de la Corona: pensemos en el Patronato Universal sobre las iglesias de España y de las Indias recuperado por Fernando VI en el Concordato de 1753 (que ya existía desde tiempos de los Reyes Católicos, como nos enseñó el querido Manuel Teruel); o en el escándalo que provocó en la mentalidad soberbia de Carlos III el exequatur, nada menos que situarse por encima del papa, lo que a algunos les hacía recordar al mismísimo Luis XIV; o en el poder del rey sobre la Inquisición, demostrado luego en el caso Olavide y que ya había denunciado Macanaz —una de las causas de su primera desgracia, como hemos visto—; o en la lesa majestad en materia militar, lo que en 1763 provocó la presencia del rey a través de las sentencias del consejo de guerra que juzgó a los que rindieron La Habana; o incluso en el papel del rey padre de familia con la ley de matrimonios desiguales, los hidalgos de bragueta, las disposiciones regias sobre costumbres, en suma, un viejo modo de gobernar que siempre estuvo detrás de los ministros, casi siempre de manera amenazante.

Porque al otro lado de una línea bien marcada, incluso por las costumbres, el vestido, los horarios del trabajo, pero sobre todo porque sabían que su mundo solo era la Política, están los que sirven a algo difuso a cuyo frente está también el rey y que podemos llamar ya Estado. Es el Estado de un rey patrimonial y lo gobierna con sus servidores. «Lo cierto es que en los secretarios de Estado no reside la más leve autoridad cuando cesa la voz del rey», decía Wall cuando Fernando VI estaba en el lecho de muerte. El rey era también la cabeza del Estado, el jefe de los ministros, los oficiales de las secretarías, los empleados de los ministerios, incluyendo peritos en lenguas o espías, una nube variopinta de servidores que luego llamaremos funcionarios. La mayoría de los altos funcionarios fueron miembros de la pequeña nobleza, pero desde el principio los hubo puramente plebeyos o, como mucho, hidalgos, como Macanaz, Somodevilla (marqués de la Ensenada), Manso de Velasco (conde de Superunda), Olavide, Moñino (conde de Floridablanca) o Godoy.

Fueron poderosos un día, pero acabaron perdiendo, a veces trágicamente, en su tránsito por el poder, por hacer política y rebasar los límites autoimpuestos —recordemos que Feijoo lo había advertido—, por lo que desequilibraron a favor del Estado todo el artificio, logrando que, desde la *domus regia*, el rey diera una lección de autoridad descargando sobre ellos el castigo ejemplar. Verse privados del apoyo regio era, para los ministros, el comienzo de su caída en desgracia. Como dice Francisco Sánchez-Blanco, «prosperan aquellos personajes que hacen alarde de disciplina y vasallaje ante la persona del monarca y no los que defienden las metas genéricas de una monarquía ilustrada». Yo añadiría solo que la mayoría de los servidores del Estado del siglo XVIII quisieron esa monarquía ilustrada, como los liberales quisieron en el siglo XIX una monarquía constitucional. Pero no fue fácil mantener la armonía de las distintas piezas, una armonía que era el fruto de cohonestar las viejas concepciones de la «política de Dios, gobierno de Cristo» —lo diremos con palabras de Quevedo— y las nuevas ideas políticas, las que eran, para muchos, despotismo.

Y junto a estos servidores del Estado a los que se les ve carpeta en mano, con muchos papeles, siempre pendientes de la aprobación del rey, están los que podemos llamar el fundamento técnico, que es el cuerpo verdaderamente ilustrado de este conjunto. Ahí están los ingenieros, también los artistas y los literatos, en este tiempo de la Ilustración ya muy *engagés*, sirviendo al Estado con la pluma, como hemos visto hacer a Feijoo o a Ordeñana, o con la *arquitectura de la razón*, o con las artes de la decoración de los espacios cortesanos, o espiando para encontrar el mejor lacre, conocer el método de perforar cañones en seco, o carenar barcos con cobre; ahí está el personal de embajadas y consulados, profesores y científicos, muchos de origen extranjero, que impulsan las academias, o que son llamados para fundarlas. En suma, la Ilustración española no fue la de los brillos parisinos filosóficos del dulce filosofar, sino la de aplicación de los conocimientos a la transformación de la realidad, a veces con enormes dificultades: una cruzada, la verdadera cruzada, y no salió tan mal a pesar de todo.

A lo largo del siglo ilustrado fueron interactuando los diferentes componentes hasta llegar al trampantojo de la indisolubilidad del Estado, de la nobleza, de la Iglesia y de la Monarquía. Como todo era uno —eso acabó siendo la España eterna que todavía resucita en las mentalidades más carpetovetónicas—, fue muy difícil el tránsito sereno a la modernidad: se siguió discutiendo sobre la soberanía, sobre el papel de la Iglesia —la primera ley de tolerancia de otros cultos que el católico dimana de la Constitución de 1869 ¡nada menos!—, sobre el alcance político de la Corona y sobre el papel de la nobleza en las instituciones. Y, por supuesto, sobre los ilustrados (como luego sobre los liberales), sobre la Ilustración insuficiente —cuando no inexistente—, o sobre la contradicción entre un Carlos III beato y sin ilustración alguna y una España que, con tanto en contra, hizo en su tiempo el mayor esfuerzo por incorporarse a las luces y a Europa. Y que, a pesar de todo, consiguió logros innegables.

El despotismo ilustrado español, en su primera fase hasta la desviación absolutista-monárquica de 1766, representaba plenamente la modernidad política, como vio el embajador británico Benjamin Keene. La fórmula «ministros con el rey» en tiempos de Fernando VI y el fin de la lucha contra la decadencia —la aceptación de la España discreta—, el nuevo papel del Estado en la diplomacia y el desarrollo de una política estatal, cuyas claves se mantuvieron hasta Trafalgar —por la influencia del ensenadismo—, fueron los elementos visibles de ese despotismo ilustrado español que logró, de entrada, arrinconar a los grandes, privarles de influencia política y hacer avanzar al Estado leviatán.

Todos los elementos de la fórmula estaban equilibrados a mediados de siglo, en el reinado de Fernando VI, el marco de la plenitud del «régimen que hay ahora». Arriba, en lo alto, la monarquía, en realidad, la firma del rey, debido a la enfermedad (debilidad) del rey y por la eficacia del «equipo terapeútico» —Farinelli, Rávago, Bárbara, Ensenada— que le convencieron de su papel de rey pacífico: «La paz nos deja hábiles de hacer prodigios si supiéramos», dijo Carvajal en 1748. Al lado, aminorada, la *domus regia*, por imposibilidad de entrar en conflicto con el *plebeyo* Ensenada, respaldado —a pesar de lo que le disgustaba— por uno de los más conspicuos representantes de la nobleza, José de Carvajal y Lancáster, además de noble por los cuatro costados, universitario y —para tranquilizar a la reina María Bárbara de Braganza— de sangre portuguesa, una ilusión más que sensata para una posible unión de las dos coronas.

El edificio político fernandino estaba en su momento cumbre y, sin embargo, la conspiración permanente esta vez sí iba a conseguir desmontarlo. La muerte de Carvajal el 8 de abril de 1754 permitió al duque de Huéscar ocupar interinamente la primera Secretaría de Estado, con el resultado que ya hemos visto para el ensenadismo. Al gran conspirador, ya conocido durante su embajada en París en 1746 por ser un vago (levantarse tarde, entretener a una querida y *profiter du carnaval*), le sucedió su hechura, el general Ricardo Wall, el Dragón, al que venía recomendando desde hacía años. Wall y Huéscar tuvieron el camino libre para acabar con Ensenada: el grande, mayordomo del rey, contra el plebeyo. Los grandes contra Patiño, contra Macanaz, la historia se repetía. Sin embargo, la caída del marqués descubría lo que había detrás, la potencia del partido, pues como decía Wall, «los colegiales, los ensenadistas y los jesuitas se han unido»; mientras algunos llegaban a pensar que Fernando VI, arrepentido, volvería a llamar al marqués.

Pero a «los tres del conjuro» (Alba, Valparaíso y Wall) se les había unido el embajador Benjamin Keene, que les iba a proporcionar la clave para quitar a Ensenada del favor de los reyes. A la altura de 1753, el embajador se sumó a la conspiración contra Ensenada, «el enemigo de Inglaterra», contra el que ya sabía que maniobraba una legión de resentidos, solo paralizada por la autoridad de Carvajal, que no estaba dispuesto a romper el equilibrio logrado entre el rey, la reina y los ministros, aun siendo el primero en lamentar la política despótica y maquiavélica de Ensenada. El rey, distanciado de Ensenada por la constante presión de su enemigo el duque de Huéscar, mayordomo regio desde noviembre de 1753, se alarmó cuando murió Carvajal y nombró al duque. En un mes, Huéscar ya había mandado llamar a Ricardo Wall, que se hizo cargo del ministerio el 17 de mayo de 1754. La opinión desfavorable del padre Rávago y de Farinelli contra este jacobita de origen irlandés, tildado de antijesuita, provocó pronto la inseguridad del rey, que se encerró durante días en sus habitaciones, superado por los acontecimientos. También la reina estaba muy inquieta, pues no se fiaba del duque, lo mismo que el embajador francés, el duque de Duras, que con su torpeza había precipitado la desgracia de su amigo Ensenada.

Desde junio era pública la situación de debilidad de Ensenada, contra el que cargaban todos los resentidos, desde los grandes capitaneados por Huéscar hasta los militares: los de tierra, porque había reducido el ejército; los de Marina, aunque fueran una minoría, porque había suprimido las galeras en el Mediterráneo, o por motivos personales, como ocurría con el marqués de la Victoria, Juan José Navarro de Viana y Búfalo, un marino cargado de méritos que envidiaba a Ensenada. En julio, la reina era la única que aguantaba las presiones y seguía protegiendo a Ensenada y a sus pocos valedores, entre ellos el padre Rávago, pero al fin la reina cedió, preocupada una vez más por la salud del rey, que no quería ni ver al ministro. Al fin, el 20 de julio de 1754, Huéscar y Wall convencieron a los reyes con una falsedad bien urdida por Keene: Ensenada había cometido alta traición al dar órdenes de ataque contra la flota inglesa del Caribe sin su conocimiento. Para ello, utilizaron una carta enviada desde Londres por Abreu, la cual contenía las quejas del Gobierno británico que Keene había provocado al enviar despachos sobre los planes de guerra de Ensenada, las presuntas órdenes que dijo tener y que Wall buscó en vano, pues nunca existieron por escrito. El marqués no era un pardillo a esas alturas y no iba a escribir algo tan comprometedor. Tenía mil *amigos* que hubieran llevado las órdenes *a voce*.

Pero, montando el escenario de crisis gravísima, lograron que el rey cediera. Se dice que Fernando VI dijo: «Estábamos en guerra sin saberlo»; y permitió arrestar a Ensenada, que fue conducido inmediatamente a Granada. En su lugar, para *tapar el boquete*, el rey tuvo que recurrir a cuatro ministros: Arriaga (Marina), Valparaíso (Hacienda), Eslava (Guerra) y, además, el propio Wall, que junto a la de Estado asumía también la Secretaría de Indias.

La aventura de Alba, que al fin ocupaba su lugar natural en la *domus regia* al ser nombrado mayordomo de Fernando VI, se fue oscureciendo como la vida del rey, al que despertaba todas las mañanas y despedía cada noche, como el confesor. Así llegó la muerte a palacio, primero la de la reina, luego la del rey. La reina viuda, la *vieja leona*, Isabel Farnesio, volvía al poder por deseo expreso de su hijo Carlos III, que la nombró gobernadora aún en vida del moribundo Fernando VI. El duque de Alba, que se sabía aborrecido por la Farnesio desde que se alegró de su expulsión de la corte en 1747 —«yo la quisiera en Parma», le había dicho a Carvajal—, no podrá estar presente cuando vuelva a Madrid como reina madre y gobernadora, exultante y dispuesta a exhibir su rotundo éxito. Luego, cuando ya Isabel esté casi ciega y enferma, Alba se irá acercando a Carlos III, intentando hacer política, intrigando de nuevo contra Ensenada, a quien pretendió perder una vez más, rencoroso y dolido porque la aplicación del concordato ensenadista del 53, la nueva regulación de diezmos a laicos, de novales, de iglesias de patronato —como las de sus Estados, que se repartían por media España—, perjudicaba los intereses de su Casa. Y ya se sabía, Alba era un hombre de buena fama, pero de mal corazón.

Pero todos sus problemas parecían ser obra de un hidalguillo medrado como Ensenada —como Patiño, como Campillo— que, en 1760, ha vuelto a ocupar sitio en la Corte, nada menos que en la junta del Catastro, que Carlos III ha vuelto a poner a trabajar pensando en aplicar el viejo proyecto de la única contribución, otro instrumento decididamente antifeudal que también perjudicaba a Alba y a los de su estamento. «Catastro, polilla del hacendado, remedio del necesitado», rezaba un pasquín en alusión a la reforma hacendística de Ensenada. Alba y Aranda —embajador en Varsovia antes de dirigir el ejército contra Portugal— tienen todavía a su hechura Wall como ministro de Estado, pero este cae en 1763, sucedido por el abate Jerónimo Grimaldi, quien de hecho, al ser el inspirador del nuevo pacto de familia, ha sido desde París, en íntima conexión con Choiseul, el verdadero ministro de asuntos exteriores, mientras, en Madrid, Esquilache ejercía de primer ministro de facto. Se podría decir de él lo que el padre Isla dijo de Ensenada: era «el secretario de todo». Los dos extranjeros, Grimaldi y Esquilache, los dos llevando las riendas de la monarquía: era algo excesivo para el duque de Alba y para los grandes, que de nuevo se veían denostados, pues todos esperaban que el nuevo rey, del que se esperaba la «feliz revolución» que predijo el jesuita Isla, siguiera arrinconándolos. Un pasquín decía lo siguiente:

> Y en viniendo ¿qué se harán
> los grandes y potentados?
> Por el rey están preñados
> y en llegando, parirán (...)
> porque Carlos con gran ira
> contra ellos se prepara.

Sin embargo, el nuevo rey, simplemente... no hizo nada. Al llegar a Barcelona, repartió dinero a espuertas, hasta provocar la suave crítica de la reina María Amalia. El marqués de la Victoria, encargado del real viaje, recibió 30 000 pesos, el grado de capitán general, un retrato del rey guarnecido de diamantes, una pensión de 1000 pesos, etcétera. Gamoneda, el factótum de la madre, recibía una «nueva gracia» que rentaba 2400 ducados. Hay una larga lista de agraciados. Luego, el largo viaje, la detención en Zaragoza por la enfermedad de la reina y el infante —«te aseguro que no veo la hora de salir de aquí», le decía a Tanucci el 8 de noviembre—, las demostraciones del pueblo —«no te puedo explicar lo que hacen estos pueblos pues son locuras», de nuevo a Tanucci—; finalmente, el gran espectáculo: el rey y la madre aclamados en Madrid, en diciembre de 1759. Luego, el rey caza y los ministros y el personal de palacio, los italianos que el rey se ha traído, gobiernan, ante el estupor de muchos de los que esperaban su oportunidad, entre ellos Ensenada, de nuevo en la corte, pero sin lograr siquiera ver al rey, que le hace menos caso que a sus perros.

El giro político de 1759

Parecía la España feliz, pero las reflexiones de muchos diplomáticos eran inquietantes. El conde de Rosemberg informaba en 1764 a la emperatriz María Teresa de la falta de recursos de la monarquía: «Se habían consumido los millones ahorrados por Fernando VI, y no había provisión de dinero». Para el diplomático austriaco, Esquilache, pero también el rey, eran los responsables directos:

> Yo soy de la opinión —decía— que el rey desconoce la situación real de su monarquía. Él se ha despreocupado siempre de los asuntos financieros, que por lo demás ignora, y no es una temeridad suponer que seguirá interesándose por ellos todavía menos, ya que por desgracia comienza a descuidar todo trabajo y pone una ilimitada confianza en el marqués de Esquilache.

Rosemberg demostraba conocer bien la situación cuando escribía: «El crédito está totalmente perdido en España desde hace ya mucho tiempo, y solo la desconfianza ha crecido hasta tal extremo de odio, que se manifiesta sin excepción contra el ministro de Hacienda».

En pocos años, el Gobierno de los italianos había cambiado de raíz la estrategia española de neutralidad al entrar en la guerra junto a Francia —con la consiguiente derrota y gastos— así como la política de recuperación interior de base ensenadista que había llenado las arcas que Carlos III encontró al llegar, «los millones ahorrados por Fernando VI». Las consecuencias no se harían esperar. Los grandes se sintieron de nuevo marginados: antes por ensenadistas, plebeyos, jesuitas y colegiales; ahora por orgullosos extranjeros que, además, anunciaban grandes reformas *ilustradas*, algunas de ellas sufridas de manera personal por algunos representantes de la nobleza más intocable, entre ellos, el mismísimo duque de Alba. Relegado de la mayordomía, el duque seguía cobrando su sueldo y disfrutando de los honores del cargo (ahora presidente del Consejo de Estado), pero cada día estaba más resentido al ver al rey entre ministros extranjeros, hablando italiano, todo el día cazando «así cayeran chuzos de punta». Por eso, cuando en 1764 se suprimieron algunos de sus privilegios, entre ellos el de nombrar a los eclesiásticos de sus Estados (en razón de los «indultos apostólicos» concedidos por el papa Paulo IV hacía dos siglos), o cuando vio cómo Ensenada y Esquilache influían en la sentencia del consejo de guerra en el que se juzgaba a los responsables de la pérdida de La Habana —entre ellos, el ensenadista y riojano conde de Superunda, virrey del Perú— contra la autoridad del conde de Aranda, presidente del consejo de guerra, Alba, junto a otros grandes —por ejemplo, el duque de Alburquerque—, sintió el alcance de las reformas en su propia casa y preparó la venganza. El objetivo sería en adelante el *extranjero* Esquilache, que además mantenía buenas relaciones con el ahora *consejero* Ensenada y con algunos conocidos ensenadistas, de nuevo en puestos de consejeros, como Ordeñana —brazo derecho del marqués—, Félix de Abreu, Ventura Figueroa y, sobre todo, el abate Gándara, el *escopetero* del rey Carlos III, de quien paradójicamente había logrado protección en Nápoles contra los intentos de Wall por echarle del cargo y humillarle. Precisamente, Figueroa y Gándara habían informado desde la Cámara sobre el asunto de los «indultos apostólicos» que perjudicaban al duque.

La armonía de todas las piezas, clave del mantenimiento del despotismo ilustrado, sufría ahora una novedad: el descontento popular, el que siempre habían estimulado los grandes contra los gobiernos de los hidalguillos medrados, aunque ahora la situación era más compleja. En la medida en que aumentaba la carestía por las malas cosechas de 1763-1765, la gente desesperada era capaz de comprender que las medidas del Gobierno podían todavía empeorar su situación, lo que ocurrió cuando Esquilache decretó la liberalización del mercado de granos en 1765, siguiendo ideas del fiscal Campomanes. La percepción del pueblo fue que la medida provocaba el almacenamiento con fines especulativos y, por ello, el desabastecimiento de pósitos y panaderías arrendadas bajo *postura* por los concejos. Obviamente, los efectos se notaron más en Madrid y Esquilache, consciente del peligro en la capital, se empleó a fondo en su abastecimiento, pero la importación de trigo a gran escala no dio resultado. A su caída, el italiano lamentará la ingratitud del pueblo, «al que evité el hambre en dos años de carestía», limitándose a culpar de la escasez a «la escandalosa, perjudicial codicia de los propietarios del trigo, particularmente de las dos Castillas, que le han escondido y encerrado, todo con el detestable fin de venderle a precios subidísimos en grave daño del público».

Esquilache no iba descaminado del todo, pero su reacción fomentaba aún más la animadversión de las oligarquías de los pueblos, que veían en sus medidas el fundamento del despotismo contra las tradiciones paternalistas, mantenidas de consuno por los eclesiásticos perceptores de diezmos y administradores de la «economía moral», basada en los pósitos, las arcas de misericordia; en suma, las prácticas de la caridad tradicional, el tomismo de los púlpitos. También por la nobleza feudal, que en esas circunstancias adversas unía a todos los grandes, perceptores de rentas en sus Estados, titulares de derechos feudales —pagados en trigo o en dinero— arrebatados al rey, a la hacienda, a las iglesias y al común —pues muchos nombraban alcaldes, regidores, escribanos y mayordomos de los monopolios municipales—, como era, por ejemplo, el caso del conde de Aranda, ilustrado y cosmopolita, pero dueño de las vidas y haciendas de sus súbditos en sus pueblos aragoneses, igual que el también volteriano duque de Alba en los suyos. El choque entre el viejo sacralizado privilegio nobiliario monopolizador y la modernidad del mercado provocaba un enorme malestar mucho antes de la «crisis del pan», pues los ilustrados —los ministros— veían cómo los monopolios agarrotaban las máximas de la «sabia economía» y causaban el hambre del pueblo (y la mengua de las arcas del estado). Ahora, podían ver en acción las dos grandes ideas ilustradas: la libertad del mercado de granos y la solución a la amortización de la tierra, que plasmaba Campomanes en sus libros. Había que insistir en ello, pues todo el mundo conocía el problema y las dificultades de su solución. Un vecino del Barco de Ávila, en carta a Manuel de Roda (que, además de ministro de Gracia y Justicia, era superintendente general de Pósitos), le decía en junio de 1765:

> una razón de la carestía de pan se funda en esta manera: si todo eclesiástico que percibe sus rentas en granos las vendiese al precio de cómo se le regula la fanega, a este mismo respecto valiera cada pan; pero como, por lo regular, retienen dichos granos hasta que llega el subido precio, carece el pobre de lo necesario por el subido precio, y esto es tan práctico como la experiencia lo acredita, todo muy contrario a las doctrinas de los Santos Padres.

Así, pues, las piezas de la vieja política de armonía se habían desequilibrado. Además, la fórmula «ministros con el rey» perdía su eficacia en manos de italianos que impedían el ascenso de una generación muy preparada, manteístas y golillas, plebeyos, llenos de proyectos, cuyos ejemplos más nítidos son Campomanes, Roda, Floridablanca, albistas y protegidos por Wall, que ha comprobado su capacidad desde sus primeros pasos en la administración. En 1765-1766 están a la espera.

Pero, además, hay desde hace unos años otro frente abierto, inusitado, sorprendente por la velocidad con que se ha presentado en primer plano: el antijesuitismo. En medio de la formidable campaña contra los ignacianos que seguía desplegando en toda Europa el marqués de Pombal, secundado por Choiseul, y con la orden ya expulsada de Portugal y de Francia, la actuación de los jesuitas españoles y de sus apoyos políticos estaba siendo observada con un enorme recelo, sobre todo por los que aspiraban a *modernizar* España en torno al *rey ilustrado* y el Estado. Reconocerse en el antijesuitismo, con Wall, Alba o Campomanes, empezaba a ser una distinción, pero lograr involucrar al propio rey en ello significaría un éxito rotundo del que emanarían grandes beneficios. Era muy difícil conociendo al rey y a la reina madre, pero...

La Iglesia era ya la pieza política más débil del entramado y también veía incierta su situación: se había publicado por Campomanes la *Regalía de la amortización* y, desde ahora, conocido el pensamiento del rey desde el asunto del exequatur, se podía intuir que los bienes de manos muertas iban a ser siempre objeto de una discusión inclinada hacia el regalismo. Además, se empezaba a aplicar el Concordato de 1754, tan regalista que justificaba ya la amortización de ciertas propiedades de la Iglesia y la reducción de muchos de sus privilegios. Los eclesiásticos contribuían ya a la Hacienda, todavía con algunas rentas (los diezmos de novales, o el excusado, que era el diezmo de la mayor casa dezmera de la parroquia), pero las previsiones eran que el regalismo iría a más, por lo que saltaron algunos obispos, como el de Cuenca (hermano del marqués de Sarria, el general que dirigió el ejército que invadió Portugal, y del difunto ministro Carvajal).

Muchos eclesiásticos veían «abrirse el infierno a raudales» ante los avances de la crítica y las nuevas costumbres, la difusión de libros y periódicos, la irrupción de lo extranjero, la aparición de ideas nuevas que atribuían derechos al pueblo; mientras, la cruzada antijesuítica se recrudecía en el propio seno del clero, regular y secular, al haber perdido la orden el confesionario regio por primera vez en el siglo y sufrir la humillación de la beatificación del obispo Palafox, odiado por los jesuitas (a los que el obispo de Puebla había insultado como nadie, además en carta al papa, la famosa *Inocenciana)*. El propio rey —y desde luego, su confesor, el padre Eleta, que era del mismo pueblo en el que Palafox terminó sus días de obispo, El Burgo de Osma— quería elevar al santo a la condición de patrón de España. De un hombre como Carlos III, extremadamente religioso hasta la superstición, devoto del obispo Palafox y de la Inmaculada —cuyo dogma impuso en España un siglo antes que el papa—, exasperado por la guerra del Paraguay —fuente de constantes críticas sobre la participación de los jesuitas al lado de los indios— y con un confesor de escasas luces que por primera vez no pertenecía a la Compañía, el gilito Joaquín Eleta, los seguidores de San Ignacio podían esperar cualquier decisión, por más que Carlos III fuera un hombre piadoso, pues también era terco y rencoroso. Desde que se publicó el *Fray Gerundio* en 1758, los más avisados de la orden sabían que tenían enemigos irreconciliables en el seno de la propia Iglesia española.

En definitiva, además de una protesta por la carestía, había un estado de confusión política inédito, que es lo que Rafael Olechea denominó barullo, pues parecía que todo «iba a la diabla» y que las fricciones entre las piezas del entramado crecerían hasta provocar lo que acabó ocurriendo: el motín del día de Ramos o motín contra Esquilache, y luego... los motines.

El barullo: el conde de Aranda y el consejo de guerra contra el conde de Superunda

En la larga lista de servidores de los Borbones *caídos*, destaca José Antonio Manso de Velasco, riojano como su íntimo amigo Ensenada, natural de Torrecilla en Cameros, vestido de noble con el título de conde de Superunda cuando era virrey del Perú. Antes había sido gobernador de Chile y, como tantos militares —llegó a teniente general—, había conocido a Ensenada en las campañas de Italia. Viejo y rico, salía de Lima en 1761, para disfrutar de su retiro en España, pero todo se truncó cuando, estando en La Habana esperando el barco que le traería a Cádiz, llegaron los ingleses y tomaron la ciudad. Superunda, que tenía ya setenta y cuatro años, era la máxima autoridad en la isla y hubo de firmar la capitulación, lo que le acarreó comparecer ante un consejo de guerra que, para su desgracia, estaba presidido por el conde de Aranda.

El proceso por la pérdida de La Habana, que debía haber sido de trámite, puso de relieve, sin embargo, la tensa situación política que encontró Carlos III al llegar a España, pues se convirtió en un escenario del enfrentamiento de los dos partidos políticos: el de los grandes encabezado ahora por el conde de Aranda, Pedro Pablo de Bolea y Ximénez de Urrea, sobrino del duque de Alba y cabeza visible de la nueva nobleza ilustrada, culta y cosmopolita, pero igualmente xenófoba y feudal en muchos de sus comportamientos; y los restos del ensenadismo, con Esquilache y Ensenada aliados, contando de nuevo con el gran amigo Jorge Juan como miembro del consejo de guerra presidido por Aranda. Derrotado hacía unos meses en Portugal, el soberbio conde aragonés iba a descargar todo su resentimiento contra el reo Superunda, pidiendo contra él nada menos que la horca. Era tan evidente el duelo que Superunda declaró al comienzo del consejo que Aranda le pareció un «juez sospechoso al suplicante por el esfuerzo y empeño que ha puesto en perderle».

José Antonio Manso de Velasco era hijo segundón de una familia de propietarios ricos de rebaños trashumantes de Torrecilla en Cameros (hoy La Rioja), donde había nacido en 1688, y siendo un mozalbete entró en la milicia de mano del señor de los Cameros, el conde de Aguilar, en plena guerra de sucesión. Su ascenso a la nobleza de servicio con el título de conde de Superunda le llegó en 1748 por merced de Fernando VI, que reconocía, en el que ya era su virrey en el Perú,

> el recomendable mérito que ha adquirido y ha hecho digno de mi gratitud y benevolencia en la ocasión del lamentable suceso de la ruina de la ciudad de Lima y total submersión del Callao en que su constancia entre la confusión de tal tragedia y la oportuna aplicación de sus providencias contribuyeron en gran parte a hacer menos lastimosas las consecuencias.

Como antes el rey le había vestido el cargo de gobernador de Chile ascendiéndolo a teniente general (1736), ahora, ya virrey desde 1745, le adornaba con un título de nobleza tan caprichoso como Superunda, es decir, «sobre la ola», algo así como el que ha logrado triunfar contra la desolación producida por el gigantesco tsunami que destruyó completamente la ciudad y el puerto más importante del Perú, causando más de 5000 víctimas, la práctica totalidad de sus moradores, según Pablo Emilio Pérez Mallaína.

El conde de Aranda había nacido en Siétamo en 1719, en el seno de una familia que poseía numerosos títulos de nobleza, tanto por parte de padre, marqués de Torres, duque de Almazán, conde de las Almunias, conde de Aranda (en 1723), como por parte de madre, la hija de los condes de Robres. En total, fueron 23 títulos los que adornaban al conde (hoy el título engrosa los cientos que tiene la casa de Alba). Obviamente, gozó de una esmerada educación (jesuitas por medio, tanto en Zaragoza como en Parma) antes de manifestar su afición a las armas. Viajó por Europa, conoció a Federico II de Prusia en Berlín y entró en el ejército con el general Montemar. Fue director de Artillería, cargo que aprovechó para demostrar tempranamente su genio dominante escribiendo una feroz denuncia contra el viejo ministro de Guerra Sebastián Eslava. También fue embajador en Lisboa, después del terremoto de 1755 que había causado la muerte de toda la familia del anterior embajador, el conde de Peralada, y en Varsovia, adonde Carlos III *lo alejó* por primera vez en 1760. Fernando VI le había concedido el Toisón de Oro. Con todo, Aranda era un hombre viajado, culto y de probada inteligencia política, un prototipo de la nobleza que creía una obligación dirigir los destinos de España junto al rey.

Por su parte, Manso de Velasco había comenzado de soldado raso, ascendido a alférez en 1705. Tras participar en la mayoría de las batallas de la guerra de sucesión y en la campaña de Nápoles, grado a grado, había logrado llegar a teniente general, desempeñando durante 8 años la gobernación de Chile, desde 1737, y durante 16 años el virreinato de Perú, hasta 1761, donde al fin logró que le relevaran. Con un enorme prestigio, que todavía no había empañado ni el obispo Pedro Antonio Barroeta —que era tomado en broma por los ensenadistas a causa de su burricie— ni el juicio de residencia que su sucesor, el virrey Manuel de Amat y Junyent, le estaba inflando de vilezas —incluida la acusación de robar 300 millones de pesos tras el tsunami del Callao aprovechando que la ciudad quedó desierta—, el viejo conde de Superunda llegó a La Habana el 24 de enero de 1762, donde esperaría unos meses a embarcar para España, rico y afamado. Lo que podía haber sido una plácida espera hasta el 12 de junio, fecha acordada con mucha antelación con el capitán del barco que le traería a Cádiz entre los navíos de la Compañía de la Habana, se prolongó desgraciadamente, pues el día 6 de junio se presentó la escuadra inglesa frente a La Habana en medio de la sorpresa de todos, «por ser la peor estación del año para navegar en aquellas costas», y el 8 comenzó el ataque. Era el mismo día en que Aranda llegaba a París de camino a Madrid, donde se presentó el 28 de junio con ganas de salir cuanto antes hacia el frente de Portugal: a mandar.

Declarada la guerra, Inglaterra volvió a su conocida estrategia en el mar, que desde 1739 había quedado clara que era lograr un asentamiento firme en el Caribe, con La Habana como posibilidad más rentable (y por lo que sabían los ingleses, más fácil en términos militares). Si la guerra de la Oreja de Jenkins (1739-1748) no pudo ser, a pesar de intentarlo, en esta, la de los Siete Años (1756-1763), al fin lo lograron. Tras 65 días de sitio, la ciudad se rindió por decisión de una junta de jefes civiles y militares que, en función de la jerarquía, el mérito y la edad, hubo de presidir honoríficamente el conde de Superunda, aunque fueran el gobernador Juan de Prado y el marqués del Real Transporte, jefe de la escuadra, los máximos responsables del Gobierno civil y militar de la plaza.

El otro conde, el de Aranda, el que iba darle a Manso de Velasco el mayor disgusto de su vida, se enteró en Danzig (Gdansk) de la firma del tercer pacto de familia de 1761, el vuelco total de la política exterior española que provocaba automáticamente la entrada de España en la guerra al lado de Francia, intuyendo que llegaba su hora. El 18 de mayo, salía de Varsovia ya con la misión de comandar el ejército que había invadido Portugal con el viejo marqués de Sarria al frente, que cesaría al poco en el cargo dejando al flamante general aragonés desempeñar la jefatura en solitario. El conde, que no se cansaba de repetir que su verdadera vocación era la milicia, no había tenido oportunidad de demostrar en el campo de batalla el honor y la grandeza de su casa y, a la vez, su lealtad a la monarquía, sobre la que seguía pensando —era uno de los pocos— que tenía origen divino. Él mismo escribió que Carlos III se hallaba en «el ejercicio del vicariato del mundo que el Dios supremo depositó en ella como un representante». Era una más de las contradicciones que arrastraba el conde, un personaje que podía exhibir maneras feudales y aristocráticas, sobre todo con sus inferiores, y a la vez, mantener ideas pretendidamente volterianas.

Aranda se traía de Varsovia una *oda ad comitem* al estilo horaciano escrita por el abate Konarski, en la que aparecía, entrando en Lisboa, como el caudillo victorioso, pero magnánimo y comprensivo con los derrotados, valiente y enérgico, pero humilde al recibir los laureles, etcétera. Sin embargo, en el sitio de Almeida, donde recibió de Ricardo Wall —todavía ministro de Guerra, también de Estado— el nombramiento de comandante en jefe, el 30 de agosto de 1762, no brilló mucho su genio militar a juzgar por el tiempo que le costó tomar la plaza y por sus escasos efectos. Lo que sí se notó fue —una vez más— su altanería y su conocida tendencia a insultar y humillar, en este caso, nada menos que al mismísimo marqués de Esquilache, ministro de Hacienda y el más cercano a Carlos III en esos momentos. En una visita que el ministro hizo al frente, Aranda le habló con su conocida «patriótica franqueza» para culparle directamente de que las tropas estaban mal pagadas por «conceder los suministros a asentadores logreros». Esquilache, que ya se sabía diana de todas las acusaciones, incluida la de corrupción de su familia, especialmente la de su mujer, como recuerda José Antonio Escudero, no olvidó semejante ofensa en público y esperó la ocasión para vengarse de Aranda.

La guerra continuó unos meses en la frontera portuguesa, pero no se logró llegar a Lisboa y el ejército se empantanó en Almeida, mientras, en octubre de 1762, la notica de la *entrega* de La

Habana llegaba a Madrid. La primera campaña militar dirigida por Aranda solo le aportó el nombramiento de capitán general, que recibió el 3 de abril de 1763, quizás para que tuviera el mayor rango en el último servicio que debía hacer en Madrid: presidir la junta de generales que iba a juzgar a los responsables de La Habana... antes de dirigirse a Valencia donde iba a ser destinado como capitán general, la más que probable venganza de Esquilache, que tras la caída de Wall había pasado a ocupar también la Secretaría de Guerra. Aranda iba a ser de nuevo *alejado* de su reverenciada Majestad. Años después, reflexionó y le dijo a su amigo Múzquiz: «Para ir a Valencia no hubo más motivo que quererme echar de Madrid».

El ensenadista Superunda, fanático regalista

Mientras Aranda salía hacia Valencia humillado una vez más, Superunda sufría la deshonra, el destierro y la suma pobreza. Pero no fue esta la única amargura que le esperaba en los últimos días de su vida. Las noticias que le llegaban de Lima eran muy preocupantes. No es objeto de este libro relatar los mil vericuetos que atravesó su juicio de residencia y las calumnias que le levantaron en Lima, pues son conocidos desde que Diego Ochagavía se interesó por su paisano en los años cincuenta del pasado siglo y publicó varios artículos en la revista *Berceo*. Pero sí debemos señalar que, si por una parte sufrió las consecuencias de la autoridad de un militar, noble, dos veces grande, por otra, hubo de sufrir también el odio del representante del otro pilar del Antiguo Régimen: un obispo a la cabeza de la jerarquía eclesiástica limeña, que se la tenía jurada desde que Superunda planificó la reconstrucción de Lima suprimiendo conventos con la fuerza que daba hacerlo en nombre del rey. Curiosamente, el obispo era otro riojano, Pedro Antonio Barroeta, natural de Ezcaray.

El caso del obispo y el virrey es famoso; ambos coincidieron en Lima, sin poder soportarse uno al otro desde el primer día. Las discordias, siempre por nimiedades en apariencia, en realidad estaban causadas por la pugna entre el regalismo furibundo del virrey y el tridentinismo arcaizante del obispo. Por ejemplo, el 28 de diciembre de 1753, el arzobispo se quejaba de que el virrey no le acompañaba en la despedida de sus visitas «hasta la tercera grada de la escalera, no bajándola toda por las instancias que les hacen los arzobispos y las continúan hasta que los pierden de vista». Por fruslerías como estas, el arzobispo no dejó de calentar «el escrupuloso genio en estas materias» que notó en Superunda, un hombre todopoderoso en Lima con mucha experiencia a sus espaldas, rodeado de parciales, entre ellos muchos clérigos agradecidos.

Un obispo tan intolerante como demostró ser Barroeta comenzó las provocaciones nada más llegar, pecando de ignorancia, pues se escandalizó de cómo vivía el clero americano, lo mismo que les había ocurrido a nuestros marinos Antonio de Ulloa y Jorge Juan, como reflejaron en la *Memoria secreta sobre América.* Al comprobar la situación de los eclesiásticos de Lima, sobre todo de los regulares, el obispo se empeñó en publicar un edicto moralizante, que Superunda desaconsejó. Así comenzó el primer enfrentamiento, pues Barroeta se salió con la suya y el 10 de junio de 1752 publicó el edicto, en realidad, un insulto contra los clérigos inmorales. Citando una sentencia tridentina, Barroeta escribió: «¿Qué aprovecha ser un obispo tan santo como San Martín si los párrocos son inhábiles?».

La correspondencia de Superunda, que ocupa muchos legajos en el Archivo de Indias, está dedicada en buena parte a asuntos eclesiásticos, entre ellos, las recomendaciones para todo tipo de plazas, incluidas las de la universidad. El propio Manso se lo decía al rey como si fuera un mérito y seguramente un regalista como él lo creía así:

> Uno de los particulares cuidados que he tenido desde que la dignación de S. M. me confirió el virreinato y Gobierno general de estas provincias ha sido el de poner en la real noticia de V. M. los méritos y prendas de aquellos sujetos que han sabido distinguirse en el cumplimiento de sus respectivas obligaciones y que por el inmediato conocimiento que me asiste de sus circunstancias, los contemplo acreedores de la Real Gratitud de V. M. y de las mejores proporciones para ser colocados en empleos políticos, donde puedan adelantar con beneficio público, el celo y aplicación, y desempeñar con acierto y exactitud la confianza que merecieren a S. M. (Lima, 17 de octubre de 1757).

No es extraño, pues, que el virrey estuviera siempre a la greña con la jerarquía eclesiástica, pues nada producía más rencor en una mitra que el fracaso en colocar a los parciales.

El 14 de enero de 1754, el obispo volvía a la carga con otra menudencia, pero añadía ya apreciaciones más serias como que «la conducta del virrey se dirige en todas materias contra mi honor» y otras reflexiones sobre «la beneficencia propia de mis facultades, mi docilidad y tolerancia que son tan notorias», frases que denotaban el carácter particular de este obispo riojano, pagado de sí mismo cuando menos. Así, los papeles sobre el asunto de las escaleras y otros desaires parecidos continuaron de una mesa a otra, en Madrid y en Lima, durante años, provocando a veces la hilaridad de los covachuelistas. Alguien anotó jocosamente que el obispo firmaba quizás sin leer lo que algún amanuense malintencionado escribía.

Hastiado el obispo, el 24 de abril de 1754 escribió su más famosa representación al rey contra Superunda. Barroeta comenzaba quejándose del comportamiento general del virrey:

> cansada mi paciencia de tolerar todos los ajamientos y desprecios que ha hecho a mi dignidad vuestro virrey de estos reinos se me hace preciso ponerlos en consideración de V. M. bien satisfecho de que se ha de recibir con bastante escándalo el escarnio injusto a que está reducido en tierra de cristianos un hombre consagrado.

Manso, que fue desmontando punto por punto los cargos del obispo, lo negaba de plano: «Este es un preludio tan general como falso»; el virrey había tenido siempre «sumo respeto a la Iglesia», había «llevado una vida edificante», etcétera. Pero el obispo subía el tono: el virrey le había «despojado de la posesión en que estaba y habían estado mis antecesores de sacar quitasol en las procesiones a que solemos concurrir». Era un incidente simple —como el de las escaleras—, pero Barroeta lo exageraba, llegando a decir que un obispo representaba a toda la Santa Madre Iglesia y que, por tanto, las ofensas del virrey se podían parecer a las infligidas a «un obispo católico solo en Ginebra o Ámsterdam». El virrey alegaba que «es falso que se hiciese retirar el quitasol en la plaza pública» y que el obispo pretende «que el desaire tome bulto», pues al obispo se le había avisado de que no debía utilizar el parasol cuando estaba en el coro. Y así, folios y folios.

El cargo más importante era el suceso del pasquín que había aparecido el segundo día de Pascua de Navidad, en el que se representaba al obispo ahorcado. Barroeta se atrevía incluso a personificar los monigotes del dibujo: el que apretaba la soga era nada menos que

> un eclesiástico que por ocultos decretos de la providencia se halla hoy de asesor de vuestro virrey, llamado Francisco Herboso, hombre ignorante y de bajas obligaciones que por haber ascendido con tal patrocinio a Maestre de Escuela de esta Santa Iglesia y Comisario General de la Bula de la Cruzada de estos reinos, ha querido adelantar su autoridad sobre el desprecio de mi túnica y las ruinas de esta villa.

Esto era grave, pues Barroeta entraba en las guerras de clérigos y universitarios, las guerras por las plazas, en las que Superunda —como hacía también su amigo Ensenada, que las llamaba guerras de religiones— no osaba intervenir salvo para amansar las aguas, siempre revueltas. Como veremos luego, la clerecía de todas las órdenes en Lima vivía situaciones de escándalo, así que Superunda, buen conocedor, se limitó a declarar que el obispo manifestaba «una pasión muy ciega», es decir, que se había *metido* en política. Herboso —replicaba Superunda— es

> hijo del Excmo. Sr. Don Juan Herboso, contador del tribunal de cuentas de este reino y presidente de la Real Audiencia de la Plata, caballero del orden de Santiago, ministro honorario del consejo de Hacienda, que es nieto de don Francisco Herboso, caballero del mismo orden, nacido de una noble y principal familia del lugar de Balmaseda, señorío de Vizcaya.

Por parte de madre, Herboso tenía parecidos antecedentes nobles y de servicios a la monarquía. La parentela, que se describe, es una lista de altos cargos de todas las esferas, desde militares a judiciales y religiosos. La infamia del obispo era, pues, enorme, es decir, que no sabía qué terreno pisaba. Pero el obispo continuaba dando coces: la horca donde le ahorcaban en el pasquín la sostenían Pedro Bravo del Rivero y Pedro Bravo de Castilla —«Los dos pilares en que estribaba la horca»—, que eran oidores de la Real Audiencia; incluso el virrey aparecía «en el espectáculo», aunque Barroeta declaraba que «el origen no es malignidad de vuestro virrey, sino antes exceso de bondad de que, abusando los asesores, me sacrifican en su respeto».

El regalismo de Superunda quedaba de manifiesto en la denuncia de 20 de septiembre de 1755, en que el obispo le acusaba de apartarle de las obras de reconstrucción de la catedral de Lima. Barroeta se quejaba de que «se habían puesto las Armas Reales encima de la silla arzobispal, sin embargo de que nunca las hubo allí», y de que habían sido las hechuras del virrey las que habían dirigido todos los negocios de las obras, incluyendo la «separación de José Barroeta, su hermano, de la superintendencia de estas obras». La contestación del virrey fue, de nuevo, durísima. En realidad, según escribió el 2 de septiembre de 1757, tras recibir el alegato fiscal de Madrid, era el arzobispo el que había desatendido, con escándalo de todos, las obras de su iglesia. Y como no tenía pelos en la lengua, Manso añadía: «Al tiempo mismo que yo procuraba avivar el fervor de los trabajadores entre el polvo y las ruinas, acompañado de los cabos militares que me seguían, empléase el Muy Reverendo Arzobispo las tardes en lícita, decente y sosegada recreación en la huerta y mesa de trucos de la casa del Noviciado de la Compañía de Jesús». Y más aún: en cuanto a poner el escudo real en la silla episcopal, Manso añadía que «debiera estimármela el Muy Reverendo Arzobispo como honor y no sentirla como desatención», justificando así por el patronato y vasallaje al soberano —y por ser dinero del rey el empleado en la reedificación— la supremacía de Su Majestad. En un alarde retórico, Manso recordaba que había muchos altares de patronato que llevaban las armas de sus patronos particulares y no iba a ser el rey menos. Pero, al fin, declaraba lo que pensaba de este obispo a la antigua

> y es que según las doctrinas con que discurre no se le hacen tolerables las regalías de V. M., ni el ejercicio de Su Real Patronato, pareciéndole que todas las preeminencias que coartan la libertad de su modo de pensar y de sus procedimientos ofenden a la inmunidad de la Iglesia, y en estas instancias donde necesitan mirarse las regalías con mayor esmero, levanta el escándalo.

En definitiva, el enfrentamiento personal entre virrey y obispo no podía camuflar la inquina que algunos miembros de la Iglesia peruana tenían contra el virrey regalista, pues algunas de sus medidas habían incurrido en los terrenos más resbaladizos del universo clerical y, además del recelo comprensible de los curas en estos casos de vicios y pecados propios, habían provocado el estupor de algunos limeños y muchas quejas. Pues, en el fondo, lo que importaba era el intento de reconstruir Lima suprimiendo conventos femeninos. Como ha explicado Pablo Emilio Pérez Mallaína, tras las tapias de los conventos, «lo que menos había era monjas profesas». Por el contrario, sus espaciosas dependencias cobijaban «a una gran cantidad de mujeres viudas, solteras y, lo que era más preocupante, a un buen número de casadas y separadas de sus esposos o "divorciantes", como se las denominaba en los textos de la época, a las que se unían antiguas amantes de miembros de la oligarquía que encontraban allí refugio acompañadas de sus hijos ilegítimos».

Con planes como estos, que podían dejar a buena parte de la oligarquía —incluidos los eclesiásticos— ante la vergüenza pública, es comprensible que el virrey tuviera muchos enemigos, pero, quizás por su dilatada experiencia americana, también había sabido tejer una amplia red de parciales (de lo que también acabaron acusándole). El 27 de enero de 1766, cuando ya se había difundido la insidia del robo de cientos de millones de reales en plata de las desiertas iglesias del Callao tras el tsunami, y sus hechuras limeñas sufrían el acoso del nuevo virrey, su íntimo y apoderado en Lima, Antonio de Boza, ahora rector de la universidad, decía, tras dar a conocer la sentencia del proceso de La Habana, que «todas las religiones y vecindario, a excepción de muy pocos, me han acompañado en esta pena y todos claman uniformemente a Dios pidiéndole dilate a Su Excelencia la vida». Ciertamente, a pesar de las presiones del virrey Manuel Amat y de su protegido Antonio Álvarez Ron, cacique de la nueva camarilla y enemigo de Boza, Superunda contaba en Lima con muchos partidarios.

Un consejo de guerra más político que militar

También tenía poderosos apoyos en Madrid y le iban a hacer falta, pues el conde de Aranda se dedicó en cuerpo y alma a preparar el consejo de guerra y, como tantas otras veces, puso la energía y el altavoz donde otros querían poner sordina y sombra. La Paz de París de 1763 y la consiguiente devolución de La Habana debieron servir para suavizar el proceso, pero no era el estilo de Aranda que, como declaraba el conde de Superunda, «esparció por todas partes un concepto muy desventajoso a todos los acusados y la mayor prueba de su desgracia y persecución». Asombrados por el escándalo que corría por Madrid al conocerse que incluso podría haber penas de horca —de hecho, según Superunda, Aranda se sintió ofendido «de que el dictamen fiscal no lo hubiese escrito con sangre»—, Manso y los otros penados se sorprendían y ponían de ejemplo el trato más suave, habitual en el siglo, dado a tantos como habían sido perdedores frente a los ingleses en plazas americanas.

Y así comenzó el proceso, en efecto, como una junta de generales informativa o consultiva. Antes de que se constituyera el 23 de febrero de 1763, los dos máximos responsables de la defensa de La Habana, el gobernador Juan de Prado y el jefe militar, el marqués del Real Transporte, habían escrito a su jefe natural, Julián de Arriaga, ministro de Marina, dándole cuenta de la imposibilidad de resistir a una escuadra numerosa, bien pertrechada y con más marinería y tropa. Le adjuntaban el diario del sitio y otros documentos importantes, todos de carácter militar. Nada había todavía, sin embargo, sobre Superunda, que seguramente ni sospechaba lo que iba a ocurrirle. Tras las cartas de los cargos responsables, Julián de Arriaga fue recibiendo documentación a lo largo del mes de enero de 1763, junto con las actas de las juntas y las capitulaciones, en las que pudo leer el punto 5, que era el que afectaba a los que estaban *de tránsito* en La Habana, el conde de Superunda y Diego Tabares. En dicho punto decía lo siguiente:

> que respecto de hallarse casualmente en esta ciudad el Excmo. Sr. Conde de Superunda, teniente general de los ejércitos de S. M. C. y virrey que acaba de ser del Reino de Perú, y el Sr. don Diego de Tabares, mariscal de campo de los mismos reales ejércitos, que fue de Cartagena (de Indias), con el destino de pasar a España, serán comprendidos con sus familias en esta capitulación y dejándoseles libre goce de sus equipajes y demás haberes de su pertenencia de cualquier especie o clase que sean, y facilitándoseles embarcaciones para su transporte a España.

Las capitulaciones también pasaron a manos de Aranda, que seguramente reparó en el trato de favor que obtenía Superunda. Como decían los rumores, el conde solo habría querido salvar los tesoros que traía consigo, quizás lo que creyó también Aranda para convertir el proceso en un escarmiento de extremada dureza contra todos cuando no era eso lo que se le pedía. En principio, no era la intención de Carlos III, que al recibir la noticia de la rendición le dijo al embajador francés marqués d'Ossum: «Mis tropas se defendieron bien, eso es lo que me consoló y no he dormido nunca como la noche pasada». Palacio Atard entendió que el beato Carlos III aceptó la derrota con resignación cristiana. Seguramente, así se lo recomendó el bailío fray Julián de Arriaga, tan piadoso como el rey y alejado del mundo y de las intrigas. Tampoco era una exigencia que viniera de la calle, o del ejército derrotado, pues en algunos círculos hubo incluso exaltación de los comportamientos heroicos de los defensores de El Morro, que perdieron la vida en combate. El suceso fue ampliamente divulgado por Madrid y, a comienzos de 1763, la Academia de San Fernando estableció dos premios (uno de pintura y otro de escultura) para conmemorar «la valiente actuación de los capitanes de navío Luis de Velasco y Vicente González en la defensa del castillo de El Morro». Los dos ilustres marinos habrían tomado «la resolución de no sobrevivir a su pérdida», según rezaba con presumible exageración la convocatoria de la Academia. En definitiva, como concluyen Olaechea y Ferrer, «mientras el tribunal militar, presidido por el conde de Aranda, condenaba a los *heroicos* defensores que tras un asedio de dos meses habían perdido La Habana, los académicos de la Real de San Fernando daban al acontecimiento un carácter conmemorativo y triunfal».

Así, pues, no es extraño que el conde de Superunda acabara por comprender que «se le incluyó en esta causa con notorio exceso y nulidad por el deseo con que la emprendió el conde de Aranda de hacerla ruidosa». Pues como expuso al rey más adelante, la junta de militares continuó el proceso contra él «guiada solo de su presidente», con ánimo de «subir de punto la acusación fiscal» y a base de «los ardides y reprobados medios de que se ha valido el conde de Aranda para seducir y conquistar los votos de los cuatro vocales que han seguido su dictamen en las disputas anteriores». Aranda era, en efecto, su enemigo y había abultado todo lo que pudo los cargos. Pero ¿cuál era la razón?

Por ahora, cuando Superunda comienza a comprender el enorme alcance de su desgracia, retendremos que Wall había sido exonerado, Alba se iba a sus Estados y dejaba de ser fiscal de Indias —volverá a la corte como consejero de Estado durante el motín contra Esquilache—, Grimaldi era recompensado con el Ministerio de Estado, mientras Esquilache aumentaba su poder sumando otra secretaría. La guerra se perdió, pero la paz reordenaba el panorama político, que se hacía más diáfano. Grimaldi era íntimo de Choiseul, con quien bromeaba contra Wall y Alba —«No tendremos nada que temer de esos vampiros cuando uno esté en sus tierras (Alba) y el otro en Granada (Wall, en el Soto de Roma)»—, pero a la vez el abate Grimaldi era amigo de Ensenada, que con toda su zorrería se había aproximado también a Esquilache, mientras era público que Superunda y Ensenada eran más que amigos de antiguo y que el viejo virrey había encomendado la defensa de su honor y la disposición de todo en varios testamentos al marqués, riojano como él y miembro también de la Cofradía de Valvanera, una especie de *lobby* riojano en Madrid, siempre presidido por el hermano mayor Ensenada (incluso cuando estuvo desterrado).

Olaechea, basándose en el embajador Rosemberg, pensaba que Ensenada habría querido poner a Superunda en la presidencia del Consejo de Indias, una acusación que se parece a la que sufrió el marqués antes de su caída, en julio de 1754, por rumorearse entonces que quería ascender a su criatura Ordeñana a la secretaría de Estado, vacante tras la muerte de Carvajal. Seguramente, ninguno de los dos rumores tenía fundamento. En el caso de Superunda, por su mucha edad y porque Ensenada sabía que corrían rumores contra él, acusado de traer mucha plata del Perú. En el juicio de residencia —que no se conocía todavía en España—, se mencionaban cifras astronómicas, aunque, como veremos, se exageraban a causa de la inquina de los enemigos que dejó allí, sobre todo, entre la jerarquía eclesiástica, como hemos visto. Incluso, es posible que Ensenada, que no podía desentenderse de su vieja amistad con el virrey, no hubiera actuado tan abiertamente como su gran valedor como se creía —sí, como era su costumbre, en secreto— por conocer el efecto que iban a tener las acusaciones que ya se rumoreaban. Rosemberg le decía a Kaunitz, tan tempranamente como el 30 de mayo de 1763: «Esto me hace creer que Ensenada ha encontrado medio para salvar a su amigo Superunda, que parece el más culpable, por haber aconsejado la capitulación al gobernador Prado, a fin de salvar los caudales que él traía desde el Perú».

Sin embargo, sabemos que no era precisamente así, pues el virrey había tenido mucho tiempo antes de ir trayendo joyas y dinero en distintos envíos a España y no era precisamente el equipaje de La Habana lo más grueso. Casi diez millones de reales calcula la historiadora Pilar Latasa que Superunda habría ido mandando en los últimos diez años de estancia en Lima en distintas cajas, casi todas a Cádiz, a distintos intermediarios, algunos como los Ustáriz, o los Sáenz de Tejada, parientes de su familia de Torrecilla en Cameros. Y no contamos los innumerables regalos en joyas y plata que recibía el marqués de su amigo el virrey.

Otro amigo íntimo de toda la vida de Ensenada, Jorge Juan, era uno de los siete miembros del consejo de guerra, por lo que el marqués y Esquilache estaban perfectamente informados. Jorge Juan trabajaba abiertamente contra los deseos de Aranda, pues siempre pedía la pena más blanda para todos los inculpados, lo que exasperaba más aún al presidente, que llegó a proferir amenazas contra quienes no secundaran sus planes, e incluso pensó en dimitir, enterado de que Carlos III estaba descontento con su proceder a causa de los rumores que le llegaban sobre las intrigas políticas. A principios de 1764, Aranda estaba en muy mala posición: el proceso duraba demasiado y sus propuestas no eran aceptadas por unanimidad, así que incluso se rumoreó que quería retirarse a sus tierras y dejar la presidencia. Seguramente, no era cierto, pero Aranda sí era consciente del clima político adverso, que vio materializado cuando, el 12 de febrero de 1764, Esquilache le comunicó que le había nombrado capitán general de Valencia y que no se presentara en su destino hasta haber terminado el proceso, a lo que de orden del rey, le urgía. Hay que imaginar la irritación del conde aragonés.

Las tensiones políticas en la corte de los italianos

Aranda, irónicamente el Victorioso de Almeida —a la plaza la llamaron la Doncella, pues no había sido nunca tomada— y gran perdedor en la guerra contra Portugal, había dejado atrás un ejército atrincherado padeciendo enfermedades y mal pertrechado, prácticamente abandonado. Hasta diez hombres diarios morían de infecciones, según el embajador Rosemberg, y hubo que llevar médicos desde Madrid para impedir el contagio a la población civil. La guerra en las plazas fronterizas portuguesas había causado unas 12 000 bajas al ejército español y consumido muchos millones de reales, según Agustín González Enciso, lo que no era ninguna buena carta de presentación para quien iba a presidir el consejo de guerra contra los responsables de la caída de La Habana. Quizás por eso, por la gran contradicción, nada más comenzar las reuniones de generales del consejo, su presidente dio ya pruebas de una exagerada dureza, como hemos visto. Y es que, como han explicado los mejores biógrafos del conde aragonés, Olaechea y Ferrer, «so capa de rigor, se camuflaba ante el pueblo el fracaso material y moral que esta guerra había sido para España».

Se camuflaba el fracaso, pero no dejaba de sorprender que el jefe del ejército derrotado en Portugal cargara las tintas contra los reos de La Habana, a no ser que los que rodeaban a Carlos III quisieran exponer al conde a la publicidad y comprobar hasta dónde podía llegar su ya conocido exceso de celo, más aún cuando La Habana ya había sido devuelta y a toda prisa se enviaban grandes contingentes militares, precisamente al mando del primo de Aranda, el conde de Ricla, y de su amigo, Alejandro O'Reilly, para fortificar la plaza. Detrás de todo solo podía estar el gran revuelo político que empezaban a provocar los italianos de Carlos III y —de nuevo— el arrinconamiento de los grandes españoles, mientras se notaba en Madrid que la tensión social iba en aumento, pues comenzaba a escasear el trigo. El Victorioso de Almeida había visto cómo un abate italiano, Grimaldi, llegaba a ministro de Estado —y eso que, a pesar de todo, se llevaba bien con él todavía; luego será su peor enemigo—, mientras sabía que Esquilache no le soportaba y acababa de ser ornado con un nuevo cargo, el de secretario de Guerra, que en su fuero interno Aranda creía merecer más que el napolitano. No es extraño que el conde de Superunda, viéndose ya perdido, se atreviera a decir lo que todos callaban por miedo: que Aranda volvía del frente con ideas ya prefijadas, con «el dictamen inconsiderado que había esparcido desde el ejército de Portugal contra la gloriosa defensa que hicieron las armas de V. M. en La Habana» y que si a él «le incluyó en esta causa con notorio exceso y nulidad», fue por «el deseo con que la emprendió el conde de Aranda de hacerla ruidosa».

Pero quizás no era solo Aranda el que quería hacer ruido. Tras más de un mes de deliberaciones, la junta de militares, que empezó sus sesiones el 23 de febrero de 1763, no había logrado acuerdos en casi ningún punto. El 15 de abril, Aranda enviaba una consulta a Arriaga, a la que este contestaba diciendo que «la adjunta consulta no admite extracto, viniendo diversos y sucintos sus votos»; y añadía el bailío: «Me parecen muy aceptables los del marqués de Cevallos y don Jorge Juan», precisamente, los más opuestos al de Aranda. En el mismo papel, de otra mano, se ha escrito lo siguiente: «El rey quiere que se siga el voto del conde de Aranda». No es la idea del ministro Arriaga, así que alguien ha hecho hablar al rey con voz distinta a la de su ministro. Unos días después, Aranda lanzaba la orden de arresto de todos, incluido Superunda.

Sin embargo, el proceso no adelantaba y Aranda se dolerá de la situación meses después. Era incapaz de lograr la unanimidad, lo que más perjudicaba a su reputación. Podía dar la impresión de no tener suficiente poder y por eso, dice: «Ha considerado la junta tan dudosos los sentidos y facultades de ella que aún para el arresto se opinó diferentemente y fue menester que por dos veces se hiciese consulta a S. M.». La causa es

> no haber dado a este, que es un verdadero tribunal y consejo de guerra de los más arduos que en Europa se hayan tenido en siglos, otro nombre que el de junta, tampoco bajo esta expresión, que corresponde solamente a asuntos gubernativos o interesales (sic), se le dice que opine ni sentencie aun consultivamente a S. M.

Así, pues, Aranda había convertido el proceso en una demostración política *ruidosa*, pero no solo él. Otros estaban mediando para prolongar un proceso que empezaba a provocar rumores políticos. Por eso, el conde se veía obligado a pedir incluso que interviniera el rey como padre benigno y a la vez modelo y fuente de justicia, una idea que siempre le acompañó y que daba prueba de su concepto antiguo de la monarquía apoyada por la nobleza de sangre para regenerar España. «Se hace preciso, según respetuosamente opino —le decía a Arriaga el 14 de agosto de 1763—, que S. M. expida a la Junta que presido una resolución propia de ponerse a la cabeza de los autos por apoyo de ellos». Sin ministros de por medio —y menos extranjeros—, sin las intrigas ensenadistas, sin partidos y partidarios, y con el único lazo de la lealtad ciega que proporciona la grandeza, el asunto de La Habana se terminaría imponiendo la autoridad regia a los diversos pareceres de los miembros del Consejo y mostrando, por una parte, la dureza del castigo y, tras el perdón del rey, su bondad paternal. Era una medida que, como diría luego Fernán Núñez de otras tributadas en loor de Su Majestad, le «allanaba los caminos de la Gloria».

Pero Carlos III no intervino. El presidente Aranda fue complicando los procedimientos y enconó las posiciones de algunos miembros de la junta —los favorables a Superunda—, del fiscal

Craywinckel, que acabó haciendo un informe final rotundamente opuesto al del presidente, e incluso de los reos, que reaccionaron pidiendo anular un proceso mal encarado desde el punto de vista jurídico, como fue el caso de Juan de Prado y del conde de Superunda. Aranda había ordenado, tras la orden de prisión, tomar declaración a los inculpados, pero como denunciará Superunda, no solo sobre lo que estaba previsto en «la soberana justificación de S. M.» por la que se formó el tribunal el 23 de febrero de 1763, y que era «el examen de lo acaecido en el sitio y rendición de la Habana y la conducta y disposición de sus jefes y oficiales». En el interrogatorio, hubo «tantas irregularidades que no es fácil compendiarlas, ni que se oculten a cuantos vean unas confesiones inordinarias, de infinitas preguntas, muchas de ellas interminables y sembradas todas de argumentos y discursos capciosos y de pura cavilosidad». Según el inculpado, el conde les mandó arrestar, pero «ni se hizo información de la conducta de los generales transeúntes, ni se les pidió un manifiesto de su proceder», menos a él, que no había hecho nada.

Aranda no iba a ceder y consiguió que el rey elevara el rango de la junta de generales a consejo de guerra por decreto de 14 de septiembre de 1763. Sin embargo, la junta militar era la misma: marqués de Cevallos, conde de Vegaflorida, duque de Granada, marqués de Simply, Diego Manrique y Jorge Juan. Además, habría un secretario, Juan Treviño; un relator, Pedro Muñoz de la Torre; y un impresor, Juan de San Martín. El nombramiento de este impresor implica la idea preconcebida de publicar documentos y dar la máxima publicidad al proceso, como así fue, pues se publicó el informe fiscal con la petición de las penas, entre otras piezas. Seguiría ejerciendo de fiscal, Craywinckel, con el que Aranda llegaría al encono personal, como con otros miembros, especialmente Vegaflorida y Cevallos.

Así, un tribunal que debió haber resuelto con rapidez, iba a necesitar más de 200 sesiones y dos años para concluir, por lo que acabó convirtiéndose en una cámara de resonancia que en nada beneficiaba a su presidente.

Su Excelencia, el presidente Aranda

El proceso ha sido descrito en sus líneas generales en la bibliografía que venimos citando, especialmente por Celia Parcero, que traza una excelente síntesis. Fue ya objeto de la atención de Diego Ochagavía, interesado en devolver el honor a su paisano riojano hace cincuenta años y, desde luego, es conocido entre los que se han ocupado de la situación política en la Corte en los años anteriores al motín de 1766, especialmente, Rafael Olaechea Albistur, para quien el proceso es un desencadenante de las pasiones políticas que se empiezan a agigantar entre los que se enfrentarán pronto a un destino definitivo, entre ellos, el intrigante marqués de la Ensenada. Los documentos más importantes ya han sido publicados, pero todavía hay que insistir en algunos aspectos del comportamiento del presidente Aranda que realmente sorprenden y sorprenderán más a quienes todavía lo consideren un modelo de las *luces* y el volterianismo en España.

Al margen de que la tormentosa relación personal entre Carlos III y Aranda está siempre flotando en todos los asuntos políticos, había en la personalidad del conde resabios de un feudalismo viejo que asombraba a los ministros ilustrados con los que trataba (y soportaban sus salidas de tono) —un Grimaldi, un Campomanes o un Olavide— y que, al final, dejaba entrever su lado más débil. El mundo del Aranda glorificado —como él glorificaba al rey para separarse de los despreciables plebeyos— era, cuando ya se habían publicado algunos volúmenes de *L'Encyclopédie*, una antigualla plagada de imágenes militares de otros tiempos con la autoridad y el mando por delante y, sin embargo, nadie dejaba de reconocer en el conde sus muchas virtudes: una buena cabeza, una mediana instrucción, una gran capacidad de trabajo y un interés por todo, especialmente por los asuntos de política exterior, donde a fuerza de hacer lo que no le gustaba —ser un embajador activo— acabó por ser un gran experto.

Algo distinto —y contradictorio— era que Carlos III se lo reconociera alguna vez, lo que a este rey caprichudo y tan terco como el conde ni se le ocurrió, pues sabía que hacerle notar su distanciamiento le producía un enorme disgusto; tras lo cual, el conde se entregaba por entero al rey y le secundaba en todo de una manera prácticamente servil. El astuto Carlos III empleó este método con Aranda en innumerables ocasiones, incluso cuando resultó ser el hombre decisivo tras el motín de Madrid. Pero ya era muy conocida la debilidad del conde y el desapego del rey desde antes, como prueba esta carta reproducida por Rafael Olaechea, de septiembre de 1764: «Este monarca no ve sino a disgusto la presencia del Sr. Aranda en la Corte, y jamás le dirige la palabra. Todo el mundo le vuelve la espalda, y a él mismo no se le ve más que en casa de Grimaldi, que lo recibe siempre de la misma buena forma, le consuela y conversa familiarmente con él».

Aunque parezca excesivo incluir aquí el siguiente relato, puede resultar muy esclarecedor sobre la personalidad de este aristócrata que, por cualquier detalle insignificante, podía considerarse agraviado él y toda su alcurnia y, por ello, hasta su venerado rey. Cuando de nuevo sufrió otro revés, en 1777, al ser Grimaldi sustituido por Floridablanca y quedar él al margen de nuevo y sin ser ministro —a pesar de la campaña para que hubiera «una A que rija» que habían orquestado los de su cábala—, demostró hasta dónde llegaba su carácter destemplado. El cambio de ministros fue utilizado por Francia para retirar al embajador, el marqués d'Ossum, por lo que llegaría otro embajador de familia. Aranda, que siempre tenía que meter las narices en todo, aprovechó el momento para decir cómo debía ser el protocolo a seguir con el nuevo embajador, aunque en realidad lo que deseaba era criticar el comportamiento que observaban con él en la Corte de Francia, que no era en absoluto comparable. No le importaba quedar desairado al relatar los muchos casos embarazosos en los que se demostraba que los cortesanos —y cortesanas— franceses no le prestaban ninguna atención; antes bien, incluso cuando algunas veces se reían de él abiertamente, lo contaba igual, pues lo importante era que las ofensas que él recibía eran ofensas a *su* rey. Viejo ya, completamente desdentado, las narices llenas de rapé, pequeño de estatura, feo y bizco, se empeñaba en cortejar damas nada menos que en Versalles, en medio de la frivolidad y sin el menor cultivo del arte del disimulo y el humor refinado que imponían los maestros mundiales del arte del galanteo. El resultado es imaginable. Pobre Aranda. Si hubiera leído los informes de la policía que se conservan en el Archivo de Asuntos Exteriores de París, se habría sorprendido de lo bien que conocían su afición por las prostitutas: *jamais deux fois la même* («nunca dos veces la misma»), y de tener *peu délicatesse dans le choix* («poca delicadeza en la elección»).

Merece la pena que nos detengamos en la carta que escribió el 20 de julio de 1777 a Floridablanca, de su puño y letra, explayándose en el trato que recibía en las fiestas celebradas en Versalles. A diferencia de la preeminencia que gozaba el embajador francés en España en todos los actos y de que el rey le costeaba en los reales sitios su alojamiento, como correspondía al embajador «de familia», Aranda iba y venía a Versalles en el día, salvo cuando algún asunto le retenía —por ejemplo, la enfermedad de algún miembro de la familia real—, para lo que tenía «una casa apeadero de su cuenta». Para hacer la corte al rey, «se ha de hallar a la hora de su *lever*», pero «concurre como uno de tantos a la sala llamada el *oeil de boeuf*» en la que «se junta una infinidad de personas, cuyas clases me sería imposible especificar». Una vez más, la mezcla de *clases* le retrotrae a su grandeza, e insiste en ello a menudo al describir el resto de la jornada: «Síguese la *première rentrée*, de esta ni he podido aun comprender quienes la gozan por la variedad de sujetos que he observado». Con lo que ya no puede es con que en los siguientes actos se forme «un montón» y él, a pesar de «coger alguna punta o delantera en que hacerse visible y llegue a estar en primera fila, viene quien quiere y se le pone delante».

Pero cuando Aranda se pone en ridículo es al confesar que Luis XV apenas llegaba a decirle un cumplido, casi sin mirarle, y muchas veces ni le hablaba: «Hasta cuatro y seis días diferentes de seguida el no oírle ni una palabra. Otras veces se arrima (el rey) y dice que me ha visto llegar; otras me ha preguntado cuántos años tenía». Resignado, Aranda declara: «Por más que hago, tanto en la sala del *lever* como en la otra del gabinete del consejo, creeré que ni me haya visto por la descortés desconsideración de los que se amontonan delante». Cuando se lo reprocha a los ministros franceses, Maurepas y Vergennes, estos «se han encogido de hombros, y yo he medido mis explicaciones a salir del día e ir tirando».

En fin, el conde no es el ilustrado tantas veces imaginado en chispeantes conversaciones, brillando en los salones parisinos, en las tertulias donde se veneraba a Voltaire, en los bailes y saraos donde se lucía la última moda. Es tan ingenuo que llega a contar cómo hace el ridículo en varias ocasiones, atribuyéndolo —claro está— a la mala intención de los franceses incapaces de reconocer ni su alcurnia, ni la grandeza del monarca a quien representaba. Todas las anécdotas que cuenta provocan la hilaridad, pero las más divertidas son las de su actuación en los bailes. Ya en Varsovia solía explayarse, fanfarroneando sobre las fiestas que daba en su casa —a la que llamaban la Casa de Baco—, *convitones* con lo mejor de la sociedad y siempre con damas, pero en París, el hombre había pasado de los 50; tenía 54 años cuando llegó en 1773. Con motivo de un baile en el «cuarto de la reina» durante el carnaval, cuenta que se acercó a lo más florido de los cortesanos, el príncipe de Beauban, el duque de Duras, el duque de Noailles «y otros de esta esfera». Aranda estaba con los suyos, con la más alta nobleza francesa, muy cerca, «de pie en la corta separación de ellos cuanto cabía pasar una persona», pero «sin que ninguno de los expresados me dijese en más de media hora una palabra, ni hiciese la menor atención de ofrecerme asiento, siendo lo más singular que a nada que se hubieran estrechado, habría cabido yo».

Aranda recuerda con acrimonia el trato tan distinto que se le dispensa en la corte española al embajador francés, que es recibido a solas por el rey cuando quiere, tiene casa señalada en todos los sitios reales, tribuna de honor en el teatro, etcétera. Aranda, sin embargo —que ha conocido 17 ministros en París, dice—, no ha logrado pasar, en asuntos políticos, de una mínima confianza, y cree que es porque «confían en sus negocios tratados en Madrid por la mucha distinción que suponen en su embajador para con el rey y por esta causa, mucho miramiento en sus ministros para atenderlo, y como aquí no es la misma, la gradúan a su comodidad». ¿Y cuál es esa comodidad? Pues lo dice así de claro: «La nación francesa más que ninguna necesita de una brida para no llevar todo parejo; y no se guía sino por el exterior y por interés. Al que gaste mucho, le harán cortesías fuere quien fuere; al que diere en económico ni le mirarán a la cara».

Este es el retrato del diplomático que años atrás había presidido el consejo de guerra de La Habana y que, tenaz en su propósito inicial, no dudó en buscar argumentos condenatorios incluso en las Siete Partidas, el célebre código legal atribuido a Alfonso X el Sabio que le emocionó y le hizo exclamar: «Merece leerse toda entera la ley citada para imponerse del espíritu que antes reinaba y adaptar las leyes sucesivas a la verdadera inteligencia».

Entre todos los ítems de la vieja ley, a Aranda le interesaron particularmente algunos que incluso copió con entusiasmo, respetando el castellano medieval, por ejemplo: «La primera ley del título 22 es una maravilla, dice: e esforzados de corazón ha menester que sean, de manera que no se pierdan, ni desmayen por los peligros cuando les acaecieren, antes deben haber buenos corazones, recios para esforzar e confortar a sí mismos e a los otros»; así hasta llegar a encontrar esta perla: «... que muchas vegadas, vence el buen esfuerzo la mal andanza». Era un gran argumento contra los que entregaron La Habana «en mala andanza», sí, pero sin oponer esfuerzo, de donde vendría la acusación de inacción ofensiva. La segunda partida le interesa más, pues es de inmediata aplicación: como «el rey da a los castillos hombres para guardarlos», si uno pierde el castillo es traición «porque debe haber tal pena como si matase a su señor. En esta misma pena deben haber todos aquellos que fuesen ayudadores e consejadores dellos». Esta es la razón de la solicitud de pena de muerte contra Superunda, pues fue «un ayudador y consejador superior a los demás vocales», dice Aranda.

Sin embargo, a pesar de que el presidente se empleó a fondo para lograr una sentencia brutal, no logró nunca la necesaria unanimidad para acudir al rey respaldado por toda la Junta; antes al contrario, cuando en abril de 1764 remitió al rey el sumario completo, era público que los miembros de la Junta habían aumentado sus diferencias. Los argumentos del coronel Carlos Caro, que denunciaba las irregularidades del proceso y cuestionaba el objetivo de la Junta, en principio solo consultiva, fueron seguidos por otros inculpados, entre ellos Superunda, como hemos visto, con alegatos sobre *irregularidades* y presiones de Aranda que inclinaron al fiscal, proclive ya a la absolución. El resultado fue que la petición de pena de muerte pretendida por Aranda para el gobernador Juan de Prado, el marqués del Real Transporte y el conde de Superunda solo fue seguida por Diego Manrique y el marqués de Siply, mientras Jorge Juan pedía penas inferiores, sobre todo para Superunda.

Para enturbiar más aún la situación, en octubre de 1764, cuando Aranda ya sabía su destino en Valencia, conoció el informe fiscal de Craywinckel, en todo opuesto a sus intenciones, por lo que el día 15 hubo de enviar una nueva consulta al rey. En esta, que solo refrendaban Granada, Siply, Manrique y Jorge Juan, el presidente mostraba su irritación por «la asombrosa novedad de la variación que de los cargos a su conclusión hace el fiscal y de que acaso no habrá ejemplar en toda la serie de pleitos de los tribunales». Esta asombrosa novedad «sería capaz de consternar al más experto ministro de la Junta». Para Aranda, el fiscal «se arroga toda la autoridad del tribunal» y pretende un nuevo proceso, pues no está de acuerdo ni con los cargos, ni con las sentencias, ni incluso con el arresto de algunos reos. Era para Aranda, «un borrón muy feo», en sus propias palabras; es decir, era el final de un largo asunto que había acabado muy mal para él.

A partir de aquí, solo quedaba aguardar la sentencia del rey que aún se hará esperar, pues antes hubo que votar si los reos seguían en prisión, una nueva humillación de Aranda. El 5 de febrero de 1765, se remitían al rey los resultados:

> En cumplimiento del Real Decreto para que la junta resuelva decisivamente a pluralidad de votos si se debe asegurar más o no el arresto a los reos, dijeron los señores Excmo. Sr. D. Jorge Juan que no; Sr. D. Diego Manrique que sí; el Sr. marqués de Siply que sí; el Sr. duque de Granada que no; el Sr. conde de Vega Florida que no; el Sr. marqués de Cevallos que no; el Sr. presidente que sí.

Era el último acto. Aranda, perdedor, arremetía días después contra quienes le habían puesto en esa situación, aunque nunca se refirió a los que estaban por detrás. Ya sabía que la sentencia que el rey iba a ratificar el 4 de marzo solo contemplaba penas de destierro y que, contra su parecer, nadie seguiría en prisión. En carta a Grimaldi, de 9 de febrero de 1765, le decía: «Si yo fuera el rey, perdonaría lo más grave a los reos, pero a Cevallos, Vegaflorida y Craywinckel los pusiera donde no se paseasen. Perdona y manda a tu amigo». Estos tres, más Jorge Juan, eran los miembros del tribunal que habían logrado torcer el brazo ejecutor al gran conde de Aranda.

Sin embargo, obcecado con su idea, Aranda aún buscó otro argumento para salirse con la suya, nada menos que una ley de los Reyes Católicos, refrendada por Felipe II, así como una ley de los alcaldes de Casa y Corte parecida, que decían que, cuando se trata de penas de muerte y habiendo distintos votos, bastaba con que hubiera tres iguales favorables, siendo mayoría. Él tenía los tres votos, así que razonaba ante Grimaldi: «Querido amigo. Te envío este papelillo sobre los tres votos conformes por el que verás que sería faltar a la práctica y a la ley con un tribunal escogido y definitivo que el rey nombró tan condecorado y autorizado». Junto a la carta iba el documento de los Reyes Católicos. Todavía Aranda añadía un razonamiento, que ratificaba lo que pensaba desde el principio:

> Si el amo no está prevenido se la pegarán; y no logrará su prudente, decoroso y piadoso fin de hacer una gracia visible, que concibo pueda ser su real ánimo. Si mandase S. M. que se extienda la sentencia por los tres votos conformes y después se le remita para el cúmplase, o gracia, quedaría resuelto lo que es más regular y más decente. Tú sabes cuánto

> se ha trabajado en este asunto por ganar los votos y sería un ejemplar para lo sucesivo, que ningún hombre de bien querría mantenerse firme.

Era una ingenuidad declararse así por entero a Grimaldi, pero también era su manera de aceptar el fin oscuro de su misión.

Carlos III ratificó las sentencias el 4 de marzo de 1765 y dio fin a un proceso que había logrado emponzoñar el ambiente político de Madrid. No hubo sangre, pero las sentencias no fueron blandas en absoluto. La solicitud de Jorge Juan para Superunda había sido de dos años de destierro, pero la definitiva se elevó a diez, como la que recibió el gobernador Juan de Prado; además, a ambos se les embargaron todos los bienes y se les hizo corresponsables de las indemnizaciones que solicitaran los habaneros perjudicados. Hubo muchas contra Superunda, lo que provocó largos pleitos durante los veinte años siguientes, que debió dilucidar en los tribunales su sobrino Diego.

La sentencia regia contenía una diligencia final para Superunda, cuya enfermedad era bien conocida. El secretario Treviño, acompañado por don Francisco Silvatici, «ayudante de militar de esta Corte», debía pasar a casa del conde de Superunda a notificarle la sentencia, lo que hizo el día 6 de marzo de 1765. «Notifiqué e hice saber a dicho conde en persona y alojamiento el real decreto decisivo del proceso de La Habana y demás prevenido de la Junta para su debido cumplimiento en la parte que le toca». Hay firma de la diligencia de Treviño, Silvatici y el conde de Superunda, de su letra, ya muy temblorosa. Pocos días después salía el conde de Madrid hacia Priego de Córdoba, su último destino.

Pero aún hubo algo más. Sin que estuviera previsto y sin conocimiento de Aranda, el rey echó mano de sus facultades con la manivela de la Real Gracia indultando al marqués del Real Transporte, tras serle solicitado por vía de gracia por el suegro de este, que era nada menos que el marqués de la Victoria (enemigo acérrimo de Ensenada). El rey, graciosamente, excluía al segundo inculpado en la causa, que era responsable directo como jefe de la escuadra, el máximo responsable junto con el gobernador, Juan de Prado, ambos propuestos para pena de muerte y que, finalmente, serían sentenciados a diez años de destierro, como el *transeúnte* Superunda. Carlos III no podía ser más claro: «La resolución del rey en fecha 18 de septiembre de 1765 fue que atendiendo a los méritos del suegro, perdonaba al yerno y le reponía en sus empleos y sueldos». Los servicios prestados que reconocía al suegro eran «la conducción de las infantas, archiduquesa y de la princesa de Asturias» recientemente, pero este general ennoblecido, Juan José Navarro, de origen napolitano, estaba en el mejor concepto de Carlos III desde que le trajo a Barcelona en el *Real Fénix*, en 1759, y le acompañó a Madrid, donde le dio 30 000 pesos, el grado de capitán general, un retrato del rey guarnecido de diamantes, una pensión de 1000 pesos, etcétera.

La víctima, la pena y la deshonra

Durante el proceso, el viejo conde de Superunda sufrió hasta tres ataques de alferecía. Tras ser llamado a declarar por la primera junta, tuvo el primero, el 21 de junio de 1763, del que se repuso rápidamente. Al poco estaba dispuesto a «pasar personalmente a su casa (la de Aranda) a evacuar la confesión, haciéndose conducir por sus criados», pero no fue así, pues el 29 de junio el fiscal y el secretario le comunicaron que serían ellos los que pasarían a su casa a tomarle declaración. La cita se dilató y el día 10 de julio le sobrevino el segundo ataque, sin haber podido declarar. Medio año después, el 16 de enero de 1764, cuando ya sabía que se pedían penas de muerte, sufrió el último, «con tanta violencia y continuación que desde las dos de la tarde hasta las once de la noche le duraron los movimientos convulsivos, temiéndose que en cada uno de ellos perdiese la vida». Se pensó en principio que «el lado izquierdo y la cabeza quedasen con lesión, pero poco a poco se va recobrando el movimiento, aunque no la cabeza, especialmente la memoria».

En ese estado, convaleciente en el lecho, recibió la sentencia el conde, que así y todo tuvo que salir de Madrid y fijar su postrera residencia en Priego, donde, además de sufrir el destierro hasta su muerte en 1767, quedó en la más absoluta pobreza tras el embargo. Pero su desgracia aún iba a aumentar. Un año después de la sentencia, en febrero de 1766, fue notificado de que se habían presentado «varias demandas de algunos interesados que pretenden tener derecho para que se les reintegre de los daños y perjuicios que suponen habérseles causado en la pérdida de la plaza de la Habana», a la vez que recibía un cuestionario con preguntas que debía contestar. El escribano de Priego, que le visitó y tomó declaración, escribió por su mandado que «Su Excelencia estaba resuelto a no contestar, contradecir ni exponer cosa alguna, (...) porque cualquiera interés que no sea el de su honor merece en su ánimo un absoluto desprecio como lo tiene acreditado». Hastiado, en una mísera cama, Superunda añadía que había entregado al rey hasta el último escarpín, y que «ha quedado en cueros como le parió su madre», pues se le había recogido hasta el bastón, la espada y las veneras. Con todo, a punto de morir, cumplió con su obligación y dio poder a un procurador para que acudiera en su nombre al consejo de guerra.

El viejo conde solo esperaba en Priego una muerte digna, pues, como le decía al rey, la sentencia del consejo de guerra le «ha reducido al estado de olvidar todo asunto temporal y solo trato de acabar mis días, que no serán largos en mi anciana edad, disponiéndome para el final juicio». Sus últimas palabras fueron: «Perdono con humildad cristiana a cuantos hayan tratado de injuriarme o en cualquier modo ofenderme». Su último testamento lleva fecha del 11 de enero de 1766 y ya no está en él la firma de sus importantes amigos entre los testigos como en los anteriores, sino la de gente de Priego, aunque no olvida mencionar al marqués de la Ensenada y encomendarle que proteja su honor y le siga defendiendo en la causa de La Habana. Días después, el 16 de enero, el conde ordena hacer inventario de sus bienes, tan escasos que caben en un folio. Tiene algo de ropa blanca, que deja a sus amigos riojanos Martín Sáenz de Tejada y Juan Albarellos, además de algunos recuerdos —su cama «con su colgadura de seda de China, que actualmente tengo en uso», una caja de oro de tabaco—; algunos pocos objetos de oro y plata —reloj de mesa, sello con sus armas, cajas de tabaco, orinal—, y «los papeles que tocan a mi persona», que deja a su sobrino y heredero Diego, marqués de Bermudo, «para que los guarde en su casa». Así parece que lo hizo, pues se conservaron desde entonces en la casa de Laguardia (Rioja alavesa), junto con otros recuerdos que adornan el bellísimo edificio solariego del siglo XV, en el corazón de la villa medieval (hoy los papeles están en el Archivo del Territorio Histórico de Álava).

El conde de Superunda murió en Priego de Córdoba el día 5 de enero de 1767. Para entonces, su amigo Ensenada había sido desterrado a Medina del Campo, mientras su *enemigo* Aranda se encargaba de los preparativos para expulsar a los jesuitas, presidiendo ahora otro Consejo, el de Castilla, pero sin abandonar nunca sus ilusiones militares como capitán general que había sumado una nueva misión exitosa a su carrera: controlar el Madrid de los motines con más de 8000 soldados. Ahora, la víctima propiciatoria, cuya sentencia también iba a ejecutar —pasando a la historia de nuevo como primer responsable—, iba a ser el *brazo jesuítico,* al que tan aficionados eran él mismo y su familia.

5
La Trinca en el poder, vencedores y vencidos

El motín contra Esquilache

Los hechos son muy conocidos, por lo que solo ofreceremos aquí una breve exposición siguiendo la abundante historiografía sobre el motín y los motines, sus causas y sus consecuencias, entre la que destacamos, por su claridad, la inteligente síntesis de José Miguel López García y las aportaciones de Rafael Olaechea en el plano político y de Jacques Soubeyroux en el plano social, así como las de Jacinta Macías, autora de una biografía excelente sobre una de las víctimas, el abate Gándara. El día 23 de marzo, Domingo de Ramos, un altercado entre un embozado y los guardias en la plaza de Antón Martín se convierte en la espoleta de la revuelta. En pocas horas, se van juntando amotinados en calles y plazas hasta desembocar en la plaza Mayor, donde llegó a haber varios miles de hombres y mujeres. En el recorrido van rompiendo farolas y voceando el clásico «Viva el rey y abajo el Gobierno», que se transforman en «Viva el rey y muera Esquilache", responsable del decreto por el que se obligaba a subir las alas de los sombreros y acortar las capas. La casa del ministro es asaltada por una cuadrilla; también apedrean la casa del ministro de Estado, Jerónimo Grimaldi. Al parecer, hay embozados que distribuyen dinero e invitan a beber en las tabernas, donde se hacen discursos enardecidos en los que aparecen términos como «defensa de la patria», «justicia», «derechos», que están también presentes en los pasquines con los que tapan el célebre bando de las capas y los sombreros.

Por la tarde, los amotinados, unos 7000, se concentran frente al palacio real. El duque de Medinaceli intenta calmarlos, como después hará el duque de Arcos; también algunos religiosos, con el crucifijo en la mano, recorren calles y plazas, y exhortan a la quietud a los amotinados, como era habitual en todas las revueltas desde hacía siglos. La noche fue de una enorme inquietud, con asaltos a cuarteles y robo de armas, y algunas violencias como, por ejemplo, la que sufrió un soldado valón, que acabaría dando una justificación religiosa —no podía faltar— a los amotinados. El soldado herido, que no hablaba español, no pudo entender al cura que intentó confesarle, por lo que se divulgó que había rechazado el sacramento: a su condición de no español se unía así la de hereje, un recurso empleado habitualmente en la excitación de la xenofobia. El propio Esquilache y hasta el abate Grimaldi aparecerían en los pasquines como malos cristianos.

Los enfrentamientos sangrientos se recrudecieron al día siguiente en choques con la guardia valona, y dejaron numerosos muertos y heridos. Carlos III, realmente asustado —ya no dejaría de estarlo en adelante frente a cualquier *fermentación* popular—, se inclinó por la clemencia tras leer un escrito redactado por un sacerdote, que le fue entregado por el padre Cuenca, presentándose ante Su Majestad de manera bien curiosa: «Con la cabeza cubierta de ceniza, una soga al cuello y un crucifijo en las manos». El rey se mostró al pueblo desde el balcón del palacio real y concedió lo que pedían los amotinados: el destierro de Esquilache, en primer lugar. La rebaja de los precios figuraba en quinto lugar, tras la exigencia de que los ministros fueran españoles y se disolviera la guardia valona. La retirada de la orden de las capas y sombreros venía después.

La calma se restableció en apariencia, pero bastó el conocimiento de que el rey había huido a Aranjuez para que, al día siguiente, martes, los amotinados volvieran a salir a las calles. La actitud del rey fue interpretada como una muestra de desconfianza frente a la lealtad demostrada por el pueblo, una afrenta que corroboraba el despliegue de tropas que empezaban a cercar Madrid a las órdenes del conde de Aranda, capitán general de Valencia. Los amotinados redactaron unas constituciones en una carta destinada al rey —cuya redacción fue atribuida al marqués de Valdeflores en el juicio posterior en el que se le condenó—, en la que solicitaban el perdón regio y aseguraban, con fuertes medidas disciplinarias, la tranquilidad de la familia real a su vuelta a Madrid. Sorprendentemente, estos *alborotados* exigían que todos los que formaran el *cuerpo* que protegiera al rey «tengan rosario, y que el que no le tenga, avise para comprársele, pena de veinte palos al que se halle sin él en la revista». También ordenaban que los fusiles solo tuvieran pólvora para recibir con salvas a Su Majestad; no bala, para evitar accidentes.

Carlos III también consideró el motín como una afrenta, pero no solo a su persona, sino a su dignidad de soberano absoluto, lo que nunca perdonó. Todavía en julio, el rey evitó pasar por Madrid cuando murió su madre, el día 11, y hubo que conducir su cadáver a La Granja. Privar al pueblo de Madrid de su real presencia fue el gran castigo que impuso el rey, pero lo cierto es que Carlos III estaba aterrado —aunque no por eso dejaba de salir de caza a diario en Aranjuez—; su carácter se tornó sombrío y desconfiado, y empezó a usar de una práctica que ya no abandonaría: entregar los asuntos a un solo ministro —ahora el íntimo era Roda, recién nombrado ministro de Gracia y Justicia—, en el que depositaba toda su confianza, siempre con el consejo del padre confesor, Joaquín Eleta, un hombre oscuro que solo había estudiado en su pueblo, El Burgo de Osma, donde llegaría a ser obispo al final de sus días —tras ser premiado antes haciéndole obispo de Tebas—, y que iba por la corte de sayal y alpargata. El confesor resultó, para algunos *ilustrados* del reinado, realmente temible (por ejemplo, para Olavide), y fue pieza clave de la política represiva del motín y de todos los movimientos reaccionarios en el reinado de Carlos III. Azara le llamó Gran Mufti, Júpiter del Cordón, fray Pernetas y —el mote más empleado por todos— fray Alpargatilla.

Siempre en la sombra, el padre Eleta orientó —de consuno con Roda— la investigación sobre los culpables y ejerció hábilmente de guardián de los secretos y las pruebas, borrando las que no allanaran el camino de la gloria de Su Majestad. Mientras el tenaz Campomanes trabajaba en la sombra, dejaron que un ingenuo Aranda cargara con toda la responsabilidad, sobre todo en lo que iba a ser la sorpresa final: la expulsión de los jesuitas. La influencia, en fin, de este *alpargatilla* llegó hasta su pueblo, el soriano Burgo de Osma, en el que dirigió una constante labor de construcción de edificios —hospicio, seminario, Universidad de Santa Catalina— y, desde luego, se empleó a fondo para dar a la tumba de Palafox, enterrado en la catedral, una magnificencia regia, a costa de fuertes sumas del propio rey y contando con artistas de la talla de Villanueva y Sabatini, entre otros que servían a Carlos III: un legado que transformó El Burgo de Osma —se pensaba que la Capilla de Palafox sería objeto de peregrinación—, pero también, ¡ay!, una de las pocas actuaciones con que las ciudades pequeñas de Castilla notaron el paso de las Luces en materia artística.

Pero el padre Eleta no estuvo solo en la labor de orientación e información de cuanto se cocía en lo más secreto de las intrigas palaciegas. Junto a él tuvo siempre a Manuel de Roda, un hombre que ha pasado a la historia como librepensador, pero tan sinuoso y oscuro que el fiscal Carrasco, marqués de la Corona, llegó a decir de él:

> Acuérdome de haber oído al P. Confesor cuando se dudaba mucho de que se lograse la extinción de los jesuitas, y aún llegaba a temerse que volvieran, estas precisas palabras: «Tal arte tiene este hombre (Roda) de esconderse en lo que tiene más parte y aún en lo que sea enteramente obra suya como perciba desde lejos el más remoto peligro, que si se volviera a examinar el asunto de Jesuitas y los que habían tenido parte en su expulsión, no se encontraría una esquela ni un dedo de papel suyo. El Consejo Extraordinario, el confesor, ciertos sujetos y prelados y el rey mismo serían los que tendrían que responder, y él se quedaría muy tapado y encubierto como que nada había hecho, habiendo sido el alma de todo cuanto se hizo».

Retratos de Roda parecidos a este hay una enorme variedad, como puso de manifiesto Isidoro Pinedo; también hay otros en los que el mandón Aranda, protector de Roda, aparece como un hombre ingenuo y manipulado por todos, especialmente por el gran jurista Campomanes. El rudo y terco Aranda nunca logró la confianza de Carlos III, que no le nombró ministro, sino presidente del Consejo de Castilla. Quizás el rey dejó traslucir así su actitud reticente y sospechosa contra los grandes, que el propio Aranda conocía y que mantenían todos los golillas que le rodeaban a excepción de su partido aragonés, un grupo nutrido de gente variopinta, desde aristócratas a covachuelistas, que soñaban con ver a un grande, y militar, dirigiendo España con mano dura.

Mientras seguía el desconcierto del gobierno en Aranjuez, el capitán general Aranda se empleó en controlar militarmente Madrid, dictando medidas de expulsión de mendigos y de clérigos, controlando imprentas, y sometiendo a tortura a muchos implicados, incluso mandando ahorcar a algunos, mientras, a la vez, impulsaba el teatro y los bailes de la buena sociedad ilustrada, en colaboración con el cosmopolita volteriano Olavide, para dar la impresión de que Madrid había recuperado la normalidad. Gracias a Aranda, Madrid era seguro ya para que el rey volviera, pero esto no ocurrió hasta diciembre, a pesar de que los ministros y la propia madre, Isabel Farnesio, rogaban al rey que abandonara su timorata actitud.

Para Carlos III, seguía habiendo motivos de inquietud provocados por las noticias sobre pasquines y algaradas que llegaban de provincias. En el mismo Real Sitio de Aranjuez, el palacio real era apedreado por la noche y aparecían algunos pasquines, como el siguiente, fijado en los postes de la panadería de Aranjuez, el día 10 de abril:

> Lo pasado fue un amago;
> como tal no fue atendido.
> ¡Cuidado!, que el ofendido
> oculta mayor estrago.

Carlos III reaccionó con lo que para muchos de sus consejeros podía ser prueba de debilidad, pero que respondía, en parte, a su obstinación en mantener sus promesas —era terco como una mula, dijo de él Casanova— y, en parte, a las grandes diferencias que veía en los miembros del Gobierno sobre cómo dirigir la represión (que en realidad eran pérfidas maniobras políticas para alzarse con el poder). Así, procedió con ambigüedad: al fin, ordenó buscar y capturar a los culpables del aluvión de pasquines que seguían llegando, de Madrid y de otras ciudades, y dictó las medidas de control que llevaría a cabo Aranda; pero, a la vez, para no aumentar la brecha abierta con sus leales súbditos, excluyó de la represión los delitos cometidos antes del 26 de marzo, que él había ya perdonado. El propio Carlos III diferenciaba así el motín matritense, ya terminado, y la sedición, la inspiración de la protesta, que no remitía. La idea, sugerida por Roda y Eleta, suponía la aceptación, por primera vez, de la interpretación política de los hechos.

Por eso, a los pocos días, Carlos III entregó la primera cabeza política: la del marqués de la Ensenada. El día 19 de abril, el marqués, que ya se había hecho sospechoso por su tranquilidad durante las algaradas, recibió la orden regia de destierro a Medina del Campo. De nuevo, Ensenada era la víctima, y aunque, en apariencia, la situación era muy diferente a la de 1754, quizás no lo era para él, que sabía que el consejo de Estado se reunía a diario en

Aranjuez en el mayor secreto bajo la presidencia de su peor enemigo, el duque de Alba, y con el concurso, entre otros consejeros, de Ricardo Wall, retirado del ministerio, pero habitual durante esos días en la Corte, en su calidad de consejero de Estado. Doce años después, Ensenada se encontraba con algo que no era tan nuevo para él: sus dos enemigos, otra vez poderosos, y su relación con los jesuitas y los colegiales, a los que ya se empezaba a culpar del motín. Recordemos que, en la crisis de 1754, Wall ya advertía que los ensenadistas, los colegiales y los jesuitas se habían coaligado contra él.

Como en su primera caída, Ensenada aparentó calma, lo que le hizo aún más sospechoso. Sabiendo que siempre fue generoso con los suyos, se le acusó de haber soltado la bolsa; incluso se hablaba de cantidades concretas entregadas a los amotinados. El padre Luengo, que lo vio llegar a Medina, escribió algo parecido a lo que dijeron los que le recibieron en Granada doce años antes: llegaba «tan sereno, tan alegre, tan divertido y tan jovial como si no pasara por él cosa alguna, o viniera de recibir grandes honores». En el futuro, Ensenada recibirá constantes visitas, muchas cartas, a las que contestaba que solo quería vivir muchos años y «prepararse para gozar en gracia del Eterno». Sea real o no su mutismo —lo mismo que en Granada—, con su destierro, el Gobierno había dado pistas sobre sus intenciones de hacer aflorar solidaridades con el caído, aunque muchos no las comprendieron, como el abate Gándara, acérrimo ensenadista, que no pudo callar y fue encarcelado. Roda y Campomanes seguían buscando culpables.

El motín y los motines

El problema es que la represión no hacía cesar el clamoreo, la *fermentación,* las asonadas que se producían en toda España. Los que rodeaban al rey sabían que con más fuerza militar todo se hubiera aquietado antes y los inductores no se hubieran atrevido a mantener la actitud amenazante que pregonaban los pasquines. Grimaldi y el propio Aranda conocían las medidas preventivas empleadas en Barcelona por el marqués de la Mina, Jaime de Guzmán-Dávalos y Spínola, capitán general de Cataluña, donde por tener fuerza suficiente había mantenido a raya a los que habían fijado los primeros pasquines, amenazándoles con cañones y logrando la colaboración de los ciudadanos honrados. El 15 de abril, el capitán general le decía a Grimaldi que había descubierto pasquines; los seguiría habiendo en los días siguientes, pero el 25 informa que ha traído a las inmediaciones de Barcelona «un escuadrón de caballería del príncipe y otro de dragones de Lusitania, por si fuere necesaria su asistencia en las amenazas con que se insulta la quietud de aquel pueblo en varios papeles mal concebidos, de que acompaña copia de uno». Con todo, el general está tranquilo, pues «nobleza y pueblo civil le han ofrecido con fervor personas y bienes en servicio de V. M., pero no se atreve a entregarse a una imprudente confianza». El pasquín al que se refiere, que apareció en la mañana de 17 de abril, dice así: «Respecte de que los jefes de la ciutat no fan cas de nostres avisos, se convida a tots los plebeos (bax pena de vida) que diumenge al tocar la oració sian debant la Aduana para cumplir lo que los avem promes a cas de no contentarnos. Al vesbere».

El marqués de la Mina, un viejo amigo de Ensenada, era un militar culto, amante de la ópera italiana, que favoreció apoyando al empresario Nicolo Setaro; además, era muy chapado a la antigua, así que no dudó en utilizar la fuerza desde el primer momento y en hablar claramente a Aranda y a Grimaldi. El mismo día en que apareció el pasquín que convocaba a la revuelta, el 17, reunió a los jefes militares durante más de dos horas. El 18, «al amanecer se vieron cargar todos los cañones de los baluartes de esta plaza, de la ciudadela y de Monjuich, y poner cañones en las troneras que miraban a la plaza, que no las había, y proveer estos puestos de pólvora, balas, etc. teniendo de día y de noche la mecha encendida (...); con estas providencias a la vista se vio esta ciudad consternada». Por la mañana, el general recibió a los gremios y les pidió que nombrasen diputados con quienes pudiera tratar. «Los prohombres (de los gremios) se obligaron a todo, con expresiones propias de su fidelidad y amor a su soberano». Por la tarde, Mina reunió a la nobleza, que «se ofreció con sus personas y haciendas» y, por la noche, mandó doblar las patrullas de infantería y caballería. El 19, entró de guarnición el regimiento de suizos de Dunant y el de dragones de Lusitania, y un escuadrón de caballería del príncipe; «llegaron a las inmediaciones de esta ciudad, donde deben mantenerse». Por la tarde, se dio la orden secreta de cómo debía desplegarse la guarnición, «compuesta de 5 batallones de guardias españolas, el regimiento de infantería de África, el de Nápoles, el de suizos de Dunant, un batallón de artillería y un escuadrón de caballería del príncipe». El 20, día concertado para la protesta, el general permitió a los gremios publicar el conocido bando en el que ofrecían mil pesos a quien descubriera al autor de los pasquines. El 21, los doce representantes de los gremios le aseguraban que se mantendría la calma; entonces, Mina mandó descargar los cañones y acuartelar a las tropas. Los días siguientes informó a Grimaldi de que había total tranquilidad en Barcelona.

En Zaragoza, sin embargo, el capitán general no pudo contener el motín y la represión fue brutal: además de las víctimas en los enfrentamientos con las tropas —ayudadas por los broqueleros, campesinos de diferentes barrios de la ciudad—, se ejecutaron nueve penas de muerte en la horca, según la *Relación* de Tomás Sebastián y Latre publicada poco después de los hechos. El día 1 de abril de 1766 —una semana después del motín de Madrid—, aparecieron ya pasquines pidiendo que bajara el precio del pan, dando de plazo a las autoridades hasta el día 7. El intendente, marqués de Avilés, se inclinaba a ceder, pero la respuesta del capitán general, marqués de Castelar, fue terminante: no cedería en nada. El problema es que, a diferencia de Mina en Barcelona, no tenía tropas suficientes. El día 6, los amotinados saquearon la casa del intendente, que tuvo que refugiarse en el castillo de la Aljafería con su familia y salir luego de Zaragoza hacia Tudela; corrieron igual suerte algunas casas de ricos comerciantes. Al día siguiente, Castelar, *manu militari*, restablecía el orden y encarcelaba a los primeros culpables, a los que sometió a juicio sumarísimo. Las penas fueron durísimas: además de los ahorcados, cuyas cabezas colgaron de las puertas de la ciudad durante meses —de nuevo la política de la cuerda tirante—, otros recibieron azotes en público y algunos engrosaron las cuerdas de presos destinados a las galeras de Cartagena. Durante muchos días después, siguieron entrando sospechosos en los calabozos y aumentando las cuerdas de presos que eran enviados a Cartagena, vía Albacete, donde se reunirían con otros que venían de Madrid, detenidos como consecuencia de la política represiva de Aranda. En la sección Secretaría de Marina del Archivo de Simancas, se conservan varias expresiones de protesta de las autoridades del arsenal de Cartagena por el aumento y consiguiente hacinamiento de penados como consecuencia de los motines. El 10 de junio de 1766, el intendente Barreda cumplía órdenes de Aranda para recoger la cuerda de presos enviados desde Madrid, pero no eran 100 como le informaba, sino 300.

La crueldad de la represión de Zaragoza sorprendió al embajador francés, marqués d'Ossum, perfectamente enterado de lo ocurrido en esta ciudad, según demuestran sus informes al ministro Choiseul, que le contestaba con claras muestras de aprobación del «rigor más severo para sujetar al populacho y hacerlo entrar en los deberes de la obediencia más total a la autoridad del Gobierno». Zaragoza ponía de manifiesto, para los déspotas, que la debilidad del intendente Avilés daba alas a los amotinados; por tanto, siguieron apostando por las soluciones de fuerza y por la exhibición de una crueldad calculada.

En las ciudades castellanas, el motín tuvo menos virulencia que en Zaragoza, Valencia o Guipúzcoa, quizás con la excepción de Palencia y Cuenca, donde también hubo víctimas. En Tobarra, el motín adquirió una especial relevancia al producirse el 31 de marzo, precisamente un día después de que pernoctara en la villa el *caído* Esquilache, que se dirigía al puerto de Cartagena, donde embarcaría hacia Italia con su familia. El ministro no fue invocado por los amotinados, que dirigieron sus protestas contra un regidor local, uno de los más poderosos de la villa, que había introducido, en el pósito, trigo cuatro reales más caro que el que venía de Alicante. Las peticiones de los amotinados incluían la sustitución del depositario del pósito y del panadero de las panaderías del Ayuntamiento, pero también, sorprendentemente, que «el abasto del vino se había de quitar», es decir, que se aboliera el monopolio municipal con precios fijos (posturas) «para que cada uno vendiese libre como quisiese». En el vino sí se aceptaba la libertad de comercio.

En Liétor, los hechos fueron parecidos, pero, en este caso, con intervención de las mujeres del pueblo. La movilización femenina se produjo durante todo el día 3 de mayo; primero, fueron a protestar ante el procurador síndico y, ante su actitud negativa, se dirigieron a la iglesia y tocaron las campanas a rebato, congregando a todos los vecinos. Al día siguiente, ante la ausencia del alcalde mayor, los vecinos fueron a entrevistarse con el alférez mayor, que tras prometerles soluciones huyó del pueblo. Todavía buscaron a un regidor decano al que volvieron a solicitar el cese del responsable del abastecimiento de granos, «pues está viviendo y comiendo con nuestro sudor». Los amotinados llegaron a sustituir al procurador, eligiendo a un vecino, y consiguieron dar a conocer la situación de corrupción que vivía el pueblo, en el que «los caudales del pósito no se sabe dónde paran» y el pan se hacía con «malos trigos», pues los responsables «se llevan a sus casas el trigo bueno».

En Cuenca, Granátula de Calatrava, Villanueva de la Fuente, El Hito, etcétera, las protestas acababan reflejando situaciones de injusticia en torno al abastecimiento, al pan de los pobres y, en suma, a la corrupción de los anquilosados Gobiernos municipales. Años después, Aranda escribió a Múzquiz: «Los excesos que cometen los pueblos con apariencia de motines no son otra cosa que intentos de sacudir absurdos y prepotencias de los que gobiernan, porque consideran derecho igual en libertarse que (el que) tuvo otro particular en gravarlos».

Pero lo que alarmaba al Gobierno no eran los motines del pan locales ni las protestas contra las oligarquías, sino que siguieran apareciendo pasquines que no respondían a reivindicaciones razonables como, por ejemplo, el que fijaron en Logroño, que convocaba a la asonada para una fecha tan tardía como el 28 de abril. El pasquín que fue copiado en el libro de actas del Ayuntamiento decía:

> Según lo acordado el día trece (de abril), se advierte estén todos prevenidos para el día veintiocho del que rige, andando en observación todo el día, dispersos por el pueblo, hasta que corriendo la sabida voz se junten los agraviados en el paraje señalado a tomar las justas, debidas y en tales casos precisas resoluciones que por los tres derechos nos son permitidas. Nadie tenga temor, dejando a cargo de la razón el prometido desempeño. Dado en Logroño el día de hoy. Lo firma la Razón, por su mandado, la Necesidad. Nadie lo quite, pena de nuestra indignación.

Hacía días que Esquilache había sido exonerado —ya no se le citaba en los pasquines— y no había reivindicaciones materiales ni nada que tuviera que ver con los precios y el abasto de pan, sino justas reclamaciones y términos tan poco populares como «la Razón», «los tres derechos», etcétera. El motín había pasado y el rey había sido clemente. ¿A qué respondían, pues, llamamientos de este tipo?

La vieja ciudad castellana, capital de La Rioja —entonces repartida entre las provincias de Soria y Burgos—, había perpetuado los regimientos hacía un siglo, entregando el poder local a una oligarquía vinatera, casi todos hidalgos hacendados que dejaron el abastecimiento de la ciudad a expensas de la importación de granos desde Navarra y Tierra de Campos. Los regidores, que controlaban una Junta de Cosecheros de vino desde 1727, habían favorecido la plantación de viña, que llegó a suponer más de la mitad del término; en las ordenanzas llegaron a decretar que el agua de riego fuera «antes para las viñas que para los panes». Logroño y las aldeas vecinas, con tierras feraces y agua abundante, eran deficitarias de trigo, pero el pósito, las tiendas y la panadería, monopolios municipales, estaban generalmente bien atendidos (por necesidad, pues había que mantener al nutrido grupo de jornaleros que trabajaban las viñas). No había en el pasquín crítica a la política local... Claro que en Logroño también había un establecimiento de los jesuitas, en el que se educaba precisamente a los miembros de esa oligarquía.

En Aranjuez, a la altura de junio de 1766, pasquines tan poco *populares* como el de Logroño —ya no venían del pueblo de Madrid, que solo pedía la vuelta del rey— estaban produciendo el efecto contrario a las ideas de Aranda: los motines no habían sido «intentos de sacudir absurdos y prepotencias», como llegó a decir, sino una conspiración política urdida por algunos grandes con el apoyo de los jesuitas. El nerviosismo de los ministros, la debilidad de algunos —se seguía pidiendo la exoneración de Grimaldi—, las intrigas de Alba y la testarudez de Carlos III, empeñado en no volver a Madrid —se habló incluso de que quería fijar su residencia en Sevilla—, decidieron a sus más próximos, Eleta y Roda, a proponer un plan de búsqueda de culpables —una pesquisa secreta— que respetaría la regia —y tozuda— decisión de perdonar al pueblo de Madrid (todavía castigado sin su real presencia).

Mandar es castigar

Había que planificar un castigo ejemplar y es lo que iban a hacer los ministros, con el sigilo de Roda y su proximidad al rey, y con la astucia de Campomanes, capaz de convencerle de la plenitud de sus regalías. El 8 de junio, el fiscal Campomanes, con el acuerdo de Aranda y del Consejo expreso, elevaba el informe a Su Majestad en el que ya se señalaba lo siguiente:

> Se observa que las malas ideas esparcidas sobre la autoridad Real de parte de los Eclesiásticos les ha dado un ascendiente notable en el vulgo y por fruto del fanatismo que incesantemente la han infundido de algunos siglos a esta parte, tienen más mano de la que conviene para abusar de la gente sencilla y pintarle las cosas a su modo.

Y concluía el fiscal: «Los pasquines o sátiras, o son de personas privilegiadas, o de quienes obran adictos a sus órdenes». Además: «En todo el reino resulta que había sembradas especies del motín anteriores al suceso, proferidas por personas eclesiásticas que eran las únicas que estaban en el secreto». Y una sentencia asombrosa: «Se hacía acto meritorio el sacudir el respeto a la autoridad legítima: hechos todos que no podía alcanzar la plebe, dispuesta más bien a sufrir el despotismo que la anarquía». De ser así, debió ser asombroso que frente al mismísimo palacio regio, en «los postes de la panadería de Aranjuez», el día 10 de abril, apareciera fijado un pasquín amenazante, pero, más aún, que los hubiera en el mismísimo Real Sitio de San Ildefonso —una afrenta para la reina madre casi moribunda—, donde el día 7 de mayo, según informaba el alcalde del Sitio a Roda, había habido gritos subversivos, por los que el día 13 ya informaba tener algunos detenidos. ¿Eran los que preferían sufrir el despotismo antes que la anarquía?

Campomanes tenía ya señalados a los culpables, pero afirmaba: «Estas indagaciones van produciendo buenos efectos por la diligencia y reserva con que se conducen. En esto nada hay que adelantar al fruto con que se camina. Cualquier innovación alteraría el plan». Había un plan y se llevaba con *reserva*, sin duda, con el maestro en este arte, Manuel de Roda. Al final, para tener las manos libres, Campomanes proponía que la sala donde se tomarían las decisiones fuera la posada del presidente Aranda para, extremando el secreto, poderse reunir a cualquier hora.

Del sinuoso Roda se llegó a decir que llegó a la Secretaría de Gracia y Justicia en 1765 con ideas prefijadas contra la Compañía: por un ojo veía colegiales y por otro, jesuitas, decía con sorna Azara. Hechura de un antijesuita tan fervoroso como el duque de Alba, Roda aparecía como el hombre oscuro que podía manejar al rey en la sombra, el único, junto con Eleta, capaz de tranquilizar su conciencia si firmaba la expulsión. Pero también había que *manejar* a Aranda para que fuera el ejecutor o, mejor, había que hacerle cambiar de opinión y orientarle hacia la conjura antignaciana, lo que no era fácil teniendo una madre devota de la orden y varios familiares, entre ellos un medio hermano habido al margen del matrimonio que su madre había escondido hasta entonces, y hasta un primo santo, san José de Pignatelli, también jesuita. Él mismo denotaba su afecto a la Compañía, como muchos expulsos hicieron constar luego, pues le había puesto de nombre a su hija Ignacia, y a su nieto Luis Gonzaga.

Porque Aranda sí pensaba que detrás de todo había una gran conspiración, pero orquestada por otros, por los que habían utilizado el poder del brazo jesuítico. Entre los papeles que recibió por correo tras llegar a Madrid hay un anónimo que vino entre las cartas del correo de 28 de abril de 1766 dirigido a él, que comienza con «A los verdaderos españoles», y que sigue con críticas a la política de concentrar tropas en Madrid, pues, además de costoso, será ineficaz o perjudicial: «Siendo española (la tropa) no obrará en la ocasión y aun cuando obren qué ventaja se consigue en matarse unos a otros por solo el mantener el despotismo en detrimento del reino, de los grandes y chicos». Continúa con críticas a Francia y acaba con un rechazo del «yugo del despotismo», que pide a Aranda y a los «señores grandes» que contribuyan a «sacudir». El anónimo presenta a Francia como inductora, por lo que añade: «Nos valdremos (con mucho sentimiento nuestro) de potencia que sepa oponerse a la Francia y a la España siendo este teatro de la guerra». Y prosigue: Aranda y los grandes, según el anónimo autor, están «en el oropel de la privanza, se dejan caer en la adulación y ayudan al despotismo y máximas extranjeras con tanto menoscabo del reino y afrenta de los españoles».

La crítica a la desviación política introducida nombrando a un militar presidente del Consejo y sacralizando al rey, servido por ministros extranjeros, plebeyos y déspotas, se expresa rotundamente: «Siendo Vuestras Excelencias reyes en sus Estados, que solo deben reconocer un monarca, ¿por qué han de servir a hacer un rey despótico que los trate como a criados?». La clave, según el pasquín, es Esquilache, el que priva, el «extranjero y a veces malnacido y que este extraiga los caudales del reino, quitándole las fuerzas y dándoselas a otras potencias». El problema es «hacer un rey despótico», pero también los pobres y los delincuentes de Madrid, pues «la Corte debe ser el lugar más sagrado, de mejor gobierno y de más respeto y seguridad que todas las demás ciudades del reino», otra de las ideas glorificadoras del rey esgrimidas por Aranda. Esto, obviamente, no olía a jesuita.

El 11 de septiembre, la pesquisa reservada iba encaminada hacia «lo que conviene proveer conforme a las leyes del reino a fin de evitar que el clero pueda tomar parte a favor de ningún particular, ni cuerpo religioso, que requiera providencia». Ahora ya estaba claro: un cuerpo religioso era el que, incluso a sabiendas de que se investigaba, continuaba con sus maquinaciones haciéndose seguir de ilusos, además ahora era contra el Estado, contra el Gobierno. Sus ardides habrían sido tales «que del cuarto de la reina madre salieron caudales a los que como mandatarios se mezclaron en el motín». Era la pista por la que se llegaba a Ensenada, que había sido, meses antes, el 19 de abril, la primera víctima del motín, desterrado —esta vez definitivamente— a Medina del Campo. Pero también esa era la pista que conducía al cuerpo jesuítico, al que desde julio de 1754 se creía que conspiraba, con los colegiales, para volver a los buenos tiempos de Ensenada.

Mientras, el conde de Aranda no descansó durante aquel verano intentando limpiar Madrid de chusma, buscando lugares para encerrar a vagos y mendigos, decretando expulsiones de ociosos y redadas de pobres. Pensó en la Casa de la Porcelana, en sus bóvedas, pero no tuvo permiso regio (podía ser perjudicial para las familias de los trabajadores, muchos italianos); luego, reparó en los sótanos de la Aduana de Madrid y, después, en las dependencias que la Real Fábrica de Guadalajara tenía en Vicálvaro, lo que tampoco era adecuado, pues había que trasladar los materiales y herramientas a Guadalajara y, además, los operarios (que le enviaron una representación oponiéndose) quedarían en paro. Aranda se quejaba con Múzquiz de que no le estaba ayudando con la logística militar y creía que, si su proyecto no veía la luz, acarrearía el descrédito de su persona y cargo. Otra alternativa era San Fernando y, aunque lo veía malsano, encargó a Pablo de Olavide hacer preparativos. Incluso estuvo con don Pablo en persona viendo el sitio y le comentó su idea de enviar vagos y gitanos a algunas regiones de América, como Luisiana y Malvinas, pero tanto Grimaldi como Arriaga lo desaconsejaron. Al fin, el 22 de mayo, el rey mandó recoger los apresados en las levas de Madrid en San Fernando y poco después Olavide recibía el nombramiento de director del hospicio o, mejor, del centro de detención de pobres, a los que había que dar ocupación, o incluso instrucción para hacerlos útiles a la sociedad. Aranda empezaba a estar satisfecho, pues sus planes *ilustrados* eran vistos con buenos ojos por el rey *ilustrado*, a quien quería contentar a toda costa, a pesar de que ya empezaba a quejarse de que el sentimiento no era mutuo, pues Carlos III no le quería en Aranjuez ¿O era Roda el que influía sobre el rey para que no recibiera a Aranda y se descompusiera el plan ante Su Majestad? Con Aranda, todo podía ocurrir.

Cuatro días después, el propio Aranda, junto con Campomanes, dirigió una redada contra los 17 vagos presos que se habían escapado del depósito previsto en la primera detención y se habían refugiado en Santo Tomás acogiéndose a sagrado. Se lo contaba en carta a Roda el 26 de mayo de 1766:

> Hice poner mi coche y me fui con el fiscal don Pedro de Campomanes que a la ocasión se hallaba conmigo; fui allá disponiendo que me siguiese un caballo para montar. Era ya muy de noche cuando llegué; había ya alguna gente del pueblo por curiosidad; al propio tiempo, llegó el vicario, estaba ya el gobernador de la sala y algún alcalde: se dispuso inmediatamente con el auxilio eclesiástico pasar a Santo Tomás, Santa Cruz y San Felipe el Real, donde hubo noticias de haberse repartido (los reos). Empezó a llegar la tropa. Yo monté entonces a caballo a la misma puerta de la cárcel, dije que la tropa se repartiese para dicho fin y al numeroso pueblo que allí había, que yo no necesitaba más que de él para custodia de la misma cárcel. (...) No puedo exagerar el buen corazón con que todo clamó ofreciéndose, la quietud, el respeto con que estaban y el paso libre que a esmero facilitaban a las partidas. Acabaron de llegar las compañías, las hice arrimar donde no embarazasen y me he mantenido más de dos horas a caballo parado, enternecido de ver aquel concurso tan deseoso de justicia y tan venerador de su rey.

Había habido unas 40 víctimas en Madrid a causa de la represión de los soldados, pero el malestar no cesaba. El 30 de julio, Aranda escribía a Roda y le decía que la noche anterior, a las 12 y media, cuando se iba a dormir, vino Olavide a contarle el alboroto que habían organizado las mujeres en San Fernando. Más de 200 habían querido escaparse. Olavide estuvo allí hasta las 7 de la mañana. El bullicio comenzó entre las 8 y las 9 de la tarde, después de haber cenado. La guardia se componía de un piquete de infantería y 12 soldados a caballo. Como los hombres podían rebelarse también, Aranda mandó una compañía de granaderos del rey y 30 caballos. Pero todo estaba sosegado por la mañana, por lo que mandó volver a la tropa. El 31 de julio de 1766, Roda le contestaba que el rey quería castigo, para dar ejemplo a las mujeres y para que vieran los hombres que nada quedaría impune.

En el lado oscuro de los papeles y la información, la actividad de Roda y Campomanes era igualmente febril. Durante el verano y el otoño de 1766, Campomanes fue acopiando documentación demostrando un celo sorprendente. Como explica el gran historiador de los expulsos, Enrique Giménez, el fiscal, responsable material de la pesquisa y del dictamen posterior, ordenó una férrea censura, pagó espías y violó el correo de los jesuitas, solicitó información a los obispos (que enviaron cartas de acatamiento de la autoridad regia y de rendida veneración por Su Majestad). En fin, logró una amplísima información con la que elaboró un dictamen fiscal en el que los jesuitas aparecían como el *cuerpo peligroso* que no solo quería mudar el Gobierno en su beneficio, sino incluso asesinar al rey —se materializaba la teoría del tiranicidio, como años antes en el atentado contra el rey de Portugal—, al que acusaban de estar amancebado con la mujer de Esquilache. Todo había sido «una formidable conspiración, trama, horrible movimiento». El rey tenía al fin a los culpables; solo debía castigarlos.

Hasta entonces débil y asustado, Carlos III no vaciló en firmar el día 29 de enero de 1767 la pragmática sanción —redactada íntegramente por Roda— que condenaba al exilio a unos 6000 jesuitas. Sorprende que la decisión se mantuviera en secreto hasta el mismo día de la expulsión, el 31 de marzo de 1767. La medida había sido consultada con varios obispos, en la sala había varios consejeros; además, las justicias de las poblaciones donde había jesuitas (más de 120 casas) recibieron un pliego cerrado con la orden impresa (en la imprenta real) que no podía ser abierta hasta el día de la expulsión. Nada trascendió, sin embargo, sobre la decisión regia; nada supieron los jesuitas, que salieron dócilmente al exilio, donde sufrirían mil penalidades y darían lugar a la justificación rotunda de la decisión regia: la extinción de la Compañía por el papa, en 1773.

El plan se convirtió en decreto (8 de junio de 1766) y su ejecución se encomendó al conde de Aranda, que ordenó recoger toda la documentación y pasarla al fiscal Campomanes. El Consejo Extraordinario creado al efecto fue presidido por Aranda en su sección criminal; mientras, en la sección civil, Eleta se encargaba de asuntos de gracia, y Roda, de justicia civil. Ambos, junto con Alba, «se valieron de la energía de Aranda, de su prestigio como presidente y también de su ambición, para convertirlo en *testaferro* de sus planes» (Olaechea). Así, el conde, que despertaba ya el recelo de los grandes y de la Iglesia, acabaría por ser único responsable de la represión, provocando con sus sentencias contra el marqués de Alventos, hermano del exgobernador del Consejo, el abate Gándara o el marqués de Valdeflores, entre otros, una primera conmoción, a la que seguiría su responsabilidad en la expulsión de los jesuitas. Su fama de radical, volteriano, ateo y masón, entre otras falsedades, viene de este momento. Su mejor biógrafo, Rafael Olaechea, concluye así:

> Esto hacía que, de cara al público, ¡y también de cara a la Historia!, apareciera Aranda como el único responsable sobre el que cargaban, y han seguido cargando, las acciones, procedimiento y consecuencias de la *pesquisa secreta,* cuya formación ni siquiera fue idea suya; mientras que Roda y el P. Osma (Eleta), sin desviarse un ápice de sus metas, urdían taimadamente —a veces incluso a espaldas del presidente— una política tan sigilosa como eficaz.

En la madrugada del 31 de marzo de 1767, los ignacianos de todas las casas de España abrieron las puertas a la tropa y a los comisarios enviados por Aranda, que les leyeron la orden regia por la que se les expulsaba de España y de las Indias. Inmediatamente, los militares los congregaron en las salas capitulares y, tras pasar lista, los custodiaron hasta que recogieron sus pertenencias —no podían llevar libros, sí dinero—, mientras empezaba el inventario de los bienes, que pasaban a ser propiedad del Estado. En unas horas, padres y hermanos se ponían en camino, custodiados por las tropas, encargadas de evitar los alborotos en los pueblos por donde pasaban, hasta llegar a las «cajas», los puertos donde debían embarcar.

Los de la provincia de Castilla fueron concentrados en Santiago de Compostela; los de Toledo, en Cartagena; los de Andalucía, en El Puerto de Santa María. De allí partieron hacia Italia. La operación militar fue de tal envergadura —no había habido nada parecido desde la expulsión de los moriscos— que hubo que contratar barcos extranjeros. El viaje se convirtió en una verdadera tragedia, pues el papa no los quiso admitir en sus Estados, y se dirigieron hacia Córcega, donde tampoco les permitieron desembarcar. Hacinados en los barcos, tuvieron que esperar el permiso de las tropas francesas, que se enfrentaban a una sublevación independentista local contra Génova, soberana de la isla. Pasaron varios meses en el puerto de Bastia y al fin pudieron desembarcar, pero su estancia duró poco más de un año. Expulsados por los militares franceses, retornaron a Italia, donde se dispersaron por varias ciudades.

Mientras tenía lugar el calvario de los jesuitas, Carlos III mantenía una formidable disputa con el papa, al que los Borbones, españoles y franceses, presionaban para que disolviera la Compañía. El murciano José Moñino, embajador en Roma, se empleó a fondo en conseguir lo que tanto tranquilizó la conciencia del rey —por eso, le nombró conde de Floridablanca—, que fue nada menos que lograr de Su Santidad Clemente XIV la extinción canónica de la Compañía mediante un breve firmado al fin en 1773. El papa, recién elegido, era un declarado antijesuita, pero, aun así, la presión de Carlos III y sus ministros en Roma, Moñino y el caballero Azara, agente de preces, fue formidable.

La Compañía de Jesús, la orden que a los tres votos había añadido un cuarto, la obediencia ciega al papa, dejaba de existir. El vacío de los jesuitas se notó en España en las letras y en las ciencias, mientras en Italia, los expulsos se ganaban la vida como preceptores de hijos de nobles, empleados de obispos, etcétera. Muchos pasaron hambre: no todos eran padres, ni mucho menos cultos o ricos. Algunos eran viejos, o jóvenes sin formación. Las peripecias de los expulsos se pueden seguir por una abundante correspondencia y muchos escritos, entre los que destacan los del padre Isla, que salió de España a pesar de su grave enfermedad, acompañando a sus hermanos, y ya no dejó de usar su afilada pluma contra lo que consideró una iniquidad. El propio Aranda pensó a menudo sobre el drama y se sabe que ayudó a algunos jesuitas.

El boquete de la expulsión y posterior extinción de la Compañía dejó abierta la puerta para la reforma de la universidad española, donde los jesuitas eran conocidos por ser excelentes profesores, pero también por ejercer un férreo control junto a los colegiales en la provisión de cátedras y cargos. Con los manteístas en el poder, los planes de reforma de la universidad que propusieron Olavide o Pérez Bayer se dirigieron contra este formidable grupo de presión, los colegiales, tan arraigado que habrá que esperar a tiempos de Carlos IV y Godoy para ver los primeros éxitos, uno de ellos y bien evidente en la universidad de Salamanca.

Tras la *fermentación*, muchos diplomáticos informaron a sus Cortes sobre la *revolución*; para algunos, el motín era de tal importancia que cambiaba la historia de la monarquía española. Olaechea publicó algunos reportes, de los que destacamos de nuevo los del embajador Larrey, muy interesado en las relaciones entre los súbditos y la Corona. A cuatro días de haber estallado el motín de Madrid, el embajador danés se había percatado de que no se trataba de una algarada callejera, sino de una *revolución* (y así la denominará repetidas veces) que podía tener consecuencias insospechadas. Por eso, escribía: «Es difícil hacerse una idea clara de todo lo que ha sucedido en esta crisis fatal. La catástrofe, con todo lo que le ha acompañado y seguido, será memorable para siempre en los anales de España, y puedo añadir muy bien que en los de Europa». En julio, pensaba que «la majestad y el honor del trono, deshonrado durante un breve tiempo, lucía otra vez el brillo y el respeto que le eran debidos, y volvía a ser lo que cuadraba a un Estado absolutista bien constituido». Pero no debía estar seguro del todo, porque añadía:

> El mejor poder es, sin duda, el que los soberanos ejercen sobre los corazones. Desgraciadamente, esta feliz divisa no es la del Rey Católico. Todo ha quedado sometido a su despotismo, pero no todo está tranquilo todavía. Se obedece, pero solamente a la fuerza. Y yo puedo demostrar que todas las sumisiones de la nobleza y de los demás súbditos del rey, todas las protestas de amor, celo, reverencia y sumisión, se han conseguido más por la fuerza que por una disposición de ánimo voluntario. La desconfianza y el descontento del monarca respecto a sus súbditos, y de estos para con su soberano, son los mismos de siempre, y es muy posible que no hayamos logrado llegar todavía al fin de los males.

Todo sumaba a favor de la autoridad real, pues seguía siendo el rey la única fuente de poder y su única justificación (como denunciaba aquel anónimo que recibió Aranda). Pero este régimen era ya *otro* despotismo ilustrado, desequilibrado a favor del monarca. Carlos III, símbolo sagrado y glorificado de la vieja esencia, el más noble de los nobles, no dudó en retratarse con la armadura gótica, o en exhibir su poder arbitrario enviando a Aranda a la Embajada de París con la disculpa de que allí hacía falta un grande de España o expulsando de la corte a su propio hermano, mientras pensaba que era designio de Dios haber sufrido una derrota contra los moros de Argel, en 1775, una advertencia divina sobre los excesos de la política. Este es, en efecto, otro despotismo, que sufrieron, obviamente, muchas víctimas, la más significada Olavide, cuya persecución es el símbolo máximo de la condición vengativa y rencorosa del rey beato y supersticioso. Solo que estas víctimas no lo fueron del despotismo ilustrado, de aquella fórmula que logró armonizar el Estado y la monarquía apartando a los grandes, introduciendo la meritocracia en el poder, sino del absolutismo regio modernizado, que es la fórmula política con la que Carlos III pilotó la monarquía católica, solventando *por arriba* la contradicción entre la vieja *domus regia*, de corte feudal y absolutista, y el Estado modernizador, logrando la confusión —tan dramática en la historia de España— entre monarquía, nobleza, Iglesia y Estado. Pronto a este conglomerado de poderes se sumará el ejército, cada vez más presente en la vida social de la España carolina.

La víctima ejemplar, de nuevo Ensenada

Tras el primer destierro en Granada y en El Puerto de Santa María por orden de Fernando VI de 20 de julio de 1754, el marqués de la Ensenada se enfrentaba a otro destierro, el definitivo, el que le llevó en abril de 1766 a Medina del Campo, donde murió en 1781. Seguramente nunca pensó que su idolatrado rey Carlos III podría llegar a castigarle tan severamente; tampoco pudo imaginarlo su gran amigo el padre jesuita José de Isla, el jocoso autor del *Gerundio*, que un año después salía de España con sus hermanos. Quizás el que presintió el castigo fue Gándara, otro acérrimo ensenadista, que vio años antes el peligro en que se encontraba la Compañía, aunque seguramente confió en que a él no le llegaría la furia antijesuita por su trato cercano y amistoso con Carlos III.

Los miembros más descollantes de la red ensenadista habían celebrado por todo lo alto la llegada al trono de Carlos III, reuniéndose en Madrid, en la primavera de 1760, aprovechando que Ensenada volvía del destierro. Todos estaban felices después de las desgracias: Isla preconizando una feliz revolución —«todavía vive nuestro marqués», dirá cuando dé cuenta de alguna noticia política positiva—; Gándara viviendo como un cortesano en palacio, en Nápoles, junto al rey, el mismo año del real viaje; Ensenada celebrando el 15 de septiembre de 1759 en El Puerto una gran fiesta, con toros y otras manifestaciones de júbilo. El marqués, que siempre festejó los cumpleaños de Carlos III, no podía estar más satisfecho: se había hecho un traje nuevo «de godetur blanco, chupa de tisú de oro y una gran pluma en el sombrero blanca» y se había mostrado en su caballo «ricamente enjaezado». «Está loco de gozo y hace tres días que ni para, ni duerme, ni come con el que le entren los toros y otras mil faenas que le acarrean las fiestas», escribía un mozo navarro que empezaba su carrera militar en El Puerto, en cartas a su casa de Corella, que dio a conocer Felipe Abad León. El 4 de noviembre de 1759 (festividad de San Carlos), Ensenada ofreció un gran banquete en compañía de su inseparable general Villalba —el que había reprimido diez años antes el motín de Granada (las cabezas de los reos seguían expuestas en las puertas de la ciudad, como hemos visto)— y, pocos días después, dio el paso trascendental: escribir a Esquilache pidiéndole autorización para besar los pies de sus majestades. El marqués de la Ensenada todavía tenía valedores en la Corte; incluso al lado del rey, pues el duque de Losada, mayordomo de Carlos III ya en Nápoles, fue su gran amigo desde aquellos años hasta el final; también tenía el favor de la reina viuda Isabel de Farnesio y el aprecio de la esposa de Carlos III, la reina María Amalia, que escribió grandes elogios de él. Pero, con la prudencia acostumbrada, siguió el curso oficial. Esquilache le respondió el 28 de diciembre pidiéndole paciencia: «Es su real voluntad que deje yo pasar algún tiempo y después le haga memoria».

Al fin, el 13 de mayo de 1760, la *Gaceta de Madrid* traía la noticia del perdón real. Fue un «acto de justicia», no «una gracia», según escribió la reina María Amalia a Tanucci, que recalcó que «por más diligencias que se practicaron contra él por quienes hubieran querido encontrarle reo, no se halló sombra de delito». Fue una pena para Ensenada que María Amalia muriera el 27 de septiembre de 1760. Pero, aun así, volvían a cambiar las tornas para el *En sí nada*, que iba a ser *algo* de nuevo. El futuro, con su venerado Carlos III, se presentaba muy distinto al que pudo vislumbrar el 20 de julio de 1754, cuando partía, detenido, a su primer destierro y se granjeaba las burlas del embajador Keene que le llamó fray Chiquito de Granada. Ahora, en 1760, con el perdón expreso de Carlos III y con la renovada estima de sus amigos italianos, Grimaldi y Esquilache, volvía a ser como cuando vino de Nápoles tras la coronación de Carlos III: un perfecto cortesano presto al servicio, adulador y alegre, elegante en el atuendo y sigiloso en sus movimientos.

Ensenada se había apresurado y estaba en Madrid desde el 6 de mayo de 1760, antes de que se hiciera público el perdón en la *Gaceta*. En cuanto se supo que el rey le había devuelto el favor, Nicolás de Francia, el ensenadista riojano, natural de Briones, que había conservado su puesto en Hacienda donde ahora era tesorero, se apresuró a ir él mismo en persona a El Puerto de Santa María para traerlo en su carroza a su casa de Madrid del paseo del Prado. Al fin, el 20 de mayo, Ensenada entraba en Aranjuez a cumplimentar a los reyes; todos los ministros salieron a recibirle, a la cabeza Esquilache, que le ofreció su casa; todos... menos Ricardo Wall, que se disculpó por motivos de salud. Tras ver a los reyes, Ensenada cenó con Esquilache, el bailío Arriaga (su sucesor en la secretaría de Marina y viejo amigo a pesar de ser tan opuestos) y Nicolás de Francia, que iba a ser honrado con el título de marqués de San Nicolás por el rey al año siguiente (Eslava había muerto un año antes y Valparaíso había dejado su cargo en Hacienda en favor de Esquilache). Dos días después, hubo de nuevo cena en Palacio y a esa asistió Wall, pero ni se saludaron. Lo mismo ocurrió con el duque de Alba, que desde que entró Ensenada en Aranjuez «parecía que iba a darle un accidente, y era tanto el temblor que tenía, que no pudo llegar a abrir una carta». Fernán Núñez decía del duque que «su mal corazón igualaba a su gran talento».

En Madrid, Ensenada pudo abrazar a su querido Alonso Pérez Delgado, que se había retirado al convento de los dominicos de Valverde, «donde hizo una vida muy religiosa», y que ahora era corregidor de Madrid (y para lo que nos interesa sobre el caso Setaro, juez de comedias); a Agustín Pablo de Ordeñana, que volvía de su destierro en Valladolid y sería, en 1761, consejero de Estado y, dos años después, miembro de la Junta del Monte de Piedad; a José Banfi y Parrilla, que no había dejado Madrid después de su exoneración, pero se había oscurecido como Jorge Juan, Antonio de Ulloa y otros leales servidores en la Marina. Todos los ensenadistas de primera línea lo celebraron en casa de José de Banfi el 27 de mayo, menos el abate Facundo Mogrovejo, desterrado en un convento de Burgos y que ya había muerto —como Bartolomé Sánchez de Valencia, el artífice material del catastro—, o Juan Fernández de Isla y Alvear, el gran empresario cántabro que estaba encarcelado.

A la vuelta de la Corte a Madrid, Ensenada y Esquilache reanudaron la amistad y don Zenón comenzó a hacerse ilusiones. Había quien decía que «el marqués de la Ensenada sigue siendo tan ambicioso como siempre, y si la intriga y el oro le pueden hacer funcionar, será ministro de nuevo». Pero otros no eran de esa opinión, por ejemplo, el conde de Fernán Núñez, que escribió: «Luego que el rey penetró el sistema del marqués, que no tardó mucho, no volvió a hablarle ni una palabra». El biógrafo de Carlos III creía que Ensenada,

> falto de subalternos y del poder, que eran los medios que le hacían brillar, y reducido a sí solo, se limitó a hacer una compañía servil a su bienhechor y amigo el duque de Losada. Se le consultó en algunos asuntos, pero como *nada era por sí* —volvemos al juego de palabras, al *En sí nada*—, no satisfacía como se esperaba. Así pasó sin faltar ningún día a la mesa del Rey, en que se ocupaba de hacer fiestas a sus perros.

El cese de Wall en las secretarías de Estado y de Guerra en 1763 motivó rumores sobre su posible nombramiento, lo que en medio del escándalo del consejo de guerra contra Superunda, que ya había comenzado, como hemos visto, debió de ser un aguijonazo más contra las expectativas del conde de Aranda, que aumentó su rencor contra Ensenada y Esquilache cuando supo que el rey no le daba ninguna de las dos secretarías, especialmente la de Guerra, que era la que creía merecer por su condición militar. Así, como *fortuna* es inevitable en *política*, Aranda se convirtió en el problema común que iba a unir más a los dos personajes, Ensenada y Esquilache. Para empezar, el ministro nombró entre los miembros que iban a formar parte del consejo de guerra, al gran amigo de Ensenada, Jorge Juan, que acababa de ser ascendido a jefe de escuadra, y al marqués de Cevallos, otro parcial ensenadista, todos en el favor del ministro de Marina, Julián de Arriaga, cuyo papel fue decisivo.

Esquilache salió del proceso satisfecho por haber humillado al conde de Aranda; Ensenada tuvo que aceptar la desgracia de su amigo. Los dos personajes siguieron manteniendo excelentes relaciones, como comprobó el vizcaíno de Respaldiza José Antonio de Armona, que llegaría a ser corregidor de Madrid y que debía su promoción a Ensenada. Invitado a comer por Esquilache en la

Pascua de 1764, Armona se encontró en casa del ministro con Ensenada, también invitado a la mesa. No nos dice de qué hablaron, pero como su próximo destino era La Habana, entendemos la razón de que se interesara tanto por el proceso y por los verdaderos culpables una vez que llegó allí.

Dos años después estallaba el motín madrileño, en la tarde del 23 de marzo de 1766. El bando de las capas y los sombreros era la chispa que encendió la protesta, pero todos sabían que había algo muy difuso que estaba manteniendo la *fermentación*, pues no cesaba el clamoreo. Al malestar por la carestía, se sumaban las «guerras de religiones», término que usó Ensenada para referirse a las disputas entre los jesuitas y el resto de órdenes, a sabiendas de que estas eran en realidad banderines de enganche de los partidos políticos en pugna. Los que ahora estaban en el poder demostraban abiertamente su antijesuitismo; por tanto, Ensenada debía tener mucho cuidado.

En Aranjuez, en torno al rey miedoso, que permaneció ocho meses privando al pueblo de Madrid de su real presencia, la *fermentación* política no cesaba. La *vieja leona*, Isabel de Farnesio, muy enferma, casi ciega y sin movilidad, rechazada por su nuera la reina María Amalia, dejó al fin de intrigar y murió el 10 de julio de 1766. Todos los historiadores pensamos que debió molestarle mucho el destierro de Ensenada, pero estamos igualmente convencidos de que, si hubiera estado viva, su hijo no se hubiera atrevido a firmar el decreto de expulsión de la Compañía de Jesús. Sin embargo, la nueva generación política que llegaba al poder encontró en esta ruptura con el pasado —en la que logró involucrar al rey— una legitimación de su poder despótico y, además, un seguro de que no habría vuelta atrás, pues la obstinación del rey lo impediría. Carlos III era terco como una mula y rutinario, obsesivo; aparentaba ser bondadoso, pero a veces era capaz de castigar con dureza —como hizo con Olavide o con su propio hermano don Luis—, por lo que, si quedaba contrariado por los resultados del duro golpe contra los jesuitas en el futuro, las víctimas podían ser sus ministros, como había sido la práctica política habitual. Por eso, los Campomanes, Roda, Múzquiz, Aranda, reforzaron la autoridad regia al máximo, sacralizaron los símbolos de la omnipotencia de la monarquía —confundiéndola con el Estado—, y no estuvieron tranquilos hasta que, con el apoyo de los antijesuitas portugueses y franceses, lograron, en 1773, que el papa Clemente XIV extinguiera la orden ignaciana, la que añadía un cuarto voto a los tres habituales: la obediencia ciega al papa, al vicario de Cristo que ahora les suprimía cediendo a las presiones de los Borbones. Todo era en beneficio del rey ilustrado y de sus ministros reformistas que, además, pudieron emplear los bienes de los expulsos en alguno de sus proyectos y, más importante aún, acabar con el espíritu de partido, el banderín de enganche de los ensenadistas.

La Corte se convirtió en un terreno vedado para los ensenadistas. De los jesuitas y su expulsión era muy peligroso hablar. Pero, aun así, al marqués todavía le quedaba en el entorno del rey su amigo Grimaldi, el sinuoso abate y ministro de Estado, que pudo haber corrido la misma suerte que Esquilache, pues durante el motín también se pidió su cese. En uno de los muchos pasquines que incitaban a los «buenos españoles» a reaccionar contra los extranjeros, titulado *Ordenanzas que establece un nuevo cuerpo para la defensa del rey*, fechado unos días antes del primer motín de Madrid, el 12 de marzo de 1766, los dos objetivos eran Esquilache, causante de todos los males del pueblo, y Grimaldi, considerado *extranjerísimo*, ganado por los franceses, «todo él francés», como decía el embajador austriaco. Un pasquín recalcaba la idea de que los dos ministros debían correr la misma suerte: «Si en Madrid han pedido a un Squilace, en Milán han colgado a su mismo padre; también Grimaldi fue traidor a su patria, bueno va el baile».

Pero Carlos III manifestó pronto la predilección por este genovés astuto, que iba a lograr los bienes de la franca amistad en el futuro entre rey y ministro. Lleva razón el historiador Roberto Fernández cuando dice que Carlos III tuvo siempre un hombre de confianza al que se entregaba; primero fue Tanucci, con el que se escribió toda la vida, pues se quedó en Nápoles al cuidado de aquella Corte y del hijo que tantos disgustos les dio a él y al rey padre; luego, Esquilache, cesado, pero mantenido en el «amor del rey» en su plácido destino de embajador de Su Majestad en Venecia; después, Grimaldi, dimitido por las insoportables presiones de Aranda, pero hecho un duque por su amigo el rey; finalmente, Floridablanca, que sobrevivió a Carlos III. No hubo nunca primer ministro, pero todo el mundo sabía en la Corte quién era el que podía hablarle al rey de todo y con toda confianza. El embajador Rosenberg decía en enero de 1764: «Parece que el rey comienza a tener bastante confianza en él (Grimaldi), incluso para tratar cosas distintas de los asuntos extranjeros».

Grimaldi vio que el hombre fuerte era el conde de Aranda y se aproximó a él. La tardanza en nombrar un nuevo ministro de Guerra tras la expulsión de Esquilache —el capitán general Juan Gregorio Muniain fue ministro el 3 de abril— fue una buena oportunidad para que Grimaldi estrechara lazos con el conde, pues el abate italiano debió hacer las funciones de ministro de Guerra y entenderse muy de cerca con Aranda cuando este llegó desde Valencia con tropa a Madrid, en su calidad de capitán general, para controlar militarmente la capital y, de paso, dejar algunas compañías en Aranjuez para tranquilizar al temeroso Carlos III. De ahí nacería una aparente amistad que, como con tantos otros, el soberbio conde de Aranda rompió al dejarse llevar por su obsesión contra los sármatas, los extranjeros, los que «no saben pronunciar ajo, cuerno y cebolla», pero sobre todo cuando cayó en la cuenta de que tanto él como el duque de Alba no estaban en el favor del rey por culpa de estos golillas, cagatintas, abogaduchos que les habían impedido ser ministros. Alba acabó retirándose a Piedrahita y desapareció de la escena política; Aranda fue nombrado presidente del Consejo de Castilla, pero nunca estuvo cómodo entre Grimaldi, por su cercanía al rey, y Campomanes, el fiscal que encabezó el programa reformista más intenso junto a él, pero que cambió de bando en cuanto se dio cuenta de la fuerza de la reacción. Ninguno de los dos, Grimaldi y Campomanes, era noble y, al final, Aranda se enfrentó con los dos. En su soberbia, Aranda volvía a perder con los plebeyos, que conseguirían de nuevo alejarle del rey con un argumento que suena a burla: en París hacía falta un grande de España, sin duda, la jugada maestra del astuto Grimaldi (del que unos años después Aranda se vengará, como veremos, mientras Grimaldi le devolvía la canallada hundiendo a Olavide). Aranda una vez más dejaba constancia de su ingenuidad, pues en cuanto llegó a París le escribió a Grimaldi, el 14 de septiembre de 1773, diciéndole que «había sido introducido a sus audiencias (del rey) en la forma acostumbrada, y recibido como embajador y como grande». ¡Cómo se reirían *los pequeños*!

Pero eso ocurrirá siete años después. Volvamos al Madrid de los motines, cuatro días después de ser nombrado el conde de Aranda presidente del Consejo de Castilla y capitán general de Madrid, el 14 de abril de 1766. En medio de la confusión, se conoció que al fin el Gobierno tomaba una drástica decisión que no iba contra el populacho, contra «la ínfima canalla», los hasta ahora únicos culpables del motín. Ahora aparecía una víctima que provocaba el asombro general: el marqués de la Ensenada, que dejaba la Corte por orden del rey. Se dijo que había repartido unas monedas para incitar a los amotinados, él o su criado Rosellón, muy activo durante las algaradas callejeras. También hubo, una vez más, rumores de su ambición, de sus manejos para volver a ser ministro. Isidoro Pinedo cree que haría algo que molestó al rey, pero no hay prueba alguna. No hay documentos inculpatorios, seguramente porque luego hubo muchas manos interesadas en pasar la cinta borradora, entre ellas obviamente las de Campomanes y Roda, muy interesados en orientar la opinión. El hecho es que el 19 de abril de 1766 Ensenada llegaba a Medina del Campo, seguramente tras haber aceptado la invitación a vivir en la casa de don Miguel de Dueñas, regidor perpetuo, miembro de una familia principal desde los tiempos del apogeo comercial de la ciudad de las ferias.

La preciosa casa, donde habían dormido Carlos V o Felipe II, todavía se conserva, muy reformada, pues cobija un instituto de enseñanza secundaria. Es un hermoso palacio, con un bellísimo patio, adornado con medallones de reyes y reinas, obra maestra de la arquitectura renacentista española. Allí podían lucir espléndidamente muchas de aquellas pinturas que Wall ordenó tasar en la casa de la calle del Barquillo tras el destierro a Granada en 1754 y que Ensenada se hizo llevar a su nueva residencia en Medina. José Antonio Armona, que le visitó años después, las detalló así: «Exquisitas alhajas y pinturas superiores: Rafael de Urbino, el Tiziano, Velázquez, Murillo, Rubens, Annibale Carracci, Guido Reni y otros pintores del primer orden que el marqués fue citando en sus obras, explicando sus tiempos, sus adquisiciones y su aprecio». Ensenada seguía viviendo a lo grande, aunque en el fondo —de nuevo el contraste barroco— era cada vez más austero en Medina: unas ciruelas le sirvieron de cena con Armona. Y desde luego, seguía callando, sin soltar una sola palabra sobre su última desgracia.

Dijeron que el marqués esperaba la decisión del rey, que le llamaría para ocupar algún ministerio, quizás el de Guerra, o el de Hacienda, los dos que había dejado vacantes Esquilache tras su salida apresurada de Madrid, pero, para su asombro, se encontró con una orden muy distinta: la que le comunicaba que debía salir de Madrid. La gran confusión política que había provocado la huida del rey a Aranjuez, donde permanecía encerrado con sus ministros y consejeros, entre ellos el duque de Alba —de nuevo, en la cercanía del rey—, aumentaba con esta medida que provocó asombro. Durante días no estuvo claro ni siquiera el destino del desterrado, que a juzgar por la correspondencia entre el embajador francés Ossum y el ministro Choiseul, habría ido a Valladolid, «a divertirse», y luego «fijó su residencia en Medina». En vez de ser escoltado por los guardias, como cuando fue «en derechura» a Granada doce años antes, ahora Ensenada había salido de Madrid con toda normalidad en la carroza del conde de San Saturnino, en cuya casa se hospedaba. Tanto extrañaban las noticias en la embajada francesa que Choiseul le decía a Ossun que el rey de Francia estaba *curieux* de saber el motivo del destierro del marqués. Esta vez ni hubo embargo, ni hubo espías como cuando estuvo en Granada, por lo que apenas sabemos nada sobre la estancia de Ensenada en Medina; ni siquiera hay constancia de su llegada a la ciudad en las actas municipales, como sí la hubo tanto en Granada como en El Puerto. Observó su máxima del «secreto y sin hacer ruido», aunque, como veremos, no estuvo nunca al margen de la política.

De lo que no cabía duda era de que este segundo destierro del marqués venía, de nuevo, de la mano vengativa del duque de Alba, secundado por un resentido conde de Aranda, ahora triunfante en un Madrid sin gobierno y alejado del centro de las decisiones, el palacio de Aranjuez, donde el conde sospechó que no le querían. Quizás de ahí viene la confusión sobre la expulsión de Ensenada, la imprecisión del castigo regio y los motivos, alimentados exclusivamente por rumores, que ni siquiera el marqués desmintió nunca.

A la altura de junio de 1766, el conde de Aranda habló con el padre jesuita Isidro López, íntimo del ya desterrado Ensenada como sabemos, y le confesó que sentía «que este y otros asuntos hieran a la Compañía», quizás porque ya intuía que Campomanes iba orientando la investigación de los culpables hacia un cuerpo religioso antes que a autores concretos, pues podía aparecer alguna grandeza de España entre los instigadores y molestar mucho a Carlos III. Menos conocido es que el padre López era también director espiritual de la madre del conde de Aranda, devota jesuita como hemos visto.

Pero, además de buscar religiosos culpables, Campomanes se empleó a fondo para vengarse de otro de los implicados en la *fermentación*: Luis José Velázquez, marqués de Valdeflores, amigo de Jorge Juan desde su encuentro en Cádiz en 1755, un gran intelectual, que era detenido en octubre de 1766. Junto a este erudito miembro de la Academia Amistosa Literaria de Jorge Juan y de la Real Academia de la Historia, donde parece que le hacía sombra a Campomanes, cayeron otros dos grandes ensenadistas: el abate Gándara y Lorenzo Hermoso de Mendoza, los tres amigos de Pini, el ayuda de cámara del rey que les habría favorecido en sus intrigas en torno a la Corte, y del padre Isidro López, que seguía muy activo como procurador de la provincia jesuítica de Madrid, a la vez que acompañaba al marqués de la Ensenada tanto como podía. En el destierro de Valdeflores, se veía la mano de Campomanes, «su mortal enemigo, en cuyas manos había acabado por caer».

La obra del marqués de Valdeflores ocupa muchos estantes en la biblioteca de la Real Academia de la Historia, que era dirigida desde 1764 por Campomanes. El fiscal tuvo hacia él un odio cerval, producto de la rivalidad intelectual, pero también a causa de la actuación de Valdeflores durante el motín, pues se le pillaron pasquines y un documento que habría pasado al obispo Diego de Rojas, gobernador del Consejo de Castilla (cesado, sucedido en el cargo por el conde de Aranda). Velázquez, a quien tanto protegió Ensenada desde 1747, tuvo la peor suerte, pues fue encarcelado en Alicante y, luego, en el peñón de Alhucemas, de donde salió muy enfermo para morir en su Málaga natal, en 1772, a los 50 años.

A Gándara, del que nos ocuparemos luego en extenso, le tenían todos un odio particular, pues gozaba de acceso al rey desde que le conoció en Nápoles, donde comenzó a escribir los *Apuntes sobre el bien y el mal de España*, un programa de gobierno absolutamente ensenadista. El abate conocía bien al personal de la Corte, en especial a Roda, que le había sucedido en Roma en la Agencia de Preces y cuyo despacho en Madrid frecuentaba. Conocido por sus constantes intrigas y su locuacidad, el nuncio Pallavicini decía de Gándara: «Pocos cerebros habrá tan volcánicos, y pocos espíritus menos sacerdotales que el que ha mostrado Gándara». En la cárcel de Pamplona, donde murió, escribió dolorido contra el que supo que había sido el causante de su desgracia, Campomanes, un hombre de suma inteligencia, pero al que no se le conocen amigos. Creo que debemos contar ya desde ahora con la crueldad de Campomanes para entender los años revueltos de la década de 1770.

Tras los motines y con el rey en Aranjuez, la situación era muy comprometida para los ensenadistas y aún quedaba uno muy especial, Jorge Juan, que seguramente había vuelto a sentir un ataque de pánico como en 1754 y solo quería volver a instalarse en Cádiz, «en su rincón», como le pedía al ministro Múzquiz, en septiembre de 1766: «Le escribo repitiéndole el que me diga si me deja ir allá o no; pero en fin, séase como quiera, marcharé cuanto antes luego que me responda». El viejo Julián Arriaga escuchó al marino y le permitió volver a su querido Cádiz, «donde quería Su Majestad que tuviera su principal residencia», pero al poco el ministro Grimaldi, que siguió manteniendo su profunda amistad con Ensenada, comunicó al célebre marino y matemático la noticia más sorprendente de su vida: el rey le nombraba embajador en Marruecos. Grimaldi le escribió el 10 de noviembre de 1766 y le trataba de «Excelentísimo amigo». El ministro de Estado le decía que, desde que estaba en el ministerio, no había habido ninguna vacante que pudiera ofrecerle, pero que teniendo que nombrar embajador en Marruecos, se había acordado de la Marina, «el cuerpo que estaba algo olvidado, que era el más importante a los intereses de la monarquía y que creería conveniente que Su Majestad prefiriese un marino para esta comisión». Era sin lugar a dudas un guiño ensenadista y, sin duda, una inteligente ayuda para proteger al marino de cualquier intención aviesa de los que habían hundido de nuevo a su jefe.

Jorge Juan, que todavía tuvo el honor de ser nombrado director del Colegio Imperial tras toda una vida sirviendo al Estado, murió el 21 de junio de 1773 en su casa de Madrid y fue enterrado en la iglesia de San Martín. No debe de ser ninguna casualidad que sus restos fueran depositados luego en la bóveda de la capilla de Nuestra Señora de Valvanera, la patrona de los riojanos, cuya cofradía en la iglesia de San Ginés de Madrid seguía presidiendo honoríficamente el marqués de la Ensenada desde su destierro en Medina del Campo y a la que, sin ser riojano —una excepción perfectamente explicable—, perteneció el ilustre marino. Tampoco puede ser casual que la lápida que pusieron en la bóveda tuviera una inscripción que instaba a España a llorar la pérdida del sabio de Novelda: «Asombro de aplicación, verdaderísimo compatriota, *víctima del Estado*, del interés público y del Reino». Es obvio que el subrayado en «víctima del Estado» es mío. Como hemos podido comprobar, no fue la única víctima, ni mucho menos la peor tratada en ese espacio político que le tocó vivir al sabio, «el igual de sus subalternos, el amigo de sus criados», como le llamó Benito Bails, director de Matemáticas de la Academia de San Fernando. Y el gran amigo de Ensenada, al que vio por última vez antes del motín, pues tampoco en esta última desgracia estaba en Madrid.

El ensenadismo en la sombra

En Medina, le esperaba a don Zenón un largo destierro, pero él no hizo un drama de su destino. Fue conociendo el desfile final de muchos de los figurantes que le habían acompañado en el teatro de su vida y vio partir al destierro a sus queridos jesuitas, lo que debió ser para él un golpe duro; pero mantuvo sus fidelidades, siempre a dos grandes amigos ante todo, Jerónimo Grimaldi, que siguió siendo ministro de Estado hasta 1776, y Manuel Ventura Figueroa, que sucedió al conde de Aranda en 1773 en la presidencia del Consejo de Castilla, en la que se mantuvo hasta su muerte diez años después. Con ellos extremó las medidas de precaución, incluso haciendo desaparecer cartas y recados, algunos muy comprometidos, pues hubo asuntos muy peligrosos, como la agitación política que condujo a la desgracia de Pablo de Olavide, que seguramente Ensenada celebró, pues vengarse de Olavide como hicieron Grimaldi y Ventura Figueroa —entre otros— era equivalente a dar una bofetada al conde de Aranda, el protector del limeño Olavide, su más perfecta hechura.

Así, pues, Ensenada aún tenía en los primeros lugares de la política a un hombre con mucho peso, el suave abate Jerónimo Grimaldi, cuya amistad venía desde su nombramiento de embajador en 1749 y que, en 1773, será capaz de urdir la intriga, con Campomanes, para que Aranda dejara la presidencia del Consejo y saliera de la Corte. Su sucesor en la presidencia iba a ser una gratísima sorpresa para los dos amigos, pues se trataba nada menos que de Manuel Ventura Figueroa, el gallego que puso su firma en el Concordato de 1753, el negociador junto con el marqués y con Gándara, en el mayor secreto, y el que, muy *a la gallega,* había ido subiendo en el escalafón eclesiástico hasta llegar a obispo y patriarca de las Indias Occidentales. El vizcaíno Armona le trató nada más llegar a la Corte, pocos días después de su breve estancia en Medina del Campo en casa de Ensenada, y dejó de él un incisivo retrato: «Hombre corpulento, de robusta constitución, buen comedor y bebedor, y hombre bien templado por naturaleza y arte que nunca se alteraba»; además, era «fecundísimo en los medios de conciliación, siempre los buscaba y salía por ellos; detenido en el examen, cauto, camastrón». Un *camastrón* es, según el Diccionario de la Real Academia, una persona disimulada y doble que espera oportunidad para hacer o dejar de hacer las cosas, según le conviene. Como añadía Armona: «Buscando para sí el buen lugar, nunca dio paso que no fuese sobre seguro». Y es que había aprendido en la mismísima corte vaticana, «con los manejos que tuvo en ella, especialmente el secretísimo asunto del Concordato en que intervino con el gran Benedicto XIV (los dos solos) en el ministerio del marqués de la Ensenada». Para Armona, Ventura Figueroa, que es el que le iba a comunicar su nombramiento de corregidor de Madrid, salió de esa negociación hecho un «maestro consumado en las artes de la política romana».

Figueroa fue felicitado efusivamente por Ensenada en una carta sin firma que se le coló a Campomanes cuando revisó los papeles del gobernador del Consejo tras su muerte. La carta, fechada en Medina el 22 de septiembre de 1773, comienza por una crítica rotunda contra Aranda. Ensenada le dice a Ventura: «No necesitaba yo haber experimentado el encargo que se ha hecho a Vuestra Ilustrísima (el nombramiento de gobernador) para saber y publicar que cosa peor no la había en la monarquía», en referencia a Aranda. Conocedor de la poca estima que Figueroa va a tener con ministros como Roda o Campomanes, Ensenada le daba ánimos: «Vuestra Ilustrísima tiene a su favor dos cosas esenciales: la una que quiso el rey que le tenga (el cargo). La otra, que no habiendo conocido V. I. jamás ni la ambición ni la codicia, de que nadie como yo puede deponer con hechos formales e innegables». La Corte era un avispero y la solución a la crisis de 1773 no iba a hacer cesar la tensión entre los arandistas y los golillas, especialmente Campomanes y Grimaldi, el partido que fue, de manera natural, el gran apoyo del nuevo gobernador del Consejo de Castilla. Ensenada se lo dijo en la carta a Ventura en palabras crípticas, a su manera, un juego muy usado en la época: «Indicado está un Amigo (es él, le llamaban el Amigo), que se explica con otro (Ventura Figueroa) y ambos lo son de ese (Grimaldi), cuyas cosas van grandemente y con fijas señales de continuar en el mismo concepto».

Años después, a comienzos de 1777, hubo un feliz encuentro de amigos con ocasión de la salida de Grimaldi de España, según relata Armona, que nos aclara el calado político que todavía tenía el ensenadismo. Armona se declaró hechura de Grimaldi y nos descubrió que también lo era Floridablanca... y al final, que todos eran hechuras del *creador*, del jefe, del marqués de la Ensenada. El exministro italiano, que ya partía para Medina, comió con Armona y Floridablanca y «después del café, se sentó en medio de los dos con mucha franqueza y cordialidad»; luego, dijo: «Aquí me siento, entre dos hechuras mías que estimo mucho, gloriándome de haberlas creado y de que sean mías». Armona supo que Grimaldi, al recibir el título de duque, «despachó un correo a su creador y amigo, a Medina del Campo, con la fineza de que le alcanzasen allí las gracias del rey (el título de duque) para que las pudiera celebrar con su antiguo amigo, pues también lo era del nuevo ministro de Estado (Floridablanca), y así era este un paisaje de "primicia" ministerial y de satisfacción para los tres». El ensenadismo declinaba, pero su estela era recogida por Floridablanca... para mayor gloria del «creador y amigo» Ensenada.

Deberemos tener en cuenta estas lealtades para comprender las tramas políticas que vamos a descubrir en adelante.

Gándara y Valdeflores, las penúltimas víctimas ensenadistas

Con Ensenada, habían caído también en julio de 1754 los más significativos miembros del partido. «Ganó el partido contrario, nada esperen...», decía un pasquín que reflejaba la situación de abandono en que quedaban Antonio de Ulloa y Jorge Juan; otros panfletos se referían al confesor Rávago y, desde luego, a Farinelli y a las primeras figuras, como Banfi, Francia, Ordeñana, Pérez Delgado, Mogrovejo, etcétera. Pero se olvidaban de un hombre que había sido y seguía siendo un admirador incondicional del marqués: el abate montañés Miguel Antonio de la Gándara, agente de preces, hombre crucial en la negociación del Concordato de 1753 —que tanto perjudicaba a algunos nobles, como el duque de Alba— y que a pesar del desmoche de ensenadistas organizado por Wall cuando llegó al Ministerio de Estado, continuaba en Roma en 1757 viviendo a lo grande y sin privarse de dar su opinión en cualquier parte. Siempre había sido un genio vitriólico, ácido y despotricador, y seguía igual incluso a sabiendas de que Wall le despreciaba

—como demostró en cuanto pudo cesarle— y comprobando cada día que no le querían en la Embajada de España, donde el embajador, el cardenal Portocarrero, esperaba el momento de vengarse de la afrenta que sufrió cuando se firmó el Concordato de 1753 y comprobó que Gándara le había ninguneado, pues el agente lo sabía todo y él no. Solo al firmar el rey, Portocarrero se dio cuenta de que Ensenada, Rávago, Figueroa y Gándara habían obrado a sus espaldas tratando directamente con el cardenal Valenti Gonzaga y el papa, sin que supieran nada ni Carvajal —el secretario de Estado al que le correspondía el asunto de oficio— ni él, el mismísimo embajador ante el Santo Padre. Los ensenadistas se habían ganado un poderoso enemigo con el embajador, y Gándara, que le había ocultado, en el mismísimo palacio de la romana plaza de España, sus manejos con la Curia vaticana —y el reparto de dinero en sobornos, incluso al nepote del papa, en palabras de Olaechea—, lo tenía a una corta distancia en la Roma de los monseñores que tan agudamente describió Azara. Su sentencia estaba firmada y solo había que esperar el momento.

Gándara era un acérrimo ensenadista, tan afecto a los jesuitas como el marqués, y escribió *Apuntes sobre el bien y el mal de España* que son la esencia de las ideas de Ensenada sobre el gobierno de la monarquía. Todo el que leyera esa obra sabía que la inspiración de la denuncia de los males de España y el programa de gobierno propuesto en los *Apuntes* eran las ideas de Ensenada, el detestado Ensenada que, cuando Gándara la escribió —la fechó en Nápoles, el 5 de julio de 1759—, vivía todavía desterrado en El Puerto de Santa María y seguía siendo odiado y temido por el primer ministro Wall y el duque de Alba. Dos años después de la caída del marqués, el 7 de mayo de 1756, Wall, consciente de la fuerza del partido ensenadista, le decía a Portocarrero: «El padre Rávago, los ensenadistas, los colegiales y los jesuitas se han unido, y estos tres cuerpos hacen y dicen lo que quieren». Tanto el ministro como el embajador sabían quién era en Roma el que hacía y decía lo que quería, el que además podía representar a los «tres cuerpos»: el abate Gándara, contra el que en adelante lanzarán todo su poder para hundirle.

La represión contra los ensenadistas desatada por el ministro y el duque de Alba en julio de 1754 al fin iba a llegar a Roma tres años después. Gándara no supo callar y esperar como don Zenón, y se expuso a las iras del hosco militar Wall, que debió gozar lo suyo humillándolo ante los muchos enemigos que tenía en la Embajada de España y dejándolo como un donnadie ante el futuro rey Carlos III, aunque en este último propósito el tiro le salió por la culata, como veremos.

El secretario de Estado estuvo preparando la venganza con tiempo. Wall era parco en palabras, pero sabía el efecto que producían pronunciadas desde lo alto del poder, y las de su carta del día 6 de septiembre de 1757 eran tan contundentes y perversas que sabía que iban a lograr abatir al agente. Teniendo pensado ya su cese —lo que Portocarrero divulgaba entre burlas meses antes por Roma—, Wall comunicó a Gándara en esa carta que el rey le nombraba arcediano en Lorca (Murcia), plaza residencial que debía servir *in situ*, y que suponía, como refleja en sus brillantes trabajos Jacinta Macías, «la tarjeta de visita que anunciaba su destitución de la Agencia». Pero también algo peor: la salida del cargo sin honores y sin sueldo, obligado a vivir lejos de la Corte como un simple cura de pueblo. Gándara lo entendió perfectamente, según se desprende de su respuesta a Wall el 29 de septiembre: el nombramiento —le decía con su conocida brusquedad y soberbia— «se ha de entender y leer del modo siguiente: satisfecho el rey de tu desempeño, ha venido Su Majestad en castigarte con la deposición de tu empleo y exclusión de su Real Servicio para dar este gusto a Su Eminencia», es decir, a su enemigo declarado Portocarrero.

Gándara quedó tan dolido al conocer la jugada que enfermó y se metió en su casa abochornado —«No podrá creer Vuestra Excelencia el *rosor* y confusión en que me hallo»—, según le respondió a Wall con la ingenuidad del que todavía espera parar el golpe. Para Gándara, era «un castigo solemne que me deja sin cara para comparecer delante de las gentes». Wall debió de reírse de su enemigo al leer su respuesta, pues era precisamente lo que pretendía: humillarlo ante toda Roma. En su carta, Gándara añadía con candidez: «Poco ha faltado para que en la plaza de España se quemasen fuegos en celebridad de la noticia; y lo menos es decir que gracia suena a gracia y es castigo». Era lógico, pues Gándara hacía enemigos con facilidad y, en esos momentos, tenía entre ellos a algunos personajes muy poderosos, que aún lo iban a ser más en el siguiente reinado y que permanecían todavía a la sombra de Wall. Cuando catorce años más tarde, preso en Pamplona por deseo de Campomanes, recuerde el golpe de Wall y Portocarrero, recapacitará también sobre la causa remota que lo había provocado: era el asunto de los indultos apostólicos que tanto perjudicaban al duque de Alba, el mayordomo de Fernando VI que dominaba completamente la voluntad de Wall. Sentirá en la cárcel que el dardo vengativo del duque le había alcanzado ya entonces, el mismo que le volvía a alcanzar, pues recordó quiénes habían sido los abogados de la casa de Alba en el pleito contra la Corona sobre los indultos, un ítem del concordato del que hacían a Gándara primer responsable: Campomanes, Moñino y Roda, «todos tres fueron abogados de cámara del Excmo. Sr. duque de Alba, con salario, pensiones, propina, o agasajos correspondientes, y los tres se emplearon en pleitear contra la Real Corona a causa de los indultos apostólicos que perdía el duque en razón del concordato y que en fuerza de él quedaron abolidos». Y aunque la Cámara al final proveyó a favor del duque, victoria que se debió, en palabras de Gándara, cargadas de sarcasmo, al «docto, erudito, elocuente informe de don Manuel de Roda», precisamente el que le iba a suceder en el cargo en Roma, Gándara sabía que desde entonces el duque, sus abogados y Wall le odiaban. Ciertamente, Gándara tenía enemigos poderosos y fue muy consciente cuando informó sobre los indultos de «las consecuencias dolorosas que de aquí se me habían de seguir», a pesar de que intentó ser cauto: «Tuve delante en mi consideración el alto poderío de los duques (de Alba) y el crédito bien merecido de sus doctos abogados». Pero siguió adelante, llegando incluso a obtener el favor de Tanucci —«A quien consultó el rey» Fernando VI— y, desde luego, el del padre Rávago. Pero ahora veía que eso fue precisamente lo que despertó el odio de Campomanes, su más terrible enemigo, un hombre introvertido, huraño, «incapaz de la amistad», como decía de él Rafael Olaechea y pudo comprobar, mejor que nadie, el desgraciado Gándara.

Pero la inquina de Campomanes vendría más tarde. Ahora Gándara debía afrontar el deshonor de salir de Roma sin sueldo y sin las habituales recompensas que él mismo recordaba a Wall que habían tenido sus antecesores. Gándara le sugería al ministro, ingenuamente, que al menos le concediera el puesto de consejero que le había ofrecido Ensenada, una torpeza más, pues parecía olvidar que Wall era y seguía siendo el principal ariete contra los ensenadistas. Tan obcecado estaba por el dolor que ni siquiera le importaba el dinero que iba a perder, que era mucho: «No pido ni aspiro a grandes empleos ni ascensos, con no descender me contento, y mi honor es el que recomiendo a Vuestra Excelencia, pues está cerca de costarme la vida», le decía a Wall, que le respondió a vuelta de correo, el 11 de octubre, con una escueta carta, sorprendente por su perfidia, pues el ministro le insistía, con cinismo extremo, en que, lo que para Gándara era castigo, para el rey era premio a sus méritos. En vez de removerle, el rey lo que hacía era promoverle. ¡Promoverle a cura de pueblo! El cinismo y el desprecio que rezuma la carta de Wall son de tal grado que, sin decirle el nombre del sucesor, Wall ya le ponderaba sus cualidades. Por Roma pronto se supo que el que venía a ocupar su puesto era Manuel de Roda, el abogado del duque de Alba, el personaje sinuoso que hemos visto llegar, en 1765, a ministro de Gracia y Justicia.

Aun así, Gándara volvió a insistir en la misma vía lastimera, pensando que Wall podría ablandarse, pero solo consiguió una nueva afrenta, pues el ministro se lo quitó de encima con unas cuantas líneas en las que le recordaba «la voluntad del rey que ya avisé a V. M. en las cartas de 11 y 25 de octubre». Todo lo demás, las penas y la enfermedad de Gándara, la defensa de su honor, las burlas del personal de la Embajada, eran para Wall asuntos particulares de los que se desentendía. El mazazo fue durísimo para Gándara, pero ni así dejó la pluma y, todavía en marzo de 1758, cuando ya iba a cesar de percibir el sueldo, pedía a Wall que «interín Su Majestad se digne darme algún destino, se continúe socorriéndome con la mesada actual para poder mantenerme».

Pero Gándara seguía teniendo arrestos y con inusitado arrojo jugó una carta muy arriesgada, pues, si salía mal quedaría en la nada más absoluta. Como vio que con Wall no tenía nada que hacer, miró hacia Nápoles, hacia Carlo Terzo, al que también miraban esperanzados los ensenadistas. Ya en la crisis de julio de 1754 se divulgó que Ensenada quería traer de Nápoles a Carlos III para sustituir a Fernando VI; era una calumnia infame, pero Masones de Lima, embajador en París, se la creyó y llegó a decir que le incluían a él entre los conspiradores. Tras el destierro del marqués, todas las esperanzas de los ensenadistas se depositaron en el primogénito de la Farnesio, en cuyo Gobierno en Nápoles había ensenadistas declarados como el sevillano José Joaquín Montealegre, marqués de Salas y duque de Montealegre, hombre cultísimo, políglota, vividor y mujeriego, cuya esposa era confidente de Ensenada, o el propio Facundo Mogrovejo, el abate recadista de Ensenada y, desde luego, los cortesanos que servían a la Farnesio en La Granja, empezando por el infante don Luis y el marqués de

Scotti, todos en permanente correspondencia epistolar con la corte napolitana. Durante el año sin rey aquí y con rey allá —y con la Farnesio de reina gobernadora—, Wall sabía que Carlos III perdonaría a Ensenada, que anhelaba en El Puerto su llegada; como la de Esquilache, su apoyo principal para llegar a la corte y volver a la política, y la de su hechura Grimaldi, diplomático astuto destinado a convertirse pronto en el ministro preferido por Carlos III.

El padre Isla esperaba de su adorado Carlos III nada menos que «una feliz revolución», lo mismo que Gándara, cuya fortuna había mudado radicalmente, pues la carta que había jugado era la buena. Había salido de Roma, pero no a servir un arcedianato de pueblo humillado, sino a ver a su querido Carlo Terzo en Nápoles, donde fue recibido en persona por el rey. Inmediatamente, el rey congenió con él, pues su caso había trascendido, dejando al descubierto la inquina de Wall, pero también el desdén con que Isabel Farnesio trataba al ministro, el mismo que le demostró Carlos III en cuanto le conoció al llegar a Madrid (Wall no fue a Barcelona a esperarle). El rey le mantuvo en el cargo, pero le dejó sin apoyos al despedir al duque de Alba, que se fue a sus dominios de Piedrahita, y desbarató su línea política al pactar con Francia, con lo que en la Corte todos vieron que ascendía Grimaldi, que sucedería oficialmente a Wall en 1763, y que el poder era de los italianos, como hemos visto.

Gándara estaba feliz. Había pasado de servir a un rey a servir a otro. Ante el aval de Carlo Terzo, al que Wall temía incluso a distancia, este le tuvo que dar permiso para visitar Cortes extranjeras —una malicia del abate que le hacía notar al ministro su situación privilegiada de nuevo— y pudo blasonar de que había sido invitado por el rey de Nápoles, que le dio su confianza, no tanto por ser hombre culto —su biblioteca era espectacular, como ha puesto de relieve Jacinta Macías—, sino sin lugar a dudas por su habilidad con la escopeta y su genio chispeante. El rey cazador le invitó personalmente a su palacio napolitano y lo introdujo entre sus cortesanos en 1759 y, aunque no hay confirmación, es muy probable que el abate escopetero hiciera el viaje a España en la escuadra del rey, pues es lo que le dijo a Wall que haría cuando supo, el 22 de agosto, que había muerto Fernando VI: «Créome en obligación de ir acompañando al rey», le espetó a Wall, al que le recordaba que seguía gozando del permiso de *girar* las Cortes concedido por el rey difunto y que el nuevo le renovaría. El humor ácido de Gándara brillaba de nuevo.

Gándara estuvo invitado en Caserta durante el mes de julio de 1758 y volvió a Nápoles en noviembre del mismo año, esta vez con «cuarto en palacio» por expreso deseo del rey y para quedarse. Como dice Jacinta Macías, «fueron jornadas felices entre Persano, Caserta y Nápoles, acompañando al rey mañana y tarde», obviamente a cazar. En los primeros meses de 1759, mientras la Corte de Madrid asistía horrorizada a la locura sin remedio de Fernando VI, andrajoso y abandonado en el castillo de Villaviciosa de Odón, Gándara estuvo escribiendo en Nápoles los *Apuntes sobre el bien y el mal de España*. Luego, se dedicó a preparar el viaje a España, sirviendo de nuevo al rey en Madrid, no solo en su séquito en las partidas de caza, pues también fue nombrado confesor de la Real Familia. Durante los años anteriores al motín de 1766, se apartó de la vida pública, o al menos no dio motivos de escándalo; intuyó el peligro que se cernía sobre los jesuitas y, con mucho juicio, se fue separando de ellos, como él mismo confesó en sus escritos en la cárcel de Pamplona, el lugar al que de nuevo le condujeron sus muchos enemigos tras el motín contra Esquilache. Muchos vieron que venían tiempos tenebrosos para la Compañía, que lo serían igual para los ensenadistas, como así fue, pues de nuevo ganarían sus muchos y poderosos enemigos. Pero como él escribió luego en la cárcel, aunque al lado estaban Moñino y Roda, el que fue «actor, delator, agente, procurador, abogado contrario, escribano, fiscal y aun juez» de su desgracia había sido «el caballero Pedro Rodríguez Campomanes».

En efecto, el avispado Gándara «se retiró» de los jesuitas presumiendo su caída; algunos ya lo habían intuido al salir el *Fray Gerundio*, un retrato descarnado de las *otras* órdenes religiosas, escrito por un jesuita. «Había causado un infinito daño a la compañía», dijo el padre Burriel del *gerundiazo*, cuya segunda parte se prohibió en España por orden de la Inquisición y fue publicada diez años después en Bayona. Así, pues, Gándara se apartó de los jesuitas

> porque observando las nubes que corrían de norte a poniente y de levante a mediodía desde el año de 54, vislumbré (fácil era) la furiosa tempestad que iba a descargar sobre la Compañía si Dios no lo remediaba. Y llegué a concebir que en tales circunstancias, la frecuencia de mis visitas y mi correspondencia epistolar, sin serles útil para nada, podía perjudicarles en mucho.

Así, pues, Gándara, que venía precedido de su fama, fue prudente y no frecuentó a los padres desde que llegó a Madrid, pero, ya en la cárcel, se desquitó en su rabioso descargo y escribió: «Confieso sin rebozo que soy discípulo de la Compañía aunque el más ruin entre los ínfimos». Aceptaba que había tenido relaciones con jesuitas españoles, pero también italianos, franceses, alemanes y polacos, como «toda la nación»; y aún más: «Mirándolos como a mis maestros, los respeté y amé como a unos segundos padres». Un notorio projesuita, Constancio Eguía, se refirió a Gándara como el «desventurado clérigo cuyo martirio, por la causa jesuítica en los 18 años últimos de su vida, solo es comparable a la fortuna que le sonrió en los años precedentes».

Pero eso, según su declaración, no le hacía ser un conspirador. No había sido cómplice de las otras víctimas del odio de Campomanes, ni había tenido *juntas* en compañía de Lorenzo Hermoso de Mendoza, ni en el aposento del padre Isidro López, procurador general de la orden en Castilla la Vieja y fiel amigo y confesor de Ensenada, ni en su casa. «El padre López y yo jamás nos escribimos ni una sola letra», declaró. Al preguntarse por el inspirador de la campaña antijesuita, señaló a «un célebre calvinista, o mejor deísta (¡qué desgracia!), la mejor pluma de Francia, el cicerón de Ginebra», es decir, Voltaire. Con todo, sabía que los jesuitas no se consideraban perseguidos por Esquilache o por Carlos III, sino por «manos enemigas y muy poderosas que tenían en las Cortes de Roma, España, Francia, Nápoles, Portugal y Parma».

Ensenada y los jesuitas se habían convertido en objetivos de poderosos enemigos desde 1754, desde el momento en que Gándara vislumbró «la furiosa tempestad». Ahora, en 1766, eran los mismos que rodeaban al rey en el momento de la decisión de expulsarle, a Ensenada y a él, pues los antiguos albistas habían llegado a ministros y Campomanes dominaba la situación. Gándara recordaba en la cárcel que había escrito un informe al rey contra las pretensiones del duque de Alba que contó incluso, según dice, con el favor de Tanucci y el del confesor, el padre Eleta, que «le honró mucho con su aprobación». Pero una copia de ese papel pasó a manos de Campomanes, que comenzó a informarse sobre Gándara, del que le dijeron que, como Hermoso de Mendoza —otra víctima—, preparaba una severa crítica contra su libro sobre la regalía de amortización, publicado en 1765. Según Gándara, «turbó el miedo su razón, olvidose de sí mismo, abandonose por entero al espíritu de venganza, y dio principio a la formación de la infernal y furiosa borrasca que estoy padeciendo». Como en el caso del erudito José Luis Veláquez de Velasco, marqués de Valdeflores, académico de la Real Academia de la Historia, Campomanes actuaba con Gándara por odio personal y seguramente por celos, pues los dos se habían metido en su territorio intelectual y profesional.

Pero ya vimos la facilidad de Gándara para hacer enemigos, así que no hemos de olvidar al ministro que diez años antes quiso hundirle y salió humillado en el lance cuando el abate logró la protección de Carlo Terzo en Nápoles. Porque, aunque en la sombra, el exministro Ricardo Wall también estaba en Aranjuez, con el rey y sus ministros y consejeros, entre los que volvía a destacar el duque de Alba, de nuevo poderoso tras el motín. No es de extrañar que, cuando Gándara se presentó en el Real Sitio, despertara la ira de sus dos acérrimos enemigos y recibiera la orden de alejarse de la Corte para ir a servir su arcedianato. Pero ya le conocemos: hubo que repetírselo varias veces y, aun así, no obedeció. Incluso cuando Aranda publicó la orden que obligaba a los eclesiásticos a volver a sus destinos y salir de los Sitios Reales, Gándara siguió viviendo en Madrid, irritando hasta la saciedad al conde, poniendo disculpas hasta que, al final, los guardias entraron en su casa y le sacaron de Madrid por la fuerza. Era ya el 20 de octubre de 1766, eran muchos meses exponiéndose en vez de callar, una estrategia arriesgada cuando le incriminaban algunos papeles, como el delatador *Pronóstico del levantamiento del pueblo de Madrid*, que él decía que los había copiado, pues llevaban su letra.

Pero ni así conseguían doblegar su espíritu rebelde. Debían cumplir órdenes y llevarle a 56 leguas de Madrid, pero él decía que no pasaría de Pozuelo. Le acabaron trasladando a Cáceres y, según Jacinta Macías, hizo falta una partida de caballería para conducirle al castillo de Bartres, donde le vigilaba una guardia de 30 hombres. De ahí le sacaron en octubre de 1767 y el 6 de noviembre entraba en la cárcel de la ciudadela de Pamplona, de donde ya no saldría vivo. Fue sometido a juicio y, en 1770, Floridablanca sobreseyó la causa, pero nadie le levantó el castigo. En el olvido, solo contó con la ayuda de su hermano, pero solo hasta 1773, pues fue también desterrado como consecuencia de la defensa que hizo del preso. Los últimos diez años de vida de Gándara en la cárcel, privado de pluma y papel, fueron realmente terribles; llegó a pensar que querrían envenenarle. Como apunta Macías, seguramente tuvo la clemencia del capitán de la ciudadela de Pamplona y, al final, la compañía de un personaje enviado desde Madrid, quizás por el Gobierno, que se ocupó de sus papeles, enviados a Floridablanca tras su muerte el 5 de octubre de 1783. En la misma cárcel de la Ciudadela, había estado también Lorenzo Hermoso de Mendoza, traído desde Madrid, donde le detuvieron el mismo día que a Gándara, el 20 de octubre de 1766. Se le amenazó con darle tortura si no declaraba sobre sus cómplices jesuitas, pero resistió y hasta llegó a culpar a «Alba y su pandilla» de estar detrás del motín, justo lo que no quería oír Campomanes. En diciembre de 1767, fue trasladado a la cárcel de la Corte, desde donde partió al destierro.

La triste ciudadela de Pamplona se cobraba, en esta ocasión, dos víctimas señaladas: Hermoso y Gándara; en poco recibirá la visita de Floridablanca, ¡quién lo iba a pensar! El ministro murciano, que tanto había hecho para tranquilizar a Carlos III, logrando nada menos que la extinción de los jesuitas por el papa, también daba con sus huesos en la triste ciudadela tras una vida plena de servicios a Carlos III y Carlos IV. Acusado de malversación, la enemiga de Aranda —de nuevo, una de las suyas, como hubiera dicho su amigo Azara— acabó con una de las últimas víctimas, en 1792, aunque aún faltan algunas más en el siglo del absolutismo para redondear la triste fama de la ciudadela, nada menos que el ministro Mariano Luis de Urquijo y Muga, preso durante un año, hasta el 5 de marzo de 1802, en que se le permitió vivir en Bilbao; o Francisco de Zamora, el amigo de Floridablanca que tanto hizo por los gitanos de Barcelona tras la pragmática de 1783.

Habíamos conocido antes la dureza de la prisión de San Antón en La Coruña, con el viejo Macanaz preso; ahora hemos visto la de la ciudadela de Pamplona, con tantos ilustres, y aún podíamos revisar la nómina de tantas otras prisiones y fortalezas donde encontraríamos trágicas sorpresas, pero nos fijaremos en la de Alicante, en el castillo de Santa Bárbara, pues a una de sus mazmorras fue a parar la última víctima del motín contra Esquilache, el marqués de Valdeflores, Luis José de Velázquez, un interesantísimo personaje que al fin tendrá una biografía excelente dentro de muy poco, cuando termine su tesis doctoral Rosario Die Maculet. Luis José Velázquez, nacido en el seno de una familia rica, tuvo una educación excepcional y pronto despuntó en la corte, protegido por Ensenada, en tertulias y en las academias, con amigos como Ignacio de Luzán, Agustín de Montiano y Luyando, el conde de Torrepalma, Tomás de Iriarte o Jorge Juan. Fue miembro de la Academia Amistosa Literaria fundada por el sabio de Novelda en 1755 y, ya muy joven, se le consideró una autoridad en el conocimiento de la epigrafía y la documentación histórica, no solo en lengua latina, sino también en griego o árabe. Sus escritos sobre historia de España basados en la crítica de fuentes eran de una sorprendente modernidad. Fue por eso pieza clave del Gobierno en los proyectos de investigación histórica que dirigían el padre Burriel, el padre Flórez y el bibliotecario real Francisco Pérez Bayer, cuya finalidad era escribir una historia de España crítica, propia del mundo ilustrado. En 1752, con la protección de Ensenada, Velázquez recibía el encargo de Fernando VI de escribir «una nueva Historia General de la Nación», con un elevado sueldo —36 000 reales al año— y permisos para investigar en cualquier archivo de España. Tenía 30 años de edad.

Como a tantos ensenadistas, el golpe del 20 de julio de 1754 le dejó sin protección, y el nuevo Gobierno de Wall y Alba en la sombra le retiró el sueldo en 1755, lo que no impidió que siguiera viajando, investigando y publicando a costa del dinero de la familia. Ese mismo año, conocemos la primera manifestación de celos del que iba a ser su mortal enemigo, Campomanes, instalado ya en Madrid a la sombra de Wall, que le iba a nombrar director de correos, y de Alba, para quien ya hemos visto que trabajó, como bien lamentaba Gándara. Campomanes se ofrecía a la Real Academia de la Historia para «la formación de una colección de inscripciones» que, como recalca la reconocida epigrafista Alicia María Canto, ni siquiera mencionaba las que estaba recogiendo y transcribiendo Velázquez, hoy conservadas en decenas de volúmenes en la Real Academia de la Historia.

La rivalidad duró de por vida y Campomanes pudo al fin desquitarse tras el motín, cuando el ya hecho marqués de Valdeflores en 1760 por Carlos III —coincidiendo con el perdón a los ensenadistas— cometió los mismos errores que Gándara. El ministro de Carlos IV, Francisco de Saavedra, le recordará en sus *Decenios* y declarará la causa de su desgracia, que habría sido «el prurito de darse a la luz pública», pero por la siguiente razón: «porque ni él había podido sustraerse a la tentación de ridiculizar a Campomanes, ni Campomanes a la tentación de vengarse de él». Con menos ruido que Gándara, Valdeflores fue detenido y enviado al castillo de

Santa Bárbara de Alicante, sin sentencia, pero con cuatro años de condena (como a Hermoso, se pensó en sentenciarle a pena de muerte); luego se le trasladó al presidio de Alhucemas, donde se le permitió recobrar la libertad a causa de su estado de salud. Murió en Málaga a los cincuenta años, en 1772.

6
Carlos III y el absolutismo ilustrado

Carlos III y sus ministros

Carlo Terzo ya había demostrado, en Nápoles y Sicilia durante más de veinte años, desde que fue coronado en 1734, que era un rey emprendedor y querido por sus súbditos. Allí, como ocurría en todas las monarquías, el rey se rodeó de ministros eficaces —sobre todo Bernardo Tanucci, con quien mantuvo la amistad hasta el final— y adquirió fama de monarca ilustrado. Cuando en 1759 ciñó la corona del reino de España, cuyas grandezas le habían exagerado, hizo lo mismo: dejó gobernar a sus ministros. Lo hizo con los italianos, Esquilache y Grimaldi, y lo hizo después con los españoles tras los motines de 1766, un cambio de rumbo que puso a la cabeza al conde de Aranda, dos veces grande de España, pero cosmopolita y dispuesto a emprender las reformas que un togado golilla como Campomanes ya había anunciado en sus libros y un peruano, viajado y libertino, como Pablo de Olavide estaba dispuesto a ejecutar con el beneplácito de todos. Para emprender esas reformas, necesitaban contar con el rey, al que de esa forma hacían ilustrado y reformador, por más que eso no fuera precisamente lo que más le gustaba, y todos lo sabían. Como dijo Baretti en su *Viaje*, Carlos III «fue siempre enemigo de toda suerte de innovaciones».

Pero esa contradicción, que ya se advirtió entonces, es la razón de que Carlos III siga manteniendo la imagen del buen rey amante de sus súbditos. Elevándole a lo más alto, «allanando a Su Majestad los caminos de la Gloria», los ministros le fabricaron, ya en vida, la imagen del hombre bueno, apacible, discreto, prudente y lo suficientemente avispado como para que ningún ministro le engañara, que es de lo que él se ufanaba más. El conde de Fernán Núñez, que lo idolatraba, fue su primer biógrafo y dejó ya plasmadas para el futuro sus muchas virtudes, su austeridad, su carácter amable, su conversación agradable, su trato respetuoso con sus sirvientes; luego, el liberal Antonio Ferrer del Río remató el retrato del rey progresista. Carlos III ya no sería solo un rey ilustrado, sino que además habría iniciado las grandes reformas que los liberales intentarían llevar a cabo en el siglo XIX. Con el triunfo socialista en 1982, hubo quien todavía recurrió a Carlos III como inspirador de lo que había que hacer en España desde el nuevo Gobierno, lo que quedó de manifiesto en los actos de conmemoración de su muerte en 1788, que ratificaron la imagen del rey no solo ilustrado, sino progresista.

El rey de las reformas seguía siendo un rey absoluto, pero no olvidaba que, si Dios le había puesto a la cabeza de la monarquía, también le exigiría más que a sus súbditos cuando llegara la hora de rendir cuentas. Carlos III fue un hombre en extremo religioso. También Casanova reparó en ese detalle: «Era muy devoto y decidido a morir antes que macular su alma con el menor pecado mortal. A cualquiera le será fácil darse cuenta de que semejante hombre debía de ser esclavo de su confesor». Este papel lo representó con absoluta dedicación el franciscano Joaquín Eleta, al que ya conocemos. Junto a él, en la intimidad del rey, estaba también el duque de Losada, hombre prudente y bueno, del que dice Ferrer del Río: «Solía ser el duque cerca de Carlos III como el eco de la voz de Tanucci; sin más impulsos que los de su corazón bondadoso, interponía su influencia a favor de los que necesitaban pan o justicia».

Como había hecho Felipe II alentando la oposición entre sus ministros para estar bien informado, Carlos III disfrutó comparando las opiniones del personal más próximo —su *famille* en la *domus regia*— con las de los ministros, entre los que también eran profundas las desavenencias, que se descubrían en cuanto se preparaba algún proyecto de reforma como, por ejemplo, el primero en calado político y el más ilustrado del siglo, la creación de las Nuevas Poblaciones en 1767. El proyecto era la puesta en práctica de las ideas de Campomanes, Aranda y Olavide, en el marco global de la reforma agraria que ya comenzaba a plantearse junto con un instrumento que podía hacerla posible: la regalía de la amortización. El rey debía recuperar sus regalías contra los poderes tradicionales, la nobleza y la Iglesia, los grandes propietarios agrarios, también los responsables de que extensas regiones se mantuvieran desiertas, como hemos visto denunciar al padre Feijoo. Campomanes quería un campesino satisfecho, con su mediana propiedad y su casa, que creara una familia y no huyera a la ciudad en momentos de carestía para engrosar la masa de los pobres urbanos, ahora considerados un peligro social por los ilustrados.

Ha dicho Roberto Fernández con razón que el rey «se entregaba a un solo hombre». En la excelente biografía del colega y amigo, Carlos III aparece en cada uno de los periodos del reinado otorgando su confianza a un ministro, «a quien el rey oye todos los días». El primero, en Nápoles, fue Tanucci; en España, Esquilache. Expulsado el italiano en 1766, el *hombre del rey* fue Grimaldi, con el que tuvo una sincera amistad. A la caída del *suave* abate italiano en 1776, el papel le correspondió al conde de Floridablanca, eficaz hombre de Estado, pero menos cercano. En realidad, Carlos III no confió nunca en gente tan letrada como el abogado Campomanes, y menos en hombres tan soberbios como Aranda, o tan descreídos como Olavide: «ministros flacos» los llamó el fiscal Carrasco, abiertamente enemigo de las reformas. Cuando arreciaron las críticas desde las Nuevas Poblaciones contra la mala administración dirigida por el manirroto Olavide, el rey se quitó de encima a su protector Aranda, enviándole a la Embajada de París en 1773 (ya lo había mandado, en 1760, a la de Varsovia y, en 1764, a la Capitanía General de Valencia). En adelante, la víctima de la deriva errática del proyecto de las poblaciones, fuertemente censurado por el visitador Pedro Pérez Valiente, sería Olavide, extranjero y sin valedores. Campomanes se había ido oscureciendo, olvidando algunas ideas que ya no era fácil sostener ante el giro conservador, al que él mismo se había sumado desde 1773. En el entorno más cercano al rey, donde mandaba cada vez más Eleta, nadie iba a intentar defender al que los inquisidores pintaban como un hereje de ideas impías y vida escandalosa; Campomanes tampoco había defendido unos años antes al operista Setaro, acusado de sodomita por los curas de Bilbao. Ciertamente, en España las luces se abrían camino ya con *maggiore difficoltà e lentezza*, según escribió el embajador Giusti a Beccaria en 1775; Voltaire ya no era tan reverenciado en Francia, y Tanucci era depuesto en Nápoles.

Llegó el fatídico año 1776, *annus horribilis* para el rey. La inquina política instigada por Aranda desde París contra Grimaldi obligó a Carlos III a intervenir personalmente, lo que no era su proceder habitual. Hasta ahora había dejado hacer a sus ministros —*hacer sin hacer*—, pero tras la derrota de Argel, en verano de 1775, las maniobras de Aranda habían llegado hasta el cuarto del príncipe, el futuro Carlos IV, al que pedía apoyo para volver al poder. Antes padre que rey, Carlos III escribió una carta al hijo en la que le aconsejaba que se cuidara de los partidos (y también de su mujer). Era lo que tenía que hacer él también: frenar al partido aragonés del soberbio conde de Aranda, el responsable de la agitación política que, según creían algunos cortesanos, acabaría provocando un motín como el de 1766. Así, el rey cesó a su buen amigo Grimaldi —y le hizo duque—, pero no nombró a Aranda, sino a Floridablanca, rivales que prolongarán sus diferencias hasta el siguiente reinado.

Además, ahora Carlos, padre y también hermano, tuvo que poner orden donde hacía mucho tiempo que se notaba su falta de autoridad: en el asunto de su hermano don Luis. El infante vivía en el escándalo permanente, «desfrutando mozas mientras el rey cazaba pajaritos» —en palabras del socarrón Aranda—, así que hubo que casarle. Grimaldi y el rey eligieron a una hidalga aragonesa y, para impedir que la descendencia interfiriera en la línea de sucesión, Carlos III decretó la ley de matrimonios desiguales, por la que los hijos del infante perdían el apellido Borbón, y don Luis y su familia salían de la Corte. Fue muy doloroso para el rey no volver a ver a su hermano, el Pequeño, que le acompañaba a cazar a diario. Las cartas de don Luis a su «hermano del alma y el corazón» poco antes de morir producen una inmensa tristeza, pero Carlos III no mostró un ápice de clemencia. Ni con su hermano ni con nadie.

La crispación política en España y las muy malas noticias sobre el mal comportamiento de su hijo Fernando, el rey de Nápoles, y el peor de su nuera, María Carolina, hicieron al rey más desconfiado y, si cabe, acentuaron su religiosidad. El padre Eleta tenía que despejar los escrúpulos del rey, que se asustaba incluso ante un pecado venial, a pesar de que desde la muerte de su mujer, María Amalia de Sajonia, en 1760, no había tenido la menor tentación de la carne —en eso hay consenso general—. También fue especialmente tranquilizadora para su conciencia la gran notica de la extinción de los jesuitas por el papa franciscano Ganganelli, Clemente XIV, en 1773, el gran triunfo Borbón que ratificaba su decisión de expulsarles en 1767. A partir de 1777, Floridablanca fue redondeando la fama del rey: el «mal de piedra», el mejor alcalde de Madrid, las disposiciones de carácter social, la pragmática a favor de los gitanos de 1783, la legalización de todas las profesiones, del mismo año, la creación de la policía para mejorar la seguridad en las ciudades. Carlos III caminaba ya hacia la gloria terrena —ese «andar completamente borbónico, esto es, erguido y seguro» (Baretti)— y todos los grandes símbolos de la monarquía hispánica (el himno, la bandera, las ordenanzas militares, la puerta de Alcalá, el salón del trono del palacio) resplandecían al final de su reinado.

La sangre real y el caso del infante don Luis

La paternidad no es una condición natural obligatoria, pero el sistema monárquico mantiene un código atemporal que, en la práctica, la convierte en el objetivo prioritario e ineludible. Es lo mismo para la nobleza; en el fondo, la sangre fue siempre un instrumento de mantenimiento del orden social fundado en las herencias de atávicas sociedades patrilineales. La falta de herederos no solo es un problema para la continuidad de la familia reinante, sino a menudo un desencadenante de inestabilidad política que puede acabar incluso en guerra abierta, como ocurrió con frecuencia. Así, pues, asegurar la sucesión era asegurar el orden político —una más de las confusiones entre monarquía y Estado que propició el absolutismo— y, para ello, debía ponerse en marcha toda la maquinaria diplomática, una parte del Estado también confundida con la *domus regia* capaz de acordar los matrimonios entre las familias de sangre real, que era la fórmula obligada en el Antiguo Régimen. No por tópico es menos didáctico el pasquín *Si parís, parís a España; si no parís,... ¡a París!,* con el que se advertía de su primera obligación a la joven Mariana de Neoburgo —en cuya familia las mujeres venían demostrando de antiguo ser prolíficas—, aun a sabiendas de que le iba a resultar muy difícil cumplir con su deber con un esposo como Carlos II. En el otro extremo, se situaría la intensa actividad de las tres grandes reinas procreadoras del siglo: Isabel Farnesio, María Amalia de Sajonia y María Luisa de Parma, madres de más de una docena de hijos cada una. Destacaremos entre ellas a la Farnesio, la que se empleó más a fondo en el siguiente acto político inherente a la maternidad: *colocar* a los hijos. Isabel Farnesio, que fue llamada la Casamentera de Europa por su tenacidad en buscar tronos para sus hijos e hijas, lo logró admirablemente: una reina de Portugal, una delfina de Francia (malograda por su temprana muerte), un príncipe de Parma, incluso un rey de España, pues los hijos de María Luisa Gabriela de Saboya no llegaron a procrear y así fue posible que Carlet, el predilecto de la Parmesana, sucediera al hijastro Fernando VI.

Pero para asegurar la sucesión a veces era necesario usar otros mecanismos, pues a pesar del desarrollo legislativo favorable a la primogenitura —y gracias a la ley sálica decretada por Felipe V en 1713, afirmando la prelación del varón—, quedaban todavía en el siglo XVIII demasiadas combinaciones pendientes del azar. Podían nacer hijos tarados —los tuvieron todas las reinas del siglo— o nacer mujeres, un problema que no se planteó en el siglo XVIII, pero que siempre estuvo flotando hasta que en las Cortes de 1789 se derogó la ley sálica. Como a Carlos IV lo único que le interesaba realmente es que esas Cortes proclamaran príncipe de Asturias al futuro Fernando VII, Campomanes clausuró las Cortes asustado por lo que pasaba en Francia y no publicó la derogación, lo que causaría la primera guerra carlista. Podía haber también muertes prematuras de primogénitos, como la de Luis I, y una variada casuística. Además, había que preocuparse del futuro de los infantes e infantas y de las ramas familiares que encabezarían, pues no era habitual que quedaran solteros.

Estaba probado en la historia que el celibato de los infantes e infantas acarreaba problemas y así se pudo comprobar en el caso más resonante del siglo, el del infante don Luis. A pesar de la pasión de madre de la Farnesio, el Pequeño fue destinado a la Iglesia. Sin llegar a los diez años, en 1736, Luis de Borbón recibió el capelo cardenalicio del papa Clemente XII, un gesto muy propio de la madre, eufórica por la entronización de Carlos III en Nápoles, pero que veía imposible colocar al menor de sus hijos en Toscana como quería; antes estaba Felipe, al que costó una guerra hacerle duque de Parma. Ya en su madurez, en 1754, el infante don Luis decidió renunciar al capelo, pero no morigeró sus costumbres en asuntos de faldas y siguió provocando constantes escándalos en San Ildefonso —adonde se retiró con su madre al llegar al trono Fernando VI en 1746— con la complicidad de otros jóvenes libertinos, incluido Nicolás Fernández de Moratín, autor del célebre *Arte de las putas* (o *Arte de putear*), o más tarde, el pintor de cámara Luis Paret, desterrado sin contemplaciones por Carlos III. La vuelta al palacio real de Madrid al llegar al trono su hermano Carlos en 1759 no le hizo cambiar y siguieron los escándalos en todos los sitios reales adonde se trasladaba la corte itinerante, con las consiguientes burlas en pasquines. El infante daba rienda suelta a sus instintos en cualquier sitio; incluso se llegó a decir que mantenía en palacio a tres coimas y hasta que había contraído la sífilis.

La inmoralidad del infante provocaba, en la *domus regia*, no solo rechiflas, pues era imposible que el oscuro padre Eleta pudiera reírse de estos abominables pecados, menos aún Carlos III. Chocaba que el rey no mostrara interés en corregir a su hermano y que miraba para otro lado por más que conociera las piruetas que debían hacer los ministros para ocultar los pasquines —inútilmente, pues como decía el conde de Aranda desde París, los chascarrillos «pasan Pirineos, Alpes, Rhin, Tíber y mares»— y evitar que se propagaran las proezas de bragueta del hermano. Aranda, desde París, bramaba contra el Gobierno —en especial, contra Grimaldi— y no dejaba de caldear la *fragua* de la conspiración, como veremos, y se desesperaba con el comportamiento de Carlos III, que no era capaz de decirle a su hermano «cuatro palabritas de prevención, de consejo, de mandato, como hermano, amigo o patrón, en tantas horas de andar cazando juntos, ambos hermanos, sobre cuatro ruedas, tirados por doce largas orejas y conducidos por dos borrachos».

Pero el rey siempre tardó en tomar decisiones, reaccionó al fin cuando un arrepentido hermano, «gobernado de los verdaderos principios de la religión y la conciencia», vino a pedirle, en 1776, «abrazar el estado de matrimonio». Tenía entonces don Luis 48 años y hablaba hasta de procurar su salvación enmendándose, pues sabía qué tecla tocar ante su regio hermano. El clima en la corte era de enorme tensión política desde que, en julio de 1775, el desastre de Argel —que costó miles de muertos— desencadenara las críticas contra el Gobierno de Grimaldi y los extranjeros, entre ellos el general Alejandro O'Reilly, que mandaba las tropas. Como ha escrito con maestría Teófanes Egido, «tanto se calentaron los espíritus que hasta hubo amagos de renovar los motines madrileños de 1766». El abate Mortier, en carta al duque de Módena de 14 de agosto de 1775, le decía: «De estos espíritus tan agitados se teme alguna sublevación, empezándose a ver de noche partidas de 30 o 40 hombres con sombreros redondos como acostumbraban antes del tumulto en tiempo del marqués de Esquilache en el año de 1766». Le daba cuenta también de que «antes de ayer se fijaron aquí y en San Ildefonso tres retratos denotando a O' Reilly en acto de ser ajusticiado por mano del verdugo». La «cuerda tirante» también iba en dibujos en los pasquines.

Todo iba a la diabla. Aranda conspiraba desde París contra Grimaldi, en Nápoles caía Tanucci —otro disgusto para Carlos III— y la Inquisición se preparaba para su gran triunfo en el caso Olavide. Aranda, en sus tiempos de embajador en Varsovia, se había permitido fanfarronadas como la que le escribió a Wall en carta de 19 de septiembre de 1761: «Y qué herejotes se van haciendo el rey y sus ministros. Ya lo veremos si aun a Su Majestad lo declaran como tal, lo excomulgan, y a sus ministros los encierran, y a buen librar, los vapulean en el calabozo y después, antes de extrañarlos, los hacen salir a Santo Domingo con vela verde en mano». En efecto, acertó: 15 años después, su hechura más querida, Olavide, era vapuleado en el calabozo y a los dos años «salía con vela verde en la mano».

En este 1776 que podemos calificar de *annus horribilis* de Carlos III, la decisión de casar a don Luis, que obviamente había sido instigada por la cúpula cortesana —Eleta al frente—, provocó una nueva inquietud en la conciencia del rey, pues el heredero Carlos había nacido en Nápoles y las leyes españolas podían ser un obstáculo para que ciñera la corona. Quizás un día podía plantearse el problema con los futuros hijos del infante. Pero, moralmente, Carlos III no podía impedir que su hermano se casara, pues lo que implícitamente le pedía era poner fin a sus desenfrenos sexuales y conformarse con el desfogue en el lecho matrimonial —«Dios nos dio el sacramento del matrimonio para huir de la fornicación»—, práctica bien conocida en la familia desde que Felipe V y Fernando VI padecieran del priapismo que les obligaba al uso constante del sacramento con las abnegadas reinas. El asunto motivaba bromas y risitas incluso entre las infantas, como deja traslucir la recién publicada correspondencia de la infanta María Teresa por Margarita Torrione y José Luis Sancho.

Así, pues, la compleja cuestión del infante don Luis motivó una combinación de soluciones. Una, no se casaría con mujer de sangre real, sino con una de la baja nobleza aragonesa, que resultó ser, tras descartar candidatas de la nobleza española que no quisieron, la infanzona Teresa Vallabriga, zaragozana de 17 años de edad. Dos, el rey publicaría antes de la boda la ley de matrimonios desiguales, por la que los hijos de esa unión no podrían llevar el apellido Borbón, ni residir en la corte, ni esgrimir derecho alguno de pertenencia a la familia real. Así se lo explicaba Grimaldi a Ventura Figueroa el 21 de mayo de 1776:

> Por lo que toca a mis encargos, con el rey todo está concluido. El mismo día que vuelva la corte a Madrid partirá Su Alteza para irse a casar; va por ahora a establecerse a Talavera, en donde vivirá incógnito con el nombre de conde de Chinchón; y solo cuando venga a visitar al rey tomará en la corte el título y distinciones de infante; esto es lo que sé; en lo demás no he querido mezclarme, ni entender.

No fue del todo así, pues don Luis no volvió a la Corte ni volvió a ver a su hermano. En realidad, la solución se llevó a extremos de una dureza inusitada. Baste un detalle: el 4 de febrero de 1777, en uno de sus últimos actos en el Gobierno, Grimaldi escribió a Aranda dándole instrucciones para que le comunicara al ministro Vergennes «que no se ponga en el Almanaque de Francia a D.ª M.ª Teresa Vallabriga como esposa del infante don Luis, *ni a un hermano que el rey no tiene*». Aranda cumplió la orden y el ministro francés se disculpó diplomáticamente diciendo que era un error tipográfico. Cuando llegó el primer hijo de la pareja, Floridablanca, que había sucedido a Grimaldi, se apresuró a escribir a Aranda, el 19 de julio de 1779, para recordarle que no diera noticia alguna en París y que se asegurara del silencio oficial en todos los medios de la Corte francesa. Carlos III no tenía hermano, ni sobrinos.

Los tres hijos de don Luis quedaron, por tanto, excluidos de la sucesión, que es lo que importaba, aunque fuera a costa de un gran sufrimiento de por vida del pobre infante (Goya supo plasmarlo magistralmente en el retrato de la familia en su casa de Arenas de San Pedro). Carlos III se mostró inflexible con el Pequeño, el hombre sensible y pusilánime, buen músico y mecenas de artistas (Boccherini, Goya), que había vivido siempre en el seno de la familia real, protegido por su madre y tolerado en sus vicios por su estatus hasta que, en el desamparo del destierro, se hizo evidente su debilidad: en Arenas se quejaba de que le dominaba hasta el mayordomo y de que tenía tan poca autoridad que los lugareños tiraban piedras a su casa. Las cartas de don Luis a Carlos III son tan patéticas como esta última, que escribe en el lecho de muerte, en agosto de 1785: «Hermano de mi alma, me acaban de sacramentar, te pido por el lance en que estoy que cuides de mi mujer y mis hijos y de mis pobres criados y adiós. Tu hermano Luis». Su sobrina María Luisa, ya reina, reconocería ante Godoy, casado con María Teresa, la condesa de Chinchón, hija de don Luis, el drama: «Infeliz, cuánto padeció. Solo el rey (Carlos IV) y yo fuimos siempre sus únicos consuelos». Lo decía en 1800, con motivo del reconocimiento de don Luis de Borbón y del traslado de su cadáver desde la parroquial de Arenas de San Pedro, donde había quedado depositado en 1785, al panteón de infantes de El Escorial, lo que de paso provocaba el definitivo vínculo del príncipe Godoy con sangre real.

La familia, el cuarto del príncipe y la reacción

El único teatro político en el despotismo, la Corte, funcionaba bajo viejas pautas impuestas por un protocolo rígido en el que todo acto tenía sentido, es decir, todo era político, como había escrito Jean Jacques Rousseau en *Las confesiones*. Visto desde hoy, las relaciones entre la pareja real y sus hijos nos pueden resultar incomprensibles, pues el escaso contacto entre los integrantes del núcleo familiar, generalmente extenso, produce una imagen de desolación. Leer las cartas íntimas entre los miembros de la familia real nos traslada a un mundo de soledad, en el que —sobre todo entre las mujeres— se consumía el tiempo bajo unas rígidas normas. Apenas había más contactos humanos que los rutinarios con los sirvientes, gentes de otra esfera generalmente, ante las que tenían que seguir manteniendo la rigidez y la contención, pues habían sido enseñados desde pequeños que, antes de nada, estaba su rol de hijo o hija de rey, infantes de España; por supuesto, no había que fiarse nada de los criados, que podían sacar noticias afuera y alimentar así a la canalla que divulgaba rumores y distribuía panfletos. Por eso, como nuestro querido compañero Carlos Gómez-Centurión escribió con tanta elegancia y sabiduría, estas personas reales segundonas —que la investigación va sacando de la obscuridad en que la historia las ha mantenido— tenían a su alrededor animales de compañía, *mascotas reales*, que mitigaban la pena de la soledad y la ausencia de intimidad. Por eso, además, desarrollaron sus aptitudes para las artes, siempre en la invisibilidad, casi el anonimato.

Nada más nacer, los hijos del rey eran separados de sus padres. Se les entregaba a saludables nodrizas de procedencia norteña que les daban el pecho bajo la supervisión de un aya hasta que se les quitaba la leche; entonces, pasaban a integrarse con la chiquillería de palacio, con los hijos e hijas de los cortesanos más descollantes, pero siempre al margen del *teatro oficial*. Los padres solo veían a los hijos cuando estaba previsto en el protocolo; además, estos pronto se multiplicaban y se mezclaban con primos, sobrinos y demás familia. Las tres grandes reinas (Isabel, María Amalia y María Luisa) parían con una regularidad pasmosa: uno al año (parto, cuarentena y, un mes después, nuevo embarazo). Así, los Borbones españoles emparentaron con casi todas las monarquías reinantes.

Cuando ya no eran niños, los infantes pasaban a depender de un ayo; tenían, además, preceptores de distintas artes y un confesor. Los niños eran adiestrados para la caza; también para la pesca, a la que don Luis, por ejemplo, era muy aficionado: le llamaban también el Pescador. Aprendían francés e italiano, y a leer y escribir, aunque los chicos no leían prácticamente nada, y algunos, como Carlos III, escribieron muy mal toda la vida, con una letra malísima, difícil de leer hoy incluso por los estudiosos. Las chicas demostraban, por lo general, mucha sensibilidad y afición por las artes y la literatura: quizás habían salido a sus ancestros femeninos, las cultas reinas Mariana de Neoburgo o Isabel Farnesio (tía y sobrina). También había recibido una educación esmerada la reina María Bárbara de Braganza, muy al contrario de la chismosa María Luisa.

Luego, llegaba la hora de buscarles novio, o novia, un asunto ya político que ofrecía algunos riesgos y motivaba la casuística más variada, así como los enfados cuando la elección no era del gusto del infante o la infanta, que solo conocían a sus parejas por pequeños retratos que enviaban los embajadores. Se cuenta que Fernando VI quedó pasmado cuando vio en persona a su novia Bárbara de Braganza, en el momento de la boda, pues no se parecía nada a la del retrato que le habían enviado. Era horriblemente fea y se dijo que a Fernando le entraron ganas de salir corriendo. Un caso contrario es el de la guapa María Amalia de Sajonia, una joven que pronto se acostumbró a la regularidad de Carlos III en todo, incluso en el *uso del sacramento*, aunque las primeras noches, según contó Carlos III a su madre, no acertaron a distinguir lo que les ocurría en el *acto*. Carlos III se quejó ante su madre de que no le habían enseñado. La carta, que la mayoría de los historiadores nos resistimos a publicar por pudor, está transcrita en la reciente biografía del rey publicada por Giuseppe Caridi.

El hecho de que Isabel Farnesio decidiera casar a su hijastro, el infante Fernando (futuro Fernando VI), con una princesa portuguesa provocó una riada de pasquines, pues se pensó que la casamentera había querido humillar a su hijastro al casarle con la «fea, gorda y portuguesa» Bárbara de Braganza —recuérdese que la separación de Portugal estaba reciente y además, los Braganza habían sido enemigos de los Borbones en la guerra de sucesión, incluso en alguna coyuntura posterior—. También provocaba inquietud la manifestación de los primeros síntomas de la enfermedad de Felipe V, un trastorno bipolar que le provocaba los pánicos, el cambio horario, quizás los excesos con la triaca y el opio, el priapismo y, desde luego, los intentos de abdicar del trono, consumado en 1724, cuando lo cedió al primogénito de la Saboyana, el breve Luis I.

Los reyes padres se retiraron a San Ildefonso, pero la enfermedad mental volvió a hacer acto de presencia en la corte del joven Luis I en la persona de su esposa, la *refrancesa* Luise Isabelle de Orleans, nieta de Luis XIV, casada a los doce años con el pobre príncipe, que frisaba los quince. Los escándalos de esta niña convertida en reina, que se paseaba desnuda por palacio y eructaba en la mesa, provocaron constantes disgustos a Isabel Farnesio que, harta de atender a tanto vesánico a su alrededor, devolvió a la joven reina a París tras la muerte de su hijastro Luis I, en 1724, a pesar de que sabía que iba a provocar la irritación de la corte de Luis XV.

Pero a la Farnesio no debió importarle, pues era una manera de responder a la humillante decisión de Luis XV de devolver a la infantita María Ana Victoria, Marianina, que en 1722 había sido enviada a París para que fuera educada *a la francesa* y casarla luego con el delfín. Como la niña casadera, de cuatro añitos de edad, fue reemplazada por María Leszcynska y devuelta a Madrid, Felipe V e Isabel Farnesio hicieron lo mismo con la reina viuda Luisa Isabel y con otra princesa niña de la casa de Orleans, Mademoiselle de Beaujolais, que había venido a la corte española para ser desposada en su momento con el infante Carlos. Isabel Farnesio ponía a las dos en la frontera, junto con el embajador de Francia (lo que recuerda mucho a la expulsión desde Jadraque de la princesa de los Ursinos con lo puesto, al llegar a España en 1714). Por detrás había un cambio político de primera importancia —la reversión de alianzas, la paz con Austria—, pero en la *domus regia* las consecuencias afectaban primero a la *famille*.

La vuelta al trono de Felipe V, forzada por Isabel Farnesio, provocó que la oposición —que se había manifestado contra el *abuso* del rey— empezara a construir un mesías con el futuro heredero, el nuevo príncipe de Asturias, Fernando, el primer Borbón nacido en España. Él era el símbolo de las esperanzas de un confuso partido español que se manifestará en 1746, cuando el rey llegue al trono y que, en ese momento, no era más que un conjunto variopinto de nobles resentidos, con algunos grandes de España a la cabeza que, como hemos visto, querían practicar el «quítate tú que me pongo yo» con los ministros plebeyos, como Patiño, Campillo, o Ensenada.

En los años que quedaban de reinado de Felipe V, que no eran pocos, el cuarto del príncipe no dejó de moverse en torno a esas esperanzas despertadas por un endeble partido fernandino, más bien ilusiones siempre truncadas. La Corte fue un hervidero de rumores y pasquines, los célebres diarios de *Perico y Marica*, las torpezas de los propios príncipes Fernando y Bárbara ante las intrigas de la embajada francesa o la portuguesa, la marginación a la que fueron condenados por la Farnesio, que excitaba la imaginación de los españoles ante el clásico de la madrastra que prefiere a sus hijos y rechaza a los de la otra. En fin, la opinión pública agigantaba todavía más los malos tratos infligidos por la reina a la triste pareja, aunque, en realidad, la gran reina que fue Isabel procedía así porque había descubierto la total inutilidad para la política y el trato social de un príncipe que estaba tan enfermo como su padre, aunque pudiera ocultar los síntomas por el consuelo de su dulce esposa, Bárbara, una infeliz por la que el embajador portugués podía tener fácil acceso a secretos de Estado, lo que quiere decir que los tenía también el de Inglaterra, que pronto sería el gran zorro de la intriga, Benjamin Keene.

La Farnesio, astuta y consumada política, no podía fiarse de la pareja. Un pasquín del ciclo *Perico y Marica* decía: «Dentro de palacio / tan solos se encuentran / que no hay quien les sirva / vianda a la mesa; / y así a sí se asisten / y así solos cenan, / solos se desnudan / y solos se acuestan», pero, en realidad, durante las *furias* y los *vapores* de padre e hijo, la Farnesio llevó el timón político, a veces sufriendo incluso las bofetadas de su marido y los desplantes del hijastro, como ha demostrado María Ángeles Pérez Samper. No es de extrañar que, a la muerte de Felipe V, la reina viuda saliera de la corte humillada y, un año después, fuera recluida en La Granja de San Ildefonso por el hijastro rey. «Yo la quisiera en Parma», dijo entonces un exultante duque de Huéscar, que así se sumaba al coro contra la reina viuda, que ya nunca le perdonó.

Fernando VI no tuvo hijos, así que no hubo en su reinado cuarto del príncipe. Sin embargo, ese hecho, con ser relevante, no es contradictorio del todo con la existencia de la conspiración de un príncipe, en este caso, un príncipe que ya era... rey de Nápoles. Durante el siglo XVIII, los partidos políticos tenían estrategias y objetivos claros, líderes definidos y redes de apoyo, como hemos visto, aunque la debilidad de los canales de expresión impida ahora su conocimiento y, más aún, su difusión entonces, que hubiera sido considerada subversiva, como advierte Pedro Luis Lorenzo Cadarso. Pero, en el interior de los grupos partidistas, de las facciones y las cábalas, se hablaba de las distintas opciones, pues era evidente que la rueda de la fortuna no paraba de ofrecer novedades. Había que ser previsores y manejar todas las posibilidades para navegar en el proceloso mundo de la política. Conocían, practicaban y sufrían la perversidad y preferían decir que no hacían política —en el fondo, pervivía el miedo al maquiavelismo— y que eran meros servidores del amo, pero la ambición les llevaba a la acción permanente, a crear redes de clientes políticos de lealtad a prueba, a buscar información de cualquier manera —de ahí el desarrollo del espionaje durante el siglo— y a hundir al contrincante con cualquier excusa; por eso, las cartas cifradas, el secreto, los recadistas. Lealtad y secreto eran claves —también la bolsa llena para el soborno—, lo que se solapaba a menudo con declaraciones de amistad, devoción y cariño, que no dudaban en traicionar por un motivo para el que podían incluso invocar la razón de Estado, aunque preferían antes de nada tener la anuencia del rey como legitimador: lograr involucrar al rey en las decisiones era el máximo éxito político al que podían aspirar. Así, en ese mundo de relaciones muy complejas y peligrosas, del rey abajo todo era posible, pero el rey, sacralizado, parecía un límite infranqueable, pues su arbitrariedad era un riesgo: la real gana era a menudo imprevisible y más con estos dos primeros Borbones locos (y también con Carlos III, que se creyó siempre el brazo ejecutor de la justicia divina).

Sin embargo, ¿era el rey el límite infranqueable, realmente? Ya se había visto en el siglo cómo se movían las piezas para impedir la vuelta de Felipe V tras la muerte de Luis I, o para coronar a Fernando VI en Lisboa con apoyo de su suegro Juan V tras hacer abdicar a Felipe V, según la ilusoria conspiración del marqués de Tabuérniga; o para, según la ridícula e imposible conjura ensenadista desvelada por el embajador Masones de Lima, traer a Carlos desde Nápoles a Madrid en vida de Fernando VI. Todavía durante la enfermedad postrera del rey loco, los rumores de nuevo volvieron a inventar conspiraciones: al rey se le estaría envenenando para adelantar la llegada de su hermanastro; incluso se temía un gobierno de los grandes, sobre lo que Wall tuvo que tranquilizar a Isabel Farnesio. Ya con Carlos III en España, resuelta la sucesión, las aspiraciones de los dos partidos se centraron solo en provocar los cambios ministeriales, aunque todavía se mantuvo el aire de conspiración en el cuarto del príncipe.

Los príncipes de Asturias y la conspiración de Aranda

La personalidad, las ideas y la actividad política del conde de Aranda serán siempre un reto para un historiador dieciochista (también la persistencia en la bibliografía de algunas insoportables falsedades sobre el conde). Ya hemos visto que Aranda tuvo en su mano resortes políticos cruciales y a menudo los empleó rozando todos los límites implícitos en la convención establecida secularmente en las relaciones entre rey y ministros. Solo en una ocasión, su patriótica franqueza, sus voces y sus maneras brutales en la conversación le llevaron a sufrir el castigo regio —el fulminante destierro a Granada en 1794—, pero casi todos los estudiosos que nos hemos topado con este singular personaje estamos de acuerdo en que, si no sufrió algo parecido en el reinado anterior, fue porque Carlos III supo mantenerle a su servicio, pero lejos de él. Contaré la célebre escena entre ambos personajes que da prueba de las maneras de Aranda. La transmitió el escritor aragonés José Mor de Fuentes, que dijo habérsela oído al conde, y fue divulgada por William Coxe en su conocida obra *España bajo el reinado de la casa de Borbón*. En el fragor de la conversación, Carlos III le habría espetado: «Conde, eres más terco y testarudo que una mula aragonesa»; a lo que Aranda le replicó que conocía a alguien más terco que todos los aragoneses juntos. Cuando el rey le pregunto quién era, el conde contestó: «La Sacra y Real persona de Su Majestad Católica, el Rey Nuestro Señor don Carlos III».

Como suele ocurrirles a los hombres altivos, ni siquiera reparaba en que el exceso de sinceridad, del que blasonaba a cada minuto, podía ser utilizado por sus enemigos políticos contra él —o contra sus amigos— y contribuir a mermar su reputación, o a que se conocieran sus puntos débiles, aquellos por los que tantos ataques sufrió a lo largo de su vida. Era este, como comprendió Rafael Olaechea, «su tendón de Aquiles, y por este flanco le enredarían quienes movían los hilos de su ambición». El jesuita padre Luengo, que juzgó bien a este conde soberbio y altanero como «hombre que ha servido la voluntad e intereses de otros, que lo han manejado», decía como conclusión: «¡Infeliz conde de Aranda! Toda su vida la ha pasado agitado por la ambición de mandar y nunca ha podido lograrlo sino por poco tiempo, y a costa de hacerse esclavo de unos hombres de una esfera muy inferior a la suya».

Cuando años después sus maneras bruscas y su carácter hosco eran ya universalmente conocidos, Aranda reflexionaba así sobre sí mismo:

> Dirás que yo tengo un carácter detestable, que desprecio lo que otros hacen, que no creo exista mejor parecer que el mío, que soy imperioso, insoportable, pero no me puedes negar que he servido siempre al rey sin vacilación, sin ambición de ganancias, y completamente desinteresado, si se trataba de la utilidad de su Majestad; que yo podía atestiguar que nunca he fomentado intrigas y siempre he hablado según mis íntimos sentimientos, llamando abiertamente a lo bueno, bueno, y a lo malo, malo.

Era el estilo del conde: su *patriótica sinceridad* obligaba a que todos —por supuesto, de inferior rango que él, dos veces grande de España— aceptaran como verdad rotunda incluso lo que no era cierto; pues no lo era, por ejemplo, que no fomentara intrigas. Lo hizo toda la vida... y contra todos, pues nunca supo callar nada y rara vez dejó de decir lo que pensaba dando puñetazos en la mesa y a voces, fuera el tema que fuera el que se trataba en el momento.

Enemigo de etiquetas —en la Europa de las etiquetas—, Aranda montaba broncas allá donde iba. Cuando desempeñó la Embajada de Lisboa, las tuvo con el embajador francés por asuntos de prioridad; luego, le acusaron hasta de asesinar al marqués de Pombal, a quien despreciaba por plebeyo. En Viena, donde se detuvo en su viaje a Varsovia —de nuevo alejado, esta vez a una «de las peores embajadas que el rey tenía que dar»—, se enfrentó con el primo del ministro Choiseul, embajador de Francia, por lo que llegó a Polonia, donde también hizo de las suyas, precedido de su fama. Luego, lo que le preocupaba era lo que podía decir Su Majestad Carlos III. Por ejemplo, tras conocer que en España se decía que había matado al embajador de Francia, escribía a Wall desde Varsovia: «Doy por sentado que si el rey, nuestro señor, ha oído mi vejación, habrá tenido compasión de mí, despreciándola y aun desvaneciéndola».

Desde la Embajada de París, seguía metiendo las narices en todo, por más que Grimaldi, con suma habilidad política, pudiera manejar sus impetuosas salidas ofreciéndole siempre amistad y parando sus embestidas. Pero la derrota de Argel, en el verano de 1775, le exasperó. No se contó con él y con sus méritos en el ejército (en realidad, no se contaría nunca). El desastre militar desató las iras de Aranda, primero contra el responsable Alejandro O'Reilly, el «general desastre»; luego, también contra el ministro Grimaldi, a quien en carta privada, de 20 de agosto de 1775 —cuando arreciaba en los sitios reales la siembra de pasquines—, Aranda acusó abiertamente de la responsabilidad del fracaso. Grimaldi le espetó que parte de la culpa la tenía su primo, el conde de Ricla, y cortó la correspondencia particular con él.

El ministro italiano empezó a sentirse acorralado ante la actividad del partido aragonés, que era, en palabras de Olaechea, «una serie de aristócratas, clérigos, camaristas, consejeros, covachuelistas, empleados de la administración y miembros de embajada adictos a Aranda». Al otro lado estaban los golillas, abogados, intelectuales, manteístas y ministros extranjeros, el grupo de plebeyos que llevaban al rey y a España al desastre, según divulgaba la campaña orquestada desde París por el conde. El partido aragonés recuperaba las esencias del españolismo y confiaba ciegamente en el general Aranda, que nunca hubiera sido derrotado por los moros.

Pero el rey, supersticioso, no escuchó al conde, ni a sus partidarios, sino a su confesor Eleta, que le comunicaba igualmente advertencias marianas y negros vaticinios, y ambos acabaron aceptando que la derrota de Argel era nada menos que una señal divina —o mejor, de la mismísima Virgen—, una advertencia sobre los peligros de las reformas, el riesgo de las luchas políticas entre los partidos, el libertinaje de algunos. El *suave* abate Grimaldi, que sufría las invectivas de los aragoneses directamente, aprovechó que el terreno estaba abonado para pedir un castigo ejemplar que fuera «aprobado por Su Majestad». Múzquiz fue el primero en proponerlo, en carta a Ventura Figueroa de 20 de agosto de 1775: «En Madrid convendría un ejemplar». Diez días después, Grimaldi pedía al rey que aceptara su dimisión para frenar los disturbios, «pero tras estos, vendrán otros, si no se hace algún ejemplar con alguno; no se trata de sangre, pero un destierro, un castillo: militares, pelucas o galones. En proponiéndolo al rey, seguramente Su Majestad lo aprobará». Desde ese momento pensaron en Olavide como víctima.

Como todo el mundo, el rey sabía que la tormenta de pasquines estaba dirigida por el conde de Aranda, que esta vez se había extralimitado más que nunca, pues llegaba a proponerse él mismo como solución: «Un general español y un ministro español, porque los españoles son buenos para vasallos, no para esclavos, y menos de los extranjeros». El más famoso pasquín ponía nombre a ese general:

Una G nos corta el paso (Grimaldi)
Una O nos martiriza (O'Reilly)
Pues borrarlas es muy fácil
Y poner una A que rija (Aranda).

Pero lo que preocupaba al rey es que esto mismo lo decía su hijo, el príncipe de Asturias, el futuro Carlos IV. La decisión de Grimaldi de abrir las puertas del Consejo de Estado al príncipe para acallar los rumores también se utilizó contra él, y el propio rey tuvo que prevenir a su hijo —proféticamente— contra el daño que quizás algún día le causarían a él «los dos partidos que hay en la Corte». Así se lo explicaba Grimaldi a Ventura Figueroa: «Acaba el rey de tomar una resolución que seguramente producirá el efecto de que no puedan los malignos decir que se engaña al rey, o que se le oculta la verdad; es esta la de que asista el príncipe a los despachos de Estado que son los míos». Así, pues, la conspiración en la propia real casa se sumaba a los otros tristes acontecimientos del *annus horribilis* de Carlos III que terminó mostrando su peor bilis tras la boda de su hermano en Olías del Rey —a la que ni siquiera asistió—, en junio de 1776.

Antes rey que hermano, había resuelto el asunto de don Luis y también tenía que aceptar la dimisión de Grimaldi, con quien se entendía perfectamente; además, había autorizado el escarmiento *ejemplar* para parar la nueva *fermentación* mandando llamar a Olavide a Madrid. Grimaldi, por venganza contra Aranda, como Ventura Figueroa, y seguramente también contando con Roda y desde luego con el padre Eleta, todos eligieron a don Pablo de Olavide, el mejor amigo de Aranda. Así de sinuosa era la venganza de Grimaldi, que salió de España hecho duque y embajador en Roma y no solo dejó como sucesor a Floridablanca —frustrando de nuevo cualquier posibilidad de Aranda—, sino que se vengó del soberbio conde y además le hizo callar. En el libelo *Junta anual y general de la Sociedad Anti-hispana celebrada el día de los Inocentes del año 1776 y fin de fiesta en el cuarto del marqués de Grimaldi*, se fingía el siguiente diálogo: «No renuncies señor / No está en mi mano / Di al rey que te obligaron / Ya lo sabe / Acusa a tus contrarios / Son muy altos / Recurre a tus amigos / No los tengo / Usa de fuerza / Estoy desarbolado». Los contrarios son muy altos... pero Olavide era un peruano.

A los ojos del rey, Aranda había llegado demasiado lejos: había intervenido en las relaciones entre el rey y su hijo, el príncipe de Asturias, seguramente instigado por una frívola María Luisa, que demostraba ya la manera ligera y alocada de entender la política que desarrollará cuando llegue a ser reina. El disgusto hizo reaccionar a Carlos III, que escribió una cariñosa carta a su hijo advirtiéndole de sus errores. La carta, sin fecha, que Manuel Danvila publicó en 1895, es muy conocida y está digitalizada en la Biblioteca Virtual Cervantes. Es el documento más utilizado para mostrar a un rey humano padre benevolente, la antítesis del hermano cruel.

Sin embargo, los príncipes demostraron pronto el poco efecto que les había hecho la reconvención paterna y volvieron a las andadas solo cinco años después, en 1781, esta vez no solo acogiendo en su cuarto a los arandistas, sino enviando Carlos IV al conde una carta personal en la que criticaba abiertamente «lo desbaratada que está esta máquina de la monarquía y lo poco que hay que contar con los ministros que ahora hay». El príncipe llegó a pedir a Aranda «un plan de lo que debiera hacer en el caso (lo que Dios no quiera) de que mi padre viniese a faltar y de los sujetos que te parecen más aptos para ministros». Un ingenuo príncipe Carlos, que recordaba que su mujer «que está aquí presente te encarga lo mismo» —como si fuera necesario decirlo—, le aseguraba que «esto en ningún tiempo lo sabrá nadie». Aranda reaccionó entregándose de lleno a la obra, pensando que se quitaba de encima a Floridablanca y volvía a España a mandar. Escribió su plan de gobierno y... a esperar. A esperar hasta 1787 en que volvió a España y... a esperar la ascensión al trono de Carlos IV, que obedeciendo a su difunto padre confirmó en el cargo a Floridablanca. A la vez, Campomanes, el odiado investido conde de Campomanes en 1780 y ahora en su apogeo como gran jurista, era nombrado gobernador del Consejo de Castilla.

Pero la frustración del conde de Aranda, que al final acabaría siendo castigado por Carlos IV con el destierro a La Alhambra tras su breve experiencia de gobierno, fue de tono menor si la comparamos con la que sufrieron Carlos IV y María Luisa cuando descubrieron la conspiración fraguada por su hijo en El Escorial —esto era ya un golpe de Estado, con Gobierno alternativo incluido— y fueron humillados en el llamado motín de Aranjuez, aceptando la primera abdicación forzada, antes de la de Bayona, segunda y definitiva. En su exilio en Italia, comprobaron que su hijo, el rey felón que tanto había conspirado contra ellos, ni siquiera les autorizaba a regresar a España y se desentendía definitivamente de su triste futuro de exiliados y malavenidos.

El viejo Carlos III ya se lo había advertido en 1776, en la célebre carta en la que le pedía que reflexionara con madurez: «Te pido que lo hagas meditándolas bien, porque bien que por tu carácter vivo y poca experiencia no lo juzgues muy claro, te aseguro que son de la mayor consecuencia para ti, y que si no lo remedias vendrá un día en que te arrepentirás». El rey padre le desvelaba los intereses de los dos partidos y le advertía que «corre por el reino que hay dos partidos en la Corte, el daño que esto puede causar no es ponderable, y es más contra ti que contra mí, pues lo has de heredar, y si creen que esto suceda ahora entre padre e hijo, no faltarán gentes que con los mismos fines, sugerirán a las tuyas de hacer lo mismo contigo». El pronóstico del rey padre se cumplió con creces.

El operista Niccolò Setaro, primera víctima de la reacción antilustrada

Habían pasado los buenos tiempos de Farinelli, el castrato que elevó el teatro de Madrid a la primera línea: el mejor de Europa si creemos al embajador Keene. Farinelli había sido más que un músico: nunca fue considerado un criado como, por ejemplo, Scarlatti. De él dijo Ensenada en 1750: «Yo estimo particularmente a este sujeto»; y con su apoyo leal logró algo tan importante como la tranquilidad de la pareja real y la admiración de las cortes europeas. La caída de Ensenada en 1754 fue un duro golpe para el *caballero* Farinelli, pero permaneció en la Corte. Solo tras los lutos por la muerte de Bárbara, su figura se difuminó, aunque solo salió de España porque sabía que Isabel Farnesio no le había perdonado que no se fuera con ella a La Granja, cuando fue desterrada al «pastel de nieve» por el hijo de la saboyana, Fernando VI, en 1747. Carlos III no tenía ningún interés en el castrato, que se iba de España rico y con el rango de caballero: *siendo alguien*. Ensenada, cuya obsesión era también vencer al *En sí nada* que le perseguía desde la cuna, ya se había ocupado de que fuera miembro de la orden de Calatrava —como muchos ensenadistas plebeyos, él incluido—, lo que le permitía lucir medallas y hábito: así se retrató, con los reyes detrás, en un alarde de orgullo personal por el logro social y político conseguido. El profesor Lorenzo Bianconi ha reparado en el *Io qui sono* de Farinelli, que es lo mismo que el «yo no soy nada» de Ensenada, tan usado contra él por sus enemigos. El caballero Farinelli es alguien en ese retrato, como Ensenada en el que le pintó Amigoni. Por eso, el marqués le dirá a su amigo el cardenal Valenti: «Yo no soy nada, pero amo mi reputación como si fuera algo». No se debe pasar por alto que la orden de Calatrava la impone el rey de España, que es, desde Fernando el Católico, el gran maestre. El joven profesor José María Domínguez sigue esa pista en sus trabajos sobre Farinelli y Ensenada.

Pero esos tiempos pasaron. Quizás fueron los que más se acercan a ese absolutismo ilustrado definido por el mentiroso lema «Todo para el pueblo, pero sin el pueblo» —incluida la música— y que la historiografía ha presentado en tonos pastel. Tras los motines de 1766, la nueva generación política, con el conde de Aranda a la cabeza, introduce otros matices, pues el desarrollo de la sociabilidad burguesa es imparable. La España de Carlos III se manifiesta mucho más dinámica y abierta. El reformismo tras los motines compartía el mismo principio que había inspirado recortar capas y sombreros: crear una sociedad moderna, acorde con la nueva sociabilidad, con los nuevos gustos urbanos. En ello entraba una nueva manera de divertirse, con el teatro y la música como eje del cambio. Aranda y su mano derecha Olavide, con el aplauso de Campomanes, iban a intentar el gran experimento de un teatro que formara ciudadanos cultos, una clase social que obviamente se identifica con la burguesía y la nobleza menos feudalizante, la que ya estaba dispuesta a *quitarse la peluca*, que es lo que expresamente le había recomendado el conde de Aranda al joven Jovellanos. Obviamente, un planteamiento laico en materia de costumbres tenía que provocar reacciones contrarias en el clero más conservador. Como ha resaltado el maestro don

Antonio Domínguez Ortiz, una de las proposiciones denunciadas en el proceso inquisitorial de Olavide era que el «iluso de filantropía» decía que «las buenas comedias son mejor escuela de moral que los sermones».

La batalla estaba planteada y durante algunos años, entre 1767 y 1773, se reconoció a los ganadores. Madrid y algunas ciudades iban a salir de la mojigatería venciendo a las huestes que se reconocían en un personaje tan poco ilustrado como era el confesor de Carlos III, el padre Eleta, que echaba pestes contra el teatro desde que, siendo obispo de Cuenca, se opuso a que se construyera allí uno, argumentando que «en medio de tanta pobreza no deja de haber sobrada inclinación al vicio de la lascivia, conque si con el teatro que se pretende se aumenta el fomento, será acabarlos de arruinar en almas y cuerpos». Pero en el apogeo del poder de la Trinca, sus dicterios fueron inútiles. El embajador danés en Madrid destacó en 1767:

> Durante todo el Carnaval ha reinado un orden perfecto que el conde de Aranda ha sabido imponer y que le han valido el aplauso y el reconocimiento de todo el mundo. El conde de Aranda no piensa detenerse en eso: desea purificar el teatro español, establecer una ópera y otras diversiones públicas y, a juzgar por los preparativos que se anuncian, el carnaval del año próximo será uno de los más importantes y mejor ordenados de Europa.

Al año siguiente, Olavide organizaba un baile de máscaras durante el carnaval de Sevilla y comenzaba a apoyar la construcción de teatros en toda Andalucía, provocando el recelo de la muy conservadora Iglesia sevillana. El baile sevillano de 1768 ya fue objeto de una delación ante la Inquisición y, aunque no prosperó, llegó a las manos del rey que, como ya sabemos, no tenía el menor interés por la música y el teatro.

Aunque el teatro no podía ser «taberna y palacio a la vez», como dice acertadamente Carmen Rodríguez Suso, Aranda, Campomanes y Olavide trabajaron sinceramente a favor de los artistas y los intelectuales, aunque no encontramos ni un esbozo de planificación por parte de Aranda, como querríamos todos, especialmente el sabio musicólogo Xoán Manuel Carreira que lleva años buscándolo. Pero la alegría no duró mucho, pues pronto se manifestaron las diferencias entre personalidades y proyectos políticos tan distintos como los de un grande de España como Aranda y un cagatintas como Campomanes, «el hijo de un barbero» —así lo llamó el padre Luengo—, o un extranjero como Grimaldi, una «ladilla», como le llamó Azara, íntimo del conde aragonés. En medio estaba Olavide, un «iluso de filantropía», soñador, libertino y manirroto, como le presentaron ante el rey sus muchos enemigos. La tensión entre ellos estalló en 1771, cuando el presidente Aranda descargó su ira escribiendo al rey contra Campomanes, al que acusaba de toda clase de irregularidades en el desempeño de su cargo de fiscal. Sus dictámenes eran farragosos; a veces faltaba a la autoridad del presidente, otras detenía los asuntos o los dilataba; en definitiva, una vez más, la autoridad del grande era obstaculizada por un subordinado: esa era la manera de pensar del altivo Aranda, como hemos visto.

No sabía Aranda que intentar poner al rey de su lado contra otro de sus altos servidores, fuera quien fuera, era lo más opuesto a su genio, así que, una vez más, Carlos III actuaría alejando al conde. Lo había hecho en 1760 enviándole a Varsovia; en 1764, mandándole a Valencia; ahora lo nombraba embajador en París y se lo quitaba de encima. Sin saber que a muchos de los ministros les alegraba la decisión regia y compadeciéndose de sí mismo, el soberbio conde le escribía al dejar el cargo a Grimaldi (el que pronto será su principal enemigo): «Es perceptible que, en mi actual empleo de presidente, no logro conservar aquella confianza que merecí a Su Majestad en los primeros años, en que yo era, sin embargo, menos práctico del oficio que ahora, y en turbulencias, aprietos y sucesos delicados conseguí con acierto y fortuna su benigno acogimiento».

Pero lo que fue tristeza para unos pocos causó gran alegría a muchos, empezando por curas y frailes, que como decía Azara, gozaron viendo la división «y mucho más cuando el conde faltará, lo cual ya habría ocurrido si las oraciones romanas fueran oídas». La salida de Aranda en 1773 fue la señal esperada por los hasta ahora perdedores, que comenzaron el desquite. Para empezar, nombrando al ensenadista Ventura Figueroa presidente del Consejo de Castilla, sucesor de Aranda. No pudieron encontrar a nadie más opuesto. Íntimo de Ensenada como ya sabemos, Figueroa recibió carta de su «jefe y amigo» felicitándole y animándole a desempeñar el cargo. Al lado del nuevo presidente (que volvió a usar la vieja denominación del cargo: gobernador) continuaba otro ensenadista, Grimaldi, el secretario de Estado que mantenía la mayor proximidad a Carlos III. Todo el mundo se dio cuenta del cambio de rumbo, tanto es así que Leandro Fernández de Moratín recordaba en carta a Jovellanos, en agosto de 1787, el impacto que había supuesto la salida de Aranda de Madrid en 1773: «en odio del conde de Aranda se abandona el canal de Manzanares; en odio del mismo se prohibieron las máscaras y aun nos han querido dar a entender que nadie puede ser cristiano católico si una noche se viste de molinero o se pone una caperuza de Pulcinella».

Con el Consejo de Castilla bajo la presidencia de Figueroa y con el padre Eleta siempre al lado de Carlos III, la reacción tuvo manos libres contra teatros y compañías, que pronto comenzaron a sufrir cierres y prohibiciones. Para empezar, el juez de teatros, que Aranda había protegido, perdió su jurisdicción, mientras Campomanes, mucho más cauto que Olavide cuando supo que le rondaba la Inquisición, cambió de actitud mostrándose como un reaccionario más y olvidando sus veleidades anticlericales. Contra sus ideas de antes, ahora era él el que mediaba para cerrar teatros y el que actuó también en uno de los casos más escandalosos de represión: el encarcelamiento en Bilbao de Niccolò Setaro, empresario de ópera italiana, al que testigos instigados por algunos curas locales denunciaron al corregidor por sodomita. Contra la afirmación de Carmen Rodríguez Suso, Campomanes no salió en defensa del reo, cuya inocencia se probó después de haber muerto en prisión, sino que medió para agigantar el terrible pecado nefando y excitar el cumplimiento de la pena más ejemplarizante, dando la razón al corregidor. No citaba la pena, pero todo el mundo sabía que era el garrote en la plaza. Como ocurrirá pocos años después en el caso Olavide, nadie movió un dedo a favor de Setaro, a pesar de las muchas alegaciones que familia y amigos divulgaron sobre su inocencia y sobre la trampa en la que había caído.

Carmen Rodríguez Suso ha recompuesto la burda trama que urdieron contra Setaro, pero cree lo que generalmente mantiene la historiografía: que Campomanes solo extremó la prudencia y se fue moderando cuando, en realidad, lo que hizo fue plegarse a los intereses de quienes realmente estaban logrando, con el aplauso del rey —esclavo de su fanático confesor—, dar un golpe de timón en la política de reformas. El padre Luengo vio con claridad los intereses de los reaccionarios que sostenían a Campomanes, «respaldado por el propio Carlos III», lo mismo que don

Antonio Domínguez Ortiz, que contra su natural ponderación y distancia tomó partido contra un Campomanes veleta, capaz de obrar en contra de sus ideas.

> Un político con un mínimum de dignidad personal hubiera dimitido —dice el maestro de historiadores—; pero él tenía tanto horror a dejar su puesto como Carlos III a cambiar de personal gobernante, y gracias a esta abdicación moral obtuvo más tarde la presidencia de Castilla, desde la que practicó una política que, no solo en este, sino en otros aspectos, desdecía de la que había proclamado y de sus convicciones íntimas.

Aunque es poco conocido, el caso Setaro permite desenmascarar el giro ideológico de Campomanes y, en general, de los ministros y cortesanos de Carlos III —Grimaldi, Roda, etcétera— y constatar la repercusión de la caída de Aranda. Tres años antes de que Olavide entrara en prisión.

Setaro en Bilbao, sin la protección de Aranda

Niccolò Setaro era un empresario de óperas italianas de gran éxito a la altura de 1772. Había construido teatros en varias ciudades desde que llegó a Barcelona, donde gozó de la protección del marqués de la Mina, gran amigo de Ensenada. Antes había sido cantante de ópera en varias ciudades; luego, pasó a Cádiz, la ciudad en la que el teatro resistió más tras las embestidas de la reacción; después, también tuvo teatro en Jerez, Oporto o Lisboa; al final, levantó un teatro en La Coruña y otro en Ferrol. Sus músicos, sus hijos e hijas también artistas y su yerno formaban una compañía afamada capaz de vivir bien en un medio tan hostil. Tenían dinero y prestigio cuando vivían en La Coruña. Pero, en 1772, Setaro tomó la decisión de trasladarse a Bilbao. Seguramente, le informarían del tipo de cura vasco que se iba a encontrar, pero debió pesar más en su ánimo saber que allí había mucha afición; quizás oyó hablar de la Sociedad que unos *caballeritos*, todos melómanos, habían fundado en 1764, la Bascongada, poniendo en práctica las ideas de Campomanes, el gran protector, entonces, del teatro, junto con Aranda, al que ya hemos visto mostrar sus apasionadas ideas favorables. El conde de Peñaflorida, director de la Sociedad, el marqués de Narros, Manuel Ignacio Altuna, amigo de Rousseau con quien vivió en Venecia y en París, pertenecían a las mejores familias vascas y mantenían relaciones con el extranjero, de donde se hacían traer partituras que luego interpretaban en las tertulias de la buena sociedad bascongada. Era lo mejor de un público que Setaro necesitaba crear para triunfar con sus óperas, cuyo amplio repertorio ha sido publicado por uno de sus mejores conocedores, Xoán Manuel Carreira.

Ciertamente era así, los curas bilbaínos eran temibles por su fanatismo y los *caballeritos*, obviamente, sus grandes enemigos; por medio, estaban los lazos familiares que habían dejado jesuitas expulsos de Bergara y Loyola. Todo se conjuró para que las óperas de Setaro, que motivaron inicialmente el entusiasmo del público, provocaran el recelo de algunos curas que, como ocurrió en toda España, se envalentonaron al conocer la ruptura de Campomanes y Aranda un año antes. Conocemos bien los hechos no solo por la documentación conservada sobre el pleito —que fue a parar a un depósito de causas célebres en el Archivo Histórico Nacional, con la «vecindad de otros "delitos atroces" como infanticidios, incestos, seducciones de religiosos y horribles asesinatos» (en palabras de Carmen Rodríguez Suso)—, sino por las cartas escritas por el yerno del empresario, Alfonso Nicolini, que comenzó solicitando testimonios, empezando por el alcalde, contra los bulos que corrían por la villa ya antes de que el corregidor de Bilbao, Manuel Joaquín de Salcedo, procediera contra el operista. El 18 de diciembre de 1772, el alcalde bilbaíno José Domingo de Gortázar declaraba, en presencia de Setaro y del escribano, que había presidido las sesiones de ópera y que no había notado nada indecente. Además, recordaba que Setaro tenía permiso «por Real Cédula». Luego, siguieron declarando otros testigos, incluyendo el alguacil mayor de la Inquisición, Pedro Antonio de Manzanal, que dijo haber asistido a todas las sesiones menos a una, y lo mismo: no vio nada escandaloso. Muchos testigos confesaron su afición a la música y uno dijo que «ha visto óperas y comedias en Madrid y Barcelona y que las de Setaro son igual de buenas y decentes».

Sin embargo, el 30 de diciembre de 1772 Setaro entraba en la cárcel de Bilbao. En busca de apoyos sólidos, Nicolini escribió al día siguiente a Alonso Pérez Delgado, corregidor de Madrid y juez privativo de comedias, pues había sido él quien expidió a Setaro el «real despacho y permisión para representar óperas y bailes en toda España» con el que entró en Bilbao. Adjuntaba a la carta las declaraciones de testigos, todas favorables y, sin embargo, su suegro estaba preso en medio de la sorpresa general: «Sin que sepamos la causa y el motivo para haber hecho con él esta demostración». Como si fuera un consumado inquisidor, el corregidor Salcedo «se ha tomado el término de hacer algunos autos secretos a dicho mi suegro de los que resulta su prisión». ¡Autos secretos a estas alturas! El «secreto de Inquisición» les venía muy bien a algunas autoridades, como ocurrirá de nuevo en el caso Olavide pocos años después y todavía a finales de siglo, en el proceso contra el profesor Ramón Salas.

Nicolini pensaba que el juez privativo, Pérez Delgado, tenía todavía jurisdicción sobre el caso, pero la batalla contra el teatro se dirigió primero contra este juez negándole sus competencias para intervenir fuera de Madrid, lo que ratificó el mismísimo Campomanes, perfectamente enterado del caso, pues Nicolini también le escribió. El yerno sabía a quién escribía cuando se remitió a Pérez Delgado, pues nada más recibir su carta, el 6 de febrero de 1773, el juez escribió al margen su decisión: «No siendo grave el asunto porque sufre la prisión Nicolás Setaro que merezca pena corporal, le libere de ella bajo la fianza que tenga por conveniente y permita la continuación de las funciones que tenga proyectadas para que no falte la diversión en el presente tiempo». Es lo que, a los dos días, le comunicó el juez al corregidor bilbaíno, haciendo suyas también las palabras de la familia de Setaro: «Nos persuadimos que es alguna calumnia levantada por algunos contrarios y enemigos nuestros para de este modo conseguir nuestra total ruina».

Pero Pérez Delgado no debía de saber que con el corregidor de Bilbao sus argumentos conseguían el efecto contrario. Los sermones habían empezado a hacer efecto, destacando los del prior de San Agustín y los del vicario de esta villa, según decía Nicolini, que lamentaba la disminución del público asistente tras las amenazas de los curas; también se empezaban a conocer las declaraciones: terribles palabras, seguramente la mayoría ni conocía el significado de sodomía o nefando. Había mujeres que se confesaban horrorizadas solo por haber oído esas palabras. Y, mientras, Setaro se pudría en el calabozo.

La respuesta de Salcedo fue contundente: se ratificaba en su decisión y, ante dos escribanos, declaraba el día 13 de febrero que Setaro estaba en la cárcel como consecuencia «del delito cometido o intentado cometer del horrendo pecado de nefando». Dos días después escribía a Pérez Delgado diciéndole que «consta suficientemente probado el delito». Manuel Joaquín de Salcedo era oidor de la Chancillería, además de corregidor de Bilbao, y no aceptaba de ninguna manera la intromisión del juez privativo de teatro o juez de comedias. La causa seguiría su curso y él se negaba a hablar más del asunto. Pronto encontrará los apoyos suficientes.

La situación era de extrema gravedad, pues había testigos dispuestos a todo, perfectamente adiestrados por el corregidor, que «ha hecho lo que ha querido llevando adelante sus tropelías», decían el abogado y Nicolini, a los que Setaro dio poder de representarle el 8 de mayo de 1773 en la cárcel. Las principales delatoras eran dos mujeres, María Arrugaeta, mujer pública, desterrada, y Francisca de Allende, compañera de la anterior, abandonada y divorciada de su marido, según Nicolini, «a las que el corregidor ha tenido instruyéndolas de lo que deberán decir para que ambas estén conformes en todo». También declaraban contra Setaro Lorenzo Castro, violinista, resentido con la Compañía, «conocido enemigo»; Francisco Sanz, «despedido de la compañía a causa de que no bastaron para corregir su conducta las prevenciones hechas así en Pamplona como en San Sebastián». Y junto a los que lo vieron, las que decían haber sufrido el delito: Dominga Iturriaga, Francisca Alango y Manuela Uraburu, niñas de 14 a 15 años, pobres de solemnidad. Estas niñas habrían sido requeridas por Setaro en el teatro, para pecar «en las interioridades y secretos parajes del coliseo antes de principiarse las óperas». Secretos parajes... que, sin embargo, permitieron ver todo a los testigos, cuyas declaraciones resaltan todos los detalles grotescos. Secretos parajes... que no pudieron ser señalados por las presuntas víctimas cuando Nicolini requirió una prueba *in situ*, pues todo lo impidió el corregidor.

La presencia en Madrid de Nicolini provocó mucho ruido, pero nada hizo cambiar el designio de Salcedo, que se ratificó ante el juez de teatros —ahora Polanco, teniente del corregidor de Madrid— en carta de 29 de marzo, contestando al exhorto que le había remitido Polanco «inhibiéndole del conocimiento de la causa». Salcedo no solo no se inhibía, sino que estaba dispuesto a plantear la batalla en el Consejo de Castilla y el mismo día que escribía a Polanco ponía el expediente en conocimiento de Campomanes.

Apenas tardó unos días el fiscal en dejar su impronta, rotunda y terminante: «No puede gozar de fuero, ni el juzgado de comedias tiene extensión a tales asuntos y mucho menos en lo tocante a óperas». Fallaba el primer argumento a favor de los defensores de Setaro, que pretendían parar el proceso en Bilbao y excluir al corregidor. Justo lo contrario que quería Campomanes. Dispuesto a terminar de una vez con la extraña jurisdicción de ese *juez* de Madrid, el fiscal mandó «que el escribano del juzgado de comedias venga a hacer relación de los autos que ha formado dicho teniente y de las cédulas en cuya virtud procede y hecho mandar se retengan en el Consejo y pasen al fiscal», un material que sirvió para iniciar el procedimiento y que dejaría sin competencias al juez de comedias, paso previo a la prohibición del teatro.

Se notaba ya mucho la falta de Aranda, que, a esas alturas, sabía que su destino era París. Aquel juez privativo que ejecutaba sus órdenes en todo lo que fuera impulsar el teatro iba a desaparecer; tras él, vendrían las prohibiciones y la alegría de curas y frailes capitaneados por Eleta, que tenían en sus manos un caso realmente pornográfico, «puro nefando» como sentenció Campomanes, pues se trataba de sodomía heterosexual, algo insólito, abocado sin remisión a la pena de muerte en la plaza de Bilbao y a quemar luego el cuerpo del reo, como pedía el corregidor.

Tras una reprimenda al juez de teatros por dar licencia a la compañía de Setaro y a otras «sin limitación alguna», Campomanes excluía de cualquier excepcionalidad a Setaro, pues, según el fiscal, en las órdenes y resoluciones no había «una sola palabra de óperas italianas, ni de sus compañías, empresarios o cabezas de ellas». El juez no debía entender del caso, pero es que, además, para Campomanes, todo se reducía al delito, el más horrible que pudiera cometerse. Como le ocurría al corregidor de Bilbao, a Campomanes le resbalaban las alegaciones del reo y las sospechas sobre la manipulación de los testigos. Con su conocida habilidad, calló para que hablara el Consejo, pero es evidente que el informe del 3 de abril se basaba en sus argumentos, que daban toda la razón a Salcedo, reforzando su posición y pidiéndole que «continúe en adelantar la causa», instándole a extremar el celo: «Advierto en las notificaciones alguna disimulación de algunos testigos y es del caso indagar si hay corrupción»; incluso exigiendo más dureza: «También se echa de menos el que no se arreste a los cómplices y proceder por apremio contra los testigos varios reduciéndolos a carcelaria a fin de fortificar las pruebas en una causa que por la enormidad del crimen y el daño que traería su frecuencia, exige un severo y ejemplar escarmiento». Expresamente, «el Consejo queda satisfecho del celo de V. S. y de su acuerdo se lo participo».

Setaro estaba perdido. En efecto, fue condenado a muerte en mayo de 1773, aunque su condena no pudo cumplirse, pues murió en la cárcel unos meses después, el 2 de febrero de 1774, tras haber recurrido la pena a la Chancillería de Valladolid. El corregidor había mostrado toda su crueldad con el reo, pues «insistió en que debía permanecer con los demás presos, en el cepo y con los grilletes puestos». En una cárcel lóbrega y en medio de una epidemia que provocó a su lado varios muertos, no lo pudo aguantar. Como dice Rodríguez Suso, «de un modo diferido la condena sí se cumplió» y, además, de un modo brutalmente injusto, pues los jueces de la Chancillería reconocieron la inocencia de Setaro el 17 de octubre de 1774 (la ejecutoria puede verse digitalizada en PARES).

Para entonces, Aranda ya estaba en París atendiendo los grandes negocios de Estado de las «dos coronas» y dejando claro a todo el que quisiera oírle que era un grande de España y que idolatraba a su rey. Ni él ni sus amigos dijeron nada del escandaloso caso Setaro (tampoco de la caída de Olavide tres años después), pero Aranda lo supo todo, sin duda desde el principio, pero más tarde de primera mano, antes de pasar la frontera, pues, cuando se detuvo en Burgos en su viaje a París, le deleitaron, el 20 de agosto, ofreciéndole una sesión de ópera por una compañía que había venido de Bilbao, con permiso del obispo, que obviamente era la de Setaro. ¡Qué no oiría allí el conde sobre las calumnias de los curas fundadas en testimonios de unas niñas y unas cuantas prostitutas contra un hombre que había mantenido siempre una conducta intachable! Setaro tenía más de 60 años, hijos y nietos... Y, sin embargo, las actas del Ayuntamiento de Burgos no dicen nada del conde, ni de su estancia en Burgos; mencionan solo el nombramiento de su sucesor.

Estaba claro que Niccolò Setaro había sido elegido como víctima propiciatoria, un castigo ejemplar que precedía a la campaña contra el teatro, que parecía extenderse por España con enorme rapidez, como siguiendo la estela que iba dejando el conde tras dejar Madrid. El obispo de Burgos, que en mayo había llegado a acoger en su casa a los italianos procedentes de Bilbao y que les dijo que «por su afición a la música asistiría al espectáculo si no se lo vedase la dignidad de que estaba revestido», según recoge Domínguez Ortiz, solo esperó dos días tras la partida de Aranda para predicar desde el púlpito contra las funestas consecuencias de las óperas, amenazando incluso con negar la absolución a los que asistieran a las representaciones. Era inaudito tal cambio de parecer, pero las noticias, reales o aumentadas, que venían de Bilbao trastocaban todas las instancias y se constituían en armas contra algunas autoridades, incluido el intendente de Burgos, que se vio calumniado, él y su mujer, por oponerse a las prédicas del obispo. Tanto se habían divulgado por Burgos las noticias escandalosas sobre los italianos y, por supuesto, sobre el delito de Setaro que, unos meses después, el 24 de diciembre, un carmelita escribía al padre Eleta regalándole el oído con exageraciones sobre la lascivia de las italianas que «salían sin basquiñas, con unos tafetanes hasta cerca de las rodillas y, al dar la vuelta, me aseguran los incautos que lo vieron, hasta la cintura». El fraile añadía: «El pueblo de donde vinieron, que era Bilbao, me aseguraron muchos que había quedado perdido». Rodríguez Suso ha señalado la trascendencia del caso incluso fuera de España: el exjesuita Eximeno, en un libro publicado en 1774 en Roma, escribía: «L'opera italiana e molto ben intesa in Cadice ed in Barcelona. Ma se si facesse in Biscaglia, sarebbero i musici lapidati». No es extraño que por toda Europa se difundiera que en España las luces tenían enfrente muchos obstáculos.

Pero faltaba rematar el caso, de lo que se encargó una pareja que congenió muy bien durante muchos años: el sucesor de Aranda, el ya citado Ventura Figueroa, con el tiempo muy próximo a Campomanes, y el confesor, el padre Eleta, siempre cercano a Carlos III, a quien iba a lograr poner a la cabeza de la reacción (aunque la mayoría de sus biógrafos sigue sin aceptarlo). En el caso de Burgos, la carta del carmelita sirvió a fray Alpargatilla para que el rey, al leerla, le confirmara que «semejantes representaciones solo se pueden sostener para diversión pública en lugares de mucha población y riqueza», y que le ordenara tomar providencias contra semejantes diversiones. Con ese dictamen, el confesor escribió a Figueroa, que, tras tomar inmediatamente la más drástica solución, le ordenó al corregidor: «Al instante que termine el próximo carnaval, despache la referida compañía y vigile que en los pocos días que restan, ejerciten su habilidad con la mayor modestia y compostura». No sabía Figueroa que, como advierte Domínguez Ortiz, la compañía hacía meses que había salido de Burgos. Habían ganado los que luego perderán a Olavide: todo valía contra el conde de Aranda. Los sinuosos Roda, Grimaldi, Campomanes, Figueroa, manejaban los hilos de una trama que Carlos III conocía perfectamente. Pero todo había que hacerlo como había recomendado

Ensenada, «con secreto y sin hacer ruido», «sin que lo sienta la tierra». Además, todos sabían lo importante que era «allanar a su Majestad los caminos de la gloria».

La integración de los gitanos

Parecía que el problema gitano había desaparecido de la escena política después del indulto de 1763, pero muchos déspotas seguían pensando en la política de mano dura para acabar con *tan malvada raza*. La consulta que pidió en 1771 Carlos III permitía ver, sin embargo, sensibilidades distintas, algunas más proclives a la integración, de nuevo a la aceptación del gitano *bueno*, aunque el conde de Aranda todavía mantenía, en 1773, que había que separar a los niños gitanos de madres y padres no a los siete años —lo previsto por Ensenada, que mandó a los niños de menos de esa edad con sus madres a las casas de misericordia—, sino al destetarlos, para que ni siquiera aprendiesen a hablar la jerigonza, es decir, el caló. Niños y niñas destetados debían ser quitados de sus madres y llevados a hospicios; luego, ellos pasarían a la Marina y, finalmente, a trabajar en las maestranzas, fábricas de lonas, herrerías, etcétera. Ellas se acomodarían a servir o a trabajar en las fábricas. El plan de Aranda se completaba recuperando la vieja idea de enviar a los *malos* a América: «Interpolados con otras gentes honradas, en nuestras colonias más distantes de la Luisiana, orillas del río Orinoco, bahía de San Julián, isla de Juan Fernández, para que sean vecinos útiles».

La idea no contó con la aprobación de otros ministros, sobre todo los más recientes en incorporarse a los ministerios, que se oponían a las deportaciones. El de Marina, Pedro González de Castejón, sucesor del bailío Arriaga, que estaba orgulloso de los resultados de la matrícula de mar, esgrimía que llevar a los gitanos en los navíos de guerra iba a provocar el odio de todos los marineros, que se considerarían infamados, especialmente los de la matrícula. El ministro de Indias, José de Gálvez, recordaba la prohibición de Felipe II y se oponía rotundamente a cualquier traslado, porque los gitanos «serían capaces, colocados en América, de alterar la constitución y seguridad de aquellos grandes dominios». El conde de Floridablanca comprenderá más tarde que la política militar de exterminio llevada a cabo por Ensenada y las ideas de Aranda no podían dar resultado y, ya en el primer año de su ministerio, comenzó a pensar en el proyecto que culminaría con la pragmática *dulcificadora* de 1783, que de entrada prohibió que se les llamara con el nombre infamante de gitanos y declaraba que «no provienen de raíz infecta alguna». En realidad, parecía una gran novedad, pero la prohibición de llamar gitanos a los *buenos* estaba ya en una pragmática de Felipe III de 1619, en la que también se les consideraba españoles y no una nación extraña.

Los informes del tiempo de Floridablanca contienen amplia información y dan idea de lo que se pensaba realmente sobre los gitanos y de las dificultades para llevar a la práctica su asimilación, la única idea que el pragmatismo ilustrado aportó, siempre manteniendo como objetivo principal el mantenimiento del orden público. José de Gálvez, que tenía pensado un plan de reforma de América buscando resultados económicos para la Corona y que había notado ya las consecuencias de algunas medidas en forma de motines —en Nueva Orleans, en Lima—, no podía ni pensar en un nuevo riesgo. Recordó que los gitanos tuvieron siempre prohibido ir a América por «sabias leyes que tenían por objeto conservar las Indias y mantener a los habitantes en la religión católica». Y conocedor de las novedades que ocurrían en las colonias inglesas —el informe, dirigido a Roda, es de 15 de septiembre de 1775—, advirtió del error que cometió Inglaterra al llevar a sus colonias a «hombres errantes y delincuentes, en quienes, por lo mismo (que a los gitanos) faltaba el primer vínculo de la fidelidad».

El informe del ministro Pedro González de Castejón y Salazar es al principio un canto encendido de la Marina de Guerra, en la que un factor crucial, según su parecer, era, como hemos dicho, la matrícula del mar, la medida tomada por Ensenada que consistía en hacer un registro de gentes del mar —marineros civiles, pescadores, etcétera— que podrían ser reclutados en la Marina cuando hicieran falta. Según González de Castejón, eran a la sazón una cuarta parte de las tripulaciones. «Esta matrícula es el alma de la marinería», decía el ministro, pues se «tienen por más que ellos (los soldados), nunca se les verá en los navíos intimidad ni con los mismos soldados de Marina», a pesar de que todos duermen y comen y viven en «una sala común, tan larga como el navío», donde tienen «sus arcas, sus ropas y alhajas». El ministro recordaba, pensando en los delitos achacados a los gitanos por su condición, que había durísimas penas para los hurtos y que a los reincidentes se les dejaba en la primera tierra habitada que encontraban en la ruta. Así que —concluía el ministro— el futuro de los gitanos, que no pueden ser dominados en tierra, sería peor en el mar. Para el ministro, habría situaciones terribles, y recordaba «los horrendos casos a que están expuestos en los navíos y sus largas navegaciones y suelen cometer hasta los hombres honrados». Al final, llegó a decir que, antes de admitirlos, era partidario de «que si hubiese algún gitano en los bajeles se les echase de ellos, no permitiéndoles ni aún ir a verles en los puertos». Porque, para este navarro de Tudela, guardiamarina de joven y ahora teniente general de la Armada, los gitanos eran «los más infames hombres que se conocen». En conclusión, los gitanos serían tan perjudiciales que, lejos de enmendarse, «vendrían a enseñar muchas maldades en los navíos».

La mayoría de los informes mantenían todos los rasgos de marginación que arrastraban los gitanos desde su llegada, pero Floridablanca fue preparando el cambio de rumbo y, cinco años después, el rey firmaba la célebre pragmática. En efecto, la ley de 1783 suponía un cambio espectacular en apariencia, pero pronto Floridablanca tuvo información sobre su fracaso, lo que no hacía sino confirmar las «profecías autocumplidas» de quienes tenían un mínimo de poder en los pueblos y, en su fuero interno, despreciaban a cualquier marginado, fuera o no gitano. Buscar la víctima propiciatoria, culpar de todo al gitano, sobre todo si estaba de paso, era vicio arraigado, por lo que aceptar a los gitanos como unos vecinos más no iba a dar resultado... salvo excepciones.

Pasados casi cuatro años de la promulgación de la pragmática, el secretario Pedro Escolano de Arrieta envió el 13 de febrero de 1787 a Floridablanca un resumen de las causas del fracaso: «Esta sabia providencia —decía— no ha producido todo el buen efecto que se deseaba, pues son frecuentes las quejas que se dan de que semejante clase de gentes ha vuelto a la vida holgazana que tenían, pasando a ferias y mercados y empleándose en el ejercicio de cambiar caballerías». Escolano va capítulo por capítulo. Del capítulo 1 al capítulo 4, sobre no usar lengua, traje, prohibición de llamarles gitanos, etcétera; el fracaso era general. El ejemplo más llamativo era el que denunciaba el alcalde mayor de Málaga, que había representado que se quiso unir el gremio de herreros gitanos y el de cristianos viejos, pero estos lo rechazaron e incluso pusieron pleito en la Chancillería de Granada. El capítulo 7, que contemplaba el avecindamiento en el plazo de 90 días, también era un fracaso, pues aunque muchos se avecindaron, luego «volvieron a levantar su domicilio sin saberse de su paradero». Un ejemplo: el corregidor de Linares remitió una lista con los avecindados, que llegó a Gracia y Justicia, y de todos ellos solo quedaba una familia. El caso de Linares provocó bastante revuelo, pues hubo informaciones contradictorias y, como en otros pueblos, los gitanos se encontraron protegidos por el corregidor, pero marginados por los payos. Veamos la siguiente denuncia:

> Manuel Fuenllana, vecino de la villa de Linares en el Reino de Jaén, representa que sin embargo de la Pragmática por la cual se manda que las Justicias obliguen a los llamados gitanos a tomar oficio, habiéndose establecido en aquella villa diferentes familias, ninguno le ha tomado, ejercitándose como antes en trueques, cambios y estar en las puertas de las posadas inquiriendo el rumbo de los pasajeros, cuyo género de vida y las quejas de sus robos no ignora aquel corregidor, quien los protege o tolera; y que todos los días se oyen robos e insultos, por cuya causa se halla el pueblo acobardado y pide que se ponga remedio a tanto mal. Y añade que en el año de 84 sucedió una muerte por haber ido unos gitanos a hurtar bellota, como lo tienen de costumbre.

El capítulo 8 dictaminaba sobre las profesiones que podían ejercer, pero tampoco había dado resultado. Los avecindados se registraban como jornaleros y lo eran en el tiempo en que había trabajo, pero luego volvían al trato de caballerías y otras malas artes; también eran arrieros, pero igualmente se dedicaban a tratantes y, vistos por los caminos, se les volvía a confundir con los acuadrillados; salían de los pueblos y volvían con comestibles, seguramente «hurtados, o comprados con dinero robado».

Desde el capítulo 15 hasta el 19, se prevenía qué hacer con los niños y esto provocó muchas consultas. En Fregenal, protestaron los labradores, pues el alcalde había creado tres diputaciones en las tres parroquias del pueblo destinando a la educación de los niños gitanos dos reales por arroba de vino, que recaían sobre ellos. Sobre los capítulos 20 y 21, dedicados a los reincidentes, no se sabía, no había listas. El resto era más o menos igual. No había manera. Cuando Floridablanca mandó el 20 de diciembre de 1784 a alcaldes y corregidores que le enviasen información, resultó que, en las provincias de Castilla, había 2999 personas «de los conocidos por gitanos con inclusión de niños y niñas», pero nadie sabía qué hacer con ellos. Como dijo don Antonio Domínguez Ortiz, el 90 % de los gitanos estaba avecindado antes de la pragmática y solo un 1 % lo hizo después, lo que quiere decir que el nomadismo estaba desapareciendo, pero no la segregación.

La difícil aplicación de la Pragmática de 1783 y las excepciones

El informe de Escolano de Arrieta debió de producir un efecto demoledor, pues descubría la dificultad de la asimilación y no solo por parte de los gitanos, sino de muchos payos que no estaban dispuestos a colaborar. Alcaldes, gobernadores y corregidores de toda España informaban de obstáculos insuperables. Solo cabía esperar las excepciones que confirmaran la regla y una de ellas era la que se estaba produciendo en Barcelona, donde Francisco de Zamora y Aguilar, ministro del crimen de la Real Audiencia, intentaba con denuedo hacer cumplir la célebre Pragmática de 1783.

Este hombre, ilustrado y activo escritor de libros de viajes —por lo que es más conocido— había nacido en un pueblo de Cuenca, en el seno de una familia de ganaderos, y se hizo abogado. Fue destinado a la Audiencia de Barcelona, donde manifestó preocupación por los marginados, por la educación de las niñas, por la salubridad del barrio del Raval y por la situación de los gitanos, que pretendió mejorar aprovechando las posibilidades que ofrecía la Pragmática de 1783.

A dos años de la promulgación de la ley, el 23 de noviembre de 1785, Francisco de Zamora remitió a Floridablanca una «memoria de los géneros trabajados por algunas hijas de los antes llamados gitanos que se hallan establecidos en el cuartel quinto de esta ciudad de Barcelona». El ministro de la Real Audiencia demostraba haberse tomado muy en serio las órdenes de Su Majestad, especialmente con las muchachas gitanas, que antes «no sabían más que bailar y cantar canciones indecentes, y ya han aprendido la doctrina cristiana y las obligaciones de madre de familia», además de hacer algunos trabajos en el sector textil de los que Zamora presumía en su memoria. En el inventario de las muestras, el ministro de la Audiencia destacaba algunos ejemplos, como los hilados de algodón de Paula Berenguer, de 8 años; un cordón de seda, de Josefa Noguera, de 6 años; otro cordón, de Josefa Berenguer, de 6 años; unas medias negras, de Florencia Berenguer, de 10 años; una puntilla, de Antonia Pubill, de 15 años; entre otros muchos más. «Todas estas muchachas —decía— tienen disposición para ser unas mujeres muy útiles, pero se necesita paciencia y animarlas con algún premio». Zamora, orgulloso de su trabajo, proponía al ministro que le permitiera extender su labor a todo el principado.

Floridablanca felicitó a Zamora y le dio «las gracias en nombre del rey», pero el ministro solo le dijo que continuara con su celo en Barcelona; nada de autorizarle a extender al principado sus providencias. A esa carta contestó Zamora el 24 de diciembre de 1785, muy agradecido, adjuntando además nuevas pruebas, ahora sobre «los chicos de esta clase, que están en tan buena disposición que salgo responsable». Tal era su satisfacción que añadía que les había leído a padres e hijos, «en número de 76», «el capítulo de la Gaceta de 16 de diciembre y su lectura les conmovió de tal modo que aseguro a V. E. causaba compasión». Para demostrarlo, él y José Bova, que le acompañaba, redactaron un breve escrito firmado «en nombre de estas familias» que mostraban su agradecimiento al rey de esta forma: «Se acercan al trono, Señor, no solo a dar gracias a Vuestra Majestad, porque con tanta suavidad ha querido corregirnos, sino también porque al primer esfuerzo que han hecho nuestros pobres hijos se ha dignado dar una muestra tan pública de su aprobación soberana».

Zamora siguió dando muestras de su celo y enviando pruebas a Floridablanca de la eficacia de sus medidas, aunque también le contó casos de gitanos incorregibles, viejos, a los que no tenía más remedio que enviar a prisión. Unos años más tarde, el 31 de diciembre de 1788, dos semanas después de la muerte de Carlos III, Zamora todavía escribió de nuevo a Floridablanca una larga memoria. Era una especie de recopilatorio de toda su actividad, manteniendo el tono entusiasta, a pesar de que ya decía que su desvelo por los gitanos le había acarreado incluso gastos que había sufragado de su bolsillo. También destacó en un plan general que mandó redactar a los muchos benefactores que había encontrado entre eclesiásticos e incluso nobles y autoridades de Cataluña.

En la memoria, recordaba que él «se dedicó a dar destino» a las muchachas de Barcelona y cinco leguas alrededor; pero también persiguió a los que perseveraban en su vida malmorigerada:

> A este fin destinó los días festivos para pasar a los pueblos inmediatos a examinar personalmente la vida y estado de las familias... acompañado del secretario D. Domingo Rodríguez, de don Joseph Doba y del Miñón Juan Bibern, con cuyo único auxilio prendió una tarde, de vuelta del lugar de Sabadell, un rancho de doce personas que en continuación de sus vagancias, encontraron acampados junto al camino.

Zamora había pasado años intentando conocer a los gitanos y, por eso, podía decir «que para conocer la horrible habitación de estas familias, así dentro como fuera de Barcelona, era necesario entrar en ellas, como lo ha ejecutado, y experimentar las miserias que hay en semejantes lugares». Fruto de esa experiencia, nos dejó testimonios como el siguiente:

> Que en San Andrés de Palomar halló que habitaban en una cuadra 26 personas y 18 caballerías, sin más utensilios domésticos que podadera, cántaro, olla, un plato, hoz, caldero, cucharas de palo, tijeras para esquilar, un semicírculo para decir la buena ventura, pedazos de cuerda embreada, una mano de gavilán de alambre que no puede tener otro uso que el de robar bolsillos, arreos de encender fuego, crecido número de llaves, dados, alforjas de mujer, cuchillos y navajas.

Pasaba luego a describir cómo había logrado «reducir a vasallos útiles conforme a los deseos de Su Majestad a las 200 personas que hay en Barcelona y pueblos de su rastro». Los medios empleados habían sido entre otros «deshacer la estrecha unión de estas familias, acomodando cada una en habitación separada, dividiendo esta entre personas y caballerías». También les había blanqueado los cuartos y puesto camas, sillas, arcas; les hizo «mudar de traje», todo pagándoselo «porque su pobreza no les permitía estos gastos». Pero solo los jóvenes le han respondido; con los viejos es inútil. Con todo, había otra dificultad: «La oposición de los gremios y dificultad de encontrar maestros que los admitiesen (de aprendices)». Por eso, había tenido que salir fiador de ellos, visitarlos, pero así había conseguido las muestras de las manufacturas que enviaba a Floridablanca. Había gastado 6182 reales, unos de su bolsillo, otros se los dieron el obispo, el inquisidor Nicolás

Laso y otras personas caritativas. Logró también que don Pedro de Lerena, ministro de Hacienda, relevara a estas familias de gitanos integrados (consta comunicación al ministro) de toda contribución hasta el tercer año de su establecimiento.

Ya gobernando Carlos IV, Francisco de Zamora siguió ofreciéndose a extender sus providencias «a todo el Principado, con las cuales confía hacer igualmente útiles otras 746 personas que hay en él», a sabiendas de que entre los obstáculos estaban las viejas ideas del plan militar: «Mediante componerse aquella Provincia de gobiernos que sirven militares, a los cuales como corregidores les está encargada la ejecución de la Real Pragmática». No se fiaba de los militares, al parecer.

En fin, Zamora acabó proponiéndose ante Floridablanca para extender sus desvelos incluso al resto de España, y así «podían hacerse útiles en todo el reino más de once mil personas de esta clase que por cerca de tres siglos han hecho ilusorios los paternales desvelos de ocho reyes y de doscientas cincuenta providencias formales que se han tomado contra ellos». Pero, como sabemos, no hubo posibilidad, antes al contrario: el año 1789 fue de enorme esterilidad de pan, y otros problemas centraron la atención del gobierno, entre ellos el peligro que venía de la Francia revolucionaria. También Floridablanca, que al final trajo a la corte a Zamora, cayó en desgracia, incluso fue encarcelado en la ciudadela de Pamplona, el mismo destino que compartiría más adelante el propio Francisco de Zamora, que llegó a ser estrecho colaborador de Godoy.

La guerra contra la Convención, y luego la crisis económica a partir de 1804 y la desastrosa guerra de la Independencia, provocaron largos años de hambre y miseria de los gitanos españoles, de nuevo expuestos a las leyes más duras. Aunque Fernando VII solo intervino para firmar que las pragmáticas de su padre y su abuelo estaban en vigor, la realidad era que las justicias, auxiliadas por los payos, seguían reprimiendo con dureza a los gitanos hasta llegar a la justificación legal de 1845, de nuevo una ley de vagos que incluía a los gitanos. Pasaría mucho tiempo antes de que siquiera las ideas de los déspotas más *benéficos* del siglo ilustrado fueran retomadas en favor de este pueblo, que no solo sufrió marginación en España. Como ha descrito David Martín, las medidas militares españolas de mediados del siglo XVIII tienen su colofón en la *raffle* decretada en el País Vasco francés en 1802, una redada contra *les bohemiens* por la que 125 hombres, 155 mujeres y 195 niños y niñas menores de 12 años fueron arrestados en la región de Bayona y Maule, inaugurando las medidas que a lo largo del siglo XIX llevarán a los gitanos franceses a los presidios de las colonias y a su dispersión. Los ejecutores de la *raffle* de 1802 contaron con la colaboración de las autoridades españolas, que aislaron la frontera para impedir que los gitanos del lado francés pudieran pasar a Navarra o Guipúzcoa, donde muchos tenían familia. Las fronteras no eran un obstáculo para los gitanos, pero tampoco para quienes les reprimieron... y les siguen reprimiendo en esta nueva Europa de la intolerancia y la exclusión.

7
Olavide, el castigo ejemplar que lo apruebe el rey

La Inquisición al servicio de la lucha política

La imagen de un frívolo Olavide subyugado por la filosofía de la razón y abandonado al hedonismo no ha variado mucho desde que Marcelino Menéndez Pelayo lo incluyera entre los heterodoxos españoles, aun sabiendo que, frente a las acusaciones de sus enemigos y a pesar de haber sido declarado por la Inquisición «miembro podrido de la Religión», don Pablo fue un sincero católico y nunca perdió la fe. El azote de heterodoxos santanderino consideró a Olavide un «iluso de filantropía» y hasta vio en él «cierta cándida y buena fe»; desde luego, creyó en su arrepentimiento final al juzgar *El Evangelio en triunfo* de «intachable, sin vislumbres ni aun remotos de doblez e hipocresía». Los historiadores que se han ocupado del personaje con posterioridad mantienen esa idea y culpan al Santo Oficio de haber encontrado la víctima propiciatoria para dar un escarmiento contra los excesos volterianos: de costumbres y moral relajada sí, pero no en asunto de dogma y fe. En definitiva, don Pablo fue la oveja «atolondrada, pero nunca descarriada», en expresión de Rafael Olaechea.

Es también la tesis de Marcelin Defourneaux en su excelente biografía publicada en 1959 y, en general, la de la mayoría de los historiadores que se han tropezado con el célebre caso Olavide. La vida libre y escandalosa de un hombre todopoderoso, protegido por el mismísimo Carlos III y sus ministros, fue la causa de su desgracia, pues desde que llegó a Sevilla provocó la inquina de los inquisidores contra él, concentró en sus manos más poder que nadie en Andalucía —superintendente de las Nuevas Poblaciones, asistente de Sevilla y, además, intendente del Ejército de Andalucía— y provocó desde el primer día a frailes y canónigos, asombrados de que se hubiera hecho traer de Francia miles de libros formando una biblioteca que encima quería que fuera pública.

Pero el asombro fue en aumento y la Sevilla reaccionaria pronto pudo comprobar que el espíritu libre de don Pablo pasaba de los libros a los hechos, nada menos que en la universidad, que era controlada por el imponente cabildo catedral sevillano y que el asistente quería reformar. A ello se sumó el teatro, un caballo de batalla contra la reacción, como hemos visto, y la tertulia que mantenía en los Reales Alcázares, que amplificó su fama. Los sevillanos le veían como «una persona con un pasado tumultuoso, seductor, mimado de las mujeres, rico, amante del lujo y de la ostentación, extrovertido, cosmopolita, brillante, apasionado y poco prudente en algunas ocasiones al exponer sus ideas», en palabras de Luis Perdices de Blas.

En 1787, Francisco de Bruna y Ahumada, amigo y colaborador de Olavide, recordaba nostálgico a Jovellanos aquellos tiempos en que ambos disfrutaban divertidos en la tertulia de Olavide:

> Me ha renovado las memorias de aquellos felicísimos tiempos, acaso serán los más alegres que tendremos en nuestra vida; se me apura la imaginación de considerar el placer y buena amistad con que gastábamos las horas, y cotejar la actual insulsez; a la verdad aquel conjunto se verá pocas veces; y es bien difícil la concurrencia de semejantes mujeres, que por lo común entre nosotros su trato nos arrastra a la ruina y a la disposición, y aquellas daban solo pasto al entendimiento y el buen gusto.

En adelante, las hazañas de Olavide, *señor* y *dueño* de La Carolina, la capital de sus Nuevas Poblaciones, la Nueva Arcadia, irían de boca en boca gracias al incansable fray Romualdo de Friburgo, el fraile capuchino que fue construyendo la imagen del libertino y hereje, y al fin llegaron a la Corte, donde el padre Eleta y los que todavía pasaban por amigos de Olavide necesitaban una víctima para contrarrestar los excesos de las Luces y el malestar causado por los escándalos de otro libertino, nada menos que el hermano del rey, don Luis, mientras los inquisidores, eufóricos, encontraban un motivo para exhibir un poder que se había llegado a dar por acabado, como señaló Antonio Domínguez Ortiz.

Esas parecían ser las razones. Al fin, la Inquisición había triunfado contra las Luces y un indefenso Olavide caía en sus garras y era conducido a sus cárceles secretas. Desde el 14 de noviembre de 1776, en que se le apresó, hasta que salió al autillo el 24 de noviembre de 1778 para ser condenado a ocho años de reclusión en un convento, don Pablo desapareció del mundo de los vivos, en dramática expresión de Marcelin Defourneaux. Todo el mundo quedó asombrado del proceder de la Inquisición con un hombre de la talla política de Olavide y nadie dijo nada, ni sus poderosos amigos, ni el rey, que sigue apareciendo al margen del caso, ni sus ministros, todos callados. Tal era el poder del Tribunal.

Hasta aquí, en líneas generales, la versión más divulgada del caso Olavide. Sin embargo, cuando en 2002 preparaba mi primer trabajo sobre el asunto y revisaba la documentación del Archivo Histórico Nacional y del de Simancas —que dio lugar a mi primer artículo en *Los grandes procesos de la historia de España* (2002)—, ya me di cuenta de que algunas pruebas que involucraban al rey no habían sido aportadas por Marcelin Defourneaux. Recordé, entonces, las sospechas de Rafael Olaechea, para quien el caso Olavide seguía siendo, en 1987, un «enigma histórico», pues «nadie —decía— ha explicado aún de forma convincente cómo fue posible que, en un momento determinado, todos los organismos civiles del país, comenzando por el propio rey y sus ministros, se inhibieran por completo ante el poder del Santo Oficio, y abandonaran al peruano a su suerte». Y sospeché, yo también, que tanta unanimidad en dejar solo al Santo Tribunal ante el reo tenía que ser consecuencia de un plan deliberado para borrar huellas, en especial las del rey. Más tarde, las sospechas se extendieron a sus ministros, especialmente a Grimaldi, su hombre de confianza, a Roda y al gobernador del Consejo de Castilla que había sucedido al conde de Aranda en 1773, José Ventura Figueroa, un camastrón acérrimo ensenadista al que ya conocemos. Pero, igualmente, se extendieron al bando contrario: los arandistas. En el ya citado libelo contra Grimaldi titulado *Junta anual y general de la Sociedad Anti-hispana celebrada el día de los Inocentes del año 1776 y fin de fiesta en el cuarto del marqués de Grimaldi* y conservado en la Biblioteca Nacional, cuando se habla de «esas poblaciones que en la Sierra Morena se han fundado y de su director, que ya descansa en la negra oficina de Vulcano», uno de los conjurados dice: «Pues no hay otro remedio sino es dejar al rey bien preparado, quemar todo papel que sea nocivo, poner los favorables aunque falsos y dejar sucesor tan oportuno que perfeccione bien lo comenzado».

A esta prueba seguirán otras que demostrarán que lo que hubo realmente detrás de la actuación de la Inquisición —una vez más utilizada para dirimir un asunto político— fue una gran conjura ministerial como respuesta a la brutal oposición que había desatado Aranda desde la embajada de París contra el Gobierno de Grimaldi, según hemos visto.

Los mazazos del conde contra el ministro italiano llegaban a la Corte en forma de pasquines, en 1775 y 1776, en una feroz campaña que al final logró hacer dimitir al ministro, pero también desató las iras del muy vengativo Carlos III que nombró como sucesor de Grimaldi a otro golilla, otro abogaducho, José Moñino, conde de Floridablanca, que por cierto, al poco, también rompió con el soberbio conde aragonés. Los autores del libelo contra Grimaldi, obviamente proveniente de la «fragua de París», esperaban el «sucesor tan oportuno», pero una vez más se equivocaron.

Grimaldi salía de España en 1777 hecho un duque, rico y premiado con la Embajada de Roma, pero, además, se llevaba con él el sabor de la venganza, pues dejaba en las cárceles secretas inquisitoriales a la más perfecta criatura del conde de Aranda, el volteriano que, con Campomanes, había formado la Trinca: eran los que «trabajaban por destruir los prejuicios religiosos», en palabras de Giacomo Casanova, y todos sabemos cómo solían acabar, desde Macanaz a Jovellanos, los que topaban con la Iglesia. Antes de salir de España y con Olavide en las cárceles secretas desde una semana antes, Grimaldi le decía a Roda: «Mucho me alegro que se vaya descubriendo cada día alguna cosa más; créame V. Illma. mío, importa tanto el descubrirlo y saberlo bien todo como el tenerlo secreto». El ministro Roda era un maestro del disimulo y todo el mundo lo sabía. Y no había secreto más blindado que el secreto inquisitorial.

El libertino ilustrado

Después de llegar de Francia, en 1765, precedido por los miles de libros que había comprado y por su fama de afrancesado y hombre de espíritu libre, Pablo de Olavide y Jáuregui era el hombre de moda en Madrid. Era ya rico, pues se había casado en 1755 con la (dos veces) viuda Isabel de los Ríos, un año antes de que el dinero de su esposa le sirviera para costear su entrada en la orden de Santiago, lo que le convertía en caballero. Rico, con dinero, con su hábito nobiliario, culto y abierto al mundo —«su casa se había convertido en centro de reunión de todos cuantos seguían la moda», dice Jean Sarrailh—, Olavide viajó por Italia y Francia, vivió en

París —donde hizo negocios con el capital de su mujer— y, al fin, visitó al señor *de les Délices* y filosofó despreocupadamente. «Olavide ha de vivir siempre una vida de novela», profetizó un peruano como él.

No había demostrado todavía interés por la política, pero Madrid era un hervidero cuando Olavide llegó de París. El descontento de los grandes con el nuevo rey era notorio, como hemos visto, y llegó el motín, y llegó el conde de Aranda, el que iba a ser el gran valedor de Olavide y el que —con el navarro Músquiz, ministro de Hacienda, del clan de los Goyeneche—, lo llevó a la política. Junto con Campomanes en primera línea y el sinuoso Roda siempre por detrás, eran el equipo ilustrado, la trinca, los golillas, los manteístas, y habían tomado el poder tras los miedos del rey, elevando al personaje más descollante de la grandeza a la presidencia del Consejo de Castilla, pues así pensaban evitar la permanente hostilidad que sus antecesores, Patiño, Campillo y Ensenada, habían soportado de los orgullosos aristócratas. El embajador danés le decía a su Corte «que Carlos III hubiera tenido que expulsar de España prácticamente a toda la nobleza, como hizo con los jesuitas, para pacificar el país». Nunca se reconocería —y Campomanes fue drástico en ello—, pero la nobleza vio con gusto caer a Esquilache y no le hubiera importado nada que le hubiera seguido Grimaldi, pero este hábil político buscó el amparo del rudo conde aragonés, que imponía a todos por su fuerte carácter, y pronto se convirtió en el preferido del rey, como ha demostrado Paulino García Diego.

Pero también es cierto que a Aranda le recubría una aureola de hombre bienquisto con el pueblo; ya hemos visto que era franco en el hablar, poco protocolario y había demostrado, como capitán general al frente de un Madrid tomado militarmente, entender a las clases populares y hacerse respetar. Una de sus primeras medidas fue buscar solución para los pobres de Madrid, a los que en realidad los consideraba simples delincuentes, como hemos visto, instrumentos del motín, gente peligrosa que convenía tener recogida. Para ello, Múzquiz y Aranda contaron con Olavide, «por su talento, por lo que ha visto en los países extranjeros, por su inclinación hacia este género de establecimiento público». El 27 de mayo de 1766, Aranda y Olavide llegaban a San Fernando, un real sitio, malsano y medio abandonado, que iba a ser el Real Hospicio dirigido por el peruano, que tomaba posesión del cargo el 4 de junio. A los pocos días dirigía también el hospicio de Madrid.

Defourneaux pinta el hospicio y la labor de Olavide como un modelo de la filantropía ilustrada, elogiando los trabajos de los pobres en los talleres, el desvelo de Olavide por la higiene y la salud de los recluidos, e incluso por su «salud moral», pues el director había comprobado «la increíble ignorancia de la doctrina cristiana» que manifestaban no solo los niños, sino incluso los ancianos recogidos. Pero ya hemos visto que el hacinamiento, las fugas y la indisciplina provocaron la represión, dirigida con mano férrea por el militar Aranda, menos filantrópico que Olavide, que por esas fechas ocupó además otro de los cargos estrella de las reformas ilustradas de Aranda: la de síndico personero del común del Ayuntamiento de Madrid. El artículo 5 del decreto de creación de los diputados del común, decía: «Deseando evitar a los pueblos todas las vejaciones, que por mala administración o régimen de los concejales, padezcan en los abastos y que todo el vecindario sepan cómo se manejan y pueda discurrir en el modo más útil de surtimiento común...». Olavide pasaba así a ser un representante popular, además de un filántropo ilustrado y moderno que velaba por los pobres. Con esas prendas, esos amigos —Aranda, Múzquiz, Roda, Grimaldi y Campomanes—, también, ¡ay!, esos enemigos todavía ignotos y callados (recordémoslo cuando veamos llegar la tragedia), y desde luego con su forma libre de pensar, don Pablo fue elegido para hacer realidad la obra más ilustrada y utópica del siglo: las Nuevas Poblaciones de Andalucía.

El cargo de intendente de las colonias se completaba con el de asistente de Sevilla, lo que le obligó a residir en la ciudad, a la que llegó precedido por su fama y sus ideas. Como no había dejado de comprar libros en Francia y de mostrarse en público filosofando, se fue convirtiendo en el blanco de todos aquellos que odiaban las reformas, las luces, la influencia extranjera, la filosofía, en fin, el gobierno de los nuevos ministros de Su Majestad, en especial, Campomanes, cuya fama antifrailuna iba de boca en boca: eran «hombres ilustrados, de una especie rara en España, que sin ser exactamente sabios, estaban por encima de los prejuicios religiosos, porque no solo no temían burlarse de ellos en público, sino que trabajaban abiertamente por destruirlos», había dicho el ilustrado y viajado Giacomo Casanova.

Se burlaban de los prejuicios, dice Casanova y, en efecto, Olavide se reía de todo, como dijo el fraile que le delató, el capuchino fray Romualdo de Friburgo. Se reía de que las campanas *tocaran a hielo* —todavía mencionó la costumbre Jovellanos en sus *Diarios* treinta años después—, de la bula para comer carne, de la casa de la Virgen que le enseñaron a Olavide en Roma, donde pudo ver la ventana por donde entró el arcángel «a hacer la embajada» y «la taza donde el Niño Jesús comió sopas»; se reía «de los curiales de Roma (de quien el padre Romualdo era idólatra)», de los falsos milagros, incluso de la madre Ágreda «de quien fray Romualdo es demasiado apasionado, y nosotros para enfadarle le decíamos que sus libros eran escritos por el padre Samaniego» (este es el cura que se *espontaneará*, es decir, se inculpará, en el autillo de 1778, un riojano juerguista, pariente del fabulista de Laguardia Félix de Samaniego).

Precisamente, ¡ay, la risa! Reírse de todo será una de las actitudes denunciadas por el fraile. No hay que hacer ningún esfuerzo para imaginar la escena: palacio de Olavide en La Carolina, mesa bien servida, libros a mano, cuadros colgados en las paredes «que por el día son paisajes de ciudades y por la noche mujeres en posturas torpes»; el jefe pletórico, divertido, mordaz o cínico, rodeado de amigos, nobles, ricos e ilustrados, incluso algún cura del siglo, andaluz y gracioso; frente a ellos un capuchino, alemán, cerrado y dogmático... medieval. Decían que don Pablo tenía una «vis cómica» contagiosa y que imitaba al barbudo fraile para reírse de él con sus amigos; seguramente cargaba la gracia en el acento rudo del fraile suizo cuando hablaba castellano, pues venía de Friburgo. En fin, reírse, quizás lo peor que se puede hacer ante los fanáticos, como había advertido Voltaire, que recomendaba la risa contra lo que, por la torpeza de los hombres, no se podía remediar. Olavide se reía de todo en público, por ejemplo, de las rogativas, quizás sin calibrar su posible efecto, seguramente arriesgando más que su amigo Campomanes, que también se burlaba de los prejuicios religiosos, pero asistía a todas las rogativas de Madrid, como dice Concepción de Castro, «siguiendo ordenadamente las filas de los consejeros». Sus informes podían ser radicales, pero estaban protegidos por el secreto de la institución y, desde luego, el fiscal no dio motivo de escándalo y se cuidó mucho de hablar fuera de su círculo. Aranda podía tener una vida frívola —a su casa en Varsovia la llamaron la casa de Baco—, *desfrutar* mujeres y reírse hasta del rey, pero era intocable. Definitivamente, el peruano Olavide era un iluso, pero también un insensato.

En los años plácidos de La Carolina y de Sevilla, su genio brillaba entre amigos cultos, aficionados a la literatura como Francisco de Bruna, Cándido María Trigueros o el joven Jovellanos; con la presencia de algunas mujeres, sobre todo la culta y guapa Gracia de Olavide, que era presentada como su media hermana o su prima, el centro de atención de la famosa tertulia junto con Tomasita de Arellano, de la familia que tenía en Baeza, la que le acogería en sus últimos años. Y además de la tertulia, estaba la biblioteca. En 1768, llegaron a Sevilla desde Bilbao 29 cajones con 2400 volúmenes, la mayoría de autores franceses. Los inquisidores se asombrarían, pero nada pudo hacer por ahora el Tribunal, ante el que Olavide se mostró respetuoso, esgrimiendo su licencia para leer libros prohibidos; pero los inquisidores ya no dejarían de observar al sospechoso. Al encumbrarse en el poder como el primer *hombre del rey* en una ciudad tan reaccionaria como Sevilla, Olavide se iba a hacer más visible para sus muchos enemigos, que solo podían aumentar, sobre todo porque su primera actuación se dirigió a los dos asuntos más enconados del siglo ilustrado, aquellos en los que se medían en toda España, en formidable combate, los reformistas contra la burricie clerical: la universidad y el teatro.

El plan de estudios para una nueva universidad redactado por Olavide era un mazazo contra la rutinaria universidad dominada por la Iglesia y los colegiales, lo que muchos claustrales no iban a olvidar. Uno de ellos, el agustino fray José Gómez de Avellaneda, que declararía años después contra Olavide ante la Inquisición, fue «el autor del infame libelo que, con el título de *Vida de Guindo Cerezo*, alimentó las ansias satíricas del pueblo sevillano a costa del sufrido y benemérito Asistente». Pero Olavide nada tenía que temer por ahora. En la iglesia que había sido la casa profesa de la Compañía de Jesús, adonde se trasladó con toda pompa la vieja universidad sevillana (la Real y Pontificia Universidad de Santa María de Jesús) para convertirse en la Real Universidad Literaria de Sevilla, había en el lado del Evangelio «un retrato de Carlos III bajo dosel al que hacían guardia dos soldados con bayoneta calada». En el lado de la epístola estaba el arzobispo. Una iconografía similar tenía Olavide en La Carolina, en el palacio que iba a habitar, coronado por un gran escudo de Su Majestad: el rey era el impulsor de las reformas... ¿O es que sus ministros querían que así pareciera?

Pero ya hemos visto que el rey no era, en realidad, ese protector de volterianos que la historiografía tradicional ha transmitido.

Todos los déspotas debieron tener al rey de su lado, pues, en otro caso, las luchas cortesanas provocarían la caída en desgracia del que hubiera osado causar el disgusto regio (como así fue). Ya hemos visto que el siglo abunda en casos, con todos los Borbones, y que Carlos III no fue una excepción, como pronto demostraría al alejar —por segunda vez— a Aranda de la Corte, en 1773, y comenzar lo que don Antonio Domínguez Ortiz denominó «involución de Carlos III», que el maestro atribuyó certeramente, entre otras causas, a «tropiezos serios de Olavide». Porque junto al rey no estaban solo esos ministros *herejotes* de los que hablaba con sorna Aranda, sino algunos personajes muy influyentes, entre ellos —y quizás el más importante en el caso del devoto Carlos III—, el confesor regio, Joaquín de Eleta, el fraile gilito que fue, ante todo, el contrapunto de la tan aireada como escasa ilustración del monarca. Por eso, fue odiado por los ilustrados, que se mofaban de un fraile pequeño y cetrino que iba por la corte en hábito de franciscano, al que Azara, el gran amigo de Aranda, llegó a llamar «idiota tonsurado y ungido». En fin, su mentalidad era supersticiosa, como argumentó Ferrer del Río, igual que la del rey, «esclavo de su confesor», según Casanova.

Las Nuevas Poblaciones, la obra ilustrada del siglo

En definitiva, el elegido para fundar esa Nueva Arcadia feliz pareció desde el primer momento un personaje peligroso. La ortodoxia, en particular la que reinaba en el estamento clerical de Sevilla, Córdoba y Jaén, no iba a transigir con el que pretendía realizar la utopía de Campomanes, basada en el pequeño campesino autosuficiente, organizado en una sociedad racional al margen de las trabas que desde hacía siglos imponían la nobleza señorial y la Iglesia, los propietarios de más de la mitad de la tierra en España y los causantes del fracaso de las reformas emprendidas en el medio rural español. Las Nuevas Poblaciones iban a ser un ensayo que permitiría comprobar que la amortización era un freno del desarrollo y que la propiedad de la tierra era un estímulo para mejorar su cultivo y aumentar los rendimientos. No se trataba de una propuesta revolucionaria. Antes de que Olavide redactara el *Informe de la ley agraria* (1768), el padre Sarmiento y su amigo Feijoo habían divulgado ideas muy parecidas a las que expondrán luego Campomanes y Olavide, como hemos visto al comentar el discurso 12 del tomo octavo del *Teatro crítico* (1739), «Honra y provecho de la Agricultura». Tanto Feijoo como Sarmiento criticaban el latifundio, pero también los inmensos baldíos —que era el problema en Sierra Morena— que creaban lo que según el padre de Oviedo era un mal muy viejo:

> Así dice Columela que era delito en un senador poseer más de cincuenta medidas de tierra, correspondiente cada una a lo que un par de bueyes puede labrar cada día. Es verdad que esta disciplina en tiempo del autor estaba relajada, porque en otra parte se lamenta de lo mismo de que hoy podemos lamentarnos en España: esto es, de que había quienes gozaban tan amplias posesiones que no podían girarlas a caballo, y así quedaba gran parte a ser posada de fieras.

Olavide lo había observado en Sierra Morena, donde el problema no se solucionaría con repartir tierras baldías como había decretado el Gobierno, pues había algo más profundo que era lo que aconsejaba la repoblación: «No se ve más tierra en cultivo que una o dos leguas inmediatas a los lugares, todo lo demás está inculto, y se pasa seis o siete seguidas donde no hay señal de la mano humana y todo sigue como pudieran estar las más agrias montañas de un desierto».

La idea de repoblar estos desiertos era también compartida por otros ilustres precedentes. Tanto Carvajal, que pensó en poner en Santiago de Compostela una especie de oficina de reclutamiento para asegurarse de que los colonos fueran católicos, como Ensenada, la tenían entre sus proyectos. Jerónimo de Ustáriz, Pedro de Valencia o Bernardo Ward habían teorizado sobre la necesidad de repoblar, pues se confiaba en la máxima ensenadista, llevada al catastro: «Más súbditos, más contribuyentes». En su *Proyecto económico*, Ward puso algunos reparos, «el primero: son tales las impresiones que tienen las gentes en todas partes de la Inquisición que aún los católicos más celosos la tienen cobrado un miedo y un odio notable». Sin embargo, esas impresiones no disuadieron a los maestros ingleses que hizo venir a los arsenales Jorge Juan, pues sabemos que mantuvieron su fe hasta que alguno se casó con una española. Pero, en efecto, los colonos deberían ser católicos, lo que quedaba asegurado en el proyecto presentado al rey, en mayo de 1766, por el bávaro Gaspar de Thurriegel.

Olavide pensaba que debía acogerse a «una parte de alemanes y otra, mayor, de españoles, de modo que dominasen estos y prevaleciese nuestro idioma»; incluso se podría admitir a algunos hombres del hospicio. El Consejo de Castilla fijó la región a repoblar, Sierra Morena, por donde pasaría la carretera general de Madrid a Andalucía, una obra decidida en 1761. Thurriegel cobraría 326 reales por cada uno de los 6000 colonos y sería nombrado coronel. El 2 de abril de 1767, se publicaba la Real Cédula que recogía los detalles, el mismo día que se hacía pública la orden de expulsión de los jesuitas.

El gran proyecto ilustrado estaba *bendecido*, contaba con dinero y era un mandato del rey sostenido por sus ministros. Como estas empresas tenían un componente militar —en toda Europa—, Olavide fue nombrado, el 22 de junio de 1767, además de asistente de Sevilla y superintendente de las Nuevas Poblaciones, intendente del ejército de Andalucía. Nadie había tenido más poder que él sobre una vasta región española. Por ahora, escribiría un «fuero de las poblaciones» junto a su protector Campomanes, mientras recibía bienes de los jesuitas expulsos de Andalucía, Extremadura y La Mancha, por orden de su amigo el fiscal que controlaba el Consejo de Castilla, «un maná» que iba a llenar las arcas del Estado, como dice Marcelin Defourneaux, pero que también iba a provocar críticas —pues se exageró su cuantía—, además de nuevos enemigos para don Pablo, incluidos algunos colonos que pudieron haber sido influidos por los propios jesuitas expulsados, como sospechaba años después el cura Juan Lanes Duval, íntimo de Olavide.

Al poco de llegar los colonos fue público su descontento a causa de la improvisación que encontraron y de la diferencia que había entre lo que les prometió Thurriegel y aquellas tierras incultas, despobladas, desprovistas de las materias primas y las industrias necesarias para construir sus casas. Casanova, que conoció el clima de críticas que empezaba a nacer contra Olavide, bromeó con el origen de los pobladores, «Suiza, el pueblo más sujeto a la nostalgia», y hasta pudo dar alguna recomendación al superintendente «en lo tocante a sus conciencias». Conocedor de que «Olavide afirmaba rotundamente que había que evitar todo tipo de establecimiento de frailes», el italiano le aconsejó —al menos, eso escribe en sus memorias— que «haría falta por lo menos en los primeros tiempos, darles sacerdotes y magistrados suizos», lo que a regañadientes Olavide tendría que aceptar, pues los colonos no hablaban castellano y no podían entender a los párrocos españoles. Al poco, resolvió el engorroso trámite —vendrían unos frailes alemanes, aunque no podrían constituir comunidad—, y pasó a ocuparse de otros asuntos, entre ellos los de tipo económico, ya claramente problemáticos.

Pero como ya advirtió Alcázar Molina en 1926, las justas críticas de los colonos, que sufrieron duramente todo tipo de adversidades incluida una epidemia de tercianas, se voceaban por gentes interesadas en desacreditar la empresa y a los que la presentaban como un éxito de la política reformista de los poderosos ministros amigos de don Pablo. «Campomanes y Aranda estaban demasiado encumbrados para que pudieran ser víctimas; pero oponiéndose a sus obras y combatiendo a sus amigos, se asestaba un duro golpe a las doctrinas y realidades que significaban avances que podían estimarse por subversivos».

En efecto, la oposición iba a unir a todos aquellos que, por una razón u otra, estaban descontentos por el rumbo que tomaban los asuntos políticos. La expulsión de los jesuitas se había celebrado por algunas órdenes rivales, pero tenían seguidores que creían que se despilfarraban sus bienes en una empresa perjudicial; los detentadores de señoríos veían mermados sus baldíos; el Ayuntamiento de Écija elevaba sus protestas al Consejo de Castilla; y hasta el mismo Thurriegel, que había traído colonos inútiles, lisiados, algunos que no eran extranjeros, otros protestantes, e incluso algunos «que no habían visto nunca un arado», enviaba a Campomanes una *Memoria* redactada por los capellanes de Sierra Morena, que llegaban a decir que los colonos vivían «tiranizados gimiendo bajo la opresión». El suizo Joseph Yauch, el otro contratista encargado de traer colonos, se sumó torticeramente a las protestas, sabiéndose protegido en Madrid por el embajador alemán, quizás para ocultar que no había cumplido su cometido de traer un centenar y presentarse con una docena.

El éxito que los enemigos de las reformas querían lograr, que lógicamente debía empezar por dividir al equipo ilustrado, empezó a creerse posible al comprobar el desasosiego que sus memoriales y cartas causaban entre los ministros, especialmente entre Campomanes y Aranda, que ya habían tenido algunos roces importantes. El ministro Múzquiz, que vio la jugada con menos apasionamiento que el fiscal y el presidente, pensó en la «oposición que muchos tienen a toda actividad o lucimiento ajeno», pero no se le ocultó que había detrás gente importante, incluso «una cábala de algunos ministros de la corte de Alemania». Meses después, el propio Olavide le confesará que esos enemigos no solo iban directamente contra él y contra Campomanes, sino que habían pretendido que Aranda desautorizara a los dos, «aunque parece que el presidente se ha desengañado por fin de la mala impresión que se había conseguido inspirarle tanto contra mí como contra las colonias de Sierra Morena».

Tras recibir la carta del suizo Joseph Yauch, que pedía al Gobierno una inspección *in situ*, Aranda hizo *pasar* por las Poblaciones a su amigo Ricardo Wall, que volvía del Soto de Roma —un Real Sitio cuyo Gobierno le concedió Carlos III tras su retiro del ministerio— y a Francisco Carrasco, marqués de la Corona, otro fiscal del Consejo de Castilla, que volvía de Sevilla; era una visita oficiosa, que a Wall le ocupó cinco días a caballo, de pueblo en pueblo. Pero unos días después, Aranda autorizó un visitador oficial, Pedro Pérez Valiente, que debía emplear varios meses en su misión y al que le concedió plenos poderes, lo que en la práctica equivalía a retirar a Olavide su autoridad sobre las Poblaciones. Campomanes, herido por esa decisión, en la que vio aumentar la enemiga del altivo conde contra él, empezó a distanciarse de la empresa y a extremar la prudencia; quizás vio ya la fuerza creciente de la reacción —que también le echaría a él la Inquisición encima— y, por eso, ya no intervendría en primera línea, contentándose con ver lejos al conde de Aranda, a quien el rey volvería a despachar, esta vez 15 años a París.

Aunque todos en la Corte fingieron normalidad ante la salida de Aranda, hubo incluso pasquines a su favor. Grimaldi recogió algunos; de uno de ellos pensó que provenía «de algún apasionado del conde de Aranda sentido de la partencia de este sujeto» porque las ideas «son las mismas que el mismo conde ha tenido y vertido en otros lugares; también ha repartido las mismas especies tocante a la Marina y la Artillería». Pero lo importante es que Grimaldi ya se dio cuenta, y se lo contó al sucesor de Aranda, Ventura Figueroa, el 19 de agosto de 1773 —Aranda partió de San Ildefonso el día 16— de que «el rey ha oído con sumo desagrado la noticia de que haya gentes tan depravadas y piensen sembrar especies sediciosas en desdoro de su respetable autoridad y comprende que tal vez por exceso de benignidad y de tolerancia se da lugar a que tomen cuerpo tan atrevidos procederes». El rey evolucionaba en sus ideas hacia un cerrado conservadurismo, receloso ya de las Luces y de alguno de sus ministros, y seguramente Campomanes no es que se oscureciera ante los riesgos, sino que hizo lo que dice Concepción de Castro, que le ha estudiado en profundidad: «Posiblemente, en su evolución Campomanes seguía, básicamente al menos, la del mismo Carlos III». ¡Qué mejor manera de protegerse!

Como Campomanes, Olavide sufrió la decisión de Aranda y notó sus consecuencias en cuanto comenzó a actuar Pérez Valiente, quien no solo corroboró los cargos contra su gestión, sino que dio alas para que aumentaran las críticas a su persona. Olavide pensó en abandonar, pero terminada la visita de Pérez Valiente, volvió a tomar las riendas creyéndose autorizado por Múzquiz y, sobre todo, por Aranda, que una vez más se creyó el ganador del cubileteo sin serlo. Era una partida más que le ganaban y que, sin él saberlo ni imaginarlo, le iba dejando aislado.

Pérez Valiente llegó a La Peñuela a fines de abril de 1769 y Olavide se retiró a El Viso, desde donde escribió a Múzquiz y a Aranda, preocupado por lo que estaba sufriendo su reputación. «Me duele —le decía a Aranda— que, con mi retiro en este lugar, doy muchos fundamentos a mis enemigos y desafectos». Aranda, que seguramente se desesperaba al comprobar la candidez de su protegido, le dijo que se fuera a Sevilla, para que todos vieran que mantenía la autoridad que le había otorgado el rey. Pero, una vez más, vencido por la necesidad de ser querido por sus protectores, lo que hizo el peruano fue poner en un enorme aprieto a Aranda; sin anunciarlo —«He venido de secreto»—, se presentó en Madrid y allí le escribió un billete pidiéndole verle en su casa: «Hago ánimo de mantenerme escondido en mi posada hasta saber el gusto de V. E. a quien suplico, en caso de que me lo permita, se digne de señalarme la hora en que le será menos incómodo». La conocida rudeza de Aranda se manifestó inmediatamente en la respuesta, de 22 de mayo de 1769, que a Olavide debió dejarle estupefacto:

> Señor de Olavide, no sé en qué términos contestar al aviso que V. S. me da sobre haber venido secretamente a esta villa. Se hará cargo V. S. de que la ausencia de su distrito requiere permiso superior al mío y que, careciendo de él, no puedo yo practicar lo autorizado... Estas reflexiones no se ocultarán a V. S. quien, atendiéndolas, se gobernará como le parezca mejor.

Olavide enmudeció y, en cuanto Aranda cortó abruptamente la misión de Pérez Valiente ordenándole volver a la Corte cuando era notorio que no habían concluido sus trabajos, el superintendente volvió a La Carolina. Pero era un triunfo que no podía satisfacerle del todo, pues su honor se había resentido, incluso en el extranjero, donde las gacetas hablaban de la «mala conducta del asistente». Tanto era el golpe que no se sentía capaz de volver a dirigir la empresa y le decía a Múzquiz:

> Cualquier hombre nuevo que venga con plenitud de autoridad, con reputación intacta y el honor limpio, será más a propósito que yo; que a mí me tiemblan las carnes cuando pienso que he de volver a lidiar con empleados y colonos, y más que todo, con los pueblos vecinos, con mis envidiosos y los malévolos en el estado de desaire y ultraje en que me han visto.

También habían quedado malparados sus más próximos colaboradores, especialmente Miguel de Gijón (multado por Pérez Valiente), Fernando Quintanilla (tratado de ladrón), Miguel de Ondeano o el vicario de las Poblaciones, Juan de Lanes y Duval, un sacerdote culto y leal. Ellos y algunos otros, ricos y amantes de la buena vida, eran los que mantenían su pequeña sociedad en La Carolina, un remedo menor de lo que había sido la tertulia sevillana, igualmente presidida por el buen humor y la libertad de expresión. Tanto es así que a ella se añadiría a veces fray Romualdo de Friburgo, el fraile ignorante que iba a ser el instrumento de su perdición (y que les servía de diversión, pues le hacían toda clase de burlas). Y allí estaba también a veces Gracia de Olavide, la bella y culta mujer que también daba que hablar...

Parecía que tras la labor de demolición de Pérez Valiente, que marca el punto de inflexión en la dirección de la empresa, la suerte de Olavide iba a comenzar a cambiar. En el Consejo de Castilla, los informes de Pérez Valiente no lograban el acuerdo de la junta, Campomanes reaccionaba y mostraba su apoyo al proyecto y a Olavide. Parecía haber consenso de nuevo entre el fiscal y el presidente, mientras Olavide podía defenderse en persona ante los miembros de la junta formada para evaluar la información. Todos de acuerdo con la viabilidad de las Poblaciones y restaurado el honor de don Pablo, el 4 de junio de 1770 se remitió un informe favorable al rey. Sin embargo, saltó la gran sorpresa: el fiscal Carrasco, marqués de La Corona, uno de los visitadores oficiosos, que había vuelto las acusaciones contra el propio Pérez Valiente en todo lo concerniente a la situación de las Poblaciones, dirigió sus dardos contra el superintendente y sus prendas personales cuando ya estaba redactado el informe. Hasta tal punto llegó su reacción que propuso que Olavide no volviera a las Poblaciones y que fuera Aranda en persona el que viajara a ellas para ver la situación.

No logró sus propósitos, que sembraron el desconcierto y que permiten sospechar que Carrasco habría recibido informaciones muy escandalosas sobre Olavide. Luego, se pondría de manifiesto el rencor que había generado cuando escribió un durísimo alegato, punta de lanza de las fuerzas conservadoras contra el todopoderoso Olavide y sus amigos, especialmente el impío Aranda, a los que conocía perfectamente, pues Carrasco iba a la tertulia que tenía en Madrid la Trinca antes del motín. Como él mismo dice, se fue distanciando de ellos, sobre todo de Aranda y de Olavide, contra quien cargó todo su resentimiento: deseaba que Carlos III «arrojase de su servicio y encerrase en un castillo al presidente (Aranda), a los fiscales (Moñino y Campomanes) y a cuantos hubieran intervenido». En resumen, para el fiscal de Hacienda, colega de Campomanes, la causa del fracaso de las Poblaciones estaba en «confiar la ejecución a una mano tan desacreditada como la de Olavide». Pero el marqués no se quedaba ahí, sino que llegaba hasta lo más alto: «Pobre rey y pobre España con ministros tan flacos y tan insensibles a su servicio», sentenciaba. Y en un momento en que muchos pensaban que la Inquisición estaba dormida —«persuadiéndose muchos que ya cesó el Tribunal de la Inquisición en España», diría el inquisidor Felipe Bertrán unos años después—, Carrasco terciaba en sus *Cuadernos* sobre la necesaria reforma de la Inquisición... para hacerla más eficaz. Años después, en 1776, Carrasco le decía a Múzquiz sobre el Tribunal de la Inquisición que los que «principalmente tienen por qué temerle son los únicos que no le quieren». Seguramente, sabía que Olavide ya estaba empapelado.

La fabricación política del hereje

Tras la agitación causada por los visitadores, Olavide todavía disfrutó de unos años dichosos entre Sevilla y La Carolina: las colonias empezaban a darle alegrías, podía presentar resultados positivos, emprender nuevos proyectos —riegos, plantaciones, nuevos sistemas de cultivo, fábricas e ingenios proyectados, telares—, incluso recibir nuevos colonos, valencianos y catalanes, que a diferencia de los alemanes, eran trabajadores y buenos agricultores. «¡Qué familias tan honradas me llegan todos los días! ¡Qué numerosas y bien equipadas!», decía de los nuevos colonos el subdelegado Miguel de Ondeano, a fines de julio de 1774. Antonio de Capmany, amigo de Olavide de sus primeros años en Sevilla —y que dirá luego en el proceso inquisitorial que «no tenía afecto al declarante por oponerse a sus ideas»—, era nombrado director de agricultura y se instalaba en La Carolina, transmitiéndole entusiasmo a Olavide: «Suplico a Vd. huya por ocho días de Sevilla y vuelva a La Carolina, a verla enriquecer con los nuevos colonos y artífices (...) Verá Vd. allí una juventud de ambos sexos, civilizada y brillante, y verán sin duda las colonias lo que no han visto desde su cuna».

Pero la alegría iba a durar poco, pues Capmany se fue distanciando de Olavide y a mediados de 1775 se marchó a Madrid, donde Grimaldi le dio ocupación, seguramente a cambio de una jugosa información sobre la vida licenciosa del superintendente. Capmany, que declaró luego contra Olavide, le acusó de favorecer el vicio de la lujuria: «No se veía en dichos pueblos reinar otra cosa, a cara descubierta, que el amancebamiento y adulterio». Faltaba poco para que comenzara su tragedia, pero el iluso estaba más confiado que nunca y así lo hizo saber a Antonio Ponz, a quien le escribió una larga carta para que incluyera datos de las Nuevas Poblaciones en su proyectado *Viaje de España* (que aparecerían en el tomo XVI, en 1791, sin siquiera mencionar el nombre de Olavide). Todo era progreso, armonía, trabajo honrado, industriosidad, todo era *felicidad,* todo era *delicioso* en los pueblos, que tenían ya 13 000 habitantes. Los viajeros que pasaban por la carretera de Madrid, como el conde de Fernán Núñez, que paraba frecuentemente cuando se dirigía a sus tierras —en las que pretendía introducir las mejoras que veía en las Poblaciones—, divulgaban el éxito de Olavide, así como anécdotas sobre la viveza de su genio, su pensamiento, sus libros franceses —que traía en ayuda de sus argumentos—, en fin, sus chanzas y burlas; en definitiva, su inmoralidad incorregible, que llegaba al paroxismo cuando se trataba del vicio de la lujuria y de las vulgaridades de los frailes.

Paradójicamente, cuando el 13 de mayo de 1770 el cándido conoció al que iba a ser su feroz enemigo, el capuchino suizo-alemán fray Romualdo de Friburgo se alegró. El barbado fraile llegó tras los primeros hermanos alemanes para meterles en cintura, pues los frailes, traídos porque los colonos decían que no podían confesarse al no saber castellano, habían empezado a malquistarse con los curas españoles y con algunos colonos; pero traía también una idea que seguramente hizo reír al superintendente: fundar en las Poblaciones un Fraternum Foedus o Marianum Foedus, una sociedad católica bajo la advocación de la Virgen, algo así como «una mezcla de sociedad comercial, caja de ahorros y compañía de seguros», según expresión de Marcelin Defourneaux. A pesar de las diferencias, Olavide sentó al fraile frecuentemente a su mesa, aunque fuera, como se fue viendo luego, para reírse de él. Así lo declaró el propio Olavide: «Nos divertíamos con descubrir su ignorancia, y con los disparates y absurdos que decía», en palabras de Olavide al vicario Lanes en 1776.

El fraile entraba en liza, pero sus reconvenciones provocaban más agudezas y chanzas. «No lograba otro efecto que el de reírse», dijo luego fray Romualdo, que iba escribiendo todo lo que veía y oía. Para cuando Olavide y sus amigos se dieron cuenta del peligro, era demasiado tarde. «Conozco su astucia —dirá luego Olavide— y temo que pretenda con algún otro artificio buscarme otro motivo de acusación». Olavide sabía que «el padre Romualdo siempre pone acrimonia en cuanto dice dando a todo el viso más odioso que puede sugerirle su mala voluntad», pero, seguramente, confiado en sus muchos y poderosos amigos en Sevilla y en Madrid, nunca sospechó hasta dónde iba a llegar el fraile con su pluma, nada menos que hasta la *domus regia*, allí donde le iban a leer el temible padre Joaquín Eleta, que trasmitía todo agigantado al rey, y el inquisidor Felipe Bertrán, un hombre en apariencia ilustrado, recién elegido inquisidor y muy antijesuita, pero al fin un gran inquisidor, por más que las decisiones importantes no las tomara él y algunas —la durísima condena de Olavide en 1778— le produjeran un enorme disgusto.

Un sorprendido Olavide, ya conocedor de que la delación había llegado tan alto, recordaba haber «hablado muchas veces, y con el padre fray Romualdo, sobre materias escolásticas y teológicas, y que disputábamos sobre ellas; pero todas católicas, todas conformes a nuestra santa religión». Y añadía con resignación: «Él podrá interpretarlas ahora como su necedad le sugiera». Temiendo mucho —como reveló el inquisidor Bertrán al que acudió como penitente—, Olavide se sinceró también como católico ante Roda, a quien escribió a menudo, creyéndole amigo. Su estrategia era que sus amigos transmitieran al rey que él era un católico ferviente dispuesto a hacer penitencia si fuera necesario. Con toda seguridad, desconocía la envergadura de la trama política en la que se situaba su caso, también la calificación a la que estaba llegando el Tribunal, que no iba a ser de simple inmoralidad como pensaba, sino nada menos que de «hereje formal y miembro podrido de la religión».

Entre los ricos despreocupados a la moda, la libertad de costumbres no escandalizaba ya a nadie; tampoco las ideas peligrosas sobre religión si no salían del círculo privado. Los curas españoles conocían el anticlericalismo de sus feligreses —que era en realidad antifrailismo— y no se extrañaban, ni menos aún lo relacionaban con la herejía protestante, pues no la conocían sino superficialmente. Pero el fraile alemán sí la conocía, pues convivía con *herejes* en Friburgo. A fray Romualdo, incapaz de entender el humor de Olavide y sus amigos, algunas chanzas contra las misas, los milagros, el rosario, etcétera, le recordaban el lema protestante de las «cinco solas»: *sola scriptura, sola fide, sola gratia, solo Christo, soli deo gloria,* que conoció bien en su patria natal. Por eso, en su delación no *fabricó* al libertino, sino al *hereje*. En uno de sus escritos dice

> que en las conversaciones que frecuentemente tiene (el fraile) en su casa (la de Olavide) le ha oído decir que Dios creó todas las cosas en tal orden, número y medida, y las dispuso de tal modo que en lo futuro no necesita de otra providencia ni para castigar el mal en tiempo, ni remunerar lo bueno, ni para demostrar los divinos atributos y, en consecuencia de este sistema, niega los milagros y dice de estos que lo que nos parecen milagros son efectos naturales de la primera providencia creativa.

Por ahí se llegaba al deísmo. Como dice Antonio Mestre, «el deísta se quedaba en los aspectos naturales (doctrinales y morales) negando la revelación en el campo doctrinal o moral».

Al margen de las chanzas, Olavide quizás no se daba cuenta de que su imagen era la de un *panglosiano,* seguro de que Dios no podía abandonar al hombre, su criatura perfecta, un *deísta* como tantos que se consideraba afortunado por tener un Dios omnisciente y omnipotente, que ya había actuado durante la Creación y al que no había que importunarle con tonterías de beatas, ni ofrecerle misas, ni pedirle milagros. Dios estaba demasiado por encima de esas pequeñeces humanas. Fray Romualdo empezó por ahí la *fabricación* de la víctima y alegó todo cuanto podía relacionarse con la herejía. Según el capuchino, don Pablo «no teme mal alguno de la inobservancia de los mandamientos», «enseña con los materialistas», decía que «por cualquiera transgresión contra el sexto precepto ninguno debe perder la cosa más leve de su honra», de lo que Friburgo extraía que «don Pablo y sus subalternos han quitado el freno de la honestidad, para que esta peste se extienda en estas Nuevas Poblaciones y otras partes con mayor libertad». ¡Qué más podía querer fray Alpargatilla!

Seguía Romualdo: Olavide acepta a cualquiera «sea de la secta o religión que quisiese con tal que no sea un ladrón; celebra a los dioclecianos y nerones sobre los santos padres, porque aquellos fueron más útiles que estos a la república; habla mal de David, peor del Gran Constantino y de otros semejantes reyes y príncipes; reprueba con desprecio todo orden monacal y el estado de celibato»; «pretende con el hereje materialista Ruso (sic) que a los jóvenes menores de quince años no se les debe dar idea alguna de la deidad»; añade «que las observancias de la religión son mejores en Inglaterra que en Roma». Como era de esperar, don Pablo cargaba contra el papa: «La potestad de las llaves es dada por Dios a la congregación de los fieles y que dicha congregación debe poner los papas y los obispos como ministros suyos para que velen por la observancia de las leyes por ella ordenadas». También contra la liturgia católica: «No permite se ponga imágenes algunas de santos en los templos, ni que haya en ellos más que un altar, prohíbe también tocar las campanas a misa, a los entierros y contra las tempestades». En asunto de costumbres, «prohíbe pedir limosna en la iglesia y para las ánimas, y obliga a ir al baile, incluso pone penas si los mozos no van». «Se burla de la prohibición de libros», habla «contra las órdenes religiosas, contra los obispos y aún contra los papas, los pinta ignorantes, arrogantes, avaros, que abusan de su potestad, los eclesiásticos no son ministros de Dios». Critica el sacramento de la penitencia «pretendiendo que en la iglesia primitiva no había tal artículo de fe», va contra el culto a los santos; no ha expuesto ninguna imagen, a excepción de la Inmaculada, y esto «en obsequio solo por la Devoción del rey nuestro señor». «No se ve en la iglesia (de La Carolina) otra imagen que la de Jesucristo crucificado y la Inmaculada Concepción». Las indulgencias «son fanáticas», «no ha permitido se publique la bula de la Cruzada en estas nuevas poblaciones» y, además, impide el entierro en iglesia: el propio Friburgo medió para dar sepultura a un capuchino de Arquillos, al que Olavide quería enterrar en «un lugar común a las bestias». No quiere funerales ni misas de difuntos: «Hacer celebrar crecido número de misas sabe a interés y codicia de los sacerdotes», los curas hacen los funerales «por una torpe ganancia». «Al dicho don Pablo de Olavide jamás le ha visto ni en la iglesia ni fuera de ella con un rosario en la mano».

Friburgo tenía tal proximidad con Olavide que sabía que

> lo hacía en parte en las concurrencias a la hora de comer, ya antes ya después, y mayormente cuando tenía convidados pasajeros, y más frecuentemente en las concurrencias de noche en las que solía leer libros prohibidos de Bolther, Ruso, Romano o Echiclopedia (sic) y otros que no manifestó dicho don Pablo quienes eran sus autores, debiendo decir el declarante que apenas se hallará en la librería de dicho don Pablo libro que no sea prohibido.

Con esta declaración, Friburgo completó hasta 21 cargos, a los que, a la hora de ratificarse, aún añadió algunos más, como que Olavide «no creía en la gloria y en el infierno, pues Dios era infinitamente bueno, y que el pecado original lo pagaban lo hombres solo con sus trabajos, que esa era la pena». Además, aprovechó para contar anécdotas, como esta: un día pasó por La Carolina el conde de Fernán Núñez con su hermana la duquesa de Béjar y, convidados por Olavide, hablaron en la mesa de la disolución del matrimonio. Según el fraile, el acusado la aprobaba para que pudiera haber procreación luego —como Cabarrús, por ejemplo—; sin embargo, el conde «no pensaba así porque el criador que desde el principio había instituido el matrimonio indisoluble habrá sabido mejor que nosotros lo que más convenía».

El 19 de agosto de 1776, la junta de calificadores de la Inquisición encontró en casi todas las proposiciones «doctrina capciosa y mal sonante», «hechos sospechosos en la fe», «hechos hereticales», «doctrina escandalosa e impía», «doctrina falsa, escandalosa y temeraria», etcétera, lo que obligaba a la primera declaración de «hereje formal, sin espíritu de verdadera religión, tinturado de los principales errores de los filósofos naturalistas y materialistas destos tiempos, pues aunque se hallan en él algunos actos que parecen de católico, atendidas todas sus doctrinas y demás hechos, son pura política». Olavide estaba perdido. Habían logrado fabricar, no el libertino, sino el *hereje*.

Con todo, cuesta aceptar que solo por estos cargos, por altisonantes que parecieran, Olavide entrara en prisión. Como ha dicho con razón María Ángeles Pérez Samper, si los delitos de Olavide hubieran sido «leer libros impíos, tener imágenes lascivas, no guardar los días festivos, comer carne los días de abstinencia, creer que la tierra se mueve, oponerse por higiene a los enterramientos en las iglesias», seguramente el caso Olavide no hubiera llegado tan lejos. Para la profesora Pérez Samper, todo eso eran «cosas casi ridículas para la mentalidad ilustrada».

En efecto, solo por eso la causa no hubiera llegado tan lejos, pero si quien pudo dejarla solo en un susto la convirtió en un castigo severísimo —el rey Carlos III— fue porque hubo quien le instigó a hacerlo: sus ministros y en especial, el más próximo, Grimaldi, y obviamente su confesor. No es que, como dijo Rafael Olaechea, todos callaran ante la Inquisición; algunos —que siguen pasando por ilustrados— vieron en el tristemente célebre tribunal un instrumento para su venganza, solo que no dieron la cara. Como advirtió Domínguez Ortiz, a la Inquisición le vino bien demostrar que no estaba muerta como blasonaba el bocazas de Aranda y creía hasta Federico II de Prusia; pero algo más ocurrió para que Carlos III apareciera como un vengador incapaz de perdonar por más que todos quisieran ocultarlo para «allanarle los caminos de la gloria». Ya hemos visto un par de años atrás, cuando Aranda dejaba la Corte, cómo Grimaldi le decía a Ventura Figueroa que el rey se quejaba de «gentes depravadas» que «por exceso de benignidad y de tolerancia» podían actuar «en desdoro de su respetable autoridad». Dos años después, cuando en París se supo el fracaso del *extranjero* O'Reilly en Argel, la estrepitosa derrota de julio de 1775 que se achacó también al extranjero Grimaldi, la «fragua de París» —así se refería el ministro de Estado a la Embajada española dirigida por Aranda— aumentó la temperatura y provocó una enorme tensión en la corte llenándola, él y sus amigos aragoneses, de pasquines. Como hemos visto, se temió incluso que volvieran los motines como en 1776; el propio Grimaldi se lo decía a Ventura Figueroa el 30 de agosto de 1775: «Cuando con ellas (las sátiras) se han calentado bien los espíritus, se acaba con los tumultos». Y, desde luego, se lo decía al rey, al que enteró de todo. Si en condiciones normales Grimaldi era su hombre de total confianza y no le ocultaba nada, en estos momentos, cuando también tuvo que mediar en los asuntos familiares de la familia Borbón por el caso don Luis, la relación entre rey y ministro se hizo aún más estrecha y más humana.

Así, pues, es ahí, en el entorno político, en la cúspide de la *domus regia*, en el reducido grupo de personas que gozaban de la plena confianza del rey y de Grimaldi, donde hay que buscar la explicación política de la elección de Olavide para ser exhibido como víctima ejemplar y acallar a los que esperaban el triunfo de Aranda que había llegado a proponerse —incluso en carta a Eleta— «para el mejor servicio del Príncipe y de la Nación». El castigo del peruano, en efecto, iba dirigido más arriba, que es lo que todos supieron y por lo que todos callaron; incluso calló el mismísimo Aranda, de modo que el castigo no se relacionara con la estrategia política que él había puesto en marcha para volver a mandar en España, la causa real de la desgracia de su protegido. Como Campomanes lo sabía —y seguramente lo sabía todo—, calló también. Y, por eso, callaron todos.

La Inquisición, arma política de la venganza

Cuando en noviembre de 1775 Olavide recibió la orden de trasladarse a Madrid «para tratar negocios de su Real Servicio», intuyó sin duda la gravedad de su situación, pues debía de estar muy al corriente de la agitación política en que vivía la corte y de las actividades de su protector Aranda que se reía del mismísimo Carlos III por las chanzas que iban por Madrid sobre el asunto de su hermano don Luis. Bernardo del Campo le decía a Aranda en septiembre de 1775: «Estos días ha habido aquí un desmoche de mozas y de criados del infante don Luis con motivo de haberse repetido (ya a cara descubierta) los pasajes de hace dos o tres años (...) Hay muchos comprendidos en esa lista de desmoche. Unos van a Puerto Rico, ellas a hilar a San Fernando y otros, desterrados o a presidio».

La obscenidad llegaba hasta las habitaciones de palacio y Aranda, de quien todo el mundo sabía que también era aficionado a las prostitutas y conoció de primera mano las proezas de bragueta del regio hermano y sus amigotes, se reía y hacía chistes. Pero aumentaba el número de los que creían que todo era culpa de un exceso de manga ancha y que el escándalo no era sino una muestra de que la impiedad se apoderaba de la sociedad española, especialmente de la madrileña y más aún de su aristocracia, que vivía una doble moral, como se acabó reconociendo cuando se hizo pública la existencia de la Bella Unión, en 1778, y los consiguientes castigos a sus *cofrades*. Francisco Aguilar Piñal ha publicado las Constituciones de esta cuadrilla de puteros, la mayoría aristócratas, que Carlos III echó de Madrid cuando se descubrieron sus actividades, un club caro de intercambio de parejas lo llamaríamos hoy. Entre los usuarios había hasta grandes de España «con entrada franca en palacio», como el conde de Perelada, del que decía Casanova que era «un joven y rico señor, de cara bonita, pequeño y mal hecho, gran libertino al que le gustaban las malas compañías, enemigo de la religión, de las buenas costumbres y de la policía, violento y orgulloso de nacimiento».

Roda y Ventura Figueroa mediaron con el rey en el castigo de estos libertinos, que fue también ejemplar. La mujer del «hermano mayor», el ya citado conde de Perelada, desterrado de Madrid, imploraba clemencia para su marido al propio rey en un alarde de hipocresía y ridículo. El 11 de marzo, con las penas ya dictadas, muy severas, Roda le decía a Figueroa que «no he visto a Su Majestad con mayor empeño en ningún otro negocio». El ministro le había leído el memorial de la condesa de Perelada, «implorando por su marido», y el rey se había mostrado «inexorable». Según Roda, el rey «sobre este punto estuvo fuerte, y me sacó ejemplos de lo mucho que estas (sociedades secretas) cunden, como la de los Francmasones y otras que ha visto Su Majestad en la tropa, y empezaban con cintas y diversiones y paran en excesos mayores». Es de destacar que a Roda le horrorizaba el escándalo, pero más aún «la mezcla de clases» —en sus palabras—, pues entre los inculpados la mayoría eran nobles, pero también había «plebe» y militares. Y «un sacerdote anciano, vestido de tisú», un bordador, el cocinero del Gran Maestre, un «caballero de La Mancha», «un abate manchego», un regidor de Toledo, capitanes, cadetes, subtenientes, alféreces, celadores, bastoneros, corchetes..., todos lo suficientemente ricos como para aportar mil reales a la entrada en la *Hermandad* y pagar a las dos «hermanas» que debían acompañarles, prostitutas caras conocidas en todo Madrid y seguramente *reconocidas* en el *Arte de putear* de Leandro Fernández de Moratín, que corría manuscrito.

Olavide tuvo que darse cuenta en su estancia en Madrid de que, para Eleta y el cortejo que rodeaba al rey, su fama abonaba ese clima de escándalo, por lo que hábilmente cambió de actitud e hizo lo que había que hacer, en realidad, lo que ya hacían sus amigos: exhibirse como hombre religioso, pasear con el libro de oraciones, ponerse el escapulario del Carmen, mostrar un rosario en la mano, evitar dar qué hablar, no meterse en política, recurrir a sus amigos —a Roda, a quien pidió que mediara ante el rey, pues le veía todos los días—, incluso declararse católico ferviente ante el inquisidor, en cuya casa se le metió una noche sin avisar. En efecto, la estrategia era la conveniente para contrarrestar la delación, pero ya no era suficiente en la *domus regia*. Nadie podía impedir que Olavide entrara en la cárcel el 14 de noviembre de 1776, tres meses antes de que Grimaldi partiera de España.

Olavide fue la víctima por excelencia y la más duramente tratada, pero Grimaldi también fue un perdedor, por mucho que el rey le intentara compensar. Las dos víctimas, Olavide y Grimaldi, se fueron quedando solos, ya no tenían amigos, mientras el rey se volvía más huraño. Como describió magistralmente José Antonio Escudero, el ministro de Estado acabó humillado y recelando de todos, pues muchos de los ministros que le rodeaban todavía veneraban al conde de Aranda, aunque fingieran estar distanciados, tanto de él como de Olavide. La confabulación contra Grimaldi había sido formidable entre los ministros por unas u otras razones. El conde de Ricla era primo de Aranda; Miguel de Múzquiz le debía su carrera, como Manuel de Roda, el hábil ministro siempre actuando por detrás. Los sucesores del bailío Arriaga, ministro de Marina e Indias que falleció en febrero de 1776, José de Gálvez, íntimo de Múzquiz, y Pedro Gonzalez de Castejón, enemigo de O'Reilly, se sumaron a la oposición contra Grimaldi. A este turbio panorama hay que añadir la presión del canónigo Ramón Pignatelli, hermano del conde de Fuentes, y la de otros familiares directos del conde de Aranda que tenían acceso al cuarto de los príncipes de Asturias, a los que Aranda había logrado sumar a las críticas contra Grimaldi. En ese ambiente, Olavide fue entregado para ser la víctima ejemplar que pedía Grimaldi. Y todos estuvieron de acuerdo, incluido Carlos III.

El rey aprobó todo, desde la elección hasta la sentencia. Y como demostración, ahí está lo que Roda le decía al inquisidor el 12 de noviembre de 1775, la fecha inicial de la operación:

> Me ha mandado prevenir de su Real Orden a V. I. y al Consejo como lo ejecuto, que *no solamente permite y consiente Su Majestad* que el Santo Oficio obre y proceda libremente como corresponde por derecho y conforme a su instituto, sino que *Su Majestad está pronto a prestar para este fin su Real protección y auxilio necesario,* y para que el Santo Tribunal pueda desde luego hacer las averiguaciones convenientes sin los obstáculos que recela, ha tomado su Majestad la providencia de llamar a don Pablo de Olavide.

Grimaldi presentaba la víctima ejemplar contra «el condenable desenfreno que se suscitó en Madrid y que, según parece, todavía dura y, a su ejemplo, ha cundido en otras partes»; a la vez, daba alas a los más reaccionarios, a los que pedían que la Inquisición diera un escarmiento. Como dijo el maestro Domínguez Ortiz, se premiaba «el empeño de los inquisidores por retener un poder que se les escapaba de las manos». Todo ello se confabuló para que los cientos de folios que había escrito fray Romualdo de Friburgo contra Olavide y que ya habían llegado a manos del padre Eleta y de Bertrán sirvieran para contentar a los que pedían «un castigo ejemplar» y, a la vez, para tranquilizar los escrúpulos de un rey beato.

Una vez más, la Inquisición iba a demostrar su eficacia. Como una máquina ciega, el proceso iniciado no podía pararse y el secreto amparaba a los delatores. Grimaldi, Roda, Ventura Figueroa y otros *amigos* podían estar tranquilos ante la potencia del secreto inquisitorial. Los inquisidores siguieron haciendo su labor, interrogaron a decenas de testigos, entre ellos a los más cercanos a Olavide en La Carolina, siempre bajo el temible secreto de inquisición. Al principio, en los primeros meses de 1776, Roda y Bertrán pudieron pensar en parar el proceso o al menos en abreviarlo, creyendo que la pena sería solo un correctivo por asuntos de moralidad. Así se lo decía el inquisidor al ministro, el 14 de febrero de 1776: «Vuestra Excelencia sabrá sacudirse mejor en el Consejo, que se pide, y en la pretensión de que se corte la causa». Pero no era fácil mientras Aranda siguiera alborotando. Además, Olavide y sus parciales estaban actuando por detrás con enorme torpeza, lo que enrareció aún más la causa y fomentó la difusión de todo tipo de rumores. Así, interceptaron la correspondencia del fraile, falsificaron una carta suya a su embajador para acusarle de obrar a favor de Alemania contra el rey de España, lo que hizo recelar a Felipe Bertrán, ante quien Olavide se había declarado católico arrepentido. También se sinceró con Roda en una larga carta, en la que, realmente humillado, justificaba su posición de verdadero católico y culpaba abiertamente a la «malicia de mi delator» de la situación desesperada en que se hallaba. Es la conocida carta «de imposible lectura sin que a la vez se apoderen del ánimo el enternecimiento y la congoja», en palabras de Antonio Ferrer del Río, pero en realidad, se trata de un estudiado documento cuyo destinatario no era evidentemente su *amigo* Roda, sino Carlos III, el rey que debía oír las tiernas palabras de un Olavide arrepentido y humillado ante la regia piedad.

Pero Carlos III no iba a cambiar de opinión; no era además su mejor momento, y seguramente seguir oyendo hablar del pervertido solo le irritaba. Mientras, don Pablo seguía jugando sus bazas, actuando temerariamente, sin darse cuenta de que su asunto se hacía cada día más odioso —y más peligroso— para todos. Aprovechando que fray Romualdo estaba en Madrid, sus fieles en La Carolina, Miguel de Ondeano y el vicario Juan de Lanes, mandaron embargar sus pertenencias en la «casa parroquial», un «allanamiento de morada» que provocó cartas de protesta del fraile al rey, al inquisidor y hasta al propio Olavide. En ellas se quejaba de la tiranía de los parciales del superintendente y de mil vejaciones. Incluso le decía al inquisidor que no salía a la calle en Madrid «porque teme que le ha de matar un alemán que don Pablo de Olavide tiene a su mando, que es muy conocido suyo y un hereje mal convertido». Era ya agosto de 1776 y la causa inquisitorial estaba muy adelantada. Ahora era necesario el silencio: por eso, el fraile era un peligro por todo lo que sabía y decía —«por lo que toca a la religión como por lo perteneciente al Estado», le decía el inquisidor a Roda— y lo podía ser más si volvía triunfante a La Carolina, de modo que Roda y Grimaldi lo expulsaron de España con 150 reales para el viaje y sin contemplaciones, haciendo intervenir incluso al cardenal Valenti.

La causa siguió adelante, algunos testigos dejaban traslucir la estrategia preparada por los amigos de Olavide, lo que fomentaba los rumores sobre sus poderosos cómplices; mientras, la tormenta de pasquines de la «fragua de París» —incluyendo el plan de quemar la casa a Grimaldi— llegaba a oídos del rey y doblegaba a Grimaldi, que pensó ya en dimitir. El deseo de venganza contra Olavide se agigantaba en el acosado ministro perdedor, así que puso todo su empeño en saber más de él para hundirle del todo. El

14 de septiembre de 1776 el Tribunal hacía pública su terrible decisión: «Que este sujeto sea preso en las cárceles secretas deste Santo Oficio, con secuestro de todos sus bienes, libros y papeles, y se siga su causa hasta definitiva», lo que se cumplió justo dos meses después, el 14 de noviembre de 1776, no sin antes haber obtenido el inquisidor Bertrán el plácet de Carlos III, a quien se lo pidió expresamente el 29 de octubre. Así, con la aquiescencia del rey y de sus *amigos*, el 14 de noviembre de 1776, a las seis de la tarde, Olavide entraba en las cárceles secretas de Madrid y «desaparecía del mundo de los vivos». Juan Antonio Llorente, el afrancesado secretario de la Inquisición que publicó la primera historia crítica del Santo Oficio en París en 1818, ya lo había dejado claro: «Cuando la calificación ha sido que el reo es un hereje formal debe proveerse el auto de prisión en cárceles secretas».

Una semana antes, el día 7 de noviembre, Grimaldi había presentado la dimisión; dos días después, Roda le comunicó oficialmente que el rey se la había aceptado; también le informó de que había sido nombrado embajador en Roma y del nombre de su sucesor en la Secretaría de Estado, el murciano José Moñino, conde de Floridablanca. El mismo día de la prisión de don Pablo, el 14 de noviembre, un tristemente triunfante, pero precavido Grimaldi escribía a su gran amigo Ventura Figueroa instruyéndole «no por mí, que me voy, pero por la tranquilidad del rey, buen gobierno del estado y se puede añadir felicidad de la monarquía» sobre el desenlace del caso, siempre sin citar nombres: «El arresto del sujeto y la visita de sus papeles hará hablar; pondrá en cuidado los que se sientan culpados y teman ser descubiertos, y Dios sabe lo que intentarán». Había otras referencias a presuntos cómplices, «que como es regular que ofrezcan todo el dinero del mundo para ganar escribanos, gente de la cárcel que le ha de llevar de comer para saber del preso, lo que pasa, lo que le preguntan, e instruirle, es indispensable precaverlo, *tratar la cosa con secreto de inquisición*».

Pero aún quedaba una última canallada: el 17 de noviembre en carta a Ventura Figueroa, Grimaldi le decía: «Ha sido un grande hallazgo lo del amancebamiento para encubrir la prisión y poder sacar las pesquisas que tanto conducen a la tranquilidad venidera; así lo juzga Roda también». Sin duda, se refieren al amancebamiento con Gracia de Olavide, que había muerto un año antes provocando un enorme dolor en don Pablo. ¿O se trataba de su prima Tomasita de Arellano? En todo caso, es la última nota de infamia antes de que, dos años después, algunos de los *amigos* se sienten ante Olavide en un autillo que a los pelucones ilustrados debió sobrecogerles por sus resabios medievales.

La pena y el desengaño: Olavide católico

Muchos historiadores se han dejado engañar por Ferrer del Río, el decimonónico panegirista de Carlos III que conduce a Olavide directamente al autillo el ¡24 de noviembre de 1776!, y así le ahorra dos años de prisión incomunicada en las terribles mazmorras. Juan Antonio Llorente, sin referirse a Olavide, calificó la pena de prisión secreta como

> la más acerva de casi todas cuantas caben. Aquellas cárceles son duras, estrechas, y rigurosísimas porque habiendo los reos de vivir separados sin comunicación entre sí, la soledad dilatadísima que se padece noche y día es capaz de matar con enfermedades hipocondriacas a un hombre sirviéndole de verdugo su imaginación misma.

Error, errata o malicia, el propio Menéndez Pelayo silenció estos dos años de *desaparición*, en los que la familia de Olavide ni siquiera sabía si el preso estaba vivo, un drama que don Marcelino conocía perfectamente, igual que las duras condiciones en que vivía el *desaparecido*, puesto que se ha conservado abundante documentación de esos dos años terribles.

La mujer de Olavide, Isabel, y su cuñado, Luis Urbina, escribieron constantemente a Carlos III durante los dos años, aprovechando fechas como la Navidad, tocando todas las teclas de la regia piedad: «El corazón de Vuestra Majestad es tan pío, tan dulce, tan benigno como tiene acreditada la experiencia», «llegaría día en que V. M. derramase sobre él sus piedades», «para todo tiene V. M. clemencia», etcétera. Son cartas largas, dramáticas, duras las de Urbina exigiendo al hipócrita Roda que se viera de una vez la causa y cesara la situación dramática del preso inocente. Al final, los familiares comprenden el silencio regio, dudan del ministro —demasiado tarde— y solo piden ya que se celebre el juicio cuanto antes para que un inocente Olavide pueda defenderse, confiando en que será convincente. Mientras, el prisionero sufría lo indecible en el lóbrego y frío calabozo en el que le habían encerrado, sin criado —se lo cambiaron por un espía—, sin luz y sin estufa, que le retiraron por temor a que provocara fuego. Llorente menciona la justificación de los inquisidores de «negar a todos los reos luz y lumbre», pues «otros han intentado quemar las puertas». Olavide, en efecto, provocó fuego, quizás con intención de huir. Al final, las piernas se le hincharon, engordó exageradamente, casi enloqueció. Sin embargo, nadie movió un dedo.

El efecto en toda Europa fue extraordinario: la Inquisición volvía a cebarse con una víctima y, esta vez, era nada menos que un ministro del rey ilustrado. Pero nadie dijo nada fuera de los salones y las tertulias de los privilegiados. En París, Aranda se volvió mudo. El aragonés era irreconocible con respecto al que fue años atrás cuando pregonaba desde Varsovia, en las cartas a Wall, que era «interés de la clerecía y frailería tener un tribunal semejante, con que intimidar a los seculares y con que prohibir cuanto pueda abrirles los ojos» o que «si en Italia, y aun Roma, no está la Inquisición en el absoluto poder que en España, por qué lo ha de estar en esta». Todo el mundo podría recordar que había llamado borricos a todos los condiscípulos de los miembros del Consejo de Castilla que «han sido en todo tiempo destinados para inquisidores». Azara, que lloraba «lágrimas de sangre» según le decía a su amigo Roda, se dolía de que todavía ocurrieran cosas así en España. Pero todos sabían por qué callaron. Años después, algunos que habían hablado en París con el conde de Aranda dijeron lo que este pensaba: el embajador no calló por temor a la Inquisición, sino por temor a Carlos III, a cuya *opiniâtreté et bigoterie* (testarudez y santurronería) atribuyó certeramente el conde la desgracia de su antiguo amigo. Aranda y sus más próximos sabían que el rey santurrón era capaz de ir mucho más lejos. Por eso, dejaron que hubiera... una *sola* víctima.

Y es que Carlos III no solo estuvo informado en todo momento, como algunos aceptan, sino que dirigió la acción y los actores siempre. Una prueba de su interés personal es que cuando la Inquisición de Sevilla procedía a plena luz del día a «los embargos de todos los bienes que tiene don Pablo de Olavide en su alojamiento situado en los reales alcázares», el rey se negó a hacer cesar los alborotos públicos que organizaban los que celebraban la ruina del asistente. Antes al contrario —lo sabemos por carta de 5 de diciembre de 1776 de Bertrán a Roda—, «enterado Su Majestad, se ha servido resolver que no solo no impida las diligencias que intente practicar el tribunal de la Inquisición sino que le auxilie en todos sus procedimientos». Para el gran ilustrado sevillano Francisco de Bruna era un escándalo presenciar las celebraciones de curas y frailes en Sevilla, según le decía a Grimaldi el 20 de noviembre, pero al lado de Carlos III nadie se inmutaba. Múzquiz le decía al inquisidor el 20 de diciembre de 1776 que el rey estaba tranquilo. Antes de la prisión, el 8 de noviembre, una carta de Grimaldi confirma el interés del rey desde el principio:

> Su Majestad me ha mandado hacer presente a V. S. I. como de su real orden lo ejecuto que no solamente permite Su Majestad que el Santo Tribunal proceda y obre en esta causa conforme a lo que estimare justo y arreglado a derecho, sino que Su Majestad está pronto a proteger y auxiliar sus providencias siempre que lo pida y necesite.

La carta está en Simancas y en el Archivo Histórico Nacional, pero Defourneaux, que la vio, exculpó siempre al rey, que solo estuvo «enterado».

Sin embargo, fue la actitud del rey la que permitió que el caso Olavide provocara tanto ruido, pues ratificó a los conspiradores (lo mismo ocurrirá en el caso de Ramón Salas, que tanto parecido tiene con el de Olavide). Como relata Bourgoing, la clerigalla sevillana festejó a sus anchas la caída del que vieron siempre como al mismísimo demonio. Los frailes y curas «se entregaban a todos los excesos del celo, declamando su furor contra los teatros profanos que Olavide había tratado de mejorar en esta ciudad. Al mismo tiempo, los inquisidores de provincias compartían el triunfo de esta capital y hacían ostentación de sus fuerzas renacidas». El gran escritor sevillano José María Blanco White recordaría, años después, hasta donde había llegado la soberbia de este catolicismo envenenado de superstición, burricie y tiranía sobre las conciencias, como ha puesto de relieve en un brillante estudio reciente José Martínez de Pisón.

Pasados dos años de silencio, se encontró al fin una solución para el *desaparecido*, lo que no era nada fácil: si el reo era un hereje formal, debía correr la misma suerte que los miles de españoles que perdieron la vida por ello; si no, debería buscarse la fórmula para justificar nada menos que dos años de prisión secreta. Además, todo debía verse en acto público, con el riesgo de que el reo se mostrara convincente y el escándalo fuera mayor: todos sabían que tenía amigos en Europa y en España. Por eso, se buscó la fórmula del autillo, un acto público reservado, en el que se exhibiría teatralmente la sentencia, todo a gusto de Su Majestad.

El autillo se celebró el 24 de noviembre de 1778, pero la maquinaria se había puesto antes en marcha, antes incluso del día 11 de noviembre —13 días antes del autillo—, cuando Felipe Bertrán, «en obedecimiento de lo que Vuestra Majestad tiene dispuesto y mandado en este punto» —una vez más, sumiso y prudente—, comunicaba al rey que «da curso a este negocio», y añadía que, además de «ponerlo en la superior inteligencia de la Real Persona», iba a «consultar la resolución y sentencia que se hubiese acordado». Más claro no se puede hablar: el inquisidor sometía su voluntad —y la del Tribunal— al rey, que es el que ordena no solo la fecha de comienzo del negocio, sino incluso la sentencia.

Por el embajador francés, sabemos que Bertrán visitó al rey tres días antes del autillo «para recibir órdenes sobre el particular» y, desde luego, no se le ocultaba que «el fallo de este caso no se ha pronunciado sin antes haberlo sometido a examen de Su Majestad». El propio inquisidor dejó ver nuevos indicios cuando el 26 de noviembre escribía a Roda que el auto del día 24 «es el que se acordó con Su Majestad y Vuestra Excelencia lo sabe». Luego, Felipe Bertrán se disculpaba —¿de qué?— y lanzaba la siguiente justificación: «Este lance me enfermó a causa de la condición de mi genio, me hizo pasar dos noches sin cuasi poder pegar los ojos y me dejó sin cabeza para nada».

Es extraño: el inquisidor sufría y, sin embargo, no se conmiseraba con el reo, pues todavía era capaz de decir que «no está verdaderamente arrepentido». ¿Por qué sufría si ya conocía cuál iba a ser el resultado, o es que tuvo que emplearse a fondo para evitar que el «hereje y miembro podrido» fuera condenado a muerte como mandaba la ortodoxia inquisitorial? Quizás fue esa lucha la que le enfermó. Con todo, el *bondadoso* Bertrán pudo tranquilizarse pronto: sabía que Olavide había estado llorando por la mañana —al día siguiente del autillo—, pero que «ya cenó muy bien» por la noche. Y tergiversando la idea de la esposa del reo, que decía que su marido, al quedar infamado y perder su honor, no tendría más remedio que salir de España, Bertrán anunciaba a Roda: «Mucho me temo que puesto en libertad se ha de pasar a provincias extranjeras en que se permite sentir libremente y como a cada uno se le antoja de las cosas de religión y fe».

La parte pública de la condena de Olavide es bastante conocida a pesar de que no se conserva documentación original de la sentencia. Hubo cientos de relaciones, manuscritos con descripciones del autillo en infinidad de copias, que coinciden en lo importante, en la comparecencia del *desaparecido* el 24 de noviembre de 1778, a las ocho de la mañana, hora a la que comenzaba una sesión agotadora. Como «los autos de fe se celebran todavía en el tribunal de la inquisición con mayor o menor publicidad, conforme a la impresión que se desea producir», según le dijo a William Coxe un testigo, el autillo, un auto de fe a puerta cerrada con invitados, cumplía el objetivo del escarmiento, pues era a los *amigos* de Olavide presentes en la sala a los que estaba dirigida la lección, tanto a los libertinos, enciclopedistas, deístas, etcétera, como a los que pudieran pensar que era posible entrar en los arcanos del rey.

En medio de un concurso ilustrado, salió Pablo de Olavide, vestido de paño pardo, sin la insignia de la orden de Santiago —ya estaba degradado—, también sin el Sambenito y el Aspa de San Andrés, por dispensa de Bertrán, pero sí con la infamante vela verde en la mano. Bourgoing dijo que el reo se «permitió varias burlas intempestivas», pero debieron informarle mal, pues todos los escritos que relatan el autillo coinciden en lo terrible de un «acto estremecedor». El secretario tardó varias horas en leer el compendio de los más de 170 artículos que contenía la causa, así como algunas pruebas, entre ellas la conocida carta de presentación de Voltaire «va don Pablo de Olavide, hombre que sabe pensar». Por la sala resonaron, en solemnes palabras de clérigo altivo, los excesos, libertinajes, opiniones libres —contra los frailes, contra el matrimonio, contra el rosario—, los detalles extraídos de las declaraciones de 78 testigos, casi todas recordando las originarias, las del temible fray Romualdo, que en realidad eran asunto de costumbres y opinión, delitos menos graves contra los que Olavide estaba bien preparado; aunque fuera muy altisonante acusarle de leer libros prohibidos o de burlarse de los frailes, por ello no sería condenado más que a reparar el daño mediante la oración. Bastaría implorar penitencia para ablandar la pena. Por eso, cuando el secretario comenzó a leer las conclusiones y Olavide oyó que se le acusaba de «hereje formal» y «miembro podrido», cayó al suelo casi desvanecido después de decir «no, eso no». El reo sabía perfectamente lo que acarreaba esa declaración.

Antes incluso de pronunciar sentencia, el Tribunal del Santo Oficio había escenificado su gran triunfo, la última demostración de su utilidad —precisamente lo que algunos venían poniendo en duda desde hacía mucho tiempo (recordemos al conde de Aranda)—, pues don Pablo, después de «reconciliado con toda la formalidad que previenen los sagrados cánones», azotado en la espalda por cuatro sacerdotes «durante el Miserere», «hizo la protestación de la fe, bañado en lágrimas, por lo que se creyó en aquel entonces un buen concepto de su arrepentimiento». El Santo Tribunal había logrado devolver a la Iglesia a un miembro... descarriado y, para mayor gloria del rey ilustrado, se había producido sin piras y sin torturas.

Pero de ningún modo puede considerarse el castigo infligido a Olavide como poco severo (lo que ha sido recurrente en la historiografía). Tras pasar dos terribles años desaparecido en las cárceles secretas, Olavide quedaba privado de todos sus honores e inhabilitado perpetuamente, desterrado de Madrid, Sitios Reales, Nuevas Poblaciones y Lima, y obligado a vestir de «paño común». Además, debería permanecer en un convento durante ocho años, bajo un director «que le enseñe y fortifique en Doctrina Cristiana», rezando el rosario diariamente y leyendo la *Guía de pecadores* de fray Luis de Granada, mientras todos sus bienes eran confiscados. Es extraño que haya habido tanta unanimidad en considerar una pena de dos años en la cárcel secreta y ocho años en un convento como una «sentencia blanda».

El primer destino del condenado fue el de los benedictinos de Sahagún, en la provincia de León, donde pasó el gélido invierno hasta que, en junio de 1779, le trasladaron al convento de capuchinos de Murcia, previo paso por la estación termal de Puertollano y una breve estancia en Almagro. Una vez en Murcia, las penalidades eran las contrarias: la habitación del reo era sofocante, en un segundo piso bajo tejado. El 29 de agosto de 1780, Olavide escribía a Bertrán: «Yo me estoy muriendo, no puedo curarme aquí, las enfermedades que padezco son graves y prolijas». El preso mostraba síntomas de escorbuto, el cuerpo se le había hinchado de nuevo y hasta había momentos de pérdida de la razón. En la carta citada, Olavide concluía: «La piedad del Santo Oficio no me ha condenado a muerte, sino a penitencia y no es, señor, poca la que he hecho y la que hago».

Los médicos pensaron que de nuevo debía probar aguas sulfurosas, y que le convenían más las de Caldets (Caldas de Montbui) en Gerona, a donde Olavide se encaminó en octubre de 1780 tras recibir permiso del inquisidor Bertrán. Quizás en este momento Olavide empezó a pensar en la fuga, pero, aunque se ha dicho que fue facilitada desde arriba, no es cierto. Como mucho, pudo haber una cierta candidez del inquisidor, que dio el permiso para que el preso se trasladara a un lugar tan próximo a la frontera francesa, pero no hay prueba alguna de connivencia del Gobierno, y menos aún de Carlos III. Olavide no era ya un escándalo, sino un penitente; ni siquiera estaba bajo jurisdicción civil.

Solo cuando pasó la frontera, volvió a suscitar interés en los ministros de Carlos III, que, efectivamente, respondieron como era su deber: solicitando a Francia la extradición del prófugo. Floridablanca, por orden del rey, escribió al embajador Aranda, y este al ministro Vergennes, que se desentendió diplomáticamente diciendo que Olavide no había cometido delito alguno en Francia. El todavía embajador Aranda hubo de comunicar a Floridablanca que el ministro francés le había dicho que, si Olavide transgredía alguna ley francesa, no dudara de que la justicia francesa le perseguiría. Parecía una broma: quizás lo era. Pero no convenía airear el caso y llamar la atención de la Europa ilustrada. Todos sabían que, en ese momento, la víctima de la Inquisición, en realidad un pobre hombre enfermo de 56 años, y su mujer octogenaria, llegaban a París, tras pasar unas semanas en Ginebra, y que en los salones de la capital del Sena se celebraba de nuevo que una víctima española se hubiera librado de la hidra inquisitorial que, a diferencia de lo que se pensaba unos años antes, no estaba tan inactiva.

Olavide en Francia

Olavide vivió en Francia una vida acomodada —había pasado antes a París buena parte de sus riquezas a través de banqueros—, haciéndose conocer como conde de Pilos y frecuentando los salones ilustrados de sus amigos, en los que seguía fascinando por su chispeante conversación. Volvía a ser el hombre de moda, ahora en su adorada Francia. Hasta la emperatriz Catalina II se enteró, por carta de Grimm, de que Olavide había pasado por Ferney —los «sagrados lugares»— antes de llegar a París: «Se ha emocionado allí hasta caerle las lágrimas al ver hasta qué punto la memoria del gran patriarca (Voltaire) es reverenciada... Este relato —del propio

Olavide a Grimm— me ha hecho caer lágrimas, aun cuando yo no he sido víctima de la Inquisición».

Con todo, Olavide fue discreto y no explotó su bien ganada fama, quizás porque también, en Francia, las Luces ya no brillaban tanto. La propia Catalina II, en contestación a la carta de Grimm, decía que «Voltaire no tiene tantos entusiastas después de su muerte como vivo los tuvo». En cualquier caso, Olavide fue retrayéndose del trato social, limitándolo a sus amigos aristócratas, especialmente Dufort de Cheverny, al punto de que la *Correspondance de Paris* decía: «Hoy pasa en París días tranquilos, perdonando como buen cristiano a los capuchinos y a los inquisidores, tratando de olvidar...». Pero también recordaba que vivía «en medio de nuestros espectáculos, de nuestros filósofos»; mientras Dufort, en sus *Memorias*, escribía que seguía conservando «el atractivo y seducción de que tan frecuentemente se sirviera», aunque «la pasión a veces excesiva que animaba tempos atrás sus discusiones se ha transformado en mesura y afabilidad», detalles de la vida de don Pablo que conocemos por los brillantes trabajos del querido hispanista Gerard Dufour.

Aun así, a todos sorprendía la insaciable curiosidad de Olavide y lo pendiente que estaba de las cosas de España; también de que le llegara tabaco español, del que sus bolsillos eran una tabaquera, según el comentario despectivo de Madame Vigée-Lebrun. Esta aristócrata lo encontró en 1788, invitado en la Malmaison, donde «había tenido la ocurrencia de mandar colocar una inscripción que decía Sierra Morena»; también estaba allí «la señora Cabarrús, mujer del fundador del Banco de San Carlos, que trabaja por regenerar a España con el mismo celo y optimismo con que en otro tiempo lo hiciera Olavide».

La misma curiosidad mostró Olavide por los acontecimientos revolucionarios que, de nuevo, le colocaron en una situación privilegiada pero peligrosa: la de los extranjeros adictos. Por más que su papel no fuera nunca protagonista, fue testigo directo en los grandes escenarios: vivió en Versalles mientras estuvo reunida allí la Asamblea; se trasladó a París cuando lo hizo el rey; seguramente, asistió, como integrante de la Delegación de Proscritos a la Asamblea Constituyente, y hasta pudo ser nombrado ciudadano adoptivo de la República, pero todos estos actos contrastan con su propia declaración en *El Evangelio en triunfo* y con lo que pronto llamó la atención a todos. Como le ocurrió a su amigo Dufort, que se horrorizó desde un principio de la anarquía revolucionaria, Olavide, según un amigo de uno de sus protectores, «se ha hecho devoto hasta un grado asombroso y con toda la beatería de la iglesia romana».

Sin embargo, de nuevo, es el propio Olavide quien siembra la duda sobre su proceder. En el prólogo de *El Evangelio*, declara: «Yo fui testigo de sus primeros trágicos sucesos (de la "espantosa revolución") y, viendo que cada día se encrespaban más las pasiones y anunciaban desgracias más funestas, me retiré a un lugar de corta población». Pero —era de esperar— Olavide no se sincera del todo. Es cierto que se retiró a Meung sur Loire, al campo, pero no lo hizo hasta octubre de 1791, cuando él y sus amigos aristócratas ya no podían sentirse seguros. Atrás quedaban los días hermosos en que Luis XVI era ensalzado como ciudadano ejemplar, con el concurso de los privilegiados —Olavide entre ellos—, que aplaudían al rey «restaurador de la libertad francesa». Quizás si a esto no hubiera seguido el proceso de *descristianización*, Olavide hubiera seguido viviendo su dulce y *piadoso* exilio, pero en pocos meses todo cambio. Son seguras sus constantes muestras de piedad, pero cuando se vio en peligro frente al terror de la Convención, en 1793, Olavide tuvo que ingeniárselas, una vez más, para evitar una nueva desgracia, declarando su ardor patriótico: blasonó de ser fundador de la *Societé populaire*, de contribuir con un «donativo patriótico», de haberse alistado en la Guardia Nacional y de haber «huido con horror de aquella tierra de opresión y de tiranía (España) para venir a vivir en la tierra de la Igualdad y de la Libertad». Esto no lo decía ni en *El Evangelio* ni en la carta remitida a Carlos IV posteriormente. Aquí solo aparecía su tragedia: la prisión que sufrió. Nada dice de lo que tuvieron que declarar, para salvarle, los ciudadanos de Meung, que se hicieron oír ante el Comité de Salud Pública, confirmando las virtudes patrióticas de un Olavide, «ciudadano francés que debe gozar de todos los beneficios y derechos inherentes». Había sido apresado como enemigo, por estar España en guerra contra la Convención, pero quedaba probado que su actitud era la de un «buen patriota y amigo celoso entre los más de la República, una e indivisible». Fue puesto en libertad a la vez que caía Robespierre.

Tras su liberación, pasó un año en Meung sur Loire y se trasladó, con su amigo Dufort y con su capellán, el abate Renard, al castillo de Cheverny, cerca de Blois, donde empezó a escribir *El Evangelio en triunfo*, o mejor dicho,... a traducir. Como ya sabemos, solo la última parte revela al Olavide ilustrado de otros tiempos, pendiente de las cosas de España y nostálgico de esa idealizada Sierra Morena que se había hecho poner en el cartel de la Malmaison. Quizás su amigo Dufort pensó en esta parte del libro cuando dijo que todo salió de su «cabeza bien dotada y de su imaginación fecunda», sin tener que consultar libros, utilizando solo los «prodigiosos recursos de su memoria y de su inteligencia». En otro caso, estaríamos ante una mentira monumental.

El Evangelio en triunfo: ni desengaño, ni arrepentimiento

Una vida vivida con la plenitud, física e intelectual, como la de Olavide no puede ser un ejemplo de las simplezas que, entonces y ahora, requiere el catolicismo *impuesto* para hacer demostraciones y salir siempre airoso de cualquier prueba. Al final, la solución del problema universal —creer o no creer— no está en la exhibición de comportamientos individuales ejemplares, ni en lo aparente de las conciencias ajenas vencidas, por mucho que la debilidad siga gustando a la jerarquía. El caso Olavide no podrá ser nunca exhibido por la Iglesia romana como uno más de los adocenados que, al final, ante la muerte próxima, vuelven al redil, pues siempre quedará la duda, no tanto sobre lo que había en su diálogo con Dios —que fue sincero: ese es el problema— cuanto en lo que necesitó de lo terrenal para defenderse de la tragedia de vivir el catolicismo de su época, que como siempre era puro artificio, mezcla de política y de tradición, un recurso que él hubo de emplear también en numerosas ocasiones.

Olavide creyó siempre en un Dios inmensamente bueno y protector, que daba pruebas de su existencia precisamente permitiendo al hombre la libertad de pensar y de indagar. Dios nos hizo así, libres. Algo parecido decía Mayans: «Libres nos hizo Dios, libres tenemos que vivir» (también advirtió el erudito valenciano: «La libertad tiene un precio»). Pero, al final, de aquel duelo hombre-Dios (hombre hecho a su semejanza, nada menos), al que Olavide había llevado lo más arrojado de su ingenio en la plenitud de su juventud, no quedaba más que aceptar la dulzura de la religión, la compasión del Dios que no puede castigar al redimido por su propio Hijo; en suma, la seguridad de no verse abandonado por el Padre, el tema central de *El Evangelio en triunfo*, en realidad, un lugar común de todos los tiempos, hoy resumido en «Dios es amor». Como buen pantófilo, el Olavide de *El Evangelio* seguía pensando lo mismo que cuando fue condenado. Pero esa era la gran paradoja: el Dios bueno no estaba al alcance de cualquiera, y menos de aquellos frailes fanáticos, de aquellos inquisidores, que no eran capaces de entenderle (ni a él, ni a Dios); tampoco de los exaltados revolucionarios. A esas alturas, no había nada que hacer, ni en el lado de la razón, ni en el del sentimiento. Quizás por eso, la solución fue abandonar la funesta manía de pensar, copiar textos franceses, beneficiarse de quienes, en los buenos tiempos, antes de la tragedia, plasmaron la dulzura del camino llano, sin riesgos, sin problematizar lo que, al fin, escapa de nuestras capacidades. Si el misterio es inescrutable, mejor abordarlo desde la placidez, desde la simplicidad, reconciliados con el *fatum*: el valle de lágrimas, de nuevo, y el único consuelo... pero no humano.

Sin saberlo, Olavide inauguraba una nueva época, la que se le iba a atribuir a Chateaubriand, que curiosamente llevaba a su *Atala* a los grandes espacios americanos, de los que procedía el limeño, y culminaba su obra con su *Genio del Cristianismo*, en la antesala de la Europa de la reacción contra la revolución. También Olavide había contribuido con sus novelas sentimentales —muy poco conocidas a pesar de su interés— a prologar ese Romanticismo de signo católico y reivindicador que iba a mantener el duelo entre las Luces y la fe hasta nuestros días.

El Evangelio en triunfo es una obra muy sugerente, largamente pensada y preparada, retocada —«Más que corregida, profundamente modificada» por los correctores y los censores eclesiásticos que la revisaron antes de darla a la imprenta—, en definitiva, un texto nada original a excepción de la última parte, dominada por las viejas ideas de los ilustrados españoles, que pronto perdieron interés para los que solo buscaban en el libro argumentos probatorios de la verdad del cristianismo y de su contribución al orden social y político de la nueva época contrarrevolucionaria que se abría en Europa. Tan alejado del tema central de la obra está ese programa ilustrado final que los impresores franceses del siglo XIX lo dejaron de incluir en las 13 ediciones que tuvo la obra en Francia entre 1828 y 1861, a partir de la tercera edición de la traducción de Buynand des Echelles, como aclara Gerard Dufour.

Y es que la última sorpresa que nos reserva Olavide, ¡genio y figura!, es que *El Evangelio en triunfo* es «la obra más impersonal que se pueda imaginar», como ha demostrado Gerard Dufour. No es que Olavide tuviera en cuenta algunas obras francesas a la hora de escribir su obra, como declara en el prólogo —por ejemplo, *Les delices de la Religión ou le Pouvoir de l'Evangile pour nous rendre heureux*, del abate Lamourette, de la que copia textos completos (lo que ya se sabía)—, sino que el fundamento de la obra, las discusiones del religioso y el filósofo, «no son sino la traducción precisa de la obra maestra del abate Hauteville, *La Religion Chrétienne prouvée par les faits*», editada en París, en 1765. Todas las coincidencias aparentes entre la vida de Olavide y el incrédulo corregido por el religioso que al final se arrepiente y descubre la vida sencilla, premiada con el encuentro del amigo que creía muerto, no son más que un feliz hallazgo literario al que Olavide llevó poco más que su conocida habilidad de traductor (aunque los muchos años pasados en Francia se notaban en los numerosos galicismos de la obra). Solo las *Cartas de Mariano a Antonio,* que ocupan casi todo el tomo IV de la edición *príncepes* de Valencia, contienen ideas originales de Olavide, aunque muy retocadas para evitar problemas con la censura. El grueso de la obra son solo textos traducidos perfectamente identificados.

Olavide no solo era sincero, sino que debía esforzarse —una vez más— en aparentarlo. Pero ocurría en realidad que, a pesar de su fama de libertino y del escandaloso proceso inquisitorial que había sufrido en 1778, él nunca se había separado de la Iglesia —lo habían separado curas y frailes ignorantes—, por lo que no tenía que arrepentirse de lo que la Inquisición había dado como probado cuando le condenó. Él no era un hereje, ni había perdido la fe. En el castillo de Cheverny, cuando empezó a escribir *El Evangelio en triunfo,* en 1795, sorprendía a sus amigos por su religiosidad, que como relata en sus memorias Dufort, era «enteramente española, es decir, hecha toda de impulsos religiosos, de suspiros, y sometiéndose en todo a la Providencia». En el libro que estaba escribiendo, la religión era el único bálsamo; Cristo, el camino que él mismo volvía a recorrer en su «idea completa del sublime plan del Cristianismo», y el Evangelio, «el mejor libro que ha caído en manos de los hombres». Como avanzó Didier Ozanam, la idea de escribir una apología del cristianismo, que demostrara que había sido injustamente condenado, era vieja, nada menos que del comienzo de su exilio en 1780-1781, cuando Olavide pasó por Toulouse.

Muchos historiadores, incluido Sarrailh, han pensado que *El Evangelio en triunfo* podría ser solo una estrategia para asegurarse el regreso a España, pero no fue así. Sabemos por Dufour que cuando Olavide empezó a escribir *El Evangelio* no había pensado regresar; de hecho, no lo haría hasta tres años después. Sin embargo, las dudas sobre la obra y sobre los verdaderos propósitos de su autor se extendieron por Madrid en cuanto se empezó a difundir. Era indudable que en *El Evangelio* había una apología del catolicismo intachable, pero algunos vieron rasgos demasiado impersonales y, desde luego, una falta de relación entre el texto y la verdadera causa de la que la Iglesia esperaba arrepentimiento: la condena por «hereje formal y miembro podrido de la religión» a la que en *El Evangelio* no hacía ninguna referencia. Si Olavide tenía una culpa que expiar era esta —la personal— y no tanto la influencia de sus ideas y las de sus amigos en la revolución, que a esas alturas, muchos —los ilustrados que formaban en torno al Príncipe de la Paz, por ejemplo— no estaban dispuestos a reconocer, como acertadamente argumenta Emilio La Parra. En fin, que ni habían pecado tanto como para solicitar una penitencia tan extrema, ni Olavide tenía que dar cuenta de su comportamiento en la Francia revolucionaria y descristianizada, pues ya se sabía que, de nuevo, había sido una víctima, a punto de terminar en la guillotina. Su propio amigo de los buenos tiempos y tan volteriano como él, el conde de Aranda, que había saludado la revolución en sus comienzos, llegó a ser ministro sin tener que cantar la palinodia.

Ya en el prólogo, Olavide calificaba a su libro de «edificante, pero sin soltar un momento la razón de la mano; devoto, pero sin dejar jamás de ser filosófico». Hasta se permitía concitar como lectores a aquellos de los que en otros lugares renegaba, «los que quieren hallar en todo las luces de la filosofía y de la razón». En definitiva, en el bando más reaccionario, y sobre todo en el brazo clerical inquisitorial, hubiera gustado más un «hereje arrepentido» que un «filósofo desengañado», como quería expresamente el inquisidor general, que no veía en el proceder de Olavide ni lo uno ni lo otro.

> Considero —decía el inquisidor— que don Pablo de Olavide tiene hoy el concepto público de arrepentido, y aún de fortalecido en la fe de Jesucristo como manifiesta la obra anónima del Evangelio en triunfo, de que se cree su autor; pero esas voces, por más generales que sean, ni son un documento positivo, ni prestan mérito legal para destruir las resultas de su causa.

Con un criterio estrictamente jurídico, el inquisidor recomendaba al «reo impenitente y pertinaz, que a sus anteriores yerros añadió el delito de la fuga», que volviera al convento de Murcia y demostrara allí su arrepentimiento, continuando la penitencia impuesta en su condena. Además, la sentencia inquisitorial incluía penas como la confiscación de bienes o el destierro de los sitios reales que no correspondían a su jurisdicción, sino a la del rey. Pero ahora, junto al rey, no estaba un hipócrita Roda o un confesor fanático como el padre Eleta, sino un príncipe todopoderoso que precisamente pretendía ser el protector de víctimas como Olavide y de obras como *El Evangelio en Triunfo*, «que sin mí —dice Godoy en sus *Memorias*— habría aumentado el índice expurgatorio, porque *relejeaba*, decían algunos, necia o traidoramente, *del sabor del veneno filosófico*». Godoy se atribuía la protección de publicaciones como *El Evangelio*, pues, según dice, quería aunar Luces y religión, «defender la religión con las propias armas de los enemigos»; también se atribuye la ayuda a Olavide: «Yo rogué por él, cuando a mi parecer fue tiempo, yo le abrí el corazón del piadoso Carlos IV». Seguramente, hubo de convencer al rey de que aunque «Olavide fue sin duda imprudente y afecto en demasía a las opiniones de la escuela enciclopédica, en su defensa y en el mismo auto protestó altamente no haber jamás negado ni descreído en su mismo interior ningún dogma de la fe católica». Godoy, que sabía que las ideas de Olavide eran las mismas que las «de sus demás amigos, conde de Aranda, conde de Campomanes, O'Reilly, Ricardos, Roda, Ricla, Almodóvar y otros sabios literatos de aquella época», atribuía su desgracia al «odio de un partido» más que a «sus propios yerros». Y, efectivamente, así era. El príncipe sabía muy bien cuál era ese partido y quién había sido su jefe.

Olavide, que conocía bien la situación de la corte de Carlos IV, había elegido desde el principio la vía política, bien aconsejado por su familia, especialmente por su cuñado Luis de Urbina, capitán general de Valencia y fautor de la primera edición de *El Evangelio* en 1797 —«se entendió conmigo para aquel buen logro», dice Godoy—, y seguramente a sabiendas de las explicaciones que se iban a ahorrar todos. Por eso, en la carta que escribió a Carlos IV mantuvo el tono de *El Evangelio*, insistiendo en su desengaño. Olavide habría encontrado

> en un país extranjero, mayores amarguras que las que padeció en su patria (...), expuesto a grandes persecuciones, prisiones y riesgos de perder la cabeza en un cadalso, sin otro motivo que el de haber combatido siempre con la mayor firmeza las detestables y subversivas máximas de estos nuevos legisladores.

Pero su deuda con la Inquisición quedaba reducida a fórmulas de cortesía: «No molestaré, señor, a Vuestra Majestad, con la historia de los peregrinos sucesos que por mí han pasado»; «si he sido, Señor, objeto de escándalo en España, he procurado repararlo»; en fin, Olavide manifestaba expresamente que no iba a entrar en «reclamaciones ni exámenes que contradigan o desmientan el concepto público sobre los procedimientos que he sufrido». En suma, solo aspiraba a «la restauración de mi honor y el de toda mi familia» y a «hacer una muerte cristiana».

Con *El Evangelio en triunfo* por delante, pero sobre todo con la protección regia —Carlos IV le concedió 90 000 reales «para su cómoda subsistencia»—, Olavide tenía todas las posibilidades de salir airoso de la prueba. Pasó por la Corte y vio a sus amigos, Saavedra y Urquijo, sus valedores además de Godoy, con los que tuvo una interesante correspondencia conservada en el Archivo Histórico Nacional. Todavía tuvo ofrecimientos en Madrid y hasta llegó a proponer un método para enseñanza a niños sordomudos, que seguramente agradó a Godoy, que había fundado el primer colegio de sordomudos en Lavapiés; también ofreció al Gobierno un sistema de «escritura universal» para entenderse en todas las lenguas, que decía haber inventado y que sería una pena que fueran otros países los que se llevaran la fama de implantarlo. Insistió en varias cartas, pero era ya un hombre retirado en Baeza, adonde había llegado tras una breve estancia en la Corte, con visita incluida a El Escorial, donde estaba aún el 2 de diciembre de 1798, fecha de la última carta que escribió a Urquijo anunciándole que salía hacia aquella ciudad.

Marina Alfonso Mola ha pintado al hombre que llegaba al que iba a ser su último destino: «73 años, pensionista (con cargo al Tesoro Nacional), obeso, aquejado de varices, gotoso, baldado por el reúma, con una dentadura postiza que no le encajaba». Se acogió en Baeza al calor de la familia, de su prima Tomasa de Arellano, a la que nombró heredera de sus bienes. Aún mantuvo una vida activa, publicando poemas cristianos y coplas, y seguramente frecuentó las tertulias de gente principal. Era ahora un hombre religioso, pero —genio y figura— se había traído de Francia, como treinta años antes, gran cantidad de libros: entre «ocho a doce toneles de libros» están detenidos en la aduana de Vitoria, le informan antes de llegar a Baeza. Y como en *El Evangelio en triunfo*, en su testamento quedaba clara su mentalidad ilustrada ante los rituales, pues mandaba que su entierro en la Iglesia de San Pablo se hiciera «sin ninguna distinción, ni pompa, prohibiendo como expresamente prohíbo el que haya música en los oficios funerales que se me hagan, ni ningún otro aparato». Olavide murió el 25 de febrero de 1803 y fue enterrado en San Pablo, sin que sepamos exactamente dónde están sus restos. Una lápida en la iglesia conmemora su descanso eterno en la ciudad de Baeza.

Olavide fue, para unos, un mal desengañado, para otros, un falso arrepentido; la mayoría, sin embargo, creería en su sinceridad, y en lo que tanto gusta en el seno del catolicismo: el efecto de la cercanía de la muerte, la hora de la verdad en la que Dios no abandona a nadie. El riguroso Menéndez Pelayo calificó *El Evangelio en triunfo* de «intachable, sin vislumbres ni aun remotos de doblez e hipocresía», y creyó en el arrepentimiento sincero de Olavide. Quizás Olavide acabó comprendiendo que en España la clave no está en ser un buen cristiano, sino en parecer un sumiso católico.

8

Vísperas del 2 de mayo

«La Trinidad en la tierra»

Unos meses antes del comienzo de la Revolución francesa, el 14 de diciembre de 1788, moría Carlos III, aspirando a la gloria eterna, pero seguro de haberla conseguido ante la historia. Ningún rey tuvo nunca tantos elogios fúnebres, ni en España ni en América. Su sucesor, Carlos IV, por el contrario, fue blanco de las críticas desde mucho antes de llegar al trono. No era tan inepto e indolente como se ha dicho, pero hubo de esperar muchos años a la sombra de su padre, sumergido en las rutinas de la vida familiar y expuesto a las intrigas políticas en el cuarto del príncipe, donde ya le hemos visto conspirando, mucho más que ningún otro vástago de la familia real en todo el siglo borbónico. Se dice que no tuvo interés por la política, quizás a causa de la personalidad dominante del padre —quizás más que la de su mujer—, pero Carlos III le hizo despachar con él desde 1776 y, desde luego, la indolencia no se mostró en su temprana actividad política subversiva, cuando se prestó al juego del partido aragonés dejándose querer por los arandistas, tanto en 1776 como en 1781. En la carta que envió al conde de Aranda pidiéndole un plan de gobierno, ya hemos visto que Carlos IV mencionaba a su mujer, «que está aquí presente», como si quisiera dar a entender algo que ya no desconocía nadie: la princesa era una mujer intrigante y ambiciosa, que le dominaba. Pero lo mismo se había dicho de Felipe V o de Fernando VI. De este mal solo se salvó en la familia el viudo y morigerado Carlos III.

María Luisa, hija del príncipe de Parma, Felipe de Borbón, hermano de Carlos III, había recibido una educación muy diferente a la que tuvo Carlos IV. Era una mujer culta, aficionada a las fiestas y al lujo de la corte afrancesada de la que provenía. Resuelta e intrigante, recordaba a su abuela Isabel Farnesio, pero no era, ni con mucho, tan inteligente como la *vieja leona*. Su primo Carlos, por el contrario, había vivido en una Corte austera, rígida y poco festiva, de poca sociedad. Carlos III no era amigo de bailes y salones, no le gustaba la música ni menos trasnochar. En Madrid, podía haber algo más de trato social, pero cuando la Corte se trasladaba a San Ildefonso o a El Escorial, todo se ruralizaba. Casacas pardas, fusiles, perros y una legión de huroneros, ojeadores y criados convertían los espléndidos sitios en cazaderos malolientes. Las piezas muertas se amontonaban durante días, para ablandarlas, hasta en los pasillos de los palacios, mientras los integrantes de la comitiva, con Carlos III, el infante don Luis —hasta que se casó— y el príncipe Carlos, cazaban y se *llaneaban* con los cortesanos más aficionados a las batidas y con los sirvientes, con esa campechanía que el corpulento Carlos llevaba al extremo dando ruidosas palmadas en la espalda del que saludaba. Pero esa era la diversión —y la terapia— familiar, en la que participaba gustosamente Carlos IV, que nunca necesitó el ejercicio físico como antídoto contra los *vapores* que habían afectado a su tío Fernando VI y a su abuelo Felipe V, y que su padre decía combatir saliendo a diario a cazar «así cayeran chuzos de punta». Carlos IV era un hombre fuerte y nunca tuvo problemas de cabeza.

A pesar de vivir en este ambiente *natural*, Carlos IV fue un hombre culto, mucho más que su padre. Sabía varios idiomas, tocaba muy bien el violín y tenía mucho interés por una enorme variedad de oficios, sobre todo por la ebanistería y la relojería. Él mismo trabajaba con los artesanos y arreglaba los relojes, de los que estaba pendiente para iniciar cualquier actividad. En los horarios era aún más rígido que su padre. Pero, también como su padre —a pesar de lo que digan los hagiógrafos—, Carlos IV concebía la política como un teatro que apenas tenía prolongación al otro lado de los muros de palacio. Las intrigas en la Corte, el ascenso o declive de los ministros y sus hechuras, los partidos políticos en pugna, en fin, la política cortesana pudo aún merecer la atención del rey y de la reina, pero la situación real del país no despertaba más interés en los reyes que el que provocaban los resultados que mostraba la Real Hacienda, que, por cierto, no eran nada halagüeños en 1789. Como sus antecesores, Carlos IV también mantuvo su imagen de rey absoluto, pero paternalista que se reflejaba en los preámbulos de las leyes, siempre dirigidas a remediar los abusos y calamidades que sufrían sus amados vasallos, como demostró en la primera ocasión que tuvo nada más comenzar el reinado. El año

1788 había sido malo y había carestía de trigo, una nueva crisis del pan que había que solventar para evitar los motines, que ya empezaban a producirse. El experimentado Floridablanca sabía mucho de prevenir motines —ya le hemos visto recomendar la cuerda tirante— y el problema no degeneró. En Francia, también en crisis, sin duda a consecuencia de los gastos enormes de la última guerra contra Inglaterra, ya se había pronunciado aquella desgraciada frase atribuida a la reina María Antonieta: «Si no tienen pan, que coman pasteles», tan simbólica como el asalto a la Bastilla.

Floridablanca decretó medidas para abaratar el trigo y perdonó algunas deudas a Hacienda, frenando así la crisis. El rey aprovechó para dirigirse a sus amados vasallos y hablarles de *su* heredad, España, «una grande heredad» que había llegado la hora de «cultivar» para luego «disfrutarla», como escribió en la *Instrucción reservada*:

> Recelo que se han empleado siempre más tiempo y desvelos en la exacción o cobranza de las rentas, tributos y demás ramos de la Real Hacienda, que en el cultivo de los territorios que los producen y en el fomento de sus habitantes que han de facilitar aquellos productos. Ahora se piensa diferentemente, y este es el primer encargo que hago a la Junta y al celo del ministro encargado de mi Real Hacienda, esto es: que tanto o más *se piense en cultivarla que en disfrutarla,* por cuyo medio será mayor y más seguro el fruto. El cultivo consiste en el fomento de la población con el de la agricultura, el de las artes e industria, y el comercio.

Seguía habiendo un concepto patrimonial de la monarquía, pero también la misma voluntad de reforma a favor de los «amados vasallos», que venía de muy lejos y que era lo habitual en las cortes europeas del despotismo ilustrado. Sin embargo, el reinado de Carlos IV, que se iniciaba *mirando al interior* como los de su padre y su tío, tuvo que discurrir por una coyuntura internacional tan compleja y peligrosa que torció decisivamente el curso de las reformas y, desde luego, hizo decidir al rey y a la reina mucho más que lo que mantiene la historiografía, que sigue insistiendo en la abulia de uno y la frivolidad de la otra.

Más aún cuando junto a los reyes aparece Manuel Godoy Álvarez de Faria, una figura que parece dominar la escena en solitario

—como pronto la dominará desde mayor altura Napoleón— y que ha provocado un claro desequilibrio historiográfico, así como una burda manipulación de la verdad histórica que ya comenzó en vida de lo que se conoció como *Trinidad en la tierra*, una expresión sincera de la reina que, digámoslo ya de antemano, nunca se acostó con Godoy. Emilio La Parra ha logrado brillantemente con sus recientes estudios que el crucial reinado de Carlos IV no sea solo el escenario de las miserias humanas entre los reyes padres, el hijo y Godoy. Es cierto que Godoy dominó la voluntad de los reyes padres, pero es igualmente segura su lealtad y cariño hacia la real pareja, en el trono y en el exilio. En aquella difícil coyuntura en que la pugna entre los dos partidos era ya estéril, fue el *hombre del rey*, el hombre sin partido, o mejor, el *hombre del partido único*. Él mismo le habló a la reina de «la dificultad de reunirse un partido fuerte mientras yo exista en este País». No ha de extrañar que Carlos Seco Serrano le llamara el primer dictador de la España contemporánea.

Con todo, son los reyes quienes con frecuencia toman decisiones, algunas de altura, por ejemplo, en 1801, cuando deciden volver a expulsar a los jesuitas, a los que tres años antes se les había permitido volver (luego, Carlos IV se arrepentirá en el exilio de su decisión); o cuando, en 1798, cesan a su querido Manuel, ya Príncipe de la Paz y miembro de la familia real al haberse casado con la sobrina del rey, la condesa de Chinchón, y en su lugar nombran al volteriano Mariano Luis de Urquijo. Todos los actos se producen bajo fuertes presiones —como siempre—, pero también es cierto que el pensamiento de los reyes, especialmente el de la reina, fue derivando a posiciones cada vez más conservadoras tras el fracaso del equipo más ilustrado del siglo —Urquijo, Saavedra, Cabarrús y Jovellanos— y la llegada al Ministerio de Justicia de un oscuro funcionario, José Antonio Caballero, luego marqués de Caballero, que acabará simbolizando la posición más reaccionaria junto con otro turbio personaje, el culto y escandaloso canónigo Escóiquiz, elegido para preceptor del príncipe Fernando por Godoy (que tanto se arrepentiría después). El mismo cariz tomaba la *ideología* de los que conspiraban en torno al príncipe Fernando, con el preceptor Escóiquiz y el duque del Infantado a la cabeza. Llegaba lo que Carlos Martínez Shaw ha llamado la época dorada del pensamiento reaccionario español.

Son tiempos de aumento espectacular de la represión y la intriga, con una recién creada policía muy activa, con una Inquisición más orientada políticamente que nunca, capaz de encarcelar a un profesor de la Universidad de Salamanca como Ramón Salas y de provocar las grandes contradicciones de Goya, otra víctima y no solo testigo, que vivió este tiempo de profunda agitación y lo llevó a sus pinceles y a su vida tomando partido, como ha demostrado en un brillante estudio Jacques Soubeyroux. Cuando cayó Floridablanca, en febrero de 1792, le decía a Azara: «Peores cartas para jugar nadie las ha tenido, ni jugadores más descabellados». Lo mismo podrían decir Carlos IV y María Luisa, y en general, todos los que tuvieron responsabilidades en este borrascoso periodo de la historia de España, incluido el conde de Aranda, que al final se encontró —una vez más— con la ira regia y de nuevo fue apartado de la presencia del rey, pero ahora con rabia acumulada. La mayoría de ellos sufrieron cruelmente los vaivenes políticos, como había ocurrido ya antes, pero ahora las víctimas serán más y más la crueldad; puede decirse que todos acabaron probando el amargo sabor de la desgracia política. Floridablanca, Aranda, Jovellanos, Cabarrús, Urquijo, por citar solo las figuras políticas descollantes, todos pasaron por la cárcel —a Floridablanca y a Urquijo ya les hemos visto en la tristemente célebre ciudadela de Pamplona—, mientras algunos ilustrados arriesgados tuvieron que exiliarse, por voluntad o por la fuerza, años antes de que la guerra y el golpe de Estado de Fernando VII en 1814 provocaran el primer gran exilio político de españoles y las primeras redadas policiales contra la élite política constitucional.

El siglo acababa con grandes enfrentamientos en la cúspide del poder. Ni Feijoo ni Campomanes hubieran podido imaginar a qué extremos podía llegar la pasión política. Un José Antonio Caballero casi llegando a las manos con Godoy, o un Jovellanos sufriendo un intento de envenenamiento —quizás también su amigo, el ministro Saavedra— tras ser castigado con el nombramiento de embajador ¡en Rusia!, y después siete años preso, son ejemplos de la dureza de estos tiempos violentos en una Corte en que nadie podía sentirse seguro. ¿Todo culpa de Godoy?

El secretario de Estado no parece en la primera etapa de su gobierno un ser tan perverso, ni hay que creer las difamaciones del partido aragonés, muy resentido por la caída de Aranda, que atribuía el ascenso del extremeño —el Choricero— a razones inconfesables, es decir, a lo que llama Emilio La Parra la «explicación sexual»; pero tras el breve lapso de dos años en que se mantuvo el Gobierno Urquijo, desde marzo de 1798 a diciembre de 1800 y Godoy fue apartado del poder por los reyes, el proclamado Generalísimo volvió al poder en octubre de 1801, ahora dueño absoluto, manejando los ministerios y el ejército, cuyo papel será crucial en adelante.

El todopoderoso Godoy fue, en política, un trabajador infatigable y, desde luego, lo más opuesto a un «valido anticuado». Cuenta Andrés Muriel en la *Historia de Carlos IV* que, para defenderse de las invectivas del setentón Aranda, que le reprochaba su inexperiencia, Godoy le espetó: «Trabajo catorce horas cada día, cosa que nadie ha hecho; duermo cuatro y, fuera de las de comer, no dejo de atender a cuanto ocurre». En este «cuanto ocurre», entraba verdaderamente todo, pues su sagacidad, su ambición y el trato familiar con los reyes le hacían estar mejor informado que nadie, aunque en este extremo no falten tampoco las acusaciones de falta de escrúpulos, capacidad para la intriga, el espionaje o el soborno, pero ¿acaso en esto no fueron maestros sus predecesores?

Hubo desde el principio una riada de pasquines sobre los amoríos con la reina, también evidencias de su promiscuidad sexual. José María Blanco White dejó testimonio en una de sus *Cartas de España* de su proceder escandaloso: «Nadie puede estar más seguro de una acogida favorable —escribió— que el que se presenta en sus recepciones públicas acompañado de una hermosa mujer o una hija seductora». Al sacerdote luego exiliado y, al final, al margen del catolicismo en su exilio en Inglaterra, el gobierno de Godoy le parecía libertino, pero también reconocía que «cualquier persona del reino puede acercarse a él (a Godoy) sin necesidad de presentación con la seguridad de que, por lo menos, recibirá una respuesta cortés». Desde luego, Blanco White no se sofocó como Jovellanos, que confesó en sus *Diarios* que quedó aturdido tras ser recibido en casa de Godoy nada más llegar a Madrid a tomar posesión del ministerio: «A su lado derecho la princesa; al izquierdo, en el costado, la Pepita Tudó». El espectáculo —como lo denomina el asturiano— le hizo escribir: «Mi alma no puede sufrirle. Ni comí, ni hablé, ni pude sosegar mi espíritu; huí de allí». Todos habían sido y eran mujeriegos y no se extrañaban tanto como Jovellanos. Lo que estaba en descrédito entre la élite ilustrada y provocaba burlas era el matrimonio, no gozar de la vida y someterse a la rutina doméstica. El mismísimo canónigo Juan Escóiquiz y Mezeta, preceptor de Fernando VII, era también un gran mujeriego y tuvo varios hijos, dos al menos reconocidos, pues fueron entregados al hospicio de Valladolid, lo que no le impedía presentarse ante el príncipe y los reyes reclamando una moralidad reaccionaria extrema.

La vida frívola en la Corte se compaginaba con la agitación política que producían los acontecimientos revolucionarios en Francia. El legado de Carlos III estaba agotado; también había fracasado la opción de Aranda, de forma que el rey desconfió en adelante de los viejos partidos y buscó la lealtad del amigo Manuel, a quien antes de hacer secretario de Estado ya había colmado de favores. El ministro extremeño, en total connivencia con la pareja real, emprendía una nueva política que se anunciaba altamente reformista e ilustrada, pero —hay que decirlo una vez más— la complejidad e intensidad de los acontecimientos que se sucedieron en la esfera internacional y en la propia España fueron de tal grado que harían naufragar cualquier fórmula política limitada por el absolutismo regio —y no podía haber otra ante la Revolución— y condicionada por la situación anacrónica del imperio español —de nuevo, las Indias, la mayor preocupación—, expuesto a la voracidad que acompañaba a las nuevas formas burguesas de explotación colonial lideradas por la Inglaterra de la Revolución Industrial. Pues, en definitiva, lo que se veía venir era un mundo nuevo, un mundo de naciones, pueblos, libertades, economía libre, fomento de la demanda, desaparición de privilegios y de frenos al desarrollo capitalista: el ocaso de una sociedad que, en lo esencial, se había mantenido en vigor durante varios siglos en España, pero también en toda Europa.

El último fracaso: Floridablanca encarcelado y Aranda desterrado

La alianza de familia con Luis XVI pasó a primer plano en cuanto la Revolución tocó las primeras prerrogativas del absolutismo regio en el país vecino. El pánico de Floridablanca no estaba producido solo por los excesos revolucionarios o por la situación de la familia real francesa, que por otra parte solo se agravó a partir de junio de 1791 cuando fue detenida en Varennes. Años antes de la toma de la Bastilla, el ministro ya había reforzado la vigilancia contra escritos y opiniones políticas, valiéndose de la Inquisición y de la policía secreta que había creado desde la Superintendencia, el nuevo organismo que él mismo dirigía. Su decisión de crear un «cordón sanitario» en la frontera no era tanto una novedad impuesta por la situación como un refuerzo —ahora desplegando tropas— de la política represiva que venía desarrollando en los últimos años de Carlos III.

Los tribunales inquisitoriales fronterizos —como el de Logroño (la diócesis de Calahorra incluía las provincias vascas) y los que operaban en los puertos— recogieron montañas de libros y papeles sediciosos, mientras el Gobierno se empecinaba en ocultar todo lo que ocurría en Francia. La *Gaceta de Madrid* no informó de nada, ni siquiera de la convocatoria de los Estados generales; poco después, Floridablanca decretó la prohibición de difundir por cualquier medio incluso comentarios favorables al absolutismo y a la familia real francesa. El resultado del rigor de Floridablanca tuvo un éxito aparente, pero, en realidad, provocó la curiosidad de los españoles y la natural actitud de reclamo que tiene lo prohibido. Con gran ingenuidad, se daban gritos a favor de la libertad incluso en pequeños pueblitos como el riojano Torrecilla sobre Alesanco (que no tenía ni cien habitantes) o como en Brazatortas, donde hubo desfiles *revolucionarios* por las calles.

No estaba claro, antes de la fuga de Varennes, que la oposición férrea fuera la mejor manera de ayudar a Luis XVI: las potencias absolutistas esperaban acontecimientos manteniendo abierta la vía diplomática, mientras el conde de Aranda difundía en Madrid su programa alternativo, bien distinto al de Floridablanca, que estaba empezando a sufrir personalmente el acoso de la oposición, de nuevo orquestada por Aranda. En junio de 1790, el ministro fue apuñalado por la espalda en el palacio de Aranjuez por un desconocido que resultó ser francés, un tal Peret, que fue ajusticiado en la plaza de la Cebada de Madrid. Para poner la nota morbosa, la mano con la que había atentado contra el ministro quedó expuesta en el camino a Ocaña, como en los mejores tiempos. Pero nada lograba parar la terrible campaña de libelos y difamaciones que mantenían arandistas y partidarios del ministro murciano, el más duro, la *Confesión del conde de Floridablanca*, que llegó hasta el rey y que permitió ver que al conde le quedaban muy pocos amigos. Floridablanca había aumentado la vigilancia policial, dando plenos poderes al jefe de policía, Mariano Colón, e incrementando los efectivos destinados a descubrir a los autores de los libelos. Uno de los implicados, un militar, contó que el marqués de Rubí le había dicho que «Floridablanca se está cagando de miedo a calzón quitado;

después tomó el coche y dijo al cochero: anda a casa de Aranda a murmurar un rato». Las pesquisas se dirigieron contra Aranda, el duque de Villahermosa, Ramón Pignatelli y los arandistas, pero nada impidió su triunfo en esta ocasión.

El proceso contra el criminal Peret aumentó las sospechas sobre una conspiración en marcha contra el todopoderoso ministro y su régimen policíaco, y Carlos IV acabó cediendo y prescindió de él, entregando el poder al fin al viejo conde de Aranda, el eterno conspirador. El 28 de febrero de 1792 Aranda era nombrado secretario de Estado y Floridablanca salía desterrado a su patria de Hellín. En ausencia del *caído*, Aranda permitió que se le procesara por malversación y que fuera condenado a prisión (algunos pidieron la pena de muerte). Como ocurrió en el arresto de Ensenada 40 años antes, las tropas sacaron al ministro de su casa, por la noche y, sin darle tiempo más que a vestirse, le condujeron a la ciudadela de Pamplona, donde sufrió un trato cruel e indigno hasta que Godoy le levantó el castigo por decreto de 4 de abril de 1794. No obstante, los reyes nunca repararon en la injusticia que sufría el que había sido leal servidor de la monarquía durante 15 años, y tuvo que ser Fernando VII el que, tras el motín de Aranjuez, reconociera que «Vuestra Excelencia ha padecido y está padeciendo injustamente una confinación indebida». Era el 28 de marzo de 1808. Floridablanca, desde su destierro en Hellín, contestó agradecido a la «benigna resolución del rey».

Como está probado, Floridablanca nunca llegó a tener dinero, ni parece que corriera tras él, pero la lucha política cada vez era más descarnada y el servicial ministro acabó inaugurando una época en la que no importaba tanto probar un delito como inclinar la voluntad de los reyes contra la víctima, lo que con Carlos IV comprobaremos que no era difícil. Por otra parte, no existían garantías jurídicas y, como tantas veces, el reo fue expuesto a la arbitrariedad y, antes, a la pobreza, pues se le embargó todo el sueldo y todos sus bienes, tanto en Hellín como en su casa en Madrid, incluidos sus libros. En la cárcel de la ciudadela tuvo que pedir permiso para usar papel y tinta (ya veremos que por no hacerlo, a Jovellanos se le negó expresamente en su cautiverio en Bellver) y se le recogieron los papeles que le sirvieron como defensa en el juicio. Bourgoing dijo que el reo estaba completamente incomunicado en la prisión.

Así caía Floridablanca y ascendía Aranda. Quedaba arrumbada la fórmula «ministros con el rey», que había sido llevada a la institucionalización por Floridablanca en la Junta Suprema de Estado creada en 1787 —el origen del Consejo de Ministros, según José Antonio Escudero—, máxima aspiración de ensenadistas y golillas, y se imponía el sistema del partido aragonés, que siempre pretendió resucitar los consejos tradicionales, lo que tanto temía Isabel Farnesio, la opción que añoraban los nobles más *Ancien Régime* y que Aranda ya había propuesto al príncipe Carlos en su plan de gobierno de 1781. Ahora en el poder, el conde aragonés, como decano, volvía a reunir al Consejo de Estado, con el rey presente, teatralizando en su primera sesión un ceremonial de recio sabor antiguo y sacralizado —juramento de rodillas, besar la mano del rey, etcétera—, según la pormenorizada descripción de Eugenio Llaguno, su secretario.

Inmediatamente, Aranda ponía en práctica sus ideas *nuevas* ante la Francia revolucionaria, que fueron el motivo que se esgrimió para justificar su llegada al poder. Aranda había ido agigantando su fama de volteriano, francófilo, incluso revolucionario, por lo que, en la preocupación del momento —salvar la vida a los reyes de Francia—, parecía una elección bastante sensata: se intentaría la vía diplomática empleando a un amigo de los revolucionarios. Pero no era así. Aranda era, ante todo, un militar, ideológicamente absolutista —ya le hemos visto reverenciar a la monarquía sacralizada—, y solo se inclinaba a entenderse con los revolucionarios en apariencia, porque ni podía imaginar que pudieran llegar al regicidio y, sobre todo, porque pensaba en una estrategia global para España, siempre desconfiando de Inglaterra, América por medio. En realidad, Aranda pensó siempre en mantener la neutralidad para poder ejercer luego una labor de arbitraje entre las potencias vencedoras y la Francia revolucionaria derrotada, en la que obviamente se repondría el absolutismo, pero siempre pensando en resguardar el imperio americano, que corría peligro de ser botín del gran vencedor, Inglaterra. La cuestión italiana —Parma y Nápoles— le preocupaba por lo que presionaban los familiares de Carlos IV, pero menos a él que al rey.

En su nombramiento, Aranda exigió que se le diera el título de secretario de Estado interino, pues todavía ¡a sus 73 años! pensaba que podía servir como capitán general: «A fin de no privarme de la carrera militar si se ofreciese algún ruido de armas», escribió el venerable anciano que no había tenido más mando militar en guerra que su desastrosa actuación en Almeida hacía 30 años. En cuanto a su exigencia de ser nombrado interino, ¡cómo no recordar que el duque de Huéscar exigió lo mismo cuando sustituyó en la Secretaría de Estado al difunto Carvajal en 1754!

Aranda mantuvo a todos los ministros del Gobierno anterior e inició una gestión típica del hombre mandón y militar que piensa siempre en reconducir la situación desde una visión jerárquica y personalista que intentó imponer en el Consejo de Estado, un foro para hacerse oír ante el rey (y ante un principiante Godoy). Desde este Consejo dirigió la nueva política de aparente amistad con Francia, mientras, en secreto, Aranda y el rey exploraban otras posibilidades —el espionaje y el soborno—, más pendiente el conde de la actitud de Inglaterra y de congraciarse diplomáticamente con las coaliciones de las monarquías europeas sin llegar a emplear el ejército, cuya debilidad conocía mejor que nadie. Era una política muy inteligente, pero la desconfianza del rey y, sobre todo, los acontecimientos —no esperados ni siquiera en Francia— la hicieron fracasar.

El asalto y saqueo del palacio real de las Tullerías el 10 de agosto de 1792 terminó con la monarquía de los Borbones franceses y, de hecho, con las esperanzas depositadas en Aranda. Los *sans-culottes* parisinos encarcelaron a la familia real en el Temple mientras se agudizaban los «excesos revolucionarios». Las noticias que llegaban a España sobre el terror, ahora con menos dificultades —gracias a la política menos restrictiva de Aranda—, alarmaron incluso a los más preclaros ilustrados partidarios de la libertad y, desde luego, a los que ya habían optado por posiciones contrarrevolucionarias, la mayoría del país. Aranda fue desde entonces no solo un ministro equivocado, sino un sospechoso. Como años antes, cuando se le atribuyeron todos los progresos de las Luces contra el absolutismo incluida la limitación del poder de la Inquisición, Aranda era víctima de su propia imagen, ahora reelaborada por los revolucionarios que decían contar en España con un aliado de su prestigio. Como un día fue incensado por Voltaire, ahora Condorcet elevaba al conde al santoral revolucionario y le hacía «ejecutor testamentario de los filósofos con quienes habéis vivido» y, pensando en su capacidad de acción como primer ministro, vaticinaba: «vais a enseñar a Europa que el mayor servicio que se puede rendir a los reyes es el de suprimir el cetro del despotismo». Seguramente, Aranda se aterraría al leer tamaño sacrilegio, pero esa era la fama que le precedía y la que (entonces y todavía hoy desgraciadamente) ha acompañado en la historia al que escribió de su puño y letra: «Su Majestad está en ejercicio del vicariato del mundo, que el Dios supremo depositó en ella como un representante».

La opinión fue todavía más desfavorable para el conde tras la derrota de los prusianos en Valmy, el 20 de septiembre de 1792. El pueblo en armas, una táctica militar desconocida —seguramente el viejo militar repararía en ello—, salvaba la revolución y, dos meses después, el 13 de noviembre, como coronación política del éxito, comenzaba el proceso contra el rey, ya el ciudadano Luis Capeto, que terminaría condenado a morir en la guillotina (21 de enero de 1793). Para entonces, Aranda había sido exonerado.

Carlos IV decidió deshacerse de un hombre fracasado, que le había hecho representar un papel cada día más contrario a la opinión de los que le rodeaban y más indigno de cara a la opinión de las cortes absolutistas. El 15 de noviembre de 1792, Carlos IV en persona le comunicó el cese, amistosamente, en presencia de la reina y de Godoy, y todavía le mantuvo en la Corte como decano del Consejo de Estado, una prueba más de la natural bonhomía del rey. El cese de Aranda no fue una sorpresa en los círculos cortesanos, pero la elección del sucesor cayó como una bomba. Se trataba del joven Manuel Godoy, el amigo de los reyes, un joven que había empezado siendo guardia de corps y que era encumbrado a la Secretaría de Estado, revestido con los signos más refulgentes del poder en el Antiguo Régimen, pues era ya duque de la Alcudia y, a los pocos meses, sería nombrado capitán general; además, al día siguiente del nombramiento, el rey le concedía el Toisón de Oro, el más alto distintivo que un español puede recibir del rey, que además le hacía grande de España. Su sueldo se elevaba a 800 000 reales anuales (más del triple que lo que cobraba, por ejemplo, Aranda).

Al principio, Godoy no varió el rumbo político trazado por Aranda. La vida del rey exigía la neutralidad, como expresamente pedía la Convención. Godoy, no obstante, mantuvo las tropas en la frontera a la vez que ponía en funcionamiento todo el potencial diplomático; hasta intentó el soborno de varios miembros de la Convención, que recibieron fuertes sumas (entre ellos Danton o Desmoulins). Pero nada impidió la ejecución del rey. A partir de ese momento, no había otra opción que la guerra contra la Francia regicida.

Godoy conocía, como Aranda, la debilidad del ejército y su propio riesgo a causa de una derrota, pero solo pudo ponerse al lado de una opinión pública patriótica, excitada desde los púlpitos, cuyo ardor en la defensa del trono y el altar no se compaginaba, sin embargo, con el escaso interés demostrado en el alistamiento de soldados, que aún mermaría más cuando a los éxitos militares iniciales de 1793 siguieran las derrotas de 1794 y 1795. De todas las ciudades, llegaban noticias de atentados aislados contra los franceses, sermones incendiarios de párrocos y prelados, pero también de condenas inquisitoriales y persecución civil contra algunos «malos vasallos» —en palabras de Godoy—, más o menos ilusionados con la Revolución, o —y estos eran la mayoría— seguidores de la política prudente de Aranda, que iba a protagonizar el último episodio dramático de su vida.

Todavía activo como decano del Consejo de Estado, Aranda seguía como siempre aireando su opinión en las alturas. Los encontronazos con Godoy eran constantes, con el consiguiente disgusto de Carlos IV, hasta que, al fin, llegaron al enfrentamiento personal. El joven ministro llevó al conde a una verdadera encerrona en el Consejo de Estado, el día 14 de marzo de 1794. En la sesión, que conocemos por Muriel —también por el propio Godoy en sus *Memorias*—, se le dejó al conde hablar de sus ideas de neutralidad, que expresó a su modo, enérgico, hasta con puñetazos en la mesa. Era lo que quería Godoy, que todavía exasperó más a Aranda insinuando su pertenencia a «sociedades contrarias al servicio de Su Majestad», quizás una referencia a la masonería.

Como han demostrado Olaechea y Ferrer, Aranda no era masón. Menéndez Pelayo utilizó esta acusación de Godoy para estigmatizar definitivamente al conde, que todavía carga con el sambenito incluso en algunos manuales de bachillerato. La masonería, prohibida desde los tiempos del padre Rávago, apenas había motivado algún proceso inquisitorial, generalmente contra extranjeros. En 1793, por ejemplo, el Tribunal de Cuenca había procesado por francmasones al maestro y al maquinista de la Real Fábrica de Tejidos de la ciudad. En alguna otra ciudad, hubo algún caso aislado, aunque las acusaciones eran difíciles de probar, más aún en los procesos inquisitoriales, donde a toda desviación se aplicaba el delito de herejía. Había ya fuertes prevenciones contra las tres sectas —filosófica, jansenista y masónica—, como se demuestra en la obra *Causas de la Revolución de Francia*, de Hervás y Panduro, publicada en 1794.

En cualquier caso, Aranda saltó ante la insinuación del ministro como este esperaba: levantando el puño, en señal de reto de «combate personal», perdiendo los estribos. Godoy le acusó de faltar al respeto al rey, presente en la sala, y de estar contagiado con los principios modernos en clara alusión a los *philosophes*, a cuyos seguidores se perseguía ahora con saña. Parece ser que al final, Carlos IV, al abandonar la sesión y pasar al lado de Aranda, le espetó: «Con mi padre fuiste terco y atrevido, pero no llegaste a insultarle en el Consejo».

Apenas llegó Aranda a su casa, las tropas le prendían y, a las dos horas, le conducían al destierro, primero a Jaén y, luego, a La Alhambra, donde quedó incomunicado mientras se le abría causa por traidor. Cuando lo supo su amigo Azara, se le ocurrió decir: «Aranda habrá hecho alguna de las suyas». Una más. Después de unos meses, el conde pasó a Sanlúcar, donde recibió la noticia de la firma de la paz con Francia, en julio de 1795, lo que venía a confirmar lo acertado de su política neutralista. A fines de ese año, acogido a los indultos de Godoy, ya Príncipe de la Paz, se le permitía retirarse a su casa de Épila. Dos años después moría el famoso conde, el terco militar, siempre insatisfecho, que aún le decía al rey: «En vez de haberme atesorado en mis elevados puestos, he gastado en ellos gran parte de mis bienes personales».

La irresistible ascensión de Godoy y la víctima universitaria, Ramón Salas

Godoy había logrado en Basilea (julio de 1795) una paz que se pregonó como su gran éxito personal, por lo que aún se encumbró más. Sin embargo, sus enemigos abrieron nuevos flancos, que la guerra había dejado al descubierto: la ruina de la Hacienda, las primeras manifestaciones contra el régimen absolutista —conspiraciones sucesivas para imponer una constitución limitadora del poder regio—, las inquietantes proclamas republicanas de algunos *contagiados* en Cataluña y la actitud colaboracionista de Guipúzcoa y, cómo no, la propia situación del *amigo* de la reina, que además pronto tendría amante *casi oficial*, Pepita Tudó, y al que, sin embargo, iban a casar con una princesa de sangre real. En esa crispada situación, Godoy recibía por decreto de 5 de septiembre de 1795 el título de Príncipe de la Paz —él mismo escribió la minuta del título—, hereditario y con su *feudo*, el Soto de Roma, el pequeño *sitio* donde se había retirado el ministro Wall hasta su muerte (en la actual Fuentevaqueros). La reina prefirió concederle esta merced antes que la habitual pensión, pues, según dijo, «esas se dan a cualquier pedagogo».

La paz fue publicitada como una gran hazaña del nuevo príncipe, que se apresuró a *coronar el éxito*, llevando a los reyes a su tierra. El príncipe, ahora pacifista, se exhibió con toda brillantez recibiendo en su propia casa de Badajoz a la familia real. La idea del viaje era de la reina, que había prometido visitar el sepulcro de San Fernando en Sevilla tras sanar de una enfermedad el príncipe de Asturias, el futuro Fernando VII, pero la ruta fue elegida de consuno con Godoy para que antes de ir a Sevilla los reyes se detuvieran en Badajoz, donde residieron casi un mes en la casa familiar del que ya empezó a ser fustigado con el título del Choricero. Allí, en la frontera, como en las bodas de Bárbara de Braganza y el príncipe Fernando, se encontraron con la infanta Carlota Joaquina, casada con don Juan de Portugal, el príncipe regente futuro rey Juan VI, y se festejaron las buenas relaciones entre las dos cortes que muy pronto se declararían la guerra... una vez más.

La estancia de la Corte en Sevilla recuerda el *lustro andaluz* de Felipe V, visita incluida a Cádiz para ver el emporio al que llegaba la riqueza de las Américas, pero la vuelta, que Felipe e Isabel Farnesio hicieron precipitadamente en 1733, fue muy distinta ahora. El espectacular giro que iba a dar a la política exterior en 1796 no es fruto del capricho, sino de un meditado proyecto personal de Godoy que, en 1796, firmaba el pacto de San Ildefonso, una alianza ofensiva con Francia que provocó la inmediata declaración de guerra de Inglaterra. La alianza con Francia, un nuevo pacto de familia ahora sin Borbones, supuso para el príncipe, personalmente, una mayor estabilidad, pero si la guerra anterior había acarreado un serio revés económico, la que empezaba con la derrota de la escuadra en el cabo de San Vicente (febrero de 1797) iba a tener consecuencias catastróficas. El tráfico comercial se resintió en los puertos cantábricos, especialmente Santander que ya no saldría de la crisis —en 1803 padeció una cruel hambruna—, pero fue aún más impactante el hundimiento del comercio gaditano, como ha comprobado Antonio García-Baquero, al repercutir directamente en la Hacienda y en los negocios de los más influyentes capitalistas —que «se hallaban sin giro en sus caudales», según dirá luego el ministro de Hacienda Miguel Cayetano Soler—, muchos de ellos poseedores de los cada vez más depreciados vales reales emitidos por el banco de San Carlos.

En esta situación crítica, llegó el último encumbramiento de Godoy, a quien casaron, en octubre de 1797, con la hija del infante don Luis, María Teresa Vallabriga, prima carnal de Carlos IV. El príncipe emparentaba con sangre real, pues a la esposa se le devolvían los derechos que le había arrebatado Carlos III mediante la Prágmática de los matrimonios desiguales: título de grandeza, condesa de Chinchón, uso del apellido Borbón (hasta se mandó ponerlo en su partida de bautismo delante del materno). Las críticas subieron de tono, pues Godoy vivía —y siguió viviendo— con su amante Pepita Tudó, ganándose ya la fama de garañón insaciable. Y no eran solo pasquines, estampas pornográficas y versos, como los célebres de los *ajipedobes*; empezaba a haber detrás una formidable conspiración del hijo, Fernando, que ya no cesaría hasta la caída de la dinastía.

Godoy recurrió a un cambio de gobierno drástico, llamando a ilustrados prestigiosos como Gaspar Melchor de Jovellanos (ministro de Gracia y Justicia) o Francisco Cabarrús Lalanne (embajador en Francia, luego sustituido por el no menos radical ilustrado José Nicolás de Azara) y confiando a Francisco de Saavedra la Secretaría de Hacienda. Las opiniones de primera hora fueron muy favorables y, en efecto, se notó en los círculos más reformistas la protección dispensada por Godoy a muchos ilustrados, por ejemplo, a Olavide, al que, como hemos visto, ayudó a publicar *El Evangelio en triunfo*, en 1797, y a volver a España al año siguiente. También se atribuía Godoy haber salvado a otra víctima, el profesor de la Universidad de Salamanca Ramón Salas y Cortés, apresado por la Inquisición el 25 de septiembre de 1795 y encarcelado durante quince meses, y elegido también como ejemplar, por supuesto, como en el caso Olavide, con la anuencia del rey y seguramente más de la reina.

Ricardo Robledo ha estudiado en profundidad el caso de Salas, «un mero profesor de Salamanca cuya causa hice sacar del Santo Oficio y abocarla al Consejo de Castilla», dice Godoy en sus *Memorias*. Muchos historiadores se han dejado engañar por Godoy, pero no Robledo que ha sabido recrear el clima político que rodeó el proceso y propició la desgracia del profesor, tildado con cierto simplismo solo de partidario de las ideas revolucionarias cuando era un hombre de una vasta cultura, traductor de los filósofos franceses, ingleses e italianos, y autor de obras de gran calado jurídico. El gran jurista, que llegó a ser intendente con José I e influyó a través de sus obras en la redacción de la Constitución de 1837, la más liberal del siglo, fue mucho más que un mero *contagiado*.

Desgraciadamente, sigue siendo un desconocido en el panorama político del siglo XVIII, aunque mucho menos después de la publicación del excelente libro de Ricardo Robledo sobre la universidad española (que se ha notado muy poco en el pésimo artículo sobre Salas que aparece en el *Diccionario biográfico* de la Real Academia de la Historia).

El profesor Salas conocía bien su posición, estaba seguro del camino que emprendía al imponer la enseñanza de la economía política en una universidad tan conservadora como Salamanca y arrostró su destino con valentía: «Sé muy bien —escribió en 1787— que el camino que me he propuesto seguir no es el que conduce a los acomodos y a las cátedras; nadie por él ha llegado a ser catedrático, yo tampoco lo seré jamás». Sí lo fue, pero con la cátedra vino la conjura del sector más reaccionario de la universidad, que encontró en el obispo de Salamanca Felipe Fernández Vallejo, también presidente del Consejo de Castilla y feroz enemigo de las Luces, su brazo ejecutor. Dos fueron, según Robledo, los procedimientos usados para hundir a Salas: la inducción a la confesión, que luego se utilizaría contra él, y la utilización irregular de pruebas, muchas de ellas solo declaraciones de delatores.

El caso Salas tiene muchos puntos en común con el de Olavide. Es también una exhibición del triunfo del Santo Oficio, en un momento en que Godoy —como antes Aranda— se atribuía haberle quitado competencias; se escoge como víctima a un mero profesor, cuyo protector, Urquijo, el que será ministro unos años después, también debe protegerse, lo mismo que había hecho Campomanes con su amigo Olavide. En fin, como a Olavide, se le somete a la pena de cárcel secreta —otro que desapareció del mundo de los vivos— y en el proceso se vuelven a oír los mismos nombres: Rousseau, Voltaire, etcétera, y algunos nuevos que demuestran la ignorancia de los inquisidores, pues confunden al ateo baron d'Holbach con Diderot al procesar al discípulo de Salas, José Marchena, «efecto demostración de la perversa influencia de Salas». Igual que a Olavide, a Salas le atribuyeron haber dicho todas las barbaridades del mundo y, aunque le hubieran visto en misa —Godoy fue acusado de ateísmo por no haber ido a misa en ocho años—, abultaron sus ideas deístas e incluso ateas. Un cura de su pueblo, Belchite, le acusaba ya en 1786 de haber dicho que «no había tal alma racional, ni que había Dios para criarla».

Dichos y sospechas, lecturas prohibidas, asuntos de relajación de costumbres, ideas perversas... Los tiempos ya no eran los de Olavide, la Inquisición ya no podía condenar a Salas por eso; pero la conjura era muy poderosa y, tras una primera absolución el 6 de enero de 1796 en el Tribunal de Corte, Salas siguió en la cárcel. Como Olavide, enfermó gravemente, quiso escribir al rey, había momentos en que perdió la cabeza, pero aún le esperaba lo peor: la inquina de los enemigos de la universidad, de los catedráticos, los que le iban a dejar en la suma pobreza, sin que pudiera vivir de su profesión, incluso sin pensión de jubilación, que le negaron expresamente (tenía 43 años). Convertidos en delatores, como acertadamente señala Robledo, los catedráticos más reaccionarios encontraron vía libre con el apoyo del obispo Fernández Vallejo, el último obispo que presidió el Consejo de Castilla. Liderados por el padre Leonardo Herrero, que llevaba diez años buscando pruebas contra Salas —cómo no recordar al padre Romualdo de Friburgo, el instigador de la desgracia de Olavide—, la universidad mostró su cara más reaccionaria y se libró del «corifeo de las perversas doctrinas de posmodernos filósofos que corrompen las universidades de España y perjudican a la obediencia debida a los soberanos», en palabras del ilustrado cardenal Lorenzana, que no demostró aquí ni pizca de ilustración, lo mismo que el inquisidor Bertrán en el caso Olavide.

La última sentencia, del 25 de noviembre de 1796, pareció blanda, como la que recibió Olavide, pues solo se le condenaba a abjurar de levi, y a hacer penitencia conventual un año, pero se le absolvía *ad cautelam*. Sin embargo, era una canallada, pues se le condenaba al destierro de Madrid, Sitios Reales, Belchite y Salamanca, es decir, se le privaba de ejercer la cátedra en Salamanca y de poder ganarse la vida como abogado en Madrid. Cuando el rector preguntó el 8 de diciembre qué debía hacer con la cátedra vacante, ni Godoy ni Eugenio Llaguno, ministro de Gracia y Justicia entonces, se arriesgaron a aparecer como los protectores de la víctima, pues sabían lo que pensaban los reyes. Dejaron dormir el asunto y cuatro meses después, el 19 de abril de 1797, una Real Orden, que obviamente venía de la mano de Godoy, impedía a Salas enseñar en adelante, «pues siempre sería sospechosa su doctrina».

El Tribunal de la Inquisición volvía a triunfar y, de paso, impedía la maniobra de Godoy para pasar al rey alguna de sus competencias. Parecía que se podía contar para su reforma con obispos ilustrados como Lorenzana, o con inquisidores como Ramón de Arce, amigo íntimo de Godoy, pero a la Inquisición siempre le había ido bien provocar grandes escándalos, como el de Olavide o el de Salas, para hacer aflorar lo más reaccionario de la sociedad española, en este caso, empezando por los reyes, que se asustaban de lo que estaba ocurriendo. «Usted, hipócrita, y vuestros iguales sois la causa de las revoluciones de Europa», le dijo María Luisa a Lorenzana, cuando se preparaba la expulsión definitiva de Salas.

A esas alturas, la intriga cortesana estaba llegando hasta un extremo inusitado. Con razón dice Ricardo Robledo que «pocas décadas como la última del siglo han sido tan pródigas en encarcelamientos, destierros y caídas en desgracia de las primeras figuras de la política o de la administración». Ya hemos visto caer a Godoy en marzo de 1798 y formarse el nuevo Gobierno, el llamado Gobierno Urquijo, con hombres ilustrados como Jovellanos y Saavedra, grandes esperanzas que pronto fueron también truncadas: nuevas víctimas del absolutismo. La Corte fue más peligrosa que nunca. Jovellanos y Saavedra pudieron haber sido envenenados, eso se dijo al menos, mientras los reyes oían toda clase de dicterios contra los nuevos ministros, acusados de revolucionarios y jansenistas, herejes. Buena parte de la Iglesia reaccionó —una vez más— contra cualquier intento de reformar la Inquisición, una idea de Jovellanos que compartía con Saavedra y sus amigos tildados de jansenistas; también contra otro proyecto viejo, pero igualmente detestable para el clero: la desamortización.

De exagerar las intenciones de los ministros ante los reyes se encargaba el canónigo Escóiquiz y sobre todo el ministro José Antonio Caballero, un personaje que ha pasado a la historia como un maligno paladín del reaccionarismo. Godoy le denigró y le hizo cargar con la responsabilidad de la caída de Jovellanos. «Su primera hazaña —dice Godoy— fue lanzar al ministro Jovellanos de donde yo le había traído y logrado colocarle... ¿Quién le reemplazó en su ministerio? Don José Antonio Caballero». Pero el que realmente hace del ministro un retrato impresionante es Pérez Galdós en *La corte de Carlos IV.* Dice don Benito que le vio una sola vez en la vida, pero que nunca le olvidó:

> Era de edad como de cincuenta años, pequeño y rechoncho de cuerpo, turbia y traidora la mirada de uno de sus ojos, pues el otro estaba cerrado a toda luz; con el semblante

> amoratado y granulento como de persona a quien envilece y trastorna el vino; de andar y gestos sumamente ordinarios, en tanto grado repugnante y soez toda su persona que era preciso suponerle dotado de extraordinarios talentos para comprender cómo se podía ser ministro con tan innoble estampa.

Y aun añade:

> El marqués Caballero era tan despreciable en lo moral como en lo físico, pudiendo decirse que jamás cuerpo alguno encarnó de un modo tan fiel los ruines sentimientos y bajas ideas de un alma. Hombre nulo, ignorante, sin más habilidad que la intriga, era el tipo del leguleyo chismoso y tramoyista que funda su ciencia en conocer no los principios, sino los escondrijos, las tortuosidades y las fórmulas escurridizas del derecho, para enredar a su antojo las cosas más sencillas.

Para Galdós, este personaje «usó como instrumento de su ambición cerca del Rey a la Iglesia» y cuenta entre sus méritos «haber perseguido a muchos ilustres hombres de su época y encarcelado a Jovellanos»; pero aún, años después, «remató su gloriosa carrera contribuyendo a derribar al mismo Príncipe de la Paz, en marzo de 1808».

La desgracia que empezaba para Jovellanos el día de su exoneración, el 16 de agosto de 1798, no era solo responsabilidad de su sucesor en el cargo, pero también hay que recordar que Godoy había cesado meses antes, el 28 de marzo. Con todo, también conviene insistir en que el destierro y la condena del prócer ilustrado, en 1801, sin juicio, es un símbolo de lo mucho que había avanzado el reaccionarismo en pocos años, con un Godoy nunca tan camaleónico —y tan dispuesto a complacer a la reina— a la cabeza, pues el odio que llegó a sentir María Luisa por Jovellanos, Cabarrús y Urquijo le hizo escribir: «¡Ojalá jamás hubiesen existido tales monstruos!». Aun así, no hay que olvidar los aspectos personales: cuando cesó Godoy en la Secretaría de Estado en marzo de 1798, Jovellanos pidió para él la pena de destierro en La Alhambra. Y en cuanto al trato con la reina, Jovellanos dejó de comunicarle las vacantes de cargos y otras noticias nada más llegar al ministerio para evitar que moviera sus influencias, lo que le valió el odio cerval de la dominante María Luisa.

La caída y posterior destierro de Jovellanos fue el caso más visible de la represión desatada contra los ilustrados durante el largo ministerio de Caballero. La suerte de Urquijo fue parecida, pues también acabó en la cárcel, en la triste Ciudadela de Pamplona, luego en el destierro en Burgos. Juan Meléndez Valdés, que se había enfrentado al obispo de Ávila, fue también desterrado, primero en Medina, luego en Zamora. Por el contrario, Godoy había dejado el cargo, momentáneamente, entre alabanzas de los reyes, que le mantuvieron todos los sueldos y honores. La decisión de prescindir de Godoy ha sido explicada por los muchos motivos reales que hacían insostenible su situación —la opinión pública, la animadversión de los ministros, la presión de la Iglesia—, pero también hay que mirar ya a Francia —y a Roma—, donde Napoleón empezaba a desplegar su manto protector sobre unos reyes —y un papa, Pío VI— que temían por el futuro de la monarquía si no se le complacía. Ahora prescindían de Godoy y preferían a un sucesor afrancesado *avant la lettre*, el bilbaíno Mariano Luis de Urquijo; dos años después, harán volver de nuevo a Godoy, desde ahora —y hasta la crisis final de 1808— sin cargo, pero con una distinción inusitada: la de Generalísimo.

Las reformas ilustradas y la crisis económica

La historiografía tradicional sigue situando en el reinado de Carlos III el triunfo de las reformas ilustradas, pero muchos de los proyectos, los más arriesgados —desamortización, reforma universitaria, limitación del poder inquisitorial y eclesiástico—, se pusieron en práctica en el reinado de Carlos IV. Seguramente, Mariano Luis de Urquijo y Muga, nombrado ministro de Estado en agosto de 1798, fue el político más osado en la práctica del regalismo como instrumento de las reformas, más que Macanaz y más que Campomanes, pues llegó a plantear una iglesia nacional española. Nacido en Bilbao en 1769, fue discípulo de Meléndez Valdés en Salamanca y amigo de Ramón Salas. En 1797, fue nombrado secretario de la embajada en Londres y en 1797, embajador en Holanda. Al año siguiente, sin cumplir los treinta años, llegó a la secretaría de Estado. Algunos calificativos de un biógrafo reciente dan idea de su carácter: «Altivo, violento, soberbio, embustero, inteligente, sereno, elegante y poco enamoradizo». Como tantos otros sufrió el acoso de la Inquisición y fue acusado de masón. Su enfrentamiento con Roma fue de tal envergadura que se ha llegado a hablar del cisma de Urquijo, pues a este ministro se deben los decretos más regalistas del siglo ilustrado, especialmente el famoso del 5 de septiembre de 1799, por el que el monarca asumía la confirmación de los obispos, entre otras disposiciones episcopalistas.

Por este decreto, la concesión de dispensas matrimoniales pasaba a ser competencia de las diócesis y cesaba la de los tribunales romanos para asuntos que se verían en el de la Rota, limitando así el chorro de dinero que iba a Roma por este concepto, lo que hacía clamar a José Nicolás de Azara, que llegaba hasta el insulto contra las *arpías romanas*. La idea de reducir lo mucho que Roma sacaba de España —más que cuando España era provincia del Imperio romano, según el que fue muchos años agente de preces— no era nueva, y ya había motivado una primera intentona de Floridablanca, quien, en 1791, convenció a Carlos IV de que Azara iniciara conversaciones con el papa sobre «el medio de que, ejerciendo los obispos de España la autoridad que les concede Jesucristo y no se ha derogado en concilio alguno» recuperaran la «facultad de dispensar infinitas cosas que se ha arrogado la Silla Apostólica». Godoy intentará lo mismo en 1796, pero es Urquijo el que, sin esperar la bula papal —hay que tener en cuenta que el papa estaba preso entonces— decide, sin contar siquiera con los obispos españoles, dictar el *decretazo* de 1799, al que seguirán otras medidas, sobre todo, las desamortizadoras y la obligación impuesta a la Iglesia de contribuir a la Real Hacienda por diferentes conceptos. También quedaba suprimido el nuncio.

Es cierto que la crisis económica, la guerra y los apuros de la Hacienda distorsionan las causas y efectos de estas últimas medidas, pero no lo es menos que los reformistas de las décadas anteriores fueron arriesgados sobre el papel, pero más prudentes en la práctica que los Godoy, Jovellanos o Urquijo. Aunque también es de notar que todo el radicalismo exhibido contra Roma y los privilegios de la Iglesia española se atenuaban cuando se tocaba el otro pilar del régimen, los privilegios de la nobleza. En una de las conocidas cartas de Cabarrús a Jovellanos, tras enumerar el banquero una serie de «verdades elementales» sobre mayorazgos, abolición de aduanas y privilegios, «el impío y detestable código fiscal» le espeta al asturiano:

> La mano sobre el pecho, amigo: ¿conoce vmd. un hombre bastante descarado para atreverse a impugnar públicamente estas cuatro proposiciones (...) y sin embargo, estas

cuatro proposiciones, que arruinarían radicalmente el sistema impío, absurdo, antisocial de nobleza hereditaria y de mayorazgos, vmd. no las propondrá, receloso de la repulsa que tendrían.

Y, en efecto, el propio Jovellanos en su *Informe sobre la ley agraria* se mostró tan cauto como para afirmar: «La sociedad, señor, mirará siempre con gran respeto y con la mayor indulgencia los mayorazgos de la nobleza, y si en materia tan delicada es capaz de temporizar, lo hará de buena gana a favor de ella». Como ocurrió desde el principio, el régimen frenaba ante los obstáculos.

Y es que lo que obligó a asumir más riesgos fue la coyuntura antes que las ideas. Tras décadas de ejercitar la pluma para plasmar proyectos que mejoraran la penosa situación de los súbditos, fue en realidad la gravedad de la crisis económica y la falta de recursos de la Hacienda lo que obligó a poner en marcha una medida anhelada desde los tiempos de juventud de Campomanes: la desamortización. El ministro Miguel Cayetano Soler, nacido en el seno de una familia de criados mallorquines, apelaba todavía a las viejas prédicas ilustradas sobre las manos muertas, la falta de rentabilidad de los bienes amortizados, en fin, los propietarios indolentes que, según el ministro, dejarían paso «a otros que los mejorasen con sus sudores e industria». Pero, el decreto de 19 de septiembre de 1798 no olvidaba las urgencias de la Corona, que necesitaba disponer de «un fondo cuantioso» y reducir los depreciados vales reales en circulación. La mal llamada desamortización de Godoy fue iniciada por Cayetano Soler y Mariano Luis de Urquijo (Saavedra estaba ya enfermo) en el breve retiro de Godoy del primer plano político, y afectó a los bienes de hospitales, cofradías, memorias, obras pías, así como a las temporalidades de los jesuitas que quedaban, que fueron incorporadas a la Real Hacienda y puestas en venta por el mismo decreto. La Iglesia reaccionó airadamente en muchos lugares, tanto que obligó a Carlos IV a solicitar la anuencia del papa, la que consiguió por el Breve de 14 de junio de 1805 y por otro más, de 12 de diciembre de 1806, que todavía aumentó la contribución económica de la Iglesia al Estado.

El torrente de reformas durante la recta final del Antiguo Régimen, con estos ministros y luego con Godoy como Generalísimo, no fue tan ineficaz como se tiende a presentar a sabiendas de que, en el año de la Revolución española, 1808, todo parecía haber fracasado. La deuda y el déficit se habían disparado, la crisis recrudeció la hambruna y la enfermedad con visos de las peores crisis del siglo XVII, el comercio entró definitivamente en crisis con fuertes pérdidas de los capitalistas. El propio Godoy hizo un cuadro magistral de los graves problemas a que se enfrentaba, ahora él solo, pues no cabía echar la culpa ni siquiera a la oposición que se iba formando en torno a Fernando VII, más preocupada —hasta la conspiración de El Escorial— por denigrar al «dictador», a la madre «puta» y al padre «memo» que por los problemas del reino. «La realeza te hizo muchos favores, pero tú solo le diste *ajipedobes*. Anda, Luisa, pronúncialo a la contra, verás qué risa». Así rezaba un pasquín que el hijo y su camarilla no tenían inconveniente en airear. Godoy relata así las causas lejanas de la crítica situación:

> La diferente constitución de las provincias de España y el gran destrozo de las exentas y privilegiadas o de fuero; la resistencia que a toda providencia opone el gobierno municipal de los pueblos; la inmunidad y el influjo de un gran clero secular y regular, tan respetable por la santidad de su institución como por sus privilegios acumulados en la serie de los siglos; los derechos y las exenciones de una nobleza hereditaria coetánea al establecimiento de la monarquía y parte constitutiva de la forma de su gobierno; la cortedad de las rentas de la Corona y la enorme dificultad de aumentarlas con nuevos impuestos mirados con invencible repugnancia por unos pueblos ya agobiados bajo el peso de calamidades increíbles; la pobreza del comercio por la interrupción de las comunicaciones con América y por otros diversos efectos de la guerra.

La España ilustrada de un Godoy protector de las artes y las ciencias convivía con la extrema pobreza en medio de un régimen político agarrotado; además, el 21 de octubre de 1805 se produjo la derrota de Trafalgar. Antonio Alcalá Galiano dijo luego:

> Para hacer el armamento que fue destruido en Trafalgar había sido necesario apelar a esfuerzos extraordinarios, dedicando a aquel gasto y a los demás de la guerra los fondos de amortización, un tanto sobre las fincas pertenecientes a la Iglesia, concedido al rey por el papa, un empréstito de cien millones de reales en acciones y en fin, algunas contribuciones nuevas. Todo ello estaba gastado sin haber dado más fruto que desventuras. Agregábase

estar completamente cerrado el paso a los caudales de América y temerse la pérdida de esta, contra la cual estaban preparando los ingleses expediciones.

El Generalísimo

La vuelta al poder de Godoy, en enero de 1801, es fruto de una serie de acontecimientos que de nuevo, como en 1793, hicieron pensar a los reyes que necesitaban la seguridad del hombre *sin partido.* La caída de Urquijo y de las gentes de Cabarrús era esperable, tal y como estaba la opinión y la posición de la Iglesia en España, más aún después de la autorización del culto católico en Francia el 28 de diciembre de 1799 y de la elección de Pío VII, que intervino personalmente ante Carlos IV contra Urquijo, ya imposible de sostener por su jacobinismo (conviene advertir que este jacobino bilbaíno, como ministro de José I, intervino en la redacción de la Constitución de Bayona para que se mantuvieran los fueros vascos: «Si a las tres provincias de Vizcaya y al reino de Navarra se las pone al nivel de las demás, habrá que temer alguna agitación», escribió a José I). Azara, embajador en París, dolido por haber sido depuesto por Urquijo, empleó los peores calificativos contra los amigos del ministro revolucionario, que se reunían en la casa de José de Lugo, cónsul en París, llegando a llamarles «los más encarnizados terroristas enemigos de toda monarquía». Marcelino Menéndez Pelayo los denostó como a tantos liberales y amplió las etiquetas motejándolos de jansenistas y enemigos de la Iglesia, la causa de la delación de Jovellanos, que sufrió cárcel, sin juicio, durante siete años.

Napoleón aparecía ya ante muchos españoles como el genio brillante que había sido capaz de terminar con la revolución en Francia; hasta mereció los elogios de Carlos IV, que llegará a llamarle hermano (y del príncipe Fernando, que le llamará tierno padre). Pero en los planes de Napoleón estaba ya decidido atacar Portugal, el tradicional aliado de Inglaterra y, además, hacerlo desde España. El primer cónsul, todopoderoso después de *Brumario,* sabía que su plan iba a producir un gran malestar en Carlos IV, pues el rey estaba emparentado con la familia real portuguesa. Solo Godoy podía vencer sus escrúpulos (y recordarle que también su familia estaba en peligro en Parma). Con el apoyo del embajador en Madrid, Luciano, hermano de Napoleón, Godoy no tuvo que presionar mucho a Carlos IV para convencerle de que la guerra sería incluso beneficiosa para la monarquía portuguesa, pues, rota su alianza con Inglaterra, Napoleón le permitiría seguir en el trono. Para dirigir esta guerra, Carlos IV nombró a Godoy Generalísimo de los ejércitos.

La crisis del Gobierno Urquijo se cerró, aparentemente, nombrando al santanderino Pedro Cevallos Guerra —pariente de Godoy— secretario de Estado, mientras José Antonio Caballero y Miguel Cayetano Soler seguían en el cargo; todos llegarían hasta el final del reinado de Carlos IV o, mejor, hasta el derrocamiento de la dictadura de Godoy, como ha sido calificada por muchos historiadores esta recta final del Antiguo Régimen. Pues, aunque sin cargo ministerial, Godoy fue de hecho «el único que puede ocupar el vacío que nos ocupa» —en palabras de su amigo el general Morla—, el único que, ante los reyes, era capaz de «pilotar la nave» y salvar a la monarquía. Hasta Azara le animaba a completar la obra.

El ejército era ya una pieza política del Estado —y ya no dejaría de serlo—, pero al poner a Godoy a la cabeza los reyes le encomendaban algo más importante, pues entendería «en cualesquiera otros asuntos» y daría las órdenes pertinentes «como si Vuestra Majestad en persona las diese». Para entonces, Godoy era ya muy aficionado a vestir de uniforme, a revistar las tropas y presenciar paradas militares. Como sentencia Emilio La Parra, Godoy era «como un rey» y su ambición no dejó de aumentar (lo que era perfectamente conocido por Napoleón).

La guerra contra Portugal en 1801, la que se llamó de las Naranjas, que duró apenas unas semanas, no produjo los resultados militares y diplomáticos planeados por Napoleón, que pensaba utilizar un Portugal ocupado para negociar con Inglaterra las reivindicaciones seculares de España, sobre todo Gibraltar y Menorca (ocupada de nuevo por los ingleses en noviembre de 1798). En adelante, la debilidad del ejército español de tierra, que había quedado al descubierto en la guerra contra la Convención, pesará en las decisiones del futuro emperador, que al fin llegó a un acuerdo ventajoso para España en la paz de Amiens (1802), por la que se recuperaba Menorca y se mantenía la única plaza portuguesa conquistada en la guerra de las Naranjas, Olivenza, todavía hoy española.

Godoy intentó aprovechar la paz para la recuperación interior consciente de la crisis económica, y se empleó a fondo para asegurar la neutralidad, pero tuvo que ceder de nuevo ante Napoleón firmando el 19 de noviembre de 1803 un tratado franco-español, más que dudoso, pues de nuevo empezarían las hostilidades ante el «bloqueo continental». En diciembre de 1804, Inglaterra rompía las hostilidades. Napoleón decidió entonces lo que tantas veces había evitado España: la guerra abierta en el mar contra la gran potencia naval. Visto desde la actualidad, el desastre de Trafalgar (21 de octubre de 1805) se podía haber producido muchos años antes, pues la superioridad de Inglaterra fue conocida por todos los ministros del siglo. Por eso, todos evitaron *un trafalgar*. Sin embargo, la aventura marina de un Napoleón decidido ya a ser el dueño de Europa arrastró a la Armada española al desastre. Dicen que el que mandaba la flota combinada, el vicealmirante Pierre Charles de Villeneuve, le tenía más miedo a Napoleón que a los ingleses.

Godoy pretendió, de nuevo, salir de la órbita imperial pensando que la derrota habría afectado los planes de Napoleón; podía abrirse de nuevo un periodo de paz, imprescindible para evitar los efectos de la dura crisis económica y necesario para su propia supervivencia, pues la hostilidad de la opinión se había recrudecido contra su *dictadura*, cada vez más arriscada en torno al príncipe Fernando. Godoy aún intentó un llamamiento patriótico, en medio de una desvergonzada campaña de pasquines y dibujos —los *ajipedobes* y demás obscenidades—, orquestada en el cuarto del príncipe Fernando, decidido ya, por consejo de los que le acompañaban, el canónigo Escóiquiz y el duque del Infantado entre ellos, a torcer el rumbo de la monarquía.

Pero, a la altura de 1807, lo que nadie parecía poder torcer eran los designios de Napoleón, conocedor de la patética situación de la Corte española: unos reyes débiles, un dictador ambicioso y un príncipe conspirador, todos ellos solicitándole su protección. Los hechos que se sucedieron desde la firma del Tratado de Fontainebleau (27 de octubre de 1807) hasta el principio del fin (motín de Aranjuez, de 19 de marzo de 1808 y Dos de Mayo) han pasado a la historia como una sucesión de afrentas y humillaciones por parte del *amo de Europa*, que explican el resultado posterior, el levantamiento popular contra los franceses. Sin embargo, la tiranía napoleónica solo fue el desencadenante, pues el pueblo español, especialmente el madrileño, hacía años que manifestaba el descontento y había pasado de zaherir al Choricero a desconfiar de los reyes padres, de quienes ya no esperaba nada. Como tantas veces había ocurrido antes, la esperanza volvió a ser un rey nuevo, joven, un mesías con nuevos hombres de gobierno.

La conspiración fernandina aglutinaba a muchos aristócratas, algunos viejos arandistas, pero empezó a contar con un fuerte apoyo popular tras los sucesos de El Escorial, a partir de octubre de 1807. Paradójicamente, Godoy y los reyes salieron mal parados de la teatralización de sus cuitas con el hijo ante la opinión pública tras haber descubierto la conjura en las mismísimas habitaciones de Fernando en El Escorial y, peor aún, al mostrar la debilidad de perdonar al príncipe por mano de Godoy, que de esa manera se hizo sospechoso de haber provocado los hechos para humillar más al príncipe Fernando. El último año del Antiguo Régimen en España no pudo ser más patético.

La última paradoja: la caída de la monarquía

La siembra de rumores y las tomas de partido que precedieron a los hechos ocurridos en El Escorial dejaban ver que lo que se preparaba no era un golpe de Estado, sino dos, ambos dirigidos a terminar con la monarquía de Carlos IV. En el partido fernandino, el plan consistía en la abdicación del padre a favor del hijo, que nombraría un nuevo Gobierno —el decreto estaba preparado—, con el duque del Infantado, capitán general de Castilla, el conde de Montarco, presidente del Consejo de Castilla, y Floridablanca, secretario de Estado. Para asegurarse la protección de Napoleón, Fernando, que acababa de quedar viudo, se casaría con alguna dama de la familia imperial a elección de Napoléon.

En el lado contrario, los (pocos) partidarios de Manuel Godoy eran acusados de pretender instaurar una nueva monarquía con él en el trono, como propalaba su hermano Diego, o como decía Escóiquiz, «concentrando toda la autoridad» en Godoy y «dejando a su Alteza Real, fallecido el padre, el título solo, pero sin las facultades de rey». El nombramiento de Almirante que había recibido Godoy el 13 de enero de 1807, y que fue interpretado en el cuarto del príncipe como algo más que una humillación, y la enfermedad que padecía entonces Carlos IV —el decreto preparado para entronizar a Fernando contenía la expresión «Que en paz descanse» al referirse a Carlos IV— avivaron la reacción de los fernandinos. El preceptor del príncipe, Escóiquiz, se encargaba de agigantar la inquina contra la Trinidad —no solo contra Godoy— y de ganar adeptos, entre los que pronto se encontrarían incluso algunos ministros de Godoy (a excepción del odiado Miguel Cayetano Soler) y, en primera línea, el embajador francés, Beauharnais. En el lado contrario, se decía que «el príncipe es tonto, incapaz de reinar; la dinastía de Borbón ha degenerado». Desgraciadamente para todos, los sucesos de El Escorial destaparían las tramas ante la opinión pública.

Fuera el propio Godoy, o sus espías, Napoleón o Escóiquiz, el agente que medió para que la trama fernandina se descubriera, lo cierto es que el 24 de octubre de 1807 el rey entró en el cuarto de Fernando y lo sorprendió intentando, presa del nerviosismo, ocultar papeles. El rey sospechó lo que seguramente ya conocía por la reina y mandó custodiar al príncipe y registrar su cuarto, en el que se encontró más de lo que se buscaba (y eso que algunos papeles fueron ocultados o destruidos). El escándalo trascendió por muchas manos interesadas, de uno y otro lado, tanto como el proceso posterior, en el que los encausados fueron absueltos, aunque desterrados. Once jueces del Consejo de Castilla dictaron la escandalosa sentencia el 25 de enero de 1808, un duro golpe para Carlos IV, que según se dice gritó enfurecido: «Mi honor, mi honor antes que la Corona».

Los desgraciados sucesos de El Escorial provocaron en la opinión española, en Napoleón y en las cortes europeas, la constatación de la miseria moral de los más altos personajes rectores de la política española, sobre todo si se tiene en cuenta que, al final del proceso, en enero de 1808, las tropas francesas se habían desplegado ya por el norte de España a raíz del Tratado de Fontainebleau, firmado (en secreto) tres días antes de que Carlos IV entrara en el cuarto de Fernando.

La siembra de la opinión en ambos bandos se abonó con las cartas cruzadas entre padre e hijo, que Godoy se encargó de publicar acompañándolas al decreto en el que los padres perdonaban a Fernando, sin duda para herirle más. Las expresiones de «papá», «mamá», que emplea el príncipe, su infantilismo, su doble moral —delató a todos sus cómplices—, la falsedad de su arrepentimiento —pues seguía conspirando—, solo tiene parangón en las cartas que padre e hijo enviaban a Napoleón, de las que nos contentaremos con resaltar solo el servilismo y la puerilidad que manifiestan ambos al solicitar su protección, uno contra el otro.

Mientras, en el pueblo español cundía la impresión de sometimiento a Francia, de dependencia, contra la que, sobre todo en el pueblo bajo y el clero rural, no habían cesado las prédicas, siempre tendentes a acrecentar el «patriotismo español» desde la guerra contra la Francia regicida. La primera muestra de subordinación de España al amo de Europa había sido el envío de tropas españolas a Dinamarca, unos 15 000 soldados bajo el mando del marqués de la Romana, en mayo de 1807; la siguiente, la firma del Tratado de Fointainebleau, causante de que entraran las tropas francesas en España, contra las que hubo ya algunas actitudes aisladas de hostilidad. Carlos IV tuvo que publicar más tarde que solo estaban de paso para conquistar Portugal, pero el embajador imperial François Beauharnais, maestro en difundir rumores, tranquilizaba a los fernandinos diciéndoles que también venían para apoyar al príncipe.

Entre enero y marzo de 1808, el pueblo no quería saber si el nuevo Gobierno que llegaría con Fernando era de un signo o de otro, aunque visto desde hoy, resulta impensable que los que rodeaban al príncipe pensaran en otra solución que la vuelta a la práctica política más tradicional. De ninguna manera hay una «revuelta de los privilegiados», ni mucho menos un «pueblo revolucionario», como quieren ver los aficionados a comparar revoluciones. Pero sí había un ideario entre la élite social y económica, a la que el pueblo le parecía ya una amenaza temible. Muchos pensaron que la Revolución española solo podía evitarla Napoleón —como había hecho en Francia—, de forma que se inclinaron ante cualquier solución que viniera avalada por el emperador, y en ese momento la solución solo podía ser Fernando. Unos se orientaron por temor, otros por convencimiento; unos serían colaboracionistas, otros afrancesados, pero, en los días anteriores al motín de Aranjuez, el partido fernandino era todavía capaz de aglutinar las diferentes opciones, todas presididas por el odio a Godoy, en quien veían el primer objetivo a batir.

El propio Generalísimo era consciente de los riesgos, que se hicieron más reales si cabe cuando conoció la intención de Napoleón de incorporar a Francia las provincias del norte del Ebro, ofreciendo a Carlos IV Portugal. Ya no pensaba en ser príncipe de los Algarves, como cuando firmó el Tratado de Fontainebleau. Para muchos historiadores, Godoy intuyó su fin cercano —y el de la monarquía de Carlos IV— y se volcó en su lealtad a los reyes. La toma de la ciudadela de Pamplona y la posterior entrada de las tropas francesas en Barcelona era una señal inequívoca para Godoy de las verdaderas intenciones del emperador, por lo que empezó a pensar en trasladar a los reyes para evitar que cayeran en sus manos, como había ocurrido en Roma con el propio papa —los Braganza habían huido a Brasil para evitarlo—, pues Godoy creía también que Napoleón podía presentarse en persona en Madrid a imponer su solución. Precisamente, este fue el desencadenante que utilizaron los fernandinos para lanzarse abiertamente al motín, en realidad, el primer golpe de Estado de la España contemporánea.

Para algunos, el proyectado viaje, en un principio a Sevilla, era casi una declaración de guerra contra Napoleón; para otros, una manera de retener al príncipe Fernando; para todos, una forma de alejar de Madrid o de Aranjuez el centro de poder en unos momentos en que se pensaba ya en levantar al pueblo madrileño contra el tirano —la oleada de pasquines se recrudeció desde el 11 de marzo—; y, en fin, la salida de los reyes era evidentemente un revés económico para el personal que vivía de la corte en Aranjuez —y en Madrid—, sirvientes, proveedores, propietarios de casas en alquiler, pensionados por los reyes, que siempre habían pagado bien a los sirvientes del Real Sitio. Era un conjunto muy numeroso viviendo de la Corte, lo que tendrán muy en cuenta los conjurados.

Intuyendo su desgracia, abatido, como lo vio Antonio Alcalá Galiano en su casa el día 13 de marzo y sabiendo que el mariscal Joachim Murat había llegado a Burgos, Godoy, ya en Aranjuez, ofreció a Fernando, en presencia del rey, volver a Madrid como «lugarteniente con plenas facultades en lo militar y en lo político», lo que los consejeros del príncipe no aceptaron. Ese mismo día, el 14 de marzo, el Consejo de Estado, del que Godoy era decano, se pronunció favorablemente al viaje, pero el ministro de Gracia y Justicia, José Antonio Caballero, ganado por la causa fernandina y con gran ascendencia sobre Carlos IV, se negó a dar su firma, llegando a las manos con Godoy en los pasillos del palacio. Según testigos, Godoy intentó sacar la espada y fue frenado con rapidez por Caballero que le apuntó con una pistola. Luego, Caballero tranquilizó al rey sobre las intenciones de los franceses y, al parecer, el rey le contestó que no saldría de Aranjuez. Sin embargo, al día siguiente, el propio ministro —con órdenes del entorno de Fernando— envió una circular a los vecinos del Real Sitio instándoles a impedir el viaje, mientras el Consejo de Castilla desautorizaba el envío de tropas a Aranjuez. De nada sirvió que el rey lanzara una proclama extremadamente paternalista, tanto que empezaba por «amados vasallos míos» y seguía con expresiones como «yo cual padre tierno os amo», «españoles, tranquilizad vuestro espíritu», «vuestro amor», etcétera. El texto, aunque fue fijado en varios lugares de Aranjuez, aparecería el día 18 en la *Gaceta*. Demasiado tarde.

Emilio La Parra señala que Godoy llegó a temer un atentado personal el día 16, pues se vio sin tropas, consciente de que incluso entre *sus* guardias de corps se estaba incitando al motín, mientras sabía que corría ya el dinero del tío Pedro (el conde de Montijo) y llegaban al Real Sitio campesinos y jornaleros de los alrededores. Muchos provenían de las vecinas tierras del duque del Infantado y del conde de Altamira que, junto con el infante don Antonio, también habían puesto dinero para pagar jornales. Sin embargo, los forasteros atraídos por el dinero no fueron tantos como dijeron luego Godoy y Pérez Galdós, o los historiadores románticos que hablaron de «plebe» o «ratas rabiosas». Entre los habitantes del Real Sitio, mucho más numerosos que los forasteros pagados, hubo «patriotismo» o si se quiere «veneración por los reyes» a los que querían y de los que dependían, como prueba el desarrollo de los hechos: los amotinados siempre vitorean a la familia real. En cualquier caso, tan exagerada es la cifra de 40 000 amotinados como la movilización solo por la atracción del dinero repartido. Igualmente, es poco creíble que el propio Fernando diera la señal a medianoche para empezar el motín o que fuera el tío Pedro disparando un tiro.

Hubo un desencadenante inmediato, pero este fue la difusión interesada de un nuevo rumor. Al atardecer del día 17, los esbirros del tío Pedro divulgaron que los reyes partirían al día siguiente, lo que fue interpretado como una traición del rey, presa su voluntad del *monstruo* Godoy. Contra él se dirigieron siempre los amotinados, que fueron concentrándose frente a palacio para impedir la traición. Como en el motín contra Esquilache, el rey y su familia se mostraron al público, prometiendo no salir de viaje; Fernando apareció en el balcón y fue aclamado, como lo habían sido antes los reyes. Con los «Viva el rey y muerte a Godoy», los amotinados se dirigieron a la casa del Generalísimo, la saquearon, pero, como dijo el conde de Toreno, no robaron, caso insólito si se trataba de «ratas» y chusma.

Al día siguiente, Carlos IV firmaba el decreto de exoneración de Godoy, asumiendo él personalmente el mando del Ejército y de la Marina, las dos únicas competencias que oficialmente tenía

Godoy. Al mostrarse en el balcón del palacio para anunciar la caída del tirano, la multitud vitoreó de nuevo al rey —incluso a la reina, como recalca Teófanes Egido— y volvió aparentemente la calma. El motín parecía sofocado, al menos en lo que concernía a la continuidad de la dinastía. Pero, al día siguiente, Godoy fue descubierto. Sediento, salió de su escondite entre unas alfombras; otras versiones hablan de que un muchacho lo vio por la ventana; en cualquier caso, los guardias de corps tuvieron que evitar la ira de la multitud, que apedreó y golpeó al caído, custodiándolo hasta el cuartel, donde quedó preso. De nuevo, se formó un tumulto y el príncipe Fernando calmó a la multitud prometiendo juzgar a Godoy en Aranjuez.

Pero, tras conversaciones entre padre, hijo y ministros, se decidió trasladar al preso a Ocaña. De nuevo se filtró el rumor de que querían sacarle para evitar el castigo y los amotinados acudieron al cuartel y destrozaron el coche que habían preparado para el traslado. El príncipe volvió a calmar a la multitud, reiterando la promesa de que el preso no saldría de Aranjuez. Pero los acontecimientos se precipitaban. A las siete de la tarde del 19 de marzo, Carlos IV, incapaz de soportar la tensión, quizás temiendo por la vida de su querido Manuel, convocaba a sus ministros y les comunicaba su decisión de abdicar. No la había consultado con María Luisa, que se había encerrado en sus habitaciones. Ya no había remedio. El rey firmó el decreto de abdicación y, delante de los ministros y consejeros, se quitó la corona y la puso en la cabeza de su hijo. «Como los achaques de que adolezco no me permiten soportar por más tiempo el grave peso del gobierno de mi reino —comienza diciendo el decreto— he determinado después de la más seria deliberación, abdicar mi corona en mi heredero y muy caro hijo». El rey decía que el Real Decreto era «de libre y espontánea declaración» y «mi Real Voluntad».

El pueblo, de nuevo concentrado ante el palacio, lo sabe inmediatamente todo y aclama al nuevo rey Fernando VII, que saluda desde el balcón. El entusiasmo ha sido narrado más o menos novelescamente: se dijo que cortaron ramos verdes y los pusieron en los sombreros de los guardias de corps, o que la reina propinó un sonoro bofetón a su hijo cuando fue, ya rey, a besarle la mano. Todo era posible, incluso que el rey se arrepintiera unos días después y declarara nula su decisión, como en efecto ocurrió. En su protesta, que se fechó el 21 de marzo, pero que en realidad se firmó el 24, declaraba que el Decreto de Abdicación fue «forzado por precaver mayores males y la efusión de sangre de mis queridos vasallos». En carta a Napoleón, exageraba su situación, pues le decía que tuvo que «escoger entre la vida o la muerte, pues esta última hubiese sido seguida de la de la reina».

Las cartas de María Luisa de esos días provocan todavía más estupor, pues llega a pintar un retrato de su hijo asombroso: «Mi hijo tiene mal corazón; su carácter es cruel; jamás ha tenido amor a su padre ni a mí; sus consejeros son sanguinarios». Los franceses debieron quedarse atónitos cuando la reina decía: «Mi hijo es enemigo de los franceses, aunque diga lo contrario. No extrañaré que cometa un atentado contra ellos». Para entonces, la caballería francesa llegaba a Aranjuez, el mariscal Murat, cuñado de Napoleón, gran duque de Berg, entraba en Madrid (23 de marzo) y, al día siguiente, Fernando VII era aclamado en la capital, donde firmaba un decreto para que el pueblo acogiera triunfalmente al emperador, cuya llegada a Madrid se creía inminente.

La sensación de nación abandonada, en palabras del maestro de historiadores Miguel Artola, obligó a tomar decisiones que, finalmente, conducirán a la división de los españoles en las opciones que ya se podían intuir de tiempo atrás. La guerra contra el francés era el aglutinante total en apariencia, pero tras el telón está la Revolución española que, para muchos, colaboracionistas, afrancesados, liberales, no podía consistir ya en la reposición de Fernando VII en el trono. La Junta Suprema, en su parte de 17 de abril de 1808 a Su Majestad, obviamente Fernando VII, da la clave para entender lo que va a ocurrir dos semanas después: «Que los franceses tomaban el tono de conquistadores y con él causaban vejaciones a los pueblos y al erario, imposibilitando acaso a la Nación de los medios para conservarse sin dependencia de toda autoridad extranjera». La guerra de la Independencia de la nación española está a punto de comenzar: solo falta que esta toma de postura revolucionaria se contagie al pueblo, lo que había comenzado a producirse tras el motín de Aranjuez.

Los motines contra Godoy se habían extendido a toda España y habían sido especialmente virulentos en Madrid, donde quemaron la casa del Generalísimo y saquearon las de algún ministro o vejaron a algún protegido del caído, como el mismísimo Leandro Fernández de Moratín. Como dice Teófanes Egido, hubo más violencia en Madrid que en Aranjuez, violencia y desenfreno, borracheras y pillajes. Antonio Alcalá Galiano dijo que Madrid «se convirtió en un lupanar». Pero, la euforia del triunfo contra el tirano y la llegada del *mesías* se fue enfriando al conocerse los acontecimientos posteriores: las tropas francesas no habían vitoreado a Fernando VII en su entrada triunfal en Madrid, lo que, aunque Escóiquiz quisiera no verlo, era una señal de que Fernando contaba menos que el rey padre en los planes de Napoleón (y de que, en realidad, ninguno contaba nada, pues el emperador había decidido ya instaurar una nueva monarquía en España). Por ahora, Murat impidió que los reyes padres se retirasen a Badajoz, por lo que fijaron su residencia en El Escorial. Godoy también era custodiado por los franceses, que lo trasladaron a Chamartín el 21 de abril. Mientras, el pueblo era sometido a una presión irresistible al tener que pagar los víveres de los soldados y cederles alojamientos. Nada más llegar a Madrid, Murat, por medio del general Belliard, exigió al Gobierno español víveres para alimentar a 27 000 hombres y 7000 caballos durante 15 días, alojamiento para 12 000 hombres en cuarteles y conventos, con cocina, leña, paja, colchones, mantas, etcétera, así como 12 000 cantimploras, 1200 marmitas, 2000 pares de botas, 200 carros y 500 mulos, 500 000 raciones de bizcocho. En todas las ciudades y pueblos de España donde había guarniciones, las peticiones a los corregidores y alcaldes fueron igualmente exageradas.

Quedaba todavía la esperanza de Fernando y, para la mayoría de sus seguidores, la del apoyo del emperador, por lo que el rey hijo se apresuró a salir de Madrid hacia Burgos para abrazar a su protector imperial, que había anunciado que venía a España. Algunos sospechaban ya las verdaderas intenciones de Napoleón; incluso hubo conatos de rebeldía entre los madrileños al ver partir al rey. Cuatro días después, en la iglesia de la Encarnación de Madrid, se propaló el rumor en medio de los actos del Jueves Santo de que iba a haber una refriega con los franceses. Pero los consejeros de Fernando estaban ciegos esperando el triunfo final cercano, especialmente el preceptor Escóiquiz que, en uno de sus muchos desatinos, había llegado a ofrecerse a Napoleón como el Godoy de Fernando VII. «Me ofreció por su cuenta —dice Napoleón— gobernar, según dijo, de acuerdo por completo conmigo, de la misma forma que lo pudo hacer el Príncipe de la Paz en nombre de Carlos IV».

La Corte de Fernando salió el 10 de abril al encuentro del emperador, pero su viaje no terminó en Burgos, ni en Vitoria, sino en

Bayona, adonde llegó el día 21. El que fuera ministro de Carlos IV, luego tan odiado, Mariano Luis de Urquijo, intentó detener a Fernando en Vitoria, con el apoyo del duque de Mahón y del alcalde Urbina, pero no lo consiguieron (Urquijo será luego ministro con José I. Exiliado como tantos afrancesados, sus restos reposan en el cementerio parisino del *Père Lachaise*, cerca de los de Moratín y Godoy). Tras Fernando y su camarilla, a los pocos días llegaba Godoy a Bayona y después los reyes padres, también Pepita Tudó y los dos hijos que había tenido con Godoy, que ya se había divorciado de su mujer. En España quedó una junta presidida por el infante don Antonio, hermano de Carlos IV.

Todos los días llegaba a Madrid un parte con noticias sobre la salud de la familia real, que inquietaba más que tranquilizaba, pues la amigable estancia en Bayona empezaba a ser muy sospechosa. Tampoco era normal la situación en Madrid, pues desde la salida del rey hasta fines de abril no menos de 50 soldados franceses de guarnición en Madrid ingresaron en el Hospital General; también aumentaban las víctimas entre los españoles de día en día. El 27 de abril, cinco pastores fueron agredidos a orillas del Manzanares por soldados franceses que les querían robar las reses.

Cada vez crecían más los rumores sobre amenazas de Murat contra los madrileños, que se hicieron explícitas al serle negada por la Junta la petición —en nombre de Carlos IV— de que salieran sus hijos, Luisa, reina de Etruria, y Francisco de Paula, para reunirse en Bayona con sus padres. Tras muchos forcejeos, el 30 de abril la Junta autorizó la salida de Luisa, mayor de edad, pero no la del infante. Murat anunció que tomaría medidas drásticas, como alejar a los guardias de corps de la capital y prohibir papeles y canciones «perjudiciales para el nuevo orden que se quiere introducir». Por la noche, hubo ya grupos en la puerta del Sol, mientras se formaban los primeros tribunales militares para juzgar los constantes altercados. Al día siguiente, 1 de mayo, domingo, Murat, duque de Berg, al que los madrileños llamaban el Troncho de Berzas, fue insultado a su paso por la puerta del Sol cuando se dirigía a misa. Por la tarde, el infante don Antonio fue vitoreado. Todo el mundo en Madrid esperaba grandes acontecimientos al día siguiente.

Jesús María Alía Plana es el último historiador que ha descrito los hechos del Dos de Mayo a base de una revisión historiográfica minuciosa y de incorporar nueva documentación en una obra que incluye también una nueva interpretación de los cuadros de Goya.

Aquí solo podemos resumir la sangrienta jornada, que empezó, como es sabido, por la concentración de gente en la puerta del Sol desde primera hora de la mañana. Esperaban el parte, que no llegó la noche anterior, pero, en realidad, estaban seguros de que se producirían algaradas contra los franceses, como habían divulgado durante toda la noche agentes fernandinos y soldados españoles, conocedores de que los franceses podían hacer salir a los infantes en cualquier momento.

En efecto, a las 9 de la mañana, salía un coche de palacio con Luisa y se preparaba otro para el infante. A los gritos de «traición», «que se llevan a los infantes», etcétera, se concentraron unos centenares de personas dispuestas a impedir la salida. A las 10, sonaron las primeras descargas de artillería, que dejaron en la calle varios heridos. Inmediatamente, la multitud se dispersó en grupos, corriendo hacia calles y plazas de Madrid, donde se les unía más gente. Los soldados franceses que encontraban eran agredidos con palos, o navajas; no hubo casi armas de fuego, solo las de los militares.

Desde lo alto de la cuesta de San Vicente, Murat dio entonces orden de actuar a la caballería, que cargó con saña en la puerta del Sol, pero también en otras calles y plazas. Luego, el lugarteniente escribiría al emperador: «Señor: ha habido mucho muerto». Hacia las dos, terminaron las algaradas. La ciudad estaba tomada por más de 25 000 soldados franceses. Además, los miembros de la Junta y de los Consejos difundieron durante toda la tarde que habría perdón si los madrileños se retiraban.

Al día siguiente, el despliegue militar dejó las calles desiertas, pero pronto se empezó a saber que los fusilamientos habían empezado ya por la tarde y la noche del día 2 en varios lugares, la Montaña del Príncipe Pío —los inmortalizados por Goya—, El Prado, la Puerta del Sol, el portillo de Recoletos, etcétera. Sobre las bajas españolas, se ha exagerado mucho, pero es posible que, en el lado español, no pasaran de 420 muertos y bastantes miles de heridos. Los fusilados fueron poco más de cien. Entre los franceses, se ha mantenido también una cifra exagerada, en torno a los 1600 muertos. Desde luego, serían bastantes menos, pero no los 31 que declaró Murat.

Restablecida la calma, el día 3 salía el infante Francisco de Paula hacia Bayona y, a la mañana siguiente, le seguía don Antonio, un personaje que se califica por su conocida despedida: «A la junta, para su gobierno, la pongo en noticia como me he marchado a Bayona de orden del rey y digo a dicha junta que ella siga en los mismos términos, como si yo estuviese en ella. Dios nos la dé buena. Adiós, señores, hasta el valle de Josafat. Antonio Pascual».

Ese mismo día, el lugarteniente Murat se hacía cargo de la presidencia de la Junta y cuatro días después, recibía una carta del Capitán General de Castilla la Nueva, Francisco Javier Negrete, con felicitaciones por su comportamiento el día 2 de mayo. Empezaba la colaboración de muchas autoridades de las provincias, mientras otras, como el célebre alcalde de Móstoles, llamaba a la movilización. Para entonces, en Bayona, Fernando ya había devuelto la corona a su padre, que se la entregó acto seguido a Napoleón. Terminaba así la dinastía, pero se iba con ella algo más. Caía el Antiguo Régimen, por más que Fernando VII, a la vuelta de su dudoso cautiverio ordenara «que todo vuelva al estado que tuvo antes de 1808». España, que saldría maltrecha de una costosa guerra —cuyos efectos sobre el desarrollo material lastraron durante décadas la acción de los gobiernos posteriores—, debía encarar los retos de un mundo nuevo, el mundo contemporáneo. Con todo, ese mundo nuevo mantenía del pasado la reverencia por la monarquía española, aunque la de los Borbones empezara con un rey nacido en Versalles y acabara con otro nacido en Nápoles y, desde luego, la posición dominante de la religión católica. De ella se acordó en Bayona (y de pocas cosas más) el último monarca, Carlos IV, que le encareció a Napoleón que la mantuviera como la única religión de España (como un siglo antes Felipe V exigió que en Gibraltar hubiera siempre una iglesia de culto católico). También lo harían los diputados de Cádiz, pues en el artículo 12 de la Constitución se ordena: «La religión de la Nación española es y será perpetuamente la católica, romana, única verdadera. La Nación la protege por leyes sabias y justas, y prohíbe el ejercicio de cualquier otra». No son las únicas pervivencias del Antiguo Régimen en España, obviamente, pero conviene no olvidar que los cortes entre épocas son solo artificios de historiador, por más que, con justicia, la caída de la monarquía en 1808 sea sin duda el dato más relevante para poner fin a la historia Moderna de España y, desde luego, para terminar este largo camino por el siglo ilustrado y por las paradojas del poder y los poderosos, los que un día lo fueron todo y en un revés de la fortuna se convirtieron en nada.

Las últimas víctimas, Jovellanos, Cabarrús... y los «desventurados padres»

Jovellanos y Cabarrús y las demás víctimas de Godoy, Caballero y la reina, son los testigos primeros del amanecer de un nuevo régimen político que Goya iba a plasmar con toda su carga criminal. El viejo régimen traspasaba al siguiente más despotismo que ilustración. Como escribió José Miguel Caso González, el gran estudioso de Jovellanos, «su fracaso significó el fracaso final de la política ilustrada, ya que quienes le derribaron eran precisamente los conservadores o reaccionarios que poco después, en marzo de 1801, intentarán destruir a todo el grupo a base de destierros, procesos y persecuciones». Álvaro Ruiz de la Peña enumera a los principales del grupo, las víctimas: «El ministro Saavedra, amigo de Jovellanos, el también ministro y sucesor de Saavedra, Urquijo, los obispos de Cuenca y Salamanca, el poeta Meléndez Valdés, la condesa de Montijo y un largo etcétera compuesto por eclesiásticos, escritores, aristócratas y servidores del Estado, reclutados entre los sectores ideológicos preliberales y reformistas», con Cabarrús, el «mal hombre» culpable de todo según la reina, a la cabeza.

Todos sufrieron cárcel o destierro, pero nos detendremos en el bien conocido caso de Jovellanos. Su prisión en la cartuja de Valldemosa y, luego, en el castillo de Bellver es muy conocida, pues él mismo escribió mucho —cuando pudo— y ha habido numerosos trabajos sobre los siete años de prisión; pero un libro reciente, el de Javier González Santos sobre la «agradable estancia de Jovellanos en Mallorca», ha provocado una enorme sorpresa, pues de una manera insensata este autor cree que la permanencia de Jovellanos «debió ser parecida a la que pueden hacer hoy en día los turistas rurales, pero más larga», según declaró a la prensa celebrando la publicación de su libro. Afortunadamente, el disparate es ridículo, pues se conocen bien las penalidades que sufrió el asturiano; la primera, la indefensión, pues nunca fue juzgado; luego, su detención en su casa de Gijón por soldados armados, el 13 de marzo de 1801, y el penoso y largo viaje, «conducido con escándalo y escolta de tropa, sin entrar en Oviedo, hasta León», y desde ahí hasta Barcelona, donde embarcó en el barco correo que lo llevó a Palma de Mallorca, para ser conducido por el capitán general a la cartuja de Valldemosa. Allí, encerrado en la celda, enfermó, y desde allí escribió al rey el 8 de octubre de 1801, implorando «la justicia de Su

Majestad» y quejándose del «atropello de mi libertad». La carta al rey, como ocurrió con las que envió la familia de Olavide un cuarto de siglo antes, no llegaría a su destino, pero sí a las manos del ministro Caballero y sus secuaces, que se sorprendieron de que, en el cautiverio, los frailes le hubieran permitido escribir sin permiso, lo que motivó el traslado del preso a un encierro que se pretendió más duro, al castillo de Bellver, donde viviría «con correspondiente custodia», es decir, con dos soldados en la puerta de su habitación, y «sin comunicación y privado de papel, tinta y lápiz»: eso mandaba la orden de 21 de abril de 1802. A la vez, se ordenaba encarcelar en Madrid al que había sido su capellán, José Sampil, que se había trasladado a la Corte para hacer llegar al rey las súplicas de clemencia. No insistiremos más en la desgracia del «turista rural».

Jovellanos abandonó el castillo de Bellver el 6 de abril de 1808, por orden de Fernando VII dictada tras la abdicación de Carlos IV y la caída de Godoy en Aranjuez. Se dirigió a Zaragoza, donde se encontró con su amigo Francisco Cabarrús, que había pasado los últimos años siempre en riesgo, desterrado de la Corte hasta que en 1801 se asentó en Barcelona. Había sufrido cinco años de cárcel, entre 1790 y 1795, también sin juicio alguno, y había sido víctima de la delación como Jovellanos. Tras los sucesos del 2 de mayo de 1808, los dos amigos se encontraron en la capital aragonesa, el 27 de mayo, y se reconocieron partidarios de la dinastía española, pero la saña contra los franceses que estallaba el dos de mayo de 1808 se cebó con Cabarrús, que fue apaleado y encarcelado por un grupo de exaltados patriotas (peor fue la suerte de Miguel Cayetano Soler, al que mataron a palos en un pueblo de La Mancha). Es posible que esa circunstancia hiciera cambiar de bando al padre de Teresa Cabarrús, la encarnación de la razón en las fiestas revolucionarias parisinas, y le facilitara aceptar el nombramiento de ministro de Hacienda por José I, a diferencia de Jovellanos, que también fue atraído a la causa josefina, y hasta se le nombró ministro del Gobierno intruso, pero no solo rehusó, sino que se puso a las órdenes de la Junta Suprema.

Se separaban los destinos de quienes encarnaban los más altos logros de las Luces en el seno del absolutismo ilustrado, los reformadores que, a uno u otro lado, seguían soñando con las grandes reformas, las Cortes, la nueva constitución del reino, el fin de los privilegios, la reforma de la Iglesia. El siglo terminaba con una guerra, pero si la del comienzo había sido «una guerra de corona» que «no la hacen los pueblos a sangre y fuego», como dijo la reina María Luisa de Saboya y recogió el marqués de San Felipe en sus *Memorias*, la del final, la de 1808, sí fue en extremo cruel y sanguinaria. Así la pintó Goya, el artista también actor de la Revolución española —el nombre que le dio el conde de Toreno—, pues Goya no pintó lo que vio ni fue ningún reportero *avant la lettre*, como ha demostrado brillantemente Jacques Soubeyroux, sino que interpretó lo que ocurría siempre según su posición, la de un artista *engagé*, que descubre y fabrica su público, el que realmente va a ver los desastres de la guerra, grabados y difundidos como un instrumento más de la revolución, de la toma de conciencia sobre la maldad universal que desata la guerra y engendra el poder sin contención. Los cuadros grandes del dos y el tres de mayo los pintó después de restaurado Fernando VII, y no gustaron a la nueva élite política. No había sido el pueblo que Goya pintó el que había ganado la guerra, sino el ejército (así sigue pensando algún historiador inglés como Charles Esdaile, que ha llegado a decir que las guerrillas lejos de ayudar a Wellington a veces dificultaron sus planes). Aquello había sido un motín popular y Goya lo plasmó, aunque haciendo concesiones a las nuevas autoridades. Por eso, a sabiendas del triunfo de la reacción frailuna en el entorno del *Deseado*, pintó un fraile entre los ejecutados, una concesión de Goya, pues sabemos que no hubo ninguno (solo hay entre las víctimas del 3 de mayo un eclesiástico, pero no es un fraile, sino un «presbítero, sacristán segundo en el convento de la Encarnación», según se recoge en el libro de difuntos de la parroquia de San Antonio de la Florida). La guerra fue a sangre y fuego, en efecto, pero el absolutismo, en su última fase, el despotismo ilustrado, terminaba inexorablemente, aunque todavía habría miles y miles de víctimas entre quienes quisieron su reforma, o la revolución, y muchas guerras entre españoles, todavía prisioneros de las paradojas del poder, algunos sin abandonar las tinieblas en que viven toda su vida, como había escrito José Cadalso.

Como un epílogo del final patético de lo que había sido la «Trinidad en la tierra», los propios reyes, Carlos IV y María Luisa, compusieron la última imagen de miseria humana que rodeó a todos los personajes cortesanos de esta época. Exiliados sin retorno, como Godoy, dieron en Roma una imagen tristísima, después de haber peregrinado por Fointainebleau, Compiègne, Niza y Marsella

—donde vivieron cuatro años—, sometidos a los caprichos de Napoleón. Tras el final de la guerra, el papel de déspota absoluto lo desempeñó el hijo, ese «mal hijo que nos ha dado Dios», que dicen que dijo María Luisa. Una vez rey de España, Fernando VII humilló a sus padres con una crueldad escalofriante, tanto que hacía lamentar a la madre: «Jamás hubo en el mundo padres tan desventurados como nosotros». Llegó a acusarles de haber robado las joyas de la Corona. El final de la real pareja no pudo ser más patético: la reina moría sola en Roma, en enero de 1819, sin el rey, que estaba en Nápoles y no fue ni al funeral. Un año después, moría Carlos IV en Nápoles, igualmente solo, pues ni el rey de las Dos Sicilias, que había aprovechado la estancia de su hermano para despacharse a gusto contra María Luisa, le acompañó en los últimos momentos. Como dice Teófanes Egido, «prefirió no interrumpir su partida de caza». Fueron las dos últimas víctimas del absolutismo... ilustrado.

Bibliografía

BIBLIOGRAFÍA RECOMENDADA DEL AUTOR

Obras del autor digitalizadas en www.gomezurdanez.com, pestaña Publicaciones, en las que el lector puede encontrar referencias documentales y de archivo, así como más información sobre algunos aspectos tratados en este libro.

(1999): «El duque de Duras y el fin del Ministerio Ensenada (1752-1754)», *Hispania*, vol. LIX, enero-abril, 201, pp. 217-249.

(2002a): «El absolutismo regio en España durante la Ilustración», *Brocar*, 26, pp. 151-176.

(2002b): «Carvajal y Ensenada, un binomio político», en *Ministros de Fernando VI*, Córdoba, pp. 65-92.

(2002c): «Ensenada, hacendista ilustrado», en *El catastro de Ensenada, 1749-1756*, Madrid, Ministerio de Hacienda, pp. 83-99.

(2004): «La Real Casa de Misericordia de Zaragoza, cárcel de gitanas (1752-1763)», en GARCÍA FERNÁNDEZ, M.; SOBALER SECO, M. A. (coords.): *Estudios en Homenaje al profesor Teófanes Egido*, Valladolid, Junta de Castilla y León, t. I, pp. 329-343.

(2005): «El Padre Isla y la política», en *Actas del Congreso Internacional III Centenario del Padre Isla*, en MARTÍNEZ FERNÁNDEZ, J. E.; ÁLVAREZ MÉNDEZ, N.: *El mundo del padre Isla*, Universidad de León, pp.167-189.

(2012): «Ideas políticas y agentes del triunfo del Despotismo Ilustrado español, 1756-1766», *Revista de historia Moderna y Contemporánea, HMiC*, Universitat Autonoma de Barcelona, n.º 10, pp. 53-73.

(2012): *La oda Ad comitem Aranda de Estanislao Konarski*, Lublin, Editorial Twerset.

(2013): «Víctimas ilustradas del Despotismo. El conde de Superunda, culpable y reo, ante el conde de Aranda», en Martínez Millán, J.; Camarero, C.; Luzzi, M.: *La corte de los Borbones, crisis del modelo cortesano,* Madrid, Editorial Polifemo, pp. 1003-1033.

(2014): «El padre es el rey. Las intrigas en el "cuarto del príncipe" en el siglo xviii», en *Le père comme figure d'autorité dans le monde hispanique,* Université de Saint Etienne, pp. 203-224.

(2015a): «Con la venia de Carlos III. El castigo "ejemplar" de Olavide, consecuencia de la venganza de Grimaldi contra el conde de Aranda», *Vegueta. Anuario de la Facultad de Geografía e Historia,* 15, Universidad de Las Palmas de Gran Canaria, pp. 373-400.

(2015b): «Jorge Juan, político», en Alberola Romá, A.; Mas Galvañ, C.; Die Maculet, R.: *Jorge Juan Santacilia en la España de la Ilustración,* Alicante, Editorial Universidd de Alicante, pp. 251-277.

(2016): «Feijoo, político», en Urzainqui, I.; Olay Valdés, R.: *Con la razón y la experiencia. Feijoo 250 años después,* Oviedo, Editorial TREA, pp. 151-182.

(2017a): «Las medidas sobre gitanos de Carlos III», en Sierra Alonso, M. (coord.): *Gitanos: la historia olvidada,* en *Andalucía en la Historia,* 55, enero-marzo.

(2017b): «Ministros con el rey. La plenitud del despotismo ilustrado», en Guerrero, J. M. (ed.): *La memoria recobrada. Huellas en la Historia de los Estados Unidos,* Bilbao, Editorial Iberdrola, pp. 47-58 (edic. trilingüe español, euskera e inglés).

(2018): «La cuerda tirante. La otra cara de los déspotas ilustrados», en Garrot, J. C.; Gómez Muller, A.; Soubeyroux, M. H.; Zapata, M. (eds.): *Libertad. Libertades. Estudios de Filosofía, Historia y Arte del mundo ibérico e iberoamericano,* Madrid, Editorial El Barco Ebrio, pp. 93-121.

(2019): «Lo que pensaban sobre los gitanos los gobernantes del siglo xviii», en *Vegueta. Anuario de la Facultad de Geografía e Historia,* 19, Universidad de Las Palmas de Gran Canaria, pp. 535-551.

Bibliografía general

Abad León, F. (1985): *El marqués de la Ensenada,* Madrid, Editorial Naval.

Aguilar Piñal, F. (1966): *La Sevilla de Olavide (1767-1778),* Sevilla, Ayuntamiento de Sevilla.

—(2003): «La reforma universitaria de Olavide», *Cuadernos dieciochistas,* 4, pp. 31-46.

—(2016): *Madrid en tiempos del mejor alcalde,* Barcelona, Editorial Arpegio.

Alabrús Iglesias, R. M. (2005-2006): «El pensamiento político de Macanaz», *Espacio, Tiempo y Forma,* serie IV, 18-19, pp. 177-201.

Alberola Romá, A.; Mas Galvañ, C; Die Maculet, R. (2015): *Jorge Juan Santacilia en la España de la Ilustración,* Alicante, Editorial Universidad de Alicante.

Albiac, M. D. (1998): *El Conde de Aranda. Los laberintos del poder,* Zaragoza, Editorial C. A. I..

Alcázar Molina, C. (1927): *Los hombres del reinado de Carlos III. D. Pablo de Olavide,* Madrid, Editorial Voluntad.

—(1933): «El Despotismo Ilustrado en España», *Bulletin of the International Committe of Historical Sciences,* t. 5, pp. 727-751.

Alfonso Mola, M. (2003): «Olavide en Baeza», en *Andalucía en la Historia,* 3, pp. 34-39.

Alfonso Mola, M.; Martínez Shaw, C. (2001): *Felipe V,* Madrid, Editorial Arlanza.

Alía Plana, J. M. (2004): *Dos días de Mayo de 1808 pintados por Goya,* Madrid, Editorial Fundación Jorge Juan.

Alvarez Barrientos, J. (2006): «Monarquía y "nación española" en el Sistema de adornos del Palacio real de Madrid, de Martín Sarmiento», en Fernández Albadalejo (ed.): *Fénix de España: Modernidad y cultura propia en la España del siglo xviii,* Madrid, Editorial Marcial Pons, pp. 209-210.

Andrés-Gallego, J. (1996): *Esquilache y el pan (1766),* Nueva Orleans, Editorial University Press of the south.

—(2003): *El motín de Esquilache, América y Europa,* Madrid, Editorial C. S. I. C.

Aragón Mateos, S. (2019): *Gente forzada del rey. Presos, rematados y presidiarios en el transito del siglo xviii al xix*, Madrid, Centro de Estudios Políticos y Constitucionales.

Armona y Murga, J. A. (2012): *Noticias privadas de casa útiles para mis hijos*, edición de J. Alvarez Barrientos, J. M.ª Imízcoz y Y. Zaramburuzabala, Gijón, Editorial Trea.

Astorgano Abajo, A. (2005): *El regalismo borbónico y la unificación de hospitales: la lucha de Meléndez Valdés en Ávila*, Alicante, Biblioteca Virtual Cervantes.

Aymes, J. R. (1989): *España y la Revolución Francesa*, Barcelona, Crítica.

Baudot Monroy, M. (2013): *La defensa del Imperio. Julián de Arriaga en la Armada (1700– 1754)*, Madrid, Editorial Ministerio de Defensa.

Blanco White, J. M. (1972): *Letters from Spain*, Madrid, Alianza Editorial.

Bouvier, R.; Soldevilla, C. (1941): *Ensenada et son temps. Le redressement de l'Espagne au XVIIIe siècle*, Paris, Editorial Sorlot.

Burrieza Sánchez, J. (ed.) (2016): *La mirada de Teófanes Egido, cronista de Valladolid*, Valladolid, Editorial Ayuntamiento de Valladolid.

Calderón Quindos, F. (2018): *Francisco Xavier de Carrión y Ribas, diplomático zamorano, amigo de Rousseau*, Benavente, Editorial Centro de Estudios Ledo del Pozo.

Caridi, G. (2015): *Carlos III, un gran rey reformador en Nápoles y España*, Madrid, La Esfera de los Libros.

Carlos III (1988): *Cartas a Tanucci (1759-1763)*, introducción, transcripción y notas de M. Barrio, Madrid, Editorial BBV.

Carreira, X. M. (1990): «El teatro de ópera en la Península Ibérica. 1750-1775: Nicolà Setaro», *De música hispana et allis: miscelánea en honor al Prof. López-Calo*, Santiago de Compostela, t. II, pp. 28-117.

Cascales, A. (1988): «La evasión de Pablo de Olavide a Francia. Algunas matizaciones a la hipótesis de la negligencia programada», *Archivo hispalense*, 217, pp. 61-69.

CASO GONZÁLEZ, J. M. (1989): *De Ilustración y de ilustrados,* Oviedo, Editorial Instituto Feijoo.

—(1993): *Vida y obra de Jovellanos,* Gijón, Editorial Diario El Comercio.

CORONA BARATECH, C. (1969): «El poder real y los motines de 1766», en *Homenaje al Dr. Canellas,* Universidad de Zaragoza, pp. 259-274.

CORONAS GONZÁLEZ, S. M. (1992): *Ilustración y derecho: los fiscales del Consejo de Castilla en el siglo XVIII.* Madrid, Editorial INAP.

COXE, W. (1813): *Memoirs of the Kings of Spain of the House of Bourbon, from the accession of Philip the Fifth to the death of Charles the Third: 1700 to 1788,* London, 4 vols (edición española, Madrid, 1845).

DEFOURNEAUX, M. (1959): *Pablo de Olavide ou l'afrancesado (1725-1808),* París, P. U. F. (edición española, Sevilla, 1990).

DE CASTRO, C. (1996): *Campomanes. Estado y reformismo ilustrado,* Madrid, Editorial Alianza Universidad.

DE FERNÁN NÚÑEZ, C. (1988): *Vida de Carlos III,* Madrid, Editorial F. U. E.

DE LA GÁNDARA, M. A. (1770): «Resumen de la calumnia contra Gándara: motivos y vengativos del calumniador; errores de la impostura, tratamientos padecidos...», *BN,* Mss 7641.

DELGADO BARRADO, J. M. (2001): *El proyecto político de Carvajal,* Madrid, Editorial C. S. I. C.

DEL CAMPILLO, J. (1969): *Lo que hay de más y de menos en España para que esta sea lo que debe ser y no lo que es,* Madrid, Editorial Facultad de Filosofía y Letras.

DEMERSON, J. (1971): *Don Juan Meléndez Valdés y su tiempo (1754-1817),* Madrid, Taurus.

DÉSOS, C. (2009): *Les Français de Philippe V. Un modèle nouveau pour gouverner l'Espagne, 1700-1724,* Strasbourg, Presses Universitaires de Strasbourg.

DIE MACULET, R. (2012): «Lejos de la corte. El destierro alicantino de la princesa Pío en la segunda mitad del siglo XVIII», *Revista de Historia Moderna,* 30, pp. 67-85.

Domínguez Ortiz, A. (1983 y 1984): «La batalla del teatro en el reinado de Carlos III», *Anales de Literatura Española* 2 y 3, pp. 177-196 y pp. 207-234.

—(1988): *Carlos III y la España de la Ilustración*, Madrid, Alianza Editorial.

Domínguez Rodríguez, J. M. (2015): «Todos los extranjeros admiraron la fiesta. Farinelli, la música y la red política del Marqués de la Ensenada», *Berceo*, 169, pp. 11-53.

Dufour, G. (1983): «El Evangelio en triunfo devant l'Inquisiton», *Hommage a Mme. Marise Jeuland*, Marseille, Université de Provence, pp. 225-231.

—(1988): *Cartas de Mariano a Antonio. El programa ilustrado de El Evangelio en triunfo*, Marseille, Université de Provence.

—(2014): *Juan Antonio Llorente, el factótum del rey intruso*, Zaragoza, Editorial Universidad de Zaragoza.

Dufour, G. (ed.) (1987): *Cornelia Bororquia, o la Víctima de la Inquisición (1801)*, Alicante, Editorial Universidad de Alicante.

Egido López, T. (1989): «La oposición y el poder: el desastre de Argel (1775) y la sátira política», *Actas del congreso internacional sobre Carlos III y la Ilustración*, Madrid, t. I, pp. 427-444.

—(2002a): *Opinión pública y oposición al poder en la España del siglo xviii (1713-1759)*, Valladolid, Editorial Universidad de Valladolid.

—(2002b): *Carlos IV*, col. Los Borbones, Madrid, editorial Arlanza, 2002.

Egido López, T.; Pinedo, I. (1994): *Las causas «gravisimas» y secretas de la expulsión de los jesuitas por Carlos III*, Madrid, Editorial F. U. E.

Escudero, J. A. (1976): *Los Secretarios de Estado y de Despacho, 1474-1744*, Madrid, Editorial Instituto de Estudios Administrativos.

—(2001): *El origen del Consejo de Ministros en España*, Madrid, Editorial Complutense.

Esdaile, Ch. (2003): «Los guerrilleros españoles, 1808-1814. El gran malentendido de la Guerra de la Independencia», en *Trienio*, 42, pp. 55-76.

FAYARD, J.; OLAECHEA ALBISTUR, R. (1983): «Notas sobre el enfrentamiento entre Aranda y Campomanes», *Pedralbes*, 3, pp. 5-42.

FERNANDEZ DÍAZ, R., *Cataluña y el absolutismo borbónico. Historia y política*, Barcelona, Crítica, 2014.

—(2016): *Carlos III, un monarca reformista*, Barcelona, Espasa.

FERRER BENIMELI, J. A. (1985): «El motín de Madrid de 1766 en los Archivos Diplomáticos de París», *Anales de literatura española*, 4, pp. 157-182.

—(dir.) (2000): *El conde de Aranda y su tiempo*, Zaragoza, Institución Fernando el Católico.

FERRER DEL RÍO, A. (1856): *Historia del reinado de Carlos III*, Madrid, Imp. de Matute y Compagni.

FRANCO RUBIO, G. (2001): «El ejercicio del poder en la España del siglo XVIII», *Mélanges de la Casa Velázquez*, vol. 1, 35, pp. 51-78.

FUNDACIÓN CAJA NAVARRA (comp.) (2005): *Juan de Goyeneche y el triunfo de los navarros en la monarquía hispánica del siglo XVIII* [exposición], Pamplona, Caja de Ahorros y Monte de Piedad.

GARCÍA DIEGO, P. (2014): *Jano en Hispania. Una aproximación a la figura y obra de Jerónimo Grimaldi (1739-1784)*, Madrid, Editorial C. S. I. C.

GARCÍA CÁRCEL, R. (2002): *Felipe V y los españoles: una visión periférica del problema de España*, Barcelona, Plaza & Janés.

GIMÉNEZ LÓPEZ, E. (ed.) (2002): *Y en el tercero perecerán. Gloria, caída y exilio de los jesuitas españoles en el s. XVIII*, Alicante, editorial Universidad de Alicante, 2002.

—(2006): «El antijesuitismo en la España de mediados del siglo XVIII», en FERNÁNDEZ ALBADALEJO, P.: *Fénix de España, Modernidad y cultura propia en la España del siglo XVIII (1737-1766)*, Madrid, Editorial Marcial Pons.

—(2008): *Misión en Roma. Floridablanca y la extinción de los jesuitas*, Murcia, Editorial Universidad de Murcia.

—(2017): *El lado oscuro de las luces en las tierras alicantinas*, Alicante, Instituto Alicantino de Cultura Gil-Albert.

GIMÉNEZ LÓPEZ, E.; MESTRE SANCHIS, A. (eds.) (1997): *Disidencias y exilios en la España Moderna*, Alicante, Universidad de Alicante.

GODOY, M. (2008): *Memorias del príncipe de la Paz,* Alicante, Universidad de Alicante.

GÓMEZ ALFARO, A. (1993): *La Gran Redada de Gitanos. España: la prisión general de Gitanos de 1749,* Madrid, Editorial Presencia Gitana.

—(2009): *Legislación histórica española dedicada a los gitanos,* Sevilla, Consejería de Igualdad y Bienestar Social.

GÓMEZ CENTURIÓN JIMÉNEZ, C. (2011): *Alhajas para soberanos: los animales reales en el siglo XVIII: de las leoneras a las mascotas de cámara,* Salamanca, Junta de Castilla y León.

GÓMEZ MOLLEDA, M. D. (1955): «El marqués de la Ensenada a través de su correspondencia íntima», *Eidos,* 2, pp. 66-67.

—(1958): «El "caso Macanaz" en el congreso de Breda», *Hispania,* 18, pp. 62-128.

GÓMEZ URDÁÑEZ, J. L. (1996): *El proyecto reformista de Ensenada,* Lleida, Editorial Milenio.

—(2015): «Con la venia de Carlos III. El castigo "ejemplar" de Olavide, consecuencia de la venganza de Grimaldi contra el conde de Aranda», *Vegueta. Anuario de la Facultad de Geografía e Historia,* 15, Universidad de Las Palmas de Gran Canaria, pp. 373-400.

—(2024): *El marqués de la Ensenada, el secretario de todo,* 3.ª ed., Madrid, Punto de Vista Editores.

—(2024): *Fernando VI y la España discreta,* 2.ª ed., Madrid, Punto de Vista Editores.

GOMIS, J. (2016): «Los rostros del criminal: una aproximación a la literatura de patíbulo en España», *Cuadernos de Ilustración y Romanticismo,* 22, pp. 9-33.

GONZÁLEZ CAIZÁN, C. (1999): «Correspondencia erudita entre D. Agustín Pablo de Ordeñana y el padre Feijoo», *Brocar,* 23, pp. 59-86.

—(2004): *La red política del marqués de la Ensenada,* Madrid, Editorial Fundación Jorge Juan.

—(2006): «Agustín Pablo de Ordeñana (Bilbao, 1711-Madrid, 1765), un ilustrado vasco en la corte de Fernando VI», *Bidebarrieta: Revista de humanidades y ciencias sociales de Bilbao,* 17, pp. 487-506.

GONZÁLEZ CAIZÁN, C.; TARACHA, C.; TÉLLEZ ALARCIA, D. (eds.) (2005a): *Cartas desde Varsovia, correspondencia privada del conde de Aranda con Ricardo Wall (1760-1762)*, Lublin, Editorial Twerset.

GONZÁLEZ ENCISO, A. (2005): «El coste de la guerra y su gestión: las cuentas del Tesorero del Ejército en la guerra con Portugal de 1762», en GUIMERÁ, A. y PERALTA, V. (coords.): *El equilibrio de los Imperios: de Utrech a Trafalgar*, Madrid, Editorial FEHM, pp. 551-564.

GONZÁLEZ MEZQUITA, M. L. (2007): *Oposición y disidencia en la Guerra de Sucesión española. El Almirante de Castilla*, Valladolid, Junta de Castilla y León.

—(ed.) (2019): *Sociedad, Cultura y Política en el Antiguo Régimen. Prácticas y representaciones en la España Moderna*, Buenos Aires, Editorial Biblos.

GUASTI, N. (2006): *Lotta politica e riforme all'inizio del regno di Carlo III. Campomanes e l'espulsione dei gesuiti dalla monarchia spagnola (1759-1768)*, Florence, Alinea Editrice.

GUERRERO ELECALDE, R. (2009): «Las cábalas de los "vizcaínos". Vínculos, afinidades y lealtades en las configuraciones políticas de la primera mitad del siglo XVIII : La red del marqués de la Paz», en SORIA MESA, E. y MOLINA RECIO, R. (eds.): *Las élites en la época Moderna: La Monarquía Española*, Córdoba, Universidad de Córdoba, t. II, pp. 247-258.

HERNÁNDEZ BENÍTEZ, M. (1988): «Carlos III, un mito progresista», en *Carlos III, Madrid y la Ilustración*, Madrid, Editorial Siglo XXI, pp. 1-26.

HERR, R. (1971): *España y la revolución del siglo XVIII*, Madrid, Editorial Aguilar.

IGLESIAS RODRÍGUEZ, J. J. (2015): «Bandolerismo y actitudes políticas en la Andalucía de la Guerra de Sucesión», en *Chronica Nova*, 41, pp. 211-239.

KAMEN, H. (1974): *La guerra de Sucesión en España*, Barcelona, Editorial Grijalbo.

KUETHE, A.; ANDRIEN, K. J. (2014): *The Spanish Atlantic World in the Eighteenth Century: War and the Bourbon Reforms, 1713-1796*, Cambridge (edición española, Bogotá, 2018).

La Parra, E. (2002): *Manuel Godoy. La aventura del poder*, Barcelona, Tusquets Editores.

La Parra, E.; Pradells Nadal, J. (eds.) (1991): *Iglesia, Sociedad y Estado en España, Francia e Italia (ss. xviii al xx)*. Alicante, Universidad de Alicante.

Latasa Vasallo, P. (2003): «Negociar en red: familia, amistad y paisanaje. El virrey de Superunda y sus agentes (1745-1781)», *Anuario de Estudios Americanos*, LX, 2, pp. 463-492.

Lanz de Casafonda, M. (1972): *Diálogos de Chindulza (1761)*, edición, introducción y notas de F. Aguilar Piñal, Oviedo, Editorial Universidad de Oviedo.

Leblon, B. (1978): *Les gitans d'Espagne*, Paris, PUF (edición española, Barcelona, 1987).

León Navarro, V. (2017): *El inquisidor general Felipe Bertrán. Un servidor de la Iglesia y de la Monarquía (1704-1783)*, Valencia, Facultad de Teología San Vicente Ferrer.

Llombart, V. (2013): *Jovellanos y el otoño de las Luces. Educación, economía, política y felicidad*, Gijón, Editorial Trea.

Llorente, J. A. (1817-1818): *Histoire critique de l'Inquisition d'Espagne*, Paris (edición española, Madrid, editorial Hiperión, 1980).

López García, J. M. (2006): *El motín contra Esquilache; crisis y protesta popular en el Madrid del siglo xviii*, Madrid, Alianza Editorial.

López-Cordón Cortezo, M. V. (2015): «The Merits of Good Gobierno: Culture and Politics in the Bourbon Court», en Astigarraga, J. (dir.): *The Spanish Enlightenment Revisited*, Oxford, pp. 19-40.

—(2016): «La familia de Carlos IV», en Valladares Ramírez, R.; Barrios Pintado, F.; Sánchez Belén, J. A. (dir.): *En la corte del rey de España. «Liber Amicorum» en homenaje a Carlos Gómez-Centurión Jiménez (1958-2011)*, Madrid, pp. 287-336.

López-Cordón, M. V.; Pérez Samper, M. A.; Martínez De Sas, M. T. (2000): *La Casa de Borbón. 1. Familia, corte y Política (1700-1808)*, Madrid, Alianza Editorial.

Lorenzo Cadarso, P. L. (2015): «La alta nobleza y el poder en el estado durante el Antiguo Régimen (siglos xvi-xviii): un balance cuantitativo», en *Brocar*, t. 39, pp. 65-117.

LYNCH, J. (1991): *El siglo XVIII*, Barcelona, Crítica.

MACÍAS DELGADO, J. (1986): *El abate Gándara y la reconstitución nacional e España en el siglo XVIII*, Madrid, Universidad Complutense.

—(1991): «Ideario político-económico del motín contra Esquilache, según la "Causa del motín de Madrid"», *Revista de estudios políticos*, 71, pp. 235-258.

—(1994): *La Agencia de Preces en las relaciones Iglesia-Estado español*, Madrid, Dirección General de Relaciones Culturales y Científicas.

MARCHENA, J. (2001): *El tiempo del ilustrado Pablo de Olavide. Vida, obra y sueños de un americano en la España del siglo XVIII*, Sevilla, Editorial Alfar.

MARTÍN GAITE, C. (1975): *Macanaz, otro paciente de la Inquisición*, Madrid, Taurus.

MARTÍN SÁNCHEZ, D. (2018): *Historia del pueblo gitano en España*, Madrid, Editorial Los Libros de la Catarata.

MARTÍNEZ DE PISÓN CAVERO, J. (2008): *José María Blanco White: la palabra desde un destierro lúcido*, Logroño, Editorial Perla.

MARTÍNEZ MARTÍN, M. C. (2006): «Linaje y nobleza del virrey José Manso de Velasco, conde de Superunda», *Revista Complutense de historia de América*, 32, pp. 269-280.

MARTÍNEZ MARTÍNEZ, M. (2015): *Nunca más. Homenaje a las víctimas del proyecto de 'Exterminio' de la minoría gitana iniciado con la redada de 1749*, Madrid, Editorial Círculo Rojo.

MARTÍNEZ RUIZ, E. (2002): «Gobernantes, gitanos y legislación. Actitudes en el siglo XVIII ante un conflicto», en GARCÍA FERNÁNDEZ, E. (coord.): *Exclusión, racismo y xenofobia en Europa y América*, Bilbao, pp. 117-138.

MARTÍNEZ SHAW, C. (2003): «Olavide en Sevilla», *Andalucía en la Historia*, 3, pp. 22-27.

—(2016): «El Despotismo ilustrado en España: entre la continuidad y el cambio», *El siglo de las Luces: III centenario del nacimiento de José de Hermosilla (1715-1776)*, Llerena, Sociedad Extmeña de Historia, pp. 11-40.

MESTRE SANCHÍS, A. (2002): *Humanistas, políticos e ilustrados*, Alicante, Universidad de Alicante.

—(2003): *Apología y crítica de España en el siglo XVIII*, Madrid, Marcial Pons.

MIRANDA, F. X. (2013): *El fiscal fiscalizado. Una apología de los jesuitas contra Campomanes*, Alicante, Universidad de Alicante.

MORANGE, C. (2010): «Vindicación de Salas», *Trienio*, 56, pp. 5-47.

MURIEL, A. (1959): *Historia de Carlos IV*, Madrid, BAE.

OCHAGAVÍA FERNÁNDEZ, D. (1961 y 1962): «El conde de Superunda», *Berceo*, 58-63.

OLAECHEA ALBÍSTUR, R. (1965): *Las relaciones hispano-romanas en la segunda mitad del XVII. La Agencia de Preces*, Zaragoza, Editorial El Noticiero.

—(1976): «Anticolegialismo del gobierno de Carlos III», *Cuadernos de investigación, Geografía e Historia*, 2, pp. 53-90.

—(1977): «Contribución al estudio del motín contra Esquilache», *Estudios en homenaje al doctor Eugenio Frutos Cortes*, Zaragoza.

OLAECHEA ALBÍSTUR, R.; FERRER BENIMELI, J. A. (1998): *El conde de Aranda. Mito y realidad de un político aragonés*, Huesca, Editorial Librería General.

OZANAM, D. (1965): «Nouveaux documents sur le séjour d'Olavide à Toulouse (novembre 1780-janvier 1781)», *Melanges de la Casa de Velázquez*, I, pp. 279-287.

—(1989): «Política y amistad. Choiseul y Grimaldi, correspondencia particular entre ambos ministros (1763-1770)», *Actas del Congreso Internacional sobre Carlos III y la Ilustración*, vol. I, Madrid.

—(2006): «La crisis de las Relaciones Hispano-Francesas a mediados del siglo XVIII. La Embajada de Jaime Masones de Lima (1752-1761)», *Tiempos Modernos*, 14.

PARCERO TORRE, C. M. (1998): *La pérdida de La Habana y las reformas borbónicas en Cuba, 1760-1773*, Ávila, Editorial Junta de Castilla y León.

PERDICES DE BLAS, L. (2003): «Jovellanos en la Sevilla de Olavide», *Dieciocho*, 36.

PÉREZ ESTÉVEZ, M. R. (1976): *El problema de los vagos en la España del siglo XVIII*. Madrid, Confederación Española de Cajas de Ahorros.

Pérez Mallaína, P. E. (2001): *Retrato de una ciudad en crisis. La sociedad limeña ante el movimiento sísmico de 1746,* Sevilla, Editorial C. S. I. C.

Pérez Samper, M. A. (2003): *Isabel de Farnesio,* Barcelona, Plaza & Janés.

—(1998): *La vida y la época de Carlos III,* Barcelona, Planeta.

Pontón, G. (2016): *La lucha por la desigualdad: una historia del mundo occidental en el siglo xviii,* Barcelona, Crítica.

Pradells Nadal, J. (1999-2000): «Política, libros y polémicas culturales en la correspondencia extraoficial de Ignacio de Heredia con Manuel de Roda» *Revista de historia Moderna, Anales de la Universidad* de *Alicante,* 18.

Precioso Izquierdo, F. (2016): *Melchor de Macanaz. La derrota de un «héroe»,* Madrid, Editorial Cátedra.

—(2019): «Sin Dios, Rey ni Ley. Excesos, crítica y reforma de la Inquisición en la defensa de Macanaz a la *Historia Civil de España,* de Belando», *Hispania Sacra,* 71, 144, pp. 577-787.

Prosperi, A. (2013): *Delitto e perdono. La pena di morte nell'orizzonte mentale dell'Europa cristiana, xiv-xviii secolo,* Turín, Einaudi.

Robledo Hernández, R. (2014): *La Universidad española, de Ramón Salas a la Guerra Civil, Ilustración, liberalismo y financiación (1770-1936),* Valladolid, Junta de Castilla y León.

Rodríguez, L. (1975): *Reforma e Ilustración en la España del siglo xviii. Pedro Rodríguez de Campomanes,* Madrid, Editorial F. U. E.

Rodríguez Suso, C. (1998): «El empresario Nicola Setaro y la ópera italiana en España: la trastienda de la Ilustración», *Il Saggiatore musicale,* 5/2, pp. 247-270.

Rodríguez De Campomanes, P. (1977): *Dictamen Fiscal de expulsión de los jesuitas de España (1766-67),* Madrid, Editorial Fundación Universitaria Española.

—(1996): *Inéditos políticos,* Oviedo, Editorial Junta del Principado de Asturias.

Rubio Jiménez, J. (1998): *El conde de Aranda y el teatro,* Zaragoza, Editorial Ibercaja.

Sánchez Ortega, M. H. (1988): *La inquisición y los gitanos,* Madrid, Taurus.

—(1994), «Los gitanos españoles desde su salida de la India hasta los primeros conflictos en la Península», *Espacio, Tiempo y Forma,* serie IV, 7, pp. 319-354.

Sánchez Santos, J. N. (2014): «Cofradías y ajusticiados en Madrid», en Campos, F. J.: *El mundo de los difuntos: culto, cofradías y tradiciones,* San Lorenzo del Escorial, pp. 1051-1070.

Sánchez-Blanco, F. (2002): *El absolutismo y las luces en el reinado de Carlos III,* Madrid, Marcial Pons.

—(2016): *El Censor, un periódico contra el Antiguo Régimen,* Madrid, Editorial Alfar.

Santos Puerto, J. (2002): *Martín Sarmiento: Ilustración, educación y utopía en la España del siglo xviii,* La Coruña, Editorial Fundación Barrié.

Sarrailh, J. (1957): *La España ilustrada de la segunda mitad del siglo xviii,* México, FCE.

Sierra Alonso, M. (2018): «Historia gitana: enfrentarse a la maldición de George Borrow», *Ayer,* 109, pp. 351-365.

Soubeyroux, J. (1978a): «Le motín de Esquilache et le peuple de Madrid», *Cahiers du monde Hispanique et luso-brésilien,* 31, pp. 59-79.

—(1978b): *Pauperisme et rapports sociaux a Madrid au XVIIIeme siecle,* Lilleen, (edición española en *Estudios de Historia Social,* 12-13, 1980, y 14-15, 1981.

—(1995): «El Real Seminario de Nobles de Madrid y la formacion de las élites en el siglo xviii», *La culture des élites espagnoles à l'époque moderne, Bulletin Hispanique,* tome 97, n.°1, janvier-juin, pp. 201-212.

—(2002): «Torres Villarroel entre Salamanca y Madrid: acerca de las relaciones de don Diego de Torres con la corte», *Ministros de Fernando VI,* Universidad de Córdoba.

—(2014): *Goya politique,* Paris (edición española, *Goya político,* Madrid, Foro para el Estudio de la Historia Militar, 2014).

—(2022): *El absolutismo ilustrado y los pobres. Asistencia y represión en el Madrid del siglo xviii,* Madrid, Punto de Vista Editores.

STIFFONI, G. (1986): *Introducción biográfica y crítica* a la antología *Teatro Crítico*, Madrid, Castalia.

TARACHA, C. (2012): *Ojos y oídos de la monarquía borbónica, la organización del espionaje y la información secreta durante el siglo XVIII*, Madrid, Ministerio de Defensa.

TÉLLEZ ALARCIA, D. (2010): *Despotismo e Ilustración en la España del siglo XVIII. El despotismo ilustrado de Ricardo Wall*, Madrid, FEHM.

TORRES ARCE, M. (2005): «Represión y control social a finales del siglo XVIII. El caso del tribunal de Logroño», *Cuadernos de Ilustración y Romanticismo*, 13, pp. 253-296.

TORRIONE, M.; SANCHO, J. L. (estudios, edición y notas) (2010): *1744-1746. De una corte a otra: correspondencia íntima de los Borbones*, Madrid, Editorial Patrimonio Nacional.

URZAINQUI MIGUELEZ, I. (2014): Introducción a *Cartas eruditas y curiosas I*, Oviedo, Editorial KRK.

URZAINQUI MIGUELEZ, I.; OLAY VALDÉS, R. (eds.) (2016): *Con la razón y la experiencia. Feijoo 250 años después*, Oviedo, Editorial TREA.

VALLEJO GARCÍA-HEVIA, J. M. (1994): «Campomanes y la Inquisición: historia del intento frustrado del empapelamiento de otro fiscal de la Monarquía en el siglo XVIII», *Revista de la Inquisición*, 3, pp. 141-182.

VÁZQUEZ GARCÍA, F. (1990): *El infante don Luis Antonio de Borbón y Farnesio*, Ávila, Institución Gran Duque de Alba.

VÁZQUEZ GESTAL, P. (2019): «Un point aveugle historiographique? La cour d'Espagne au XVIIIe siècle: problématiques et perspectives récentes", *Histoire, Économie et Société*, 3, pp. 50-68.

VILAR, P. (1972): «El motín de Esquilache y las crisis del Antiguo Régimen», *Revista de Occidente*, 36, pp. 233-246.

Índice onomástico

Y

Z

Este libro se terminó de imprimir el 2 de febrero de 2024.
Gracias por el tiempo dedicado a su lectura.
Si quieres conocer otros libros publicados
por Punto de Vista Editores,
visítanos en puntodevistaeditores.com
También puedes seguirnos a través de
Instagram, Twitter y Facebook

Historia y pensamiento

1. *La España del maquis (1936-1965)* 2.ª ed.
   José Antonio Vidal Castaño

2. *Tahuantinsuyu. Historia del Imperio inca* 2.ª ed.
   María Rostworowski

3. *Historia de Occidente*
   Luis E. Íñigo

4. *El roble y la estepa. Alemania y Rusia desde el siglo* XIX *hasta hoy*
   Carlos Fernández Pardo y Alberto Hutschenreuter

5. *El marqués de la Ensenada. El secretario de todo* 3.ª ed.
   José Luis Gómez Urdáñez

6. *Los guardianes de la sabiduría ancestral. Su importancia en el mundo moderno* 3.ª ed.
   Wade Davis
   Traducción de Juan Fernando Merino y Juan Manuel Pombo

7. *Resplandor en las tinieblas nazis. Retratos de la resistencia judía olvidada durante el Holocausto*
   Mario Sinay

8. *Textos fundamentales para la Historia*
   Miguel Artola

9. *Rukeli. Johann Trollmann y la resistencia romaní antinazi*
   Jud Nirenberg
   Traducción de Ismael Gómez

10. *La serpiente líquida. Un viaje amazónico con los chamanes y las plantas maestras*
    Alfonso Domingo

11. *Medicina antigua. De Homero a la peste negra*
    Orlando Mejía Rivera

12. *Fernando VI y la España discreta* 2.ª ed.
    José Luis Gómez Urdáñez

13. *Mujeres silenciadas en la Edad Media* 5.ª ed.
    Sandra Ferrer

14. *Ramón Menéndez Pidal*
José Ignacio Pérez Pascual

15. *Medicina arcaica. De las enfermedades prehistóricas a los papiros médicos del antiguo Egipto*
Orlando Mejía Rivera

16. *Víctimas del absolutismo. Paradojas del poder en la España del siglo XVIII*
José Luis Gómez Urdáñez

17. *La democracia en palabras*
Joan Navarro y Miguel Ángel Simón (eds.)

18. *Inspiración y talento. Dieciséis mujeres del siglo XX*
Inmaculada de la Fuente

19. *Doña Francisca Pizarro. La ilustre hija del conquistador*
María Rostworowski

20. *Historia del Perú contemporáneo. Desde las luchas por la Independencia hasta el presente*
Carlos Contreras y Marcos Cueto

21. *Filosofía para una vida peor. Breviario del pesimismo filosófico del siglo XX* 2.ª ed.
Oriol Quintana

22. *César contra Vercingétorix*
Laurent Olivier
Traducción de Nuria Durán

23. *Pospornografía. Estética y comunicación en la era viral*
Julio Pérez Manzanares

24. *Esperando a los robots. Investigación sobre el trabajo del clic*
Antonio A. Casilli
Traducción de Juan Riveros

25. *El movimiento sofístico*
G. B. Kerferd
Traducción de Ignacio Etchart

26. *Diarios completos*
Manuel Rico

27. *Miseria y gloria de la crítica literaria*
Edición y prólogo de Constantino Bértolo

28. *Historia cultural de la medicina. Vol. 1. Medicina arcaica. De las enfermedades prehistóricas a los papiros médicos del antiguo Egipto*
Orlando Mejía Rivera

29. *Historia cultural de la medicina. Vol. 2. Medicina antigua. De Homero a la peste negra*
Orlando Mejía Rivera

30. *Historia cultural de la medicina. Vol. 3. Medicina renacentista. De Leonardo da Vinci a la sífilis*
Orlando Mejía Rivera

31. *La condición del hombre corriente. Ensayo sobre el humanismo de George Orwell*
Oriol Quintana
Trad. de Pol Ruiz de Gauna e Irene Baucells de la Peña

32. *Estética de la tragedia. La expresión de la muerte en el arte europeo del siglo* XX 2.ª ed.
Germán Piqueras

33. *El absolutismo ilustrado y los pobres. Asistencia y represión en el Madrid del siglo* XVIII
Jacques Soubeyroux

34. *Estímulo y censura. Una aproximación al sistema literario de la RDA*
Ibon Zubiaur

35. *Leyendas de los mapas. Una lectura geopoética de la cartografía* 2.ª ed.
Pedro García Martín
Prólogo de Julio Llamazares

36. *El laboratorio de la naturaleza. La montaña y la imagen del mundo desde el Renacimiento al Romanticismo*
Paola Giacomoni
Traducción de Álida Ares
Prólogo de Eduardo Martínez de Pisón

37. *Peajes de la crítica latinoamericana*
Wilfrido H. Corral

38. *Sol. Mitos, historia y sociedades*
Emma Carenini
Trad. del francés de Salomé Landivar y Melina Blostein

39. *La memoria de Borges. Lectura, símbolos y ficción*
Miguel Antón Moreno
Prólogo de Fernando Castro Flórez

40. *Retratos con Federico*
Sergio Téllez-Pon

41. *Pensamientos*
Blaise Pascal
Edición y traducción de Mauro Armiño
Prólogo de Fransec Torralba Roselló